BAEDEKER

U

USA WESTKÜSTE

California, Oregon, Washington

»

Er kam in den Tagen des Goldes nach Kalifornien. ... Er fand kein Gold, sondern wurde ein Hersteller von Sonnenschein in Flaschen, kurz, ein Weinbauer und Winzer.

Jack London, „Lost Face“

baedeker.com

DAS IST DIE WESTKÜSTE DER USA

TOUREN

LEGENDE

Baedeker Wissen
● Textspecial, Infografik & 3D

Baedeker-Sterneziele
★★ Top-Reiseziele
★ Herausragende Reiseziele

ZIELE VON A BIS Z

HINTERGRUND

ERLEBEN & GENIESSEN

PREISKATEGORIEN

Restaurants
Preiskategorien
für ein Hauptgericht

€€€€	über 30 $
€€€	20 – 30 $
€€	12 – 20 $
€	bis 12 $

Hotels
Preiskategorien
für ein Doppelzimmer

€€€€	über 160 $
€€€	100 – 160 $
€€	60 – 100 $
€	bis 60 $

PRAKTISCHE INFORMATIONEN

ANHANG

MAGISCHE MOMENTE

ÜBERRASCHENDES

D

DAS IST …

die Westküste der USA

Die großen Themen
rund um Naturschönheiten und Küstenmetropolen.
Lassen Sie sich inspirieren!

An der Westküste der USA warten unvergessliche Outdoor-Erlebnisse. ►

DER EWIGE GEHEIM-TIPP

Kaliforniens Küste ist schön und berühmt. Die von Oregon ist nur schön. Wild und unbewohnt fällt das Gelände im Süden immer wieder Hunderte Meter tief ab in den Pazifik. Der Weg zu leeren Stränden und urigen Städtchen ist der Highway 101. Das schreit förmlich nach einem Roadtrip!

Der Morgennebel setzt die Hwy. 101 und die Felsenküste am Cape Sebastian (OR) gebührend in Szene. ▶

DEN Sprung in die Promi-Klasse hat Oregons Küste nie geschafft. Weil man hier nicht im Meer baden könne, sagen manche. Wenn's nur das ist, sagen andere. Und freuen sich darüber, dass alles so ist, wie es ist, und dass es auch so bleibt. **Denn Oregon schützt seine Pazifikküste per Gesetz vor Beton**, Oswald West sei Dank. 1913 bescheinigte der weitsichtige Gouverneur den Oregonians ein Geburtsrecht auf naturbelassene Küste und erklärte alle Strände zwischen Washington und Kalifornien zu Allgemeinbesitz. Deshalb treffen sich Berge, Täler und Meer hier bis heute von Bauwut verschont im Dunstschleier des Pazifiks.

Life is a beach

Der zweispurige Highway 101 folgt der 570 Kilometer langen Küste. Erst kommt Astoria, ein viktorianisches Kleinod an der Mündung des Columbia River. In der Worker's Tavern unter der Megler Bridge versammelt sich die Kundschaft um eine Theke, über der ein Schild das Motto des Ladens verkündet: **»No bullshit. No dope. No fights.«** Die Gespräche kreisen oft um Reizthemen, wie die zuziehenden Kalifornier, die die Immobilienpreise verderben. Touristen mag man, und jeder ist stolz auf Lewis und Clark, Amerikas beliebteste Entdecker.
Südlich dann Strände. **Nichts als Strände, und – so gut wie – keiner geht hin.** Außer in Cannon Beach, dem einzigen wirklich mondänen Seebad zu Füßen der oft dunstverhangenen Coast Mountains. Und dann die State Parks. Einer schöner als der andere. Der vielleicht schönste trägt den Namen des Wohltäters Oregons, Oswald West. Er liegt in einer tiefen Gebirgsfalte, Fußwege führen in Serpentinen zum Pazifik hinab. Braungebrannte Surfer zelten zu Füßen mächtiger Douglaskiefern, die mehrere hundert Meter unterhalb der Straße liegende Bucht ist ein Surfrevier.

Wie Kalifornien vor dem Sündenfall

In Nehalem und Wheeler signalisieren Bierreklamen aus den fünfziger Jahren Innovationsresistenz. Dunkle Kaschemmen locken halbherzig mit »famous chicken«. Flugblätter laden zur Gemeindeversammlung. An der Theke des Rogue Ales Public House in Newport, einer Kneipe im alten Hafenviertel, haben verdiente Trinker mit Namenschildchen ausgezeichnete Ehrenplätze. In Yachats, einem hübschen Nest zu Füßen des mächtigen Cape Perpetua, nimmt eine Fischersfrau am Straßenrand Thunfische aus, die Innereien fließen über die Straße ins Meer zurück.
Dahinter beginnen die schönsten 36 Kilometer, wild und unbewohnt. Die Highway 101 öffnet Leuchttürmen auf dunklen Felsvorsprüngen den Vorhang und Seelöwen, die faul auf Felsen über der Brandung dösen. Südlich von Florence beginnt die noch einsamere Südküste Oregons. Die stagnierende Holzindustrie und die mit Quoten belegte Lachsfischerei haben diesem Abschnitt eine Rezession beschert, die der Lokaltourismus nicht zu lindern scheint. Dabei ist das Städtchen Bandon kurz vor Kalifornien so schön wie Cannon Beach. Nach dem Dinner wandert man dort noch über den Strand und schaut der Sonne dabei zu, wie sie zwischen den Basaltfelsen langsam untergeht.

ROADTRIP!

Oregons Küste ist eine Art Off-Kalifornien: Der »Golden State« produziert kassenträchtige Blockbuster, Oregon dagegen kleine, aber feine Low-Budget-Produktionen. Während alle Welt den Highway No. 1 auf der Bucket List führt, bleibt der Highway 101 der ewige Geheimtipp. Und das ist gut so. Denn nirgendwo sonst ist das Entdecken, Staunen und Genießen schöner und das tiefe Ein- und Autatmen erholsamer!

WO WAREN SIE, ...

... als der Berg explodierte? Der Ausbruch des Mt. St. Helens 1980 und die Verwüstungen, die er anrichtete, haften den Menschen im Westen tief im Gedächtnis. Seit 1986 darf man den Vulkan wieder besteigen. Allerdings nur, solange die Seismologen grünes Licht geben. Denn zu kleineren Erschütterungen am Berg kommt es immer wieder mal.

► Der jüngste und aktivste Vulkan der Cascade Range ruht nur.

»DER Berg lässt mich nicht los.«, sagt die ältere Frau, während sie ihren Wasservorrat checkt, »Ein 15 Kilometer langer Stairmaster ist das!« 50 Mal sei sie schon oben gewesen. Warum tut sie, die fast Siebzigjährige, sich das immer wieder an? Sie kratzt sich am Ohr und mustert den Trailbeginn am Waldrand. »Keine Ahnung.«, sagt sie und verschwindet einen Lidschlag später im Gebüsch.

Seit 1980 ruht der Vulkan – aber er schläft nicht

Der Mt. St. Helens explodierte am 18. Mai 1980 um 8.32 Uhr – nach mehr als 100 Jahren Ruhe. Die oberen 400 Meter des fast 3000 Meter hohen Bergs flogen in die Luft. Dann raste die größte je beobachtete Lawine zu Tal. Noch in elf Kilometer Entfernung fegte sie über 400 Meter hohe Hügel hinweg. Eine Druckwelle raste knapp unter Schallgeschwindigkeit nach Norden und mähte 600 Quadratkilometer Wald um. Dann kamen die Schlammlawinen. 27 Brücken wurden von den talwärts bretternden Gerölmassen weggerissen. 300 Kilometer Straße verschwanden. **Eine Aschewolke stieg auf, wie sie der Kontinent noch nicht gesehen hatte:** Schon 30 Minuten nach dem Ausbruch maß sie 64 mal 48 Kilometer und bewegte sich mit 100 Stundenkilometern nach Osten, wo sie den Tag zur Nacht machte.

57 Menschen starben an diesem Tag am St. Helens – trotz der isolierten Lage im kaum besiedelten Südosten von Washington, trotz aller Warnungen von Experten, die den Berg bereits seit drei Monaten rund um die Uhr observiert hatten.

Vor dem Genuss die Pein

Seit 1986 darf er wieder bestiegen werden. Allerdings nur, solange die Seismologen vom US Geologcal Survey (USGS) ihr OK geben. Zunächst sieht der Wanderer den Gipfel gar nicht. Die ersten drei Kilometer ist der Pfad eher ein **Spazierweg durch einen tolkien'schen Fantasiewald.** Doch dann ändert sich das Bild abrupt. Der Wald gibt den Blick auf grauschwarze Lava-

DEN MT. ST. HELENS BESTEIGEN

Dies ist kein normaler Berggipfel. Hier an der Kraterkante herrschte vor 44 Jahren ein Inferno. Die gegenüberliegende Nordseite der Caldera existiert nicht mehr: Durch ein gigantisches Loch blickt man hinab auf die Mondlandschaft des oberen Toutle Valley und hinüber zum zwölf Kilometer entfernten Spirit Lake. Am Horizont: Mt. Rainier, 80 Kilometer entfernt. Ihn beobachten die Geologen seit 1980 besonders scharf. Denn auf der anderen Seite liegt Seattle, nur einen Steinwurf entfernt.

felder frei. Der Vulkan zeigt nun sein wahres Gesicht.

Bei 1460 Metern sind Baum- und Wolkengrenze erreicht. Vier Kilometer noch zum 1000 Meter höher liegenden Krater. An einer 40 Meter hohen Geröllhalde beginnt die Monitor Ridge. Schon bei 1650 Metern verdient der Weg den Namen nicht mehr. Man hievt sich von Lavabrocken zu Lavabrocken. Kurz nach dem Ausbruch bepflanzten ihn die Geologen mit Laser-Messgeräten, um instabile Partien am Hang rechtzeitig zu orten. Jetzt trennt er die Spreu vom Weizen. Man überholt andere Kletterer, wird selbst überholt. Die ersten Kletterer kommen bereits wieder herunter – manche auf dem Hosenboden, die Schneezungen beiderseits der Monitor Ridge talwärts rutschend. 400 Höhenmeter noch. Da oben, die horizontale, sich gegen den blauen Himmel absetzende Linie, das ist das Ziel. Kraft und Wille reichen nur zehn Schritte, dann schreit der Körper nach der nächsten Atempause.

Einschüchternd – und furchtbar schön

Kurz vor dem Gipfel schiebt sich der Kraterring ins Bild, **ein gigantisches U**. Zuletzt steht man auf der nur wenige Schritte breiten Kraterkante. Der Blick stürzt 600 Meter tief in eine höllische Kulisse aus Asche und Geröll, aus der noch immer Dämpfe aufsteigen. So einschüchternd ist der Blick, dass man automatisch respektvollen Abstand zum Kraterrand hält.

Die Frau vom Parkplatz, sie ist schon längst hier oben, bereitet sich schon wieder auf den Abstieg vor. Für dieses Mal hat sie sich sattgesehen und strahlt. **»Man fühlt sich wie auf einem leer geblasenen Ei, nicht war?«** Stimmt. Oder wie auf einer Zeitbombe.

MUTTER NATUR IN DIE BETON-WÜSTE

Die Entschlossenheit und der Idealismus der frühen Nordwestküsten-Pioniere hat sich bei den Einwohnern Portlands erhalten: Engagiert streiten sie für Umwelt und Kultur in ihrer Stadt.

Demonstriert wird in Portland (OR) auf dem Pioneer Courthouse Square. ▶

TRUMP-BUSTERS
RESIST TRUMP
DUMP TRUMP!
LOVE > HATE
SORRY 4 THE INCONVENIENCE WE R TRYING 2 CHANGE THE WORLD

DIE zündende Idee kam Greg Haines beim Skilanglauf durch den Crater Lake National Park. »Ich wollte Mutter Natur nach Portland bringen. Zwei Wochen später habe ich hier mein erstes Dach begrünt.« **In Betonwüsten grüne Räume schaffen,** das habe etwas Spirituelles, sagt der Ökodächer-Pionier von Portland. Das erste Projekt des umtriebigen Endvierzigers war das Dach der Jugendherberge im Hawthorne District, dem angesagten Treff von Hipstern und Hippies. Auf der umlaufenden Terrasse lümmeln sich Rucksackreisende aus aller Herren Länder. Über ihnen wachsen **Büsche, Blumen, Kräuter auf einem so genannten Öko-Dach,** von Haines entworfen und realisiert. Seitdem hat Haines viele weitere Dächer bebaut, seine Mission: die Begrünung sämtlicher Dächer Portlands.

Aktivismus überall

Oregon verdankt seine Besiedlung der größten Wanderbewegung der amerikanischen Geschichte. Zwischen 1840 und 1850 kamen über 50.000 Farmer auf dem 3000 Kilometer langen **Oregon Trail** hierher, um dauerhafte Siedlungen anzulegen. Entschlossenheit und Idealismus dieser Pioniere ist bis heute erhalten geblieben. Was die Politiker mit ihren Städten und der Landschaft machen, verfolgen die Oregonians so genau wie nur wenige andere Amerikaner. Sie engagieren sich in Bürgerinitiativen, demonstrieren gegen die Junkfood-Automaten in den Schulen und streiken für die 35-Stunden-Woche.
Auch die Portlander sind engagiert. »Mein Geschäftsplan bestand aus ein paar Zeilen auf einem losen Blatt Papier«, erinnert sich Haines. Damit marschierte er zum Bureau of Environment

»Schauen Sie nicht weg!«: In Portland protestieren Studenten gegen Tierquälerei (oben). Der Umwelt zuliebe: Die Portlander schwingen sich gern aufs Rad (unten).

Services. Nach einem kurzen Gespräch mit den Verantwortlichen hatte er einen Zuschuss für sein erstes Öko-Dach in der Tasche. Gutes Timing: Im Umweltbüro hatte man schon seit Längerem die Filterfunktion grüner Dächer in zubetonierten Stadtgebieten studiert. »So leicht hätte ich die 5000 Dollar zu Hause nie bekommen«, meint der aus Connecticut stammende Haines.

Meinungen sind gefragt

Auf dem Pioneer Courthouse Square **im Herzen der Downtown wurden Meinungen zu (Pflaster-)Stein**: Dort erkämpften sich die Bürger ihren Platz gegen den Widerstand des Big Business. Heute verzehren auf den mit den Namen der Streiter von einst signierten Pflastersteinen Büro-Arbeiter ihren Lunch, fotografieren sich japanische Touristen vor der Bronzestatue des »Umbrella Man«, warten Portlander auf Busse und die Straßenbahn.

Mit Broschüren von Travel Portland können Sie von hier aus zu einer Begehung der über 30 öffentlichen Kunstwerke Portlands aufbrechen: Wer in der Downtown bauen will, muss nämlich ein Prozent der Baukosten für das Kulturprogramm der Stadt abzweigen. Der Umgangston ist durchweg freundlich, sogar zwischen Geldautomaten und ihren Nutzern: Statt mit »Yes« oder »No« können Letztere die Frage nach weiteren Serviceleistungen mit einem enthusiastischen »Sure« oder einem versöhnlichen »No thank you« beantworten.

Neuankömmlinge ziehen meist in den Hawthorne District. Hier versorgen Fair-Trade-Cafés wie das »Upper Left Roasters« (1204 SE Clay St.) engagierte Koffeinsüchtige mit edlen Bohnen, bieten »volkseigene« Märkte wie »People's Food Co-op« (3029 SE 21st Ave., www.peoples.coop) pestizidfrei angebautes Gemüse aus Oregon und Kalifornien an. **Eingekauft wird hier zu Fuß oder per Rad:** Pedalentreter-Vereine wie Shift (www.shifttobikes.org) werben erfolgreich für das umweltfreundliche Verkehrsmittel, Events wie »Zoobomb«, wo die Teilnehmer jede Sonntagnacht die steile Straße über dem Zoo talwärts rasen, sind Kult.

GONE ZOOBOMBING!

Nur in Portland: Jede Sonntagnacht um 23 Uhr treffen sich radsportbegeisterte Portlander am Zoobomb Pile, einem Haufen übereinander gestapelter Kinderfahrräder in Sichtweite von Powell's Books (▶ S. 271), zum traditionellen Zoobombing. Wer kein Rad hat, schnappt sich eines aus dem Haufen. Danach geht's zur nächsten S-Bahn-Station, die die ganze Meute zur Haltestelle Washington Park am Oregon Zoo bringt. Dort schwingt sich alles in den Sattel – und los geht die wilde Fahrt bergab, bei der kein Auge trocken bleibt und Portlands Polizei beide Augen zudrückt.

DAS IST ...
DIE WESTKÜSTE DER USA

DER SCHÖNSTE RAND DER WELT

Grandiose Steilküsten, endloser Pazifik, donnernde Brandung: »Big Sur ist das Gesicht der Erde, wie es der Schöpfer haben wollte«, schrieb einst Henry Miller. Der kalifornische Küstenabschnitt sah Poeten, Maler und Schriftsteller auf der Flucht vor der Welt oder der Suche nach einer besseren.

◄ Hierhin flüchtet man doch gerne: Morro Bay liegt an der Küste von Big Sur (CA).

BIG Sur. Zwei Worte, die auf der Zunge zergehen wie ein alter Malt Whisky. Nichts bündelt die Freiheit und Schönheit Kaliforniens besser. So viele Bilder, so viel Poesie und Sehnsucht. Big Sur erstreckt sich über eine Länge von 110 Kilometern, vom Point Lobos State Reserve südlich von Carmel bis zum San Carpofaro Creek nördlich von San Simeon. Nach San Francisco im Norden sind es drei Stunden, nach Los Angeles im Süden sechs.

Das große Land des Südens

Die Spanier nannten die Küste **El Pais Grande del Sur.** Ihre Segelschiffe fanden keine Ankerbucht an dieser abweisenden Steilküste, ihre Siedler kein Land zum Urbarmachen. Die ersten Menschen mit ernsthaften Absichten kamen erst vor wenig mehr als hundert Jahren, zu Fuß quer über die Santa Lucia Coastal Mountains oder mit Mulis von Monterrey aus, auf einem gefährlichen Eselspfad, der 1872 angelegt worden war. Wo die Santa Lucias Falten schlugen, da bauten sie ihre Hütten.
Die Küstenstraße wurde 1919 beschlossen, nach 18 Jahren unmenschlicher Plackerei von Häftlingen wurde sie 1937 fertig. Mit ihr kamen zwar die Autos, nicht aber Amerika. Erst Ende der fünfziger Jahre kam Elektrizität. Heute fließt der Verkehr hauptsächlich auf der Interstate landeinwärts. **El Pais Grande ist noch immer entlegen.**

Grandiose Berglandschaften, märchenhafte Strände

Ob man Big Sur besser von Norden oder von Süden aus erfährt, ist egal. Für Carmel als Ausgangspunkt spricht der bessere Meerblick. **Von Süden her ist die Anfahrt dramatischer.** Da sehen Sie Big Sur bereits von Weitem. Am Ende einer grünen Küstenebene ragen die Santa Lucias auf wie eine Festungsmauer. Die Highway 1 strebt geradewegs darauf zu, bis sie in einer Gebirgsfalte verschwindet. Oft treiben zarte Nebelschleier vom Meer her über die Ebene. Nach der Brücke über den Carpofaro Creek geht es in Serpentinen steil bergauf.
Die Straße arbeitet sich, mal zwei-, mal einspurig, durch windgeprügelte Zypressen- und Nadelwälder und vorbei an Wasserfällen, in deren ewigem Sprühregen bis zu 2000 Jahre alte Redwood-Giganten gedeihen. Der Pazifik, immer mit im Bild, ist blau und leer bis zum sanft gewölbten Horizont, und eine zerrissene, ungebändigte Küste, die erschreckt und doch magisch anzieht.
Manche Traumziele haben grandiose Berglandschaften. Andere haben märchenhafte Strände. Big Sur hat beides. Schmale Pfade führen zu luftigen Aussichten hoch über der Welt, von wo aus der sich hebende und senkende Pazifik wirkt wie ein atmendes Wesen. Oder sie führen durch dichten Busch zu von Felsen eingeschlossenen Stränden hinab, wahren Shangri-Las, mit und ohne Wasserfall. Der **Point Sur State Historic Park konserviert die Vergangenheit** mit altem Leuchtturm auf hohen Felsen, im **Point Lobos State Reserve lächeln Seelöwen in die Kamera.**

Magnet für Freigeister

Henry Miller kam 1944. Der Literat blieb 18 Jahre und zog als Autor verbotener Bücher weitere Nonkonformisten an, darunter auch Jack Kerouac, der

Mit jedem Bissen ein neues Seherlebnis – auf der Aussichtsterrasse des Nepenthe Restaurants sind Sie mittendrin im wechselhaften Wetter.

sich hier vom Pressewirbel um sein Kultbuch »Unterwegs« erholte. Miller musste seinen Schreibtisch vom Fenster wegrücken, um produktiv zu sein. So schön war der Blick von seiner Cabin auf der Partington Ridge hoch über dem Hauptort Big Sur. 1944 kauften sich auch **Orson Welles** und **Rita Hayworth** hier ein Haus. Einige Jahre später verscherbelten sie es für nicht viel mehr an das Ehepaar Fassett. Die beiden eröffneten ein Restaurant und nannten es **Nepenthe,** nach einem Tonikum, mit dem die Helden der Odyssee ihre Sorgen betäubten. Es ist immer noch in Familienbesitz und **als Roadhouse und Galerie der Nexus von Big Sur schlechthin.** Die Terrasse des Cafés liegt 260 Meter über dem Ozean und benebelt die Sinne derart, dass man die horrenden Preise glatt akzeptiert. Als Ticket für die beste Show der Welt.

DAS WETTER BEOBACHTEN

Die Veranda des Nepenthe Restaurants ist wie der Bug eines Schiffs. Gäste können von hier aus herrliche Aussichten auf die Küste von Big Sur und die Santa Lucia Mountain Range genießen – und das oft stündlich ändernde Wetter. Einfach schön, wie Nebelschwaden in den Bäumen über der Terrasse hängenbleiben ...

▶ S. 50

TRAUM-FABRIK HOLLY-WOOD

Eigentlich ist Hollywood nur ein Stadtteil von Los Angeles, doch schon seit 100 Jahren steht der Name kollektiv für die Filmmetropole mit ihren Studios und der Glitzerwelt von Blockbuster-Filmen und berühmten Stars.

Möchtegern-Filmstars posieren vor Publikum in Hollywood (CA). ►

DAS Riesenrad haben die meisten schon gesehen, auch wenn sie selbst nie in L. A. waren. Abends leuchten seine blau-roten Lichter weit über den Strand. **Filmfans kennen die Santa Monica Pier**, sie hatte Auftritte in »Iron Man« (2001), der »Glenn Miller Story« (1954), Serien wie »Hannah Montana« und »3 Engel für Charlie« oder in einer Episode der Comic-Serie »South Park« – neben Dutzenden anderer Streifen.

Wie alles begann

Filme, oder besser: Streifen mit bewegten Bildern von wenigen Minuten Länge waren seit Anfang des 20. Jh.s in New York und New Jersey entstanden. Ihr Erfinder **Thomas A. Edison** hatte sich mehrere Patente gesichert, über deren Rechte er aufmerksam wachte. Um seinem Einfluss zu entgehen (und das unbeständige Wetter der nördlichen Atlantikküste gegen die Sonne Südkaliforniens einzutauschen), gingen unabhängige Produzenten wie William Fox (1879–1952) und Marcus Loew (1870–1927) nach Hollywood und legten damit den Grundstein für die Filmindustrie von Los Angeles.
Produktionsgesellschaften wurden gegründet, von denen einige, wie Universal oder Warner Brothers, noch heute ein Begriff sind. Der Tonfilm brachte mitten in der Weltwirtschaftskrise neuen Aufschwung und neue Schauspieler, die auch mit ihrer Stimme überzeugen konnten. Western, Gangster- oder Musikfilme wurden wie am Fließband abgedreht.

Krise und Blockbuster-Filme

Eine schwere Krise durchlebte die Filmindustrie mit Aufkommen und durchschlagendem **Erfolg des Fernsehens**. Innerhalb kurzer Zeit sanken die Besucherzahlen der Kinos um 80 %, bis den Studios klar wurde, dass man bewegte Bilder auch für die Ausstrahlung im Fernsehen produzieren konnte.
Ab den 1960er-Jahren zogen **Blockbuster**-Produktionen wie Stanley Kubricks »2001: Odyssee im Weltraum« (1968) oder das Epos »Der Pate« (1972, 1974, 1990) von Francis Ford Coppola

FILMABEND AUF DEM FRIEDHOF

Auf dem Hollywood Forever Cemetery wurden Judy Garland, Peter Lorre, John Huston und viele andere Schauspieler, Regisseure und Musiker bestattet. Passend finden hier seit einigen Jahren Musikkonzerte und Sommerfilmabende statt. »Harold and Maude«, »Goonies« und andere Klassiker stehen dann auf dem Programm. Die rund 4000 Plätze auf mitgebrachten Campingstühlen oder Decken sind immer schnell ausgebucht. (6000 Santa Monica Blvd., https://hollywoodforever.com/events-calendar/)

massenhaft Zuschauer in die Kinosäle. Wenig später erreichten die Filme Steven Spielbergs wie »Der weiße Hai« (1975), »Unheimliche Begegnung der dritten Art« (1977) oder »E. T. – Der Außerirdische« (1982) neue Publikumsrekorde. Für die »Indiana-Jones«-Trilogie arbeitete er mit George Lucas zusammen, der mit verschiedenen Versionen der »Star-Wars«-Saga auch bei der Vermarktung von Merchandise-Produkten, von Figuren bis zur Bettwäsche, neue Maßstäbe setzte. Kino- oder Hollywoodbesucher sehen meist nur die **Sonnenseite des Business**. Doch die Zahl der arbeitslosen Schauspieler, die sich in L. A. mit Aushilfsjobs oder im Service von Restaurants und Bars über Wasser halten, wird auf mehr als 200 000 geschätzt.

Spuren der Stars

Natürlich besteht die Chance, beim Einkaufen oder beim Besuch von Bars und Restaurants dem einen oder anderen Filmschauspieler zu begegnen, doch wer auf Nummer sicher gehen will, begibt sich am besten zum **Portal des Chinese Theatre** (TCL Chinese Theatre) am Hollywood Blvd., wo seit 1927 bekannte Filmstars Hand- und Schuhabdrücke auf einer feuchten Zementplatte des Vorhofs hinterließen. Mary Pickford und Douglas Fairbanks sind darunter, Maurice Chevalier, Judy Garland, Humphrey Bogart, John Wayne, Sophia Loren, Jack Nicholson, Meryl Streep oder Sandra Bullock – und Donald Duck. Die Platte mit den Abdrücken von Charlie Chaplin wurde wieder entfernt, als er vom »Komitee für unamerikanische Umtriebe« als Sympathisant kommunistischer Ansichten verdächtigt wurde.

Am Walk of Fame vor Mann's Chinese Theatre verewigen sich die Stars.

T
TOUREN

Durchdacht, inspirierend, entspannt

Mit unseren Tourenvorschlägen
lernen Sie die besten Seiten der USA-Westküste kennen.

Grandioses Panorama vom Glacier Point
im Yosemite National Park ►

UNTERWEGS AN DER WESTKÜSTE

Entspannt vorankommen

Mit grandiosen Küstenabschnitten, den traumhaften Highways No. 1 und 101, steilen Vulkankegeln, imposanten Baumriesen, fruchtbaren Ebenen und hügeligen Weinfeldern, mit wilden Canyons, und breiten Sandstränden, mit gemütlichen Kleinstädten und spannenden Metropolen präsentiert sich die Westküste der USA als attraktive Reiseregion.

Im vergleichsweise dünn besiedelten **Norden** kennt die große Mehrheit der touristisch interessanten Ziele weder Staus noch Parkplatzprobleme. Zähflüssig erweist sich hier höchstens der Verkehr in den Ballungsräumen San Francisco, Portland und Seattle – und während der Hochsaison im Juli und August auch in den besucherstarken Nationalparks.

Anders im dicht bediedelten **Süden Kaliforniens**: Die vielen Attraktionen in der Nähe lassen einen schnell den Überblick verlieren. Wer nicht mit dem Eindruck nach Hause zurückkehren will, in einem Road Movie gesessen zu haben, sollte sich realistische Touren mit überschaubaren Etappen überlegen. Die Megalopolis Los Angeles ist Traum und Albtraum zugleich, hier befinden Sie sich im Sommer oft unter einer bedrückenden Smog-Glocke. Das fantastische Wetter und das entspannte Beachlife im »Sunshine State« kann jedoch auch darüber schnell hinwegtrösten.

Mit dem Auto

Im Mietwagen bleibt man **flexibel und unabhängig**. Man gelangt auch in entlegene Gebiete, in National Parks und State Parks. Das Navigieren ist einfach, auch in den Großstädten: Die Straßen sind in gutem Zustand, alle Destinationen gut ausgeschildert. Vor dem Besuch der Ballungsräume um San Diego, Los Angeles, San Francisco, Portland und Seattle sollte man sich eine Route zurechtlegen.

Mit dem Wohnmobil

Mit dem Wohnmobil unterwegs zu sein ist immer noch symbolhaft für die große Freiheit – besonders in einem Land wie den USA. In Zeiten steigender Kraftstoffpreise sollte man sich allerdings genau überlegen, ob man einem dieser durstigen Camper – **Tanken für 300 Dollar** ist nicht jedermanns Sache – den Zuschlag geben mag. Auch kommt man vor allem in gebirgigeren Regionen mit den Ungetümen nicht überall hin.

Bus

Die meist gut ausgestatteten Autobusse der Firma **Greyhound** verbinden wichtige Städte und Touristenzentren auch an der Westküste der USA miteinander.

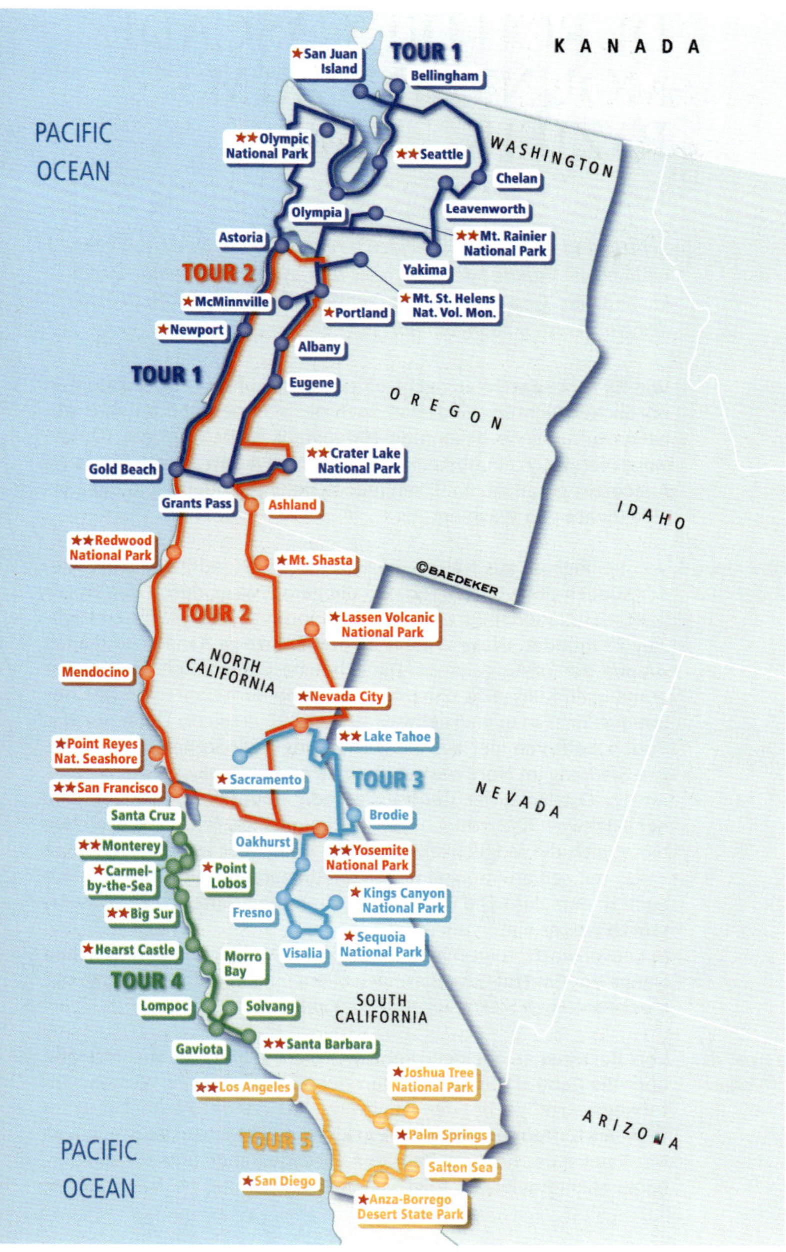
TOUR 1
KANADA
★San Juan Island
Bellingham
PACIFIC OCEAN
★★Olympic National Park
★★Seattle
WASHINGTON
Chelan
Olympia
Leavenworth
Astoria
★★Mt. Rainier National Park
TOUR 2
Yakima
★McMinnville
★Mt. St. Helens Nat. Vol. Mon.
★Portland
★Newport
Albany
TOUR 1
Eugene
OREGON
★★Crater Lake National Park
Gold Beach
Grants Pass
Ashland
IDAHO
★★Redwood National Park
★Mt. Shasta
©BAEDEKER
TOUR 2
★Lassen Volcanic National Park
NORTH CALIFORNIA
Mendocino
★Nevada City
★★Lake Tahoe
★Point Reyes Nat. Seashore
★Sacramento
TOUR 3
★★San Francisco
NEVADA
Santa Cruz
Brodie
Oakhurst
★★Monterey
★★Yosemite National Park
★Carmel-by-the-Sea
★Point Lobos
★Kings Canyon National Park
★★Big Sur
Fresno
★Sequoia National Park
★Hearst Castle
Morro Bay
Visalia
TOUR 4
Lompoc
Solvang
SOUTH CALIFORNIA
Gaviota
★★Santa Barbara
★Joshua Tree National Park
★★Los Angeles
ARIZONA
★Palm Springs
PACIFIC OCEAN
TOUR 5
Salton Sea
★San Diego
★Anza-Borrego Desert State Park

DURCH DIE CASCADE MOUNTAINS ZUM PAZIFIK

Start: Seattle | **Länge:** 2150 mi / 3460 km | **Ziel:** Seattle

Tour 1

Seattle und Portland, die beiden Trendsetter im Norden, Regenwälder, die Vulkane der Cascades und unverbaute, wilde Pazifiküste: Diese Tour bietet einen Querschnitt durch das Beste, was der Nordwesten zu bieten hat.

Von 1 ★★**Seattle** aus geht es zunächst auf dem Interstate 5 in nördlicher Richtung und zwar nach der schönen und für ihre lebhafte Kulturszene bekannten Hafenstadt 3 **Bellingham**. Unterwegs bietet sich ein Abstecher nach den 2 ★**San Juan Islands** via Anacortes geradezu an. Dann jedoch geht es endgültig in das bergige Innere von Washington.

In die Alpen der USA

Von Bellingham aus führen die Highways 542 und 9 zunächst wieder südlich nach Burlington, wo die geradewegs durch den North Cascades National Park führende Panoramastraße 9 in den Highway 20 mündet. Diese Wildnis an der Grenze zu Kanada wird auch »Alpen der USA« genannt. Die schönste Gelegenheit, sich dieser grandiosen Kulisse zu nähern, bietet eine Bootsfahrt von 4 **Chelan** aus, dass man via Highway 153 und 97 erreicht. Denn nur das Boot schafft von hier aus die Verbindung nach Stehekin, der einzigen Siedlung im Nordwesten ohne Straßenanschluss.

An der Ostflanke der Central Cascade Mountains schlängelt sich der Highway 92/2 von Chelan weiter nach Süden. In Wenatchee bietet sich die Möglichkeit zu einem Abstecher in das Wenatchee Valley mit seinen Apfelplantagen im Südostabschnitt und natürlich auch zu dem auf »Old Bavaria« getrimmten Städtchen 5 **Leavenworth** weiter hinten im Tal.

In Leavenworth folgt man dem Highway 97 über die faltenreichen Hänge der Central Cascades nach Ellensburg und das bereits in der trockenen High Sierra liegende 6 **Yakima**.

Ins Land der Vulkane

Von dort aus strebt der Highway 12 als schöne Aussichtsstraße über die Central Cascades in den sichtlich feuchteren Westen. Unterwegs ermöglicht der Highway 123 einen Abstecher zum 7 ★★**Mt. Rainier National Park**. Mit 4392 Metern ist der Vulkan Mt. Rainier der höchste Berg der Cascade Range und ein wunderbares Hikingrevier. Es folgt via Highway 12 und Highway 25 der

Bellingham
San Juan Island
Olympic National Park
Seattle
Leavenworth
Chelan
Mt. Rainier National Park
Olympia
Yakima
Mt. St. Helens Nat. Vol. Mon.
Astoria
Portland
Columbia River Gorge
McMinnville
Newport
Albany
Eugene
Crater Lake National Park
Gold Beach
Grants Pass
PACIFIC OCEAN
Entfernungsangaben in mi
©BAEDEKER

nächste Vulkan, der 8 ★**Mt. St. Helens**, dessen Ausbruch im Jahr 1980 über 50 Menschenleben forderte (▶ Das ist die Westküste der USA, S. 12). Wer allerdings zum Besucherzentrum auf der Johnson Ridge und den dramatischen Blick von hier aus in den Krater genießen will, muss einen Umweg auf dem Highway 122, dem Interstate 5 sowie den Highways 505 und 504 in Kauf nehmen. Nach diesem Abstecher geht es auf der I-5 direkt nach 9 ★**Portland** am Willamette River, nach Seattle das zweite kulturelle Zentrum im Nordwesten.

Von Portland in den Süden

Aus dem Ballungsraum um Portland führt die I-5 danach weiter Richtung Süden ins weitläufige Willamette Valley. Einen netten Ausflug garantiert zuvor der nach Südwesten abzweigende Highway 18, denn rund um das Städtchen 10 ★**McMinnville** formieren sich ca. 100 Weingüter zum Zentrum der Weinproduktion Oregons. Danach sind 11 **Albany**, bekannt für seine schönen überdachten Brücken, das liberale 12 **Eugene** und das als Outdoor-Zentrum bekannte 13 **Grants Pass** weitere Stationen an der I-5. Einmal in Grants Pass, sollte man unbedingt einen Blick in den 14 ★★ **Crater Lake National Park** (via Highway 234 und Highway 62) werfen.

An der Küste zurück

Von Grants Pass geht es schließlich über Merlin auf dem Highway 23 durch die in diesem Abschnitt nicht allzu hohen, als Kalmiopsis Wilderness geschützten Coast Mountains zum Pazifik. In 15 **Gold Beach** mündet der bei Raftern und Paddlern beliebte Rogue River. Von hier aus folgt man dem Highway 101, der Fortsetzung des kalifornischen Highway 1, die nächsten 400 Kilometer bis nach Astoria. Klippen, Brandung und immer wieder gelbe, menschenleere Strände begleiten diese wunderbare Küstenstraße. Höhepunkte dieses Abschnitts sind der über 400 Meter hohe Humbug Mountain, das Resortstädtchen **Bandon** mit seinem fotogenen Felsenstrand, die aufeinander folgenden Orte Yachats mit dem gewaltigen Cape Perpetua, Waldport und 16 ★**Newport**, Oregons schönster Fischerhafen. Lincoln City mit seinem breiten Sandstrand, Pacific City mit dem schönen Cape Kiwanda und das ländliche **Tillamook** sind weitere interessante Zwischenstopps.
In 17 **Astoria**, das sich der meisten viktorianischen Häuser nördlich von San Francisco rühmt, überquert der 101 den breiten Columbia River nach Washington. Das Ferienresort **Long Beach** und die kleinen Städtchen von **Gray Harbor** lohnen kurze Stops.
Zuletzt führt der Highway 101 auf die Olympic Peninsula rund um den 18 ★★ **Olympic National Park** im Inneren der Halbinsel. Das kunstsinnige Hafenstädtchen Port Angeles und die Hauptstadt des Bundesstaats Washington, 19 **Olympia**, sind die letzten Stationen auf dem Rückweg nach 1 ★★**Seattle**.

ZWEI ENGE VERWANDTE

Start: San Francisco | **Länge:** 1950 mi / 3140 km | **Ziel:** San Francisco

San Francisco ist San Francisco. Weitere Namen, die keiner Erklärung bedürfen: Yosemite National Park, Portland, California Highway 1. Die übrigen Namen gehören zwar den stilleren Stars, diese sind aber nicht minder sehenswert. Nordkalifornien und der Westen des Bundesstaates Oregon erweisen sich als enge Verwandte.

Tour 2

Von 1 ★ ★**San Francisco** geht es zunächst über Stockton und den Highway 120 Richtung 2 ★ ★**Yosemite National Park**. Diese Wildnis in der Sierra Nevada gehört zu den schönsten Nordamerikas. Der zweispurige, in beiden Richtungen gleichermaßen interes-

Oldies but goldies: Die »Painted Ladies« in San Francisco stammen noch aus viktorianischer Zeit.

sante Highway 49 in den Foothills führt durch die alten Boomtowns des kalifornischen Goldrauschs 1848 und 1849. Nach 3 ★ **Nevada City** nimmt man kurz der I-80 in östlicher Richtung und verlässt sie kurz vor Truckee wieder, um auf dem als Aussichtsstraße ausgezeichneten Highway 89 Richtung Norden zu reisen.

Im 4 ★ **Lassen Volcanic National Park** verlocken wunderschöne Wanderwege zum Beinevertreten; der leichte, 8 km lange Lassen Peak Trail führt sogar auf den Gipfel des Vulkans. Die nächste Station am Highway 89 ist ebenfalls ein Vulkan: Ziemlich einsam stehend und schneebedeckt, bietet der 4317 Meter hohe 5 ★ **Mount Shasta** den eindrucksvollsten Anblick im Norden Kaliforniens.

Weiter nach Portland: Nun geht die Reise auf dem Interstate 5 (I-5) über die Grenze nach Oregon. 6 **Ashland**, kultiviert, lockt mit Bohème und schöner Umgebung. Etwas nördlich von Medford sollte man auf dem Highway 62 den Abstecher zum 7 ★★ **Crater Lake National Park** unternehmen und den stahlblauen Kratersee umrunden. Danach setzt man die Reise auf dem als Aussichtsstraße ausgewiesenen Highway 138 durch die Cascade Range ins Willamette Valley fort. Auf dem schnellen I-5 geht es danach durch das progressive 8 **Eugene**, das viktorianische 9 **Albany**, die schläfrige Hauptstadt Salem und das Weinangebaut Oregons rund um McMinnvillle schließlich nach 10 ★ **Portland**.

Auf dem Highway 1

In Portland dreht man bei und steuert auf dem Highway 30, der dem Columbia River flussabwärts folgt, dem Pazifik entgegen. Der alte Pelzhandelsposten ⓫ **Astoria** an der Mündung des Columbia River in den Pazifik ist der nördlichste Punkt dieser Tour. Von hier aus folgt man der alten, an der kalifornischen Grenze in den Highway 1 übergehenden Küstenstraße 101 bis nach San Francisco. Die Höhepunkte der 250 mi/400 Kilometerb langen Oregon-Küste – etwa ⓬ ★**Newport** und ⓭ **Gold Beach** – finden sich in umgekehrter Reihenfolge in der Beschreibung von Tour 1. Kurz hinter Brookings überquert der Highway 101 die kalifornische Grenze und wird zum berühmten Highway 1. Allzu viele Stellen lohnen das Aussteigen. Die schönsten: das an Nova Scotia erinnernde, raue Fischernest Trinidad, die ⓮ ★★**Redwood National und State Parks** rund um das nette Collegestädtchen Arcata, die Lost Coast zwischen Ferndale und Honeydew, die Künstlerkolonie ⓯ **Mendocino**, der seit dem Hitchcock-Film »Die Vögel« raubeinig gebliebene Fischerhafen Bodega Bay und, als letzter Höhepunkt vor der Überquerung der Golden Gate Bridge nach San Francisco, die ⓰ ★**Point Reyes National Seashore** mit einem der wohl schönsten Leuchttürme der Nordwestküste.

DURCH DIE SIERRA NEVADA

Start: Sacramento | **Länge der Tour:** 636 mi/1024 km
Ziel: Fresno

Tour 3

In Kalifornien geht es von Sacramento aus in die High Sierra. Der Himmel spiegelt sich im klaren Wasser des Lake Tahoe. Weiter im Süden führt der Tioga Pass zum unvergleichlichen Yosemite National Park. Von Fresno sind der Kings Canyon und der Sequoia National Park mit den gigantischen Bäumen schnell erreicht.

Ins »Gold Country«

Von ❶ ★**Sacramento**, der alten Goldgräbermetropole und heutigen Hauptstadt Kaliforniens, geht es auf der I-80 nach Nordosten. Bei Auburn kreuzt die CA-49, benannt nach dem Jahr 1849, in dem der Goldrausch begann. Bei **Grass Valley** nördlich der Strecke, geben der Empire Mine Park und das North Star Mining Museum einen Eindruck von den turbulenten Zeiten vor 170 Jahren. Die Minen im benachbarten ★ **Nevada City** gehörten zu den ergiebigsten weit und breit. Das Old Nevada Theater ist das älteste Theater Kaliforniens und spielt seit seiner Eröffnung 1865. Bei Truckee erinnert der **Don-**

ner Memorial State Park an eine Gruppe von 89 glücklosen Auswanderern, die im Winter 1846/1847 hier festsaßen, 42 von ihnen starben.

Oase im Hochgebirge

Die CA-89 erreicht nach kurzer Fahrt den 2 ★★**Lake Tahoe**, eine Naturschönheit zu allen Jahreszeiten. Im nordwestlich gelegenen **Squaw Valley** fanden 1960 die Olympischen Winterspiele statt. Die Staats-

grenze von Nevada und Kalifornien verläuft mitten über den Hochgebirgssee. Von seinem Südufer führt eine Panoramastraße (CA-89) kurvenreich durch die High Sierra, bis sie auf den US-395 trifft.

Geisterstadt, Kalktuff und gewaltige Natur

Südlich von Bridgeport lohnt ein Abstecher nach 3 **Bodie**. Das einst berüchtigte Goldgräbercamp ist heute eine Geisterstadt. Etwas südlich davon beeindrucken die abenteuerlichen Tuffsteinformationen des alkalischen Salzsees ★**Mono Lake**. Die Straße nach Westen klettert zum 3031 m hohen Tioga Pass, dem Eingang zum 4 ★★**Yosemite National Park**. Bis weit in den Frühling hinein ist die Pass-Straße nicht befahrbar. Wer den Yosemite National Park, seine Granitfelsen, Märchenwälder, Wasserfälle und Bergwiesen länger genießen möchte, sollte die Übernachtung in einer Lodge oder auf einem Zeltplatz mehrere Monate im Voraus reservieren.

Ins San Joaquin Valley

Die Straße nach Westen folgt dem Merced River und knickt dann nach Süden auf die Wawona Road ab. Bei 5 **Oakhurst**, in den Ausläufern der Sierra Nevada, kreuzt sie die CA-49. Diese verbindet historische Goldgräberorte. Bei 6 **Fresno**, dem landwirtschaftlichen Mittelpunkt im fruchtbaren San Joaquin Valley, lässt sich gut ein Stopp einlegen. Munter geht es dort im Tower District zu, mit seinen Cafés und Bistros.

Spektakuläre Gebirgslandschaft

Von Fresno geht es scharf nach Osten, direkt zu den Riesenbäumen, Granitfelsen und Wasserfällen im 7 ★**Kings Canyon National Park** und im 8 ★**Sequoia National Park**. Zahlreiche Wanderwege führen zu spektakulären Aussichtspunkten wie dem Moro Rock, einem wuchtigen Granitfelsen 1200 m über dem Tal, und durch die Riesenmammutbäume im ★**Giant Forest**, Muir und Lost Grove. Die bis zu 3000 Jahre alten Sequoia-Bäume erreichen Durchmesser bis 12 m. Nach 45 Min. Fahrt ist 9 **Visalia** erreicht. Von dort sind es noch gut 40 mi/64 km zurück zum nördlich gelegenen 6 **Fresno**, dem Endpunkt dieser Tour.

HIGHWAY 1 – MISSIONEN, WEIN UND STRANDVERGNÜGEN

Start: Santa Cruz | **Länge der Tour:** 326 mi/525 km
Ziel: Santa Barbara

Tour 4

Die Tour startet in Santa Cruz mit seinen Surfstränden, es folgen die Bucht von Monterey und Carmel. Big Sur gehört zu den schönsten Küstenstraßen der Welt. An ihrem südlichen Ende steht wie ein Märchenschloss Hearst Castle. Es geht weiter Richtung Süden, mal ans Meer, mal durch eine reizolle Weinregion, bis schließlich Santa Barbara mit der berühmten Missionskirche und den herrlichen Stränden erreicht ist.

Sardinen, Millionärsvillen und Mission

Von ❶ **Santa Cruz** folgt der Highway 1 (eigentl. die California State Route 1; CA-1) der halbrunden Bucht bis ❷ ★★**Monterey**. Die Cannery Row beim ehem. Fischereihafen, verewigt im gleichnamigen Roman **John Steinbecks**, hat schon lange keine Ölsardinen mehr gesehen. Restaurants und Geschäfte teilen sich die Straße in historischem Ambiente mit dem wunderbaren ★★**Monterey Bay Aquarium**.
Das gepflegte ❸ ★**Carmel-by-the-Sea** liegt nur einige Meilen entfernt. Auf dem gebührenpflichtigen **17 Mile Drive** kann man den Pazifik und Millionärsvillen bewundern. Die Kirche der ★**Carmel Mission** mit dem Grab des selig gesprochenen Paters Junípero Serra gehört zu den am besten erhaltenen an der Küste.

Spektakuläre Küste

Südlich von Carmel liegt das ❹ ★**Point Lobos State Natural Reserve** mit einer Seelöwen-Kolonie. Für den Straßenabschnitt durch ❺ ★★**Big Sur** sollte man sich Zeit lassen, um die spektakulären Ausblicke auf Buchten, Brücken und die Ausläufer der Santa Lucia Mountains ausgiebig zu genießen.

Fata Morgana auf dem Hügel

Bei San Simeon treten die Berge zurück, dafür erscheint wie eine Fata Morgana ❻ ★**Hearst Castle**. Das 100-Zimmer-Traumschloss des schwerreichen Verlegers William Randolph Hearst, das »kalifornische Neuschwanstein«, stammt aus der ersten Hälfte des 20. Jahrhunderts.
An der ❼ **Morro Bay** und ihrem markanten 176 m hohen kegelförmigen Felsen, dem Rest eines Vulkans, führt die Route weiter Richtung Süden bis nach ❽ **Lompoc**. An seinem nördlichen Rand lädt die hier nach völliger Zerstörung nach einem Erdbeben im Jahr 1812 neu errichtete Mission im La Purísima Mission State Historic Park zu einer Besichtigung ein.

Relaxen am Pazifik

Danach fährt man in südöstlicher Richtung hinunter an die Pazifikküste zur Ortschaft ❾ **Gaviota**. Im gleichnamigen State Park direkt am Meer gibt es schöne Strände für Badegäste und Surfer sowie eine von Anglern stark frequentierte Pier, die nach Sturmschäden nur tagsüber zugänglich ist.

Einmal Dänemark und zurück

Von Gaviota lohnt sich ein Abstecher ins 15 Meilen entfernte ❿ **Solvang.** Das malerische Städtchen versteht sich als eine Art Außenposten Dänemarks in Kalifornien, mit dänischen Läden, Bäckereien, einem Museum zum dänischen Erbe und als Kontrast der spanischen

Mission Santa Inés am Stadtrand. Versäumen Sie nicht, auf dem Rückweg nach Gaviota einige der hervorragenden Weine zu kosten, die hier im **Santa Ynez Valley** angebaut werden, und die dortigen Weingüter zu besuchen.

Sightseeing und Badevergnügen

Wieder zurück in Gaviota können Sie noch mal ein erfrischendes Bad im Meer genießen, bevor Sie schließlich dem Highway 101 in südöstlicher Richtung und entlang der Pazifikküste nach 11 ★★**Santa Barbara** folgen. Highlight der Stadt ist ihre zweitürmige Missionskirche ★★**Mission Santa Barbara**, die 1786 als 10. der 21 spanischen Missionsstation entstand. Ebenfalls nicht vepassen sollten Sie ihre in spanischen Stil erbaute Innenstadt und ihre herrlichen Badestränden am Pazifik. Bei einigermaßen passablem Wetter lohnt ein Schiffsausflug zum **Channel Islands National Park** auf den vorgelagerten gleichnamigen Inseln. Mit etwas Glück kann man im Santa Barbara Channel Wale und Delfine beobachten.

PAZIFIKMETROPOLEN MIT HINTERLAND

Start und Ziel: Los Angeles | **Länge der Tour:** 480 mi/772 km

Tour 5

Großstadtluft schnuppern, an der Pazifikküste baden oder surfen, abwechslungsreiche Wüstengebiete mit glühenden Steinen und Schatten spendenden Oasen durchqueren, berühmte Baum-Yuccas besuchen, Wasser- und Zugvögel beobachten – diese Tour bietet einen interessante Mischung aus zwei Pazifikmetropolen und abwechslungsreichen Naturerlebnissen. Da es in den Wüstengebieten vor allem im Sommer sehr trocken und sehr heiß werden kann, denken Sie an Sonnenschutz und genügend Wasser!

Von Stadt zu Stadt

Los geht es in 1 ★★**Los Angeles.** Studieren Sie vor einer Autofahrt durch die Mega-City am besten genau die Karte, man kann als Ungeübter und Ortsfremder leicht eine Autobahnausfahrt verpassen oder in die falsche Richtung fahren. Die Tour führt zunächst ins benach-

barte **Anaheim**, wo südlich der Stadt Disneyland, der berühmteste Vergnügungspark der Welt liegt. In der Heimat von Mickey Maus & Co. erwarten diverse Themenparks und Attraktionen wieder auf Vor-Covid-Niveau täglich über 50 000 Besucher. Weiter geht es Richtung Süden an der Küste entlang nach 2 ★**San Diego.** Die lässig-sportliche Metropole mit ihren kilometerlangen Sandstränden ist nicht so aufregend wie Los Angeles und nicht so kosmopolitisch wie San Francisco, doch ihre Bewohner lieben sie gerade deswegen. Im Gaslamp Quarter im Stadtzentrum San Diegos geht man zu Fuß, der ausgedehnte **Balboa Park** etwas weiter im Norden mit seinen Theatern und Museen entspricht auch nicht gerade dem Klischee von amerikanischen Großstädten.

Von Wüsten zu Oasen

Ab in die Wüste! Auf der I-8 ostwärts sowie der CA-79 N und CA-78 E erreichen Sie den 3 ★**Anza-Borrego Desert State Park**. Das Naturschutzgebiet, das mit einer Fläche von 2500 km² zu den größten in den USA gehört, ist abwechslungsreich wie sonst kaum ein anderes Wüstengebiet Nordamerikas. Steinige Ebenen, enge Canyons, dann wieder Wälder und Seen prägen das Landschaftsbild. In Oasen wachsen Palmen und sprudeln Quellen.

Fahren Sie auf der CA-78 weiter nach Osten, entdecken Sie in der Ferne in einer Senke unter dem Meeresspiegel die graublaue Wasseroberfläche eines fast 1000 km² großen flachen Sees, des 4 **Salton Sea**. Der Dammbruch eines Kanals vom Colorado River zum Imperial Valley hatte die Senke vor über 100 Jahren mit Wasser gefüllt, das langsam wieder verdunstet. Über 400 verschiedene Vogelarten nutzen das Feuchtgebiet als saisonalen Rastplatz.

Etwa 60 km nördlich erreichen Sie den berühmten Wüstenkurort 5 ★**Palm Springs**, ehemals der »Spielplatz der Reichen und der Filmstars«, in dem heute auch Normalsterbliche Unterkünfte finden. Von hier sind die riesigen Baum-Yuccas im 6 ★**Joshua Tree National Park,** der die Mojave-Wüste und die Colorado-Wüste vereint, nicht weit. Neben den Joshua Trees begegnen Ihnen hier auch Palmen, Kakteen und Sanddünen. Über Palm Springs geht es via I-10 schließlich wieder zurück nach 1 ★★**Los Angeles**.

Z
ZIELE

Magisch, aufregend, einfach schön

Alle Reiseziele sind alphabetisch geordnet. Sie haben die Freiheit der Reiseplanung

Zwergenhafter Besuch im Muir Woods National Monument ▶

CALIFORNIA

Fläche: 411 043 km² | **Einwohnerzahl:** 39 Mio. | **Hauptstadt:** Sacramento | **Beiname:** Golden State | **Zeitzone:** Pacific
Abkürzung: CA

Schneebedeckte Berge, bizarre Vulkanlandschaften, in der Hitze backende Wüsten, gischtumtoste Steilküsten, endlose Sandstrände und Einwohner, die Rollkragenpullis und Gummistiefel, aber auch Polohemden und Golfschuhe tragen: Der Bundesstaat Kalifornien hat einfach alles. Das typische Bild Kaliforniens prägt zweifellos der Süden des Golden State mit der Traumfabrik Hollywood, den endlosen Stränden und dem sonnigem Wetter. Nördlich von San Francisco beginnt hingegen das andere, weniger bekannte Kalifornien.

Golden State

»It never rains in …« – doch halt! Albert Hammond schrieb die Feel-Good-Hymne des Jahres 1972 mit Blick auf Südkalifornien. Der Norden hätte den Songwriter wohl auch kaum inspiriert, befinden sich hier doch drei Viertel der kalifornischen Wasservorräte. Und ja, in Nordkalifornien regnet es viel und häufig, und viele Städte, allen voran ▶ San Francisco, sind berühmt-berüchtigt für ihre Regengüsse und Nebelbänke. Warum also auch den Norden anvisieren, wenn der Süden so viel angenehmer erscheint? Für die Antwort reicht ein Satz: Weil er leerer ist. Und, würden Naturfreunde und gestresste Stadtneurotiker hinzufügen, natürlicher und weniger prätentiös. »What you see is what you get«, sagen die Amerikaner in so einem Fall. Was Du kriegst, ist keine Mogelpackung. Was Du siehst, ist echt. Landschaftlich ist Nordkalifornien ein abwechslungsreiches Büfett mit – letztlich ist auch hier Amerika – einem Faible für Superlative. Es gibt Sandstrände – leider, oder Gott sei Dank, ist der Pazifik hier bereits zum Baden zu kalt – und aus dem Nebel ragende Steilküsten mit den höchsten und ältesten Bäumen der Welt. Gleich dahinter erhebt sich die steile und oft spektakuläre **Coast Range**. Sie begleitet die Küste von Santa Barbara bis nach Washington State und lässt sich nur in San Francisco von einer riesigen, ihrerseits wiederum arg zerbeulten Bay unterbrechen. Nur hier öffnet sich die kalifornische Küste der weitläufigen Ebene des **Central Valley**, die den Staat bei-

nahe der Länge nach durchquert. 60 km × 600 km groß, reicht dieses Becken von Bakersfield im Süden bis hinauf nach Redding und ist dank seines fruchtbaren Schwemmlandes eines der produktivsten Agrargebiete der Erde.
Nördlich von Redding beginnt die vulkanische **Cascade Range** mit ihrer schönsten und zugleich höchsten Visitenkarte: dem 4317 m hohen ▶ Mount Shasta. Etwas weiter östlich endet das Central Valley vor den bis weit in den Sommer hinein schneebedeckten Viertausendern der **Sierra Nevada**. Mit domartigen Granitgipfeln, grandiosen Wasserfällen und gewaltigen Canyons ist diese hochalpine Bergwelt eine der schönsten Landschaften der Welt.
Im Süden hat Kalifornien Anteil an den großen Wüstenregionen des US-amerikanischen Südwestens. Im heißen und trockenen **Death Valley** befindet sich der 86 m unter dem Meeresspiegel liegende tiefste Punkt der westlichen Hemisphäre. Ferner gehören Teile der **Mojave- und der Coloradowüste** zu Südkalifornien.
Trockene und warme Sommer sowie ergiebige Regenfälle im Winter sind die besonderen Merkmale des überwiegend **mediterran bis subtropisch** geprägten kalifornischen Klimas. Östlich der Sierra Nevada und ihrer südlichen Ausläufer, also in deren Windschatten, sowie ganz im Süden ist es das ganze Jahr über recht trocken. Gelegentlich sind warme Wüstenwinde (Santa-Ana-Winde) auch an der Küste im Großraum Los Angeles zu spüren.

31. Bundesstaat der USA

Geschichte

Schon lange vor der Landnahme durch Pioniere und Siedler aus Europa war Kalifornien von indigenen Völkern (u. a. Na-Dene, Hoka, Penuti, Aztek-Tano) besiedelt. Wohl als erster Europäer hat der **portugiesische Seefahrer Cabrilho** 1542 die kalifornische Pazifikküste erkundet. Ab 1769 setzten sich hier die Spanier fest, die entlang der Küste 21 Missionsstationen einrichteten. 1821 wurde Kalifornien Provinz des inzwischen von Spanien unabhängigen Staates Mexiko. 1846, als Krieg zwischen den USA und Mexiko ausbrach, reklamierte Kalifornien für sich die Unabhängigkeit. Zwei Jahre später, im Frieden von Guadalupe Hidalgo, wurde das Gebiet des heutigen Bundesstaates Kalifornien den USA zugeschlagen und 1849 als 31. Unionsstaat aufgenommen. Von 1846 bis 1848 strömten rund 250 000 Neusiedler von Osten nach Kalifornien – die meisten waren auf der Suche nach Gold. Alsbald sollte der Bundesstaat zum **wirtschaftlichen Schwergewicht** des amerikanischen Westens werden und ist heute eine globale Wirtschaftsmacht.

Die achtgrößte Volkswirtschaft der Erde

Wirtschaft

Kalifornien ist nicht gerade arm an Bodenschätzen, denn die Vorkommen an Buntmetallen, Erdöl und Erdgas sind beachtlich. Eine tragende Rolle in der Wirtschaft des Golden State spielt auch das

Agro-Business, das sich größtenteils auf den Bewässerungsfeldbau stützt. Angebaut werden u. a. Gemüse, Zitrusfrüchte, Weintrauben, Walnüsse und Baumwolle. Etwa 80 % der US-amerikanischen Weine werden in Kalifornien erzeugt. Spätestens seit den 1940er-Jahren kam die industrielle Entwicklung in Kalifornien in Gang, allen voran die Kriegswaffenproduktion und der Flugzeugbau (vor allem im Großraum Los Angeles), die ihrerseits die Entstehung der IT- und Hightech-Industrie beflügelten. Diese ist vor allem im **Silicon Valley** südöstlich von San Francisco mit Facebook, Google, Tesla und Co. angesiedelt. Weitere wichtige Industriezweige sind der Fahrzeugbau und die Lebensmittelproduktion. **Hollywood**, heute mitten im Ballungsraum Los Angeles gelegen, entwickelte sich zum Zentrum der US-amerikanischen Filmindustrie.

Sammelbecken vieler Ethnien

Bevölkerung

Mit 39 Mio. Menschen – über zehn Prozent der Gesamtbevölkerung – ist Kalifornien der bevölkerungsreichste US-Bundesstaat. Die Mehrheit der Bevölkerung (39,3 Prozent) stammt aus Lateinamerika, meist aus Mexiko, und bezeichnet sich als »Hispanics«, 36,8 Prozent sind Weiße. 15,3 Prozent sind asiatischer, 6,5 Prozent afroamerikanischer und 1,6 Prozent indigener Abstammung.

★★ BIG SUR

E 14/15

County: Monterey | **Höhe:** 0 – ca. 800 m ü.d.M.

Der Name Big Sur weckt Träume von einer großartigen Landschaft. Der California Highway 1 führt von Monterey nach Süden, etwa 100 km immer an der Küste des Pazifik entlang. Eine einsame Szenerie mit Steilküsten und Wäldern an den Ausläufern der Santa Lucia Mountains.

Big Sur ist eines der schönsten bewaldeten Küstengebiete im nördlichen Kalifornien, das sich zwischen der Halbinsel ▶ Monterey und San Simeon im Süden ersteckt. Größere Teile stehen unter **Naturschutz**, denn hier brüten Kalifornische Kondore. Wiederholt wurde die herrliche Küstenlandschaft von verheerenden Wald- und Buschbränden heimgesucht (2008, 2016, 2018), von denen sich die geschundene Landschaft langsam erholt. Wer die schmale, gewundene Straße entlang fährt, kann empfinden, wie die Pazifikküste früher einmal ausgesehen hat. Keine riesigen Werbeplakate, Fastfood-Ketten oder Tankstellen (außer in Big Sur Village) stören

EIN WASSERFALL AM STRAND

Kleiner Spaziergang mit großer Belohnung: Nur 800 m hin und zurück geht es den »Waterfall Overlook Trail« im Julia Pfeiffer Burns State Park an der Küste von Big Sur entlang. Der Aussichtspunkt am Ende der kurzen Strecke bietet nicht nur das grandiose Panorama des Pazifiks, sondern einen herrlichen Blick auf die McWay Falls, einen Wasserfall, der über eine Granitklippe in eine sandige Bucht stürzt. (▶ S. 50)

den wunderbaren Natureindruck. Haltebuchten an den schönsten Aussichtspunkten bieten Gelegenheit zum Innehalten oder Fotografieren, mehrere Brücken, wie die **Rocky Creek Bridge** oder die **Bixby Bridge**, überspannen Schluchten, in denen sprudelnde Bäche sich einen Weg zum Meer suchen.
Vom Highway 1 bieten sich **herrliche Ausblicke** auf die malerische Pazifikküste. Landeinwärts erheben sich bewaldete und durch ein weitläufiges Wanderwegenetz erschlossene Bergrücken. Flüsse und Bäche haben tiefe Canyons in die Felslandschaft der Ventana Wilderness und der St. Lucia Mountains gegraben.
Der Name des Küstenstreifens verbindet sich mit einem prominenten Künstler: **Henry Miller** lebte hier 18 Jahre. Ein Freund des großen Schriftsetellers richtete eine Henry Miller Library ein. **Jack Kerouac**, Literat der »Beat Generation«, pries Landschaft und einsame Bewohner in seinem Roman »Big Sur« (1962). **Elizabeth Taylor** spielte 1965 mit Richard Burton im Hollywood-Film »... die alles begehren« (»The Sandpiper«) eine Künstlerin aus Big Sur,

und **Joan Baez** organisierte hier 1969 das Folk Festival »Celebration at Big Sur«.

Henry Miller Library: 48603 Highway 1 (CA-1) | Mi. – Mo. 11 – 18 Uhr Tel. 1 831 6 67 25 74 | Eintritt frei, Spende erbeten https://henrymiller.org

See-Elefanten beim Sonnenbaden beobachten

Piedras Blancas

Nicht weit von San Simeon erreichen Sie diesen großartigen Aussichtspunkt mit **Leuchtturm**. Von hier aus erblicken Sie größere Kolonien von Elefant Seals (See-Elefanten), die dicht an dicht am Strand liegen und sich von der Sonne bescheinen lassen.

Zu Besuch bei Mammutbäumen

Pfeiffer Big Sur State Park

Der 26 mi/42 km südlich von Carmel gelegene State Park schützt ein Stück Landschaft, in dem noch mächtige Küstenmammutbäume **(Redwoods)** stehen. Einen ersten Eindruck verschafft der 3 km lange Valley View and Pfeiffer Falls Trail. Außerdem gibt es hier einige fantastische Badeplätze. Der State Park ist auch ein guter Ausgangspunkt für Erkundungen des rauen Hinterlands der **Ventana Wilderness**.

47555 CA-1, Sycamore Canyon Rd. (nicht für größere Wohnmobile geeignet!), Big Sur, CA 93920 | 8 Uhr bis Sonnenuntergang 10 $ pro Pkw | www.parks.ca.gov

Highlight am Strand

Julia Pfeiffer Burns State Park

Der Zugang zum Julia Pfeiffer Burns State Park liegt rund 10 mi/16 km südlich des Pfeiffer Big Sur State Park. Wanderwege führen durch Redwood- und Eichenwäldchen. Der Waterfall Overlook Trail entlang dem McWay Creek endet bei den spektakulären **McWay Falls**, einem Wasserfall, der sich aus 24 m Höhe direkt auf den Pazifik-

BIG SUR ERLEBEN

BIG SUR CHAMBER OF COMMERCE
Tel. 1 831 6 67 21 00
www.bigsurcalifornia.org

NEPENTHE €€€–€€
Das Café-Restaurant direkt am California Highway 1 ist ideal für eine Rast. Traumhafte Ausblicke auf die Küste, und dann die Geschichten: Orson Welles und Rita Hayworth verbrachten hier verliebte Stunden in einer Blockhütte, und Henry Miller saß an seiner Schreibmaschine.
48510 CA-1
Big Sur
www.nepenthe.com

6X

EINFACH UNBEZAHLBAR

Erlebnisse, die für Geld nicht zu bekommen sind

1. PER PEDES

Den salzigen Wind in der Nase, das Vibrieren des Verkehrs unter den Füßen und ein grandioses Panorama, wohin man auch schaut: Zu Fuß über die Golden Gate Bridge in **San Francisco** ist ein absolutes Highlight. Ausgangspunkt: das Golden Gate Bridge Welcome Center.
▶ **S. 170, CA**

2. AUGENSCHMAUS

1885 ganz aus Redwood gebaut, mit kunstvollen Fensterrahmen Dächern, ist das auf einer kleinen Anhöhe in **Eureka** liegende Carson Mansion das schönste Haus dieses Küstenabschnitts.
▶ **S. 59, CA**

3. ROBBEN AM MEER

Am Strand von **Piedras Blancas** liegen oft mehr als 1000 See-Elefanten (Foto) dicht an dicht. Vom Parkplatz »Friends of the Elephant Seals« an der CA-1 kann man sie ungestört beobachten. ▶ **S. 50, CA**

4. PORTLANDS ZAUBERWALD

Flüsschen, Brücken, dichter Baumbestand und schöne Spazierwege: Der Washington Park in **Portland** ist eine grüne Lunge mit Rosen- und Japanischem Garten. ▶ **S. 269, OR**

5. BLICKPUNKT SEATTLE

Der Blick von der Space Needle ist zwar wunderbar, allerdings sieht man **Seattle** dann ohne sein Wahrzeichen. Diesen Blick gibt es vom Gas Works Parks auf der anderen Seite des Lake Unions und vom Kerry Park aus. ▶ **S. 329, WA**

6. KUNSTTEMPEL

Der Eintritt ins Getty Center von **Los Angeles** mit ihrer Sammlung von Skulpturen, Gemälden, Zeichnungen, Manuskripten und Fotografien ist umsonst. Wer mit dem eigenen Auto kommt, muss eine Parkgebühr entrichten.
▶ **S. 93, CA**

strand stürzt (▶ Magischer Moment, S. 49). Diese Bucht ist für Besucher jedoch gesperrt. Der Wasserfall gehört zu den dramatischen und romantischen Highlights der wilden Küste südlich von Monterey.
Im Dezember und Januar können Sie von hier nicht selten **Grauwale** ausmachen, die von Alaska in Richtung Baja California unterwegs sind (▶ Baedeker Wissen S. 152).
52801 CA-1, Big Sur, CA 93920 | Tel. (831) 667-1112 | 10 $ pro Pkw
www.parks.ca.gov

Hearst Castle

Kalifornisches Neuschwanstein
Etwa 53 mi/85 km weiter südlich auf der Highway gelangt man zum Hearst Castle. Was sich Pressezar und Industriemagnat **William Randolph Hearst** seit Beginn der 1920er-Jahre in den Ausläufern des Küstengebirges bei San Simeon errichten ließ, ist weit und breit einzigartig. Als Hearst 1951 starb, war der Palast mit Terrassen, Gärten, Pools und 165 Zimmern noch immer unvollendet. Im Gegensatz zu vielen anderen historischen Bauten ist das **Schloss** mitsamt seiner Inneneinrichtung im Originalzustand erhalten. So bekommt man einen guten Einblick in das ehemals üppige Leben seiner Bewohner.
Im Erdgeschoss des Hauses befinden sich das Speisezimmer, der Empfangsraum, das Billardzimmer, Kino und Küche sowie die Anrichten. Im Ersten Stock sind die Hauptbibliothek und die Schlafzimmer untergebracht, eine halbe Etage tiefer liegt die **Dogen-Suite** im venezianischen Stil mit einem Wohnzimmerbalkon, wie sie am Dogenpalast in Venedig zu sehen sind. Im Zweiten Stock liegt Hearsts eigene Suite. **Zwei Schwimmbäder** gehören zum Schloss: Das eine, das antik anmutende Neptunbad, befindet sich im Freien. Die Anregung für das andere, ein römisches Bad, soll Hearst bei einem Besuch des Galla-Placidia-Mausoleums in Ravenna bekommen haben.
Bei den **Führungen** wird Besuchern meist nicht genügend Zeit gelassen, um mehr als nur einen flüchtigen Eindruck zu erhalten von den zumeist aus Italien und Frankreich stammenden Möbeln, gotischen und Renaissance-Gobelins und gewaltigen Kamineinfassungen; ferner gibt es Perserteppiche, römische Mosaiken, geschnitzte Decken, eine fantastische Silbersammlung sowie viele Holz-, Marmor- und andere Skulpturen. Beim Visitor Center am Fuß des Hügels warten die Tourbusse für die Besichtigung. Die Touren dauern etwa zwei Stunden. Ein Film informiert mit Originalaufnahmen über den Bau, die Partys und die **illustre Gästeschar**, die oft an Wochenenden auf dem Privatflugplatz eingeflogen wurde, unter anderem Winston Churchill, Clark Gable und Carole Lombard, David Niven und Charlie Chaplin.
750 Hearst Castle Rd. San Simeon | Touren ab 9 Uhr, Abendtouren im Frühling und Herbst | Tagestour ab 30 $, Abendtour 41 $ | Tickets im Voraus (!) reservieren: Tel. 1 800 4 44 44 45 oder www.reservecalifornia.com | https://hearstcastle.org

★★ DEATH VALLEY NATIONAL PARK

Region: Inyo | **Tiefster Punkt:** 85,5 m u. d. M. | **Fläche:** 8367 km²
Gründungsjahr: 1933 (National Monument) bzw. 1994 (National Park)

J/K 13–15

Eine Region der Extreme: Im Sommer klettert das Thermometer jeden Tag über 40 °C, der tiefste Punkt liegt 86 m unter dem Meeresspiegel, und mit weniger als 30 mm Niederschlägen im Jahr ist es extrem trocken. Doch die Natur entschädigt mit Panoramen von geradezu überirdischer Schönheit bei Sonnenaufgang am zerfurchten Zabriskie Point oder einem Meer von Wildblumen nach einem Frühlingsregen.

Das heutige Death Valley brach vor etwa 3 Mio. Jahren am Ende des Tertiär ein, zugleich wurden die Grabenränder – im Osten Dante's View (1669 m), Telescope Peak (3368 m) im Westen – emporgehoben. Beiderseits des Grabens verlaufen Störungslinien, entlang derer sich einzelne Schollen der Erdkruste bewegen. Während der letzten Eiszeit erfüllte ein See den Graben, dessen Uferlinien etwa 120–150 m über dem heutigen Talboden erkennbar sind, und der im Zuge der nacheiszeitlichen Klimaerwärmung verdunstete. Vulkanische Aktivitäten im Norden und am Ostrand des Grabens zeigen, dass die Erdkruste noch immer nicht zur Ruhe kam. Im Death Valley findet man **Gestein aus allen Perioden** der Erdgeschichte. Erst in geologisch junger Zeit entstanden die tonigen Ablagerungen und Sanddünen.

»Brennendes Land« und »Weißes Gold der Wüste«

Entdeckung

Die Ureinwohner nannten das heiße Tal **Tomesha** (»Brennendes Land«). Von weißen Goldsuchern, die auf dem Weg nach Westen eine Abkürzung suchten, wurde die Region 1849 entdeckt. Sie kamen nur mit Mühe und Not wieder heraus, mussten ihre Wagen im Stich lassen und die Ochsen, die sie zogen, aufessen, um nicht zu verhungern. Ihnen folgten später andere, die glaubten, sie würden Gold und Silber finden. Sie entdeckten auch einige Adern dieser wertvollen Metalle, doch tatsächlich lohnte sich ihre Mühe kaum, und sie zogen in andere Gebiete weiter. Doch dann wurde **Borax** gefunden, das »Weiße Gold der Wüste«, ein von der Industrie begehrtes Mineral als Grundstoff zur Herstellung von Wasch-, Putz- und Desinfektionsmitteln sowie Flussmittel beim Schweißen und Löten. Heute wird es vor allem bei der Herstellung von Glas und Waschmitteln verwendet. Anfangs benötigten Pferde- und Eselgespanne mit ihrer Borax-Fracht zehn Tage für den 165 mi/264 km langen Weg in den Ort Mojave.

Schließlich baute man eine Eisenbahn. 1881 eröffneten die Harmony Borax Works in der Nähe von Furnace Creek. Heute sind die Anlagen teilweise restauriert und für Besucher zugänglich (▶ S. 58). Die imposanten Szenerien dieser geologisch vielgestaltigen Wüste – in der schon 56,7 °C gemessen wurden – mit ihren wundersamen Fels-Einöden und Sanddünen bergen unerwartet viele Quellen sowie ein hochinteressantes Tier- und Pflanzenleben. Felszeichnungen, Feuerstätten und Versorgungspfade fand man als Zeugnisse frühgeschichtlicher Besiedlung überall im Death Valley. Das »Tal des Todes« wurde 1933 zum National Monument erhoben und 1994 – nach Ausdehnung seiner Grenzen – als National Park ausgewiesen.

Wege ins Tal des Todes

Anreise

Von Los Angeles im Südwesten sind es 300 mi/480 km via I-15 bis Baker, dann weiter via CA-127 bis zum Hinweisschild Dante's View.

Das Tal des Todes wurde vielen schon zum Verhängnis, trotzdem – oder vielleicht gerade deswegen – übt es eine magische Anziehungskraft aus.

Dann folgt man der CA-190 zum Visitor Center in Furnace Creek. Von Lone Pine im Nordwesten (östl. des Sequoia National Park, CA-395) gelangt man via CA-136 und CA-190 ins Death Valley.
Von Nordosten zweigt die NV-267 von der US-95 bei Scotty's Junction ab. Sie führt direkt in den Nationalpark zu Scotty's Castle und zum Ubehebe Crater.
Vom 140 mi/224 km entfernten Las Vegas in Nevada führen die US-95 und die NV-373 bis zur Death Valley Junction. Dort folgt man der CA-190 zum Visitor Center in Furnace Creek.

Wichtig zu wissen

Sicherheit

Am besten besuchen Sie das »Tal des Todes« zwischen Ende Oktober und April. Dann sind die Temperaturen angenehm, und man kann kleine Wanderungen unternehmen. In den Sommermonaten immer **ausreichend Trinkwasser** mit sich führen. Eine Autotour **immer mit vollem Tank** starten und die befestigten Straßen nicht

DEATH VALLEY NATIONAL PARK ERLEBEN

FURNACE CREEK VISITOR CENTER & MUSEUM
Furnace Creek, CA-190
CA 92328
Tel. 1 760 7 86 32 00
8–17 Uhr
30 $ pro Pkw
www.nps.gov/deva

❶ THE OASIS AT DEATH VALLEY €€€€
Anlage im Missionsstil, mit Pool und sehr gutem Restaurant, im Sommer geschlossen.
CA-190
Tel. 1 800 2 36 79 16
www.oasisatdeathvalley.com

❷ RANCH AT THE VALLEY €€€
Familienfreundliches Motel.
Adresse wie Furnace Creek Visitor Center

❸ STOVEPIPE WELLS VILLAGE €€€
Freundliche Herberge, einige Zimmer mit Terrasse und schönem Ausblick.
51880 CA-190
Tel. 760 786 7090
www.deathvalleyhotels.com

verlassen. Bei einer Panne nicht zu Fuß weitergehen, sondern am Auto bleiben, die Motorhaube öffnen und auf Hilfe warten.

Wohin im Death Valley?

Erster Halt: Visitor Center

Furnace Creek

Die Oase von Furnace Creek bietet alles um sich zu informieren, für einen Pausenstopp oder eine Zwischenübernachtung. Die Ausstellung im Visitor Center informiert den verblüfften Besucher über 900 Pflanzenarten im Death Valley, Tierarten wie Dickhornschafe, Kojote, Eidechsen, sogar Fische und Krabben, die hier leben, angepasst an die extremen Umweltbedingungen.

Besonders schön am Nachmittag

Zabriskie Point

Bei Zabriskie Point südöstlich von Furnace Creek beeindrucken besonders im Licht der Nachmittagssonne die wild zerfurchten und blanken **Badlands** der lehmig-gelben bis dunkelbraunen Felsfurchen.

Blick ins Inferno

Dante's View

Die Straße Richtung Süden klettert auf 1669 m zur **Aussichtsplattform** Dante's View (als Anspielung auf das von dem italienischen Dichter geschilderte Inferno). Weit geht der Blick von hier ins Tal und auf **Badwater**, den tiefsten Punkt des amerikanischen Kontinents.

Nur wenige Meilen westlich erheben sich die oft bis in den Juni schneebedeckten Panamint Mountains mit dem **Telescope Peak** (3368 m) als höchstem Punkt.

Vom Golfplatz des Teufels zum tiefsten Punkt der USA

Devil's Golf Course, Artist's Drive

Über die East Side Road geht es zum Devil's Golf Course (Teufels Golfplatz), einer riesigen Fläche, die mit bizarren Salzkristallen bedeckt ist. Nächste Station ist Artist's Drive, eine gewundene Einbahnstraße, deren schönster Teil »Maler-Palette« heißt, weil die Felsen in vielen Farben leuchten. Wenig später gelangt man zum **Badwater**, dem kümmerlichen, brackigen, von einer Salzkruste umrandeten Überrest eines eiszeitlichen Sees, der einst das Tal des Todes bedeckt hatte. Er markiert den tiefsten Punkt der USA: 282 ft/86 m unter Normalnull. Während es an Dante's Point etwa 20 °C kühler (und windiger) war als in Furnace Creek, ist es hier noch mal 6 bis 8 °C wärmer.

Eine kurze Zufahrt ...

Harmony Borax Works

... führt nördlich der Oase Furnace Creek zu den stillgelegten Harmony Borax Works. Alte Maschinen und Ausstellungstafeln informieren über die früheren Bergbauaktivitäten.

Folgt man der CA-190 nach Westen, kommt man zur Siedlung **Stovepipe Wells** mit Tankstelle, Laden, Campingplatz und Herberge und den benachbarten riesigen Sanddünen, die am schönsten gegen Sonnenuntergang beleuchtet sind.

Welt der Vulkane

Ubehebe Crater

Von den Boraxwerken geht es nordwärts zum etwa 122 m tiefen Ubehebe Crater (732 m; Durchm. 722 m) der nach einem Vulkanausbruch vor 2000–7000 Jahre entstand. In seiner Nachbarschaft liegen der **Little Hebe Crater** und etwa 50 mi/80 km entfernt (nördl. von Beatty in Nevada) die riesige Timber Mountain Caldera und die Black Mountain Caldera.

Skurriles in der Wüste

Scotty's Castle

Ganz in der Nähe liegt das seltsame Scotty's Castle, errichtet in den 1920er-Jahren vom Chicagoer Geschäftsmann Albert Johnson. Das Haupthaus mit seinem 15 m hohen Wohnzimmer, Stallungen und andere Gebäude sind in **spanisch-maurischem Stil** gehalten. Im oberen Stockwerk liegen die Schlafzimmer und ein ungewöhnlicher Musikraum mit einer prunkvollen mechanischen Orgel (1600 Pfeifen) mit Musikwalzen. Das Anwesen wurde nie vollendet: Bevor Garten, Swimmingpool und verkachelter Lichthof fertig waren, kam der Börsenkrach von 1929, bei dem Johnson fast sein ganzes Geld verlor.

Der Name des Hauses geht zurück auf den Abenteurer und Hochstapler **Death Valley Scotty**. Obwohl ihm nie auch nur ein Stein gehörte, erzählte er, er sei Besitzer dieses Haus und Johnson »nur« sein Bankier. Im Oktober 2015 wurde das Gelände des Scotty's Castle nach ungewöhnlich heftigen Regenfällen überschwemmt und ist voraussichtlich erst 2024 wieder zugänglich.

www.nps.gov/deva

EUREKA

Region: Humboldt County | **Einwohnerzahl:** 26 100
Höhe: 0 – 13 m ü.d.M.

Fast könnte man es vom Highway 101 aus übersehen: Das alte, schöne Eureka versteckt sich hinter einem grellen Einerlei aus Malls und Drive-in-Restaurants. Dabei gehört die am Südufer der Humboldt Bay liegende Old Town zu den besterhaltenen viktorianischen Stadtzentren der Westküste.

Eureka wurde 1850 während des kalifornischen **Goldrauschs** von Landerschließungsgesellschaften gegründet – daher das griechische »eureka« Wort für »Ich hab's gefunden« als Stadtname. Dank eines natürlichen Tiefseehafens wurde der Nachbar Arcata (▶ S. 62) als Verkehrsdrehscheibe schnell überflügelt. Fischfang und Holzindustrie brachten im späten 19. Jh. viel Geld in die Stadt und sind noch immer ihre wichtigsten Einnahmequellen.
Und dann ist da natürlich der **Tourismus**: Viele Reisende machen hier Station, bevor sie zu den **Redwood-Wäldern** weiter nördlich aufbrechen.

Wohin in Eureka?

Gut erhaltene alte Architektur

★ Old Town

Während nach dem Zweiten Weltkrieg verschönerungswütige Städteplaner über die amerikanischen Städte herfielen, blieb Eurekas alte Bausubstanz von Abrissbirnen verschont. Die am Wasser liegende Altstadt kann daher mit schönen Häusern jeglichen damals modischen Baustils punkten. »Queen Ann«, »Colonial Revival« und »Greek Revival« – es ist alles da, was Liebhabern alter Architektur die Herzen höher schlagen lässt, v. a. an der 2nd St., der 15th St. und der O Street. Das am meisten fotografierte Haus ist **Carson Mansion** (2nd u. M Sts., nicht zugänglich), 1886 für den Holz-Magnaten William Carson ganz aus Redwood-Holz im verspielten Queen Ann Style erbaut.

Masten und Türmchen in Sicht

Woodley Island Marina

Am Ende der L St. beginnt die Waterfront Eurekas. Von hier aus haben Sie einen schönen Blick auf den Betrieb am Fischerhafen. Der Weg nach Woodley Island führt über die **Samoa Bridge**. Vom dortigen Jachthafen stechen herrliche Segelschiffe in See. Unweit davon steht der historische **Table-Bluff-Leuchtturm**, ein fotogenes viktorianisches Türmchen mit rotem Dach.

EUREKA ERLEBEN

EUREKA VISITOR CENTER

108 F Street, Old Town
Eureka, CA 95501
Di. – Sa. 10 – 18 Uhr,
So. 11 bis 16 Uhr
www.visitredwoods.com

RESTAURANT 301 €€€€

Wenn ein Restaurant gleich mehrmals mit dem prestigeträchtigen Wine Spectator Grand Award ausgezeichnet worden ist, darf man guten Gewissens einen unvergesslichen Abend erwarten. In diesem Fall mit organischen Produkten aus der Umgebung fantasievoll zubereiteten Gerichten und genial abgestimmten Weinen.
301 L St. (im Carter House Inn)
Tel. 1 707 4 44 80 62

THE SEA GRILL €€€

Im Sea Grill geht es etwas relaxter zu, doch die Küche kann sich auch hier sehen bzw. schmecken lassen. Täglich frischer Fisch und frische Meeresfrüchte, aber auch saftige Steaks aus nachhaltiger Zucht aus der Region.
316 E St., Tel. 1 707 4 43 71 87

SAMOA COOKHOUSE €€

Die letzte der einst an dieser Küste weit verbreiteten Arbeiter-Kantinen: Hier gibts morgens bis abends Kalorienreiches, wie French Toast mit Würstchen und Eiern, BBQ-Ribs, Meatloaf und Chicken Marsala.
908 Vance Ave
Samoa, California 95564
Tel. 1 707 4 42 16 59

THE PINC LADY MANSION €€–€€€

Hübsch altmodisch eingerichtete Zimmer in 140 Jahre altem Haus. Mit Garten und Terrasse. Einige Zimmer mit Meeresblick.
202 M Street
Tel. 1 (510) 909-4580
https://pincladymansion.com

VICTORIAN INN €€€

Herrliches Schmuckstück aus vergangenen Zeiten mit zwölf romantischen Zimmern und einnehmend freundlichem Personal.
400 Ocean Ave., Ferndale
Tel. 1 707 7 86 49 49
www.victorianvillageinn.com

STUDIO 6 EUREKA €–€€

Preiswert und sauber in der Altstadt, eine Marke der Motel6-Marke.
129 4th Street, Eureka
Tel. 1 707 443 9751
https://www.studio6.com/en/home/motels.ca.eureka.5317.html

War das etwa ein Echo?

Sequoia Park & Zoo

Nach dem Besuch dieses hübschen kleinen Zoos am Rand eines dichten Sequoia-Waldes werden Sie Wälder mit anderen Augen sehen. Tauschen Sie ein ins Halbdunkel der Redwoods, atmen Sie deren würzigen Geruch tief ein und bestaunen Sie diese alten Gigan-

Kein Besuch in Eureka, ohne die verspielte Carson Mansion in einem Urlaubsbild einzufangen.

ten. Genießen Sie auch den neuen Redwood Sky Walk. Und rufen Sie einmal laut in den Wald hinein …
3414 W St. | Mo. 12 – 16, Di. – So. 10 – 17 Uhr | Eintritt 25 $
www.sequoiaparkzoo.net

Kunst und regionale Geschichte

Museen

Das **Morris Graves Museum of Art** zeigt neben Arbeiten junger Künstler aus der Region die Werke des Expressionisten Morris Graves, der bis zu seinem Tod im Jahr 2001 in Eureka wohnte.
Goldrausch, Holzwirtschaft, der Untergang der hiesigen indigenen Stämme, Fischfang, Besiedlung: Das in einem neoklassizistischen Gebäude untergebrachte **Clarke Historical Museum** behebergt einen informativen und teilweise sehr engagierten Querschnitt durch die Ortsgeschichte.
Morris Graves Museum of Art: 636 F St. | Mi. – So. 12 – 17 Uhr
Eintritt 5 $ | www.humboldtarts.org
Clarke Historical Museum: 240 E St. | Di. – Sa. 10 – 18, So. 11 – 16
Eintritt 5 $ | www.clarkemuseum.org

Rund um Eureka

Sympathische Studentenstadt

Arcata

Das ebenso alte Hafenstädtchen Arcata liegt am Nordende der Humboldt Bay, ca. 12 mi/19 km nördlich von Eureka. Die Hälfte der 17 300 Einwohner sind Studenten der 1913 eröffneten Humboldt State University. Der Alltag in diesem netten College-Städtchen findet deshalb vor allem in den Coffee Shops und Restaurants rund um den mit Palmen bestandenen **Center Square** statt. Bevor Sie also zur Tagestour in die naheliegenden Redwood National und State Parks aufbrechen, lohnt sich ein kurzer Besuch der hiesigen **Kunstgalerien** im Zentrum und ein Bummel zu den schönsten viktorianischen Gebäuden Arcatas, darunter das 1914 eröffnete **Minor Theatre**, eines der ältesten noch in Betrieb befindlichen Kinos der USA (1001 H St.). Gleich daneben bietet die Secondhand-Buchhandlung **Tin Can Mailman** auf zwei üppig mit Pflanzen dekorierten Etagen mehrere Hunderttausend Bücher an.
Schließlich bereitet ein Besuch des **Humboldt State University Natural History Museum** mit seinen fachkundigen Ausstellungen auf die Fauna und Flora der Redwood-Wälder vor.
1242 G St. | Di. – Sa. 10 – 17 Uhr | Eintritt 8 $ | www2.humboldt.edu/natmus

Unberührt und wildromantisch

Lost Coast

Es klingt geradezu unglaublich – und doch: Südlich von Eureka sind fast 130 km Küste dem Tourismus weitgehend entgangen. Die meisten Besucher lassen sich von der weltberühmten »Avenue of the Giants« (▶ S. 131) gefangen nehmen und fahren deshalb daran vorbei. Doch man sollte bei **Weott** einen Abstecher zum Pazifik wagen. Unverbaut und naturbelassen, ist die durch vier Stichstraßen – nur zwei davon sind asphaltiert – mit dem Landesinneren verbundene Lost Coast der entlegenste Küstenabschnitt zwischen Alaska und Baja California. Einsame Ranches liegen auf zum Pazifik abfallendem Grasland, bis zu 1200 m hohe, von zwei Dutzend Flüssen zerschnittene Bergrücken ließen in den 1920er-Jahren Straßenbautrupps landeinwärts nach einer besseren Trasse für den Highway 101 suchen. Kühe mampfen grünes Gras, und morgens legt der Pazifik über alles eine Dunstglocke, die sich jedoch im Lauf des Tages verflüchtigt.
Am nördlichen Ende dieser wildromantischen Naturlandschaft, knapp 20 mi/32 km südlich von Eureka, liegt das 1852 von dänischen Einwanderern gegründete Städtchen **Ferndale** (1400 Einw.), das komplett unter Denkmalschutz steht. Warum, sieht man, sobald man die Stadtgrenze überquert: Herrliche viktorianische Häuser, meist im Queen-Ann- und neugotischen Stil, aus den 1880er-Jahren säumen die Main Street, Erinnerungen an die Zeit, als eine blühen-

de Milchwirtschaft viel Geld in die Kassen spülte und die »butterfat palaces« genannten Residenzen finanzierte.

Das hübsche **Ferndale Museum** konserviert die gute alte Zeit mit Fotos und Haushaltsgegenständen Den besten Eindruck von Ferndale allerdings verschafft ein gemütlicher Bummel über die Main Street mit ihren kleinen Geschäften und Restaurants.

515 Shaw St. | Feb. – Dez. Mi. – Sa. 11 – 16, So. 13 – 16 Uhr
Eintritt frei, Spenden erwünscht | www.ferndale-museum.org

GOLD COUNTRY

Region: Nevada, Placer, El Dorado, Amador und Calaveras Counties

Welch eine Ironie der Geschichte! Kaum hatte Mexiko Kalifornien 1848 an die USA verloren, fanden die »Gringos« in den Foothills der Sierra Nevada Gold. Und zwar so viel, dass der Golden State mühelos einen Blitzstart ins amerikanische Kollektivbewusstsein hinlegen konnte.

Der zweispurige Highway 49 kurvt vorsichtig durch unübersichtliches Terrain: Schneller als mit 45 mi/h (70 km/h) geht es nicht; Bergfalten, Canyons und Flüsse bremsen den Reisenden aus. In den Foothills der **Sierra Nevada** kommen Sie dem Klischee des Wilden Westens recht nahe – mit stillgelegten Minen und Stollen in durchlöcherten Berghängen, Ranches mit Windrädern und Staubwolken aufwirbelnden Pferden, Geisterstädten und kleinen Ortschaften, die mit ihren Boardwalks und Saloons locker als Spielplätze für Clint Eastwood und Quentin Tarantino durchgehen könnten.

Von **Sierra City** im Norden bis nach **Mariposa**, 560 km weiter südlich vor den Toren des ► Yosemite National Park, erlebte dieses Gebiet zwischen 1848 und 1855 einen beispiellosen **Goldrausch**. Rund 300 000 Männer und Frauen suchten nach dem gelben Edelmetall und entrissen den Bächen, Flüssen und Hängen Gold im Wert vieler Milliarden Dollar. Für Kalifornien hatte der Goldrausch weit reichende Folgen: Über Nacht entstanden neue Städte, Straßen und Eisenbahnlinien wurden gebaut, und ► San Francisco verwandelte sich von einem Dorf in eine moderne Großstadt. Viele der Boomtowns überlebten den Goldrausch nicht. Sie verschwanden so schnell, wie sie entstanden waren. Andere entdeckten ihre fotogene Goldrausch-Kulisse als Einnahmequelle. Ein **Roadtrip** auf dem Highway 49 ist eine Reise in die Kindertage Kaliforniens.

GOLD COUNTRY ERLEBEN

GOLD COUNTRY VISITORS ASSOCIATION
P. O. Box 637 Angels Camp
CA 95222, Tel. 1 800 2 25 37 64
www.visitgoldcountry.com

KAJAK, RAFTING

TRIBUTARY WHITEWATER TOURS
6500 State Highway 49
Lotus, CA 95651-9764
1 530 626 7385
https://whitewatertours.com

MOTHER LODE, RIVER CENTER
6280 Hwy 49, Lotus, CA 95651
Tel. 1 530 6 26 41 87
www.malode.com

LOLA €€–€€€
Französisch-kalifornische Vibes auf dem Teller wie Steak Tartar und Zwiebelsuppe mit frischen Baguette. Im historischen National Exchange Hotel.
211 Broad Street, Tel. 1 530 362 7605, www.thenationalexchange hotel.com/dining/lola/

STONEHOUSE RESTAURANT €€€
So solide wie die Küche – gute amerikanische Steaks, großzügige Portionen – ist das aus Granit und schweren Hölzern errichtete Gebäude.
107 Sacramento St. Nevada City
Tel. 1 530 2 65 50 50

TOFANELLI'S €€
Dies ist kein Italiener, sondern der kulinarische Nachbarschaftstreff der Stadt. Burger, Pasta, Steaks in hemdsärmelger Atmosphäre.
302 W. Main St. Grass Valley
Tel. 1 530 2 72 14 68

THE HOLBROOKE HOTEL €€€
Vom Saloon und Stundenhotel zur prestigeträchtigen Herberge, in der schon vier US-Präsidenten abgestiegen sind: ein typisch amerikanischer Lebenslauf! 28 kleine, aber gemütliche Zimmer.
212 W. Main St. Grass Valley
Tel. 1 530 4 60 19 45
www.holbrooke.com

COLUMBIA CITY & FALLON HOTELS AND COTTAGES €€
Historisch detailgetreu restaurierte Hotels im Historic State Park mit 10 bzw. 19 kleinen, relativ nüchtern eingerichteten Zimmern.
22768 Main St., Columbia
Tel. 1 800 5 32 14 79
http://visitcolumbiacalifornia.com/lodging

Wohin im Gold Country?

Nevada City

Nostalgische Zeitreise
Das alte **Stadtzentrum** von Nevada City (3000 Einw.) um die Main Street steht komplett unter Denkmalschutz und verführt Sie mit seinen schönen viktorianischen Häusern und Wildwest-Fassaden zu ei-

ner bemerkenswerten Reise zurück in die Zeit, als der Ort mit 10 000 Einwohnern Kaliforniens drittgrößte Stadt war.
Sehenswert sind vor allem das niedliche, mit einem Glockenturm versehene **Firehouse No. 1 Museum** mit interessanten Ausstellungen zu den amerikanischen Ureinwohnern, das 1865 eröffnete und noch immer aktive **Nevada Theatre** (401 Broad Street), das von Mark Twain bis Mötley Crüe amerikanische Kulturschaffende jeglicher Couleur erlebt hat, und das herrliche, mit Nostalgie vollgestopfte **National Hotel** (211 Broad St.) mit seiner Bar aus Goldrauschzeiten und den filigran gearbeiteten Balkonen zur Straße hin.
Firehouse No. 1 Museum: 214 Main St. | Mai – Okt. Di. – So. 13 – 16 Uhr, Nov. – April auf Anfrage
Tel. 1 530 263 2496
www.nevadacountyhistory.org/firehouse-no-1-museum/

Ganz schön tief, das Loch

San Juan Ridge

46 km nordöstlich der Stadt, in der San Juan Ridge, liegt die »raison d'être« der Stadt. Damals hochmoderne hydraulische Schürftechniken wuschen hier bis 1884 einen halben Berg weg, um das begehrte Edelmetall zu fördern. Heute bewahrt der **Malakoff Diggins State Historic Park** das übrig gebliebene, 200 m tiefe Loch, diverse rekonstruierte Gebäude und ein gutes Museum.
23579 N. Bloomfield Rd. | tgl. von Sonnenaufgang bis Sonnenuntergang | Parkgebühr 10 $ pro Pkw | www.parks.ca.gov/

Wirtschaftliches Zentrum der Region

Grass Valley

Das größere Grass Valley (14 000 Einw.) ist weniger touristisch. 1851 war der Ort die reichste Stadt Kaliforniens. Ihre Goldrauschattraktionen präsentiert die Stadt ungleich nüchterner.
Die Hauptsehenswürdigkeit ist die vor den Toren der Stadt gelegene **Empire Mine**. Von 1850 bis 1956 ließ sie sich knapp sechs Millionen Unzen Gold entreißen und ist damit die ergiebigste Goldmine Kaliforniens. Heute ein Historic State Park, können Sie sich die restaurierten Minen und Gebäude auf geführten Touren anschauen. **Führungen unter Tage** – es gibt dort mehrere Hundert Kilometer Schächte und Stollen – gibt es auch.
North Star Mining Museum: Allison Ranch Rd. | Mai – Okt. Mi.–So. 12 bis 16 Uhr | Eintritt: 5$, gef. Touren | http://nevadacountyhistory.org
Empire Mine: 10791 E. Empire St. | tg. von 10 – 16 Uhr
Tel. 1 530 2 73 85 22 |www.parks.ca.gov

Anfänge des Goldrauschs

Coloma

In dem heute von dichten Wäldern und Wildblumenwiesen umgebenen 300-Seelen-Nest Coloma fing alles an. Am 24. Januar 1848 fand **James W. Marshall**, der hier für John Sutter in Sacramento eine Mühle am American River baute, im Wasserrad der Mühle ein schim-

Nicht erschrecken, in Columbia wird die wilde Goldrauschzeit zum Leben erweckt.

merndes Stück Metall. Sutter, so heißt es, war keineswegs erfreut über diesen Fund, befürchtete er doch – zu Recht – eine Invasion von Abenteurern und zwielichtigem Volk. Tatsächlich verbreitete sich die Kunde von dem Goldfund in der Sierra Nevada wie ein Lauffeuer, und bereits im Sommer 1848 suchten rund 2000 Menschen rund um Sutter's Mill nach Gold. Bald zählte Coloma 10 000 Einwohner. Die wenigen Gebäude, die von der einstigen Boomtown übrig geblieben sind, stehen heute größtenteils als **Marshall Gold Discovery State Historic Park** unter Schutz. Ein **Museum** erläutert die Bedeutung des Goldrausches für Kalifornien, und ein **Denkmal Marshalls** weist den Weg zu der Stelle, wo er den ersten Nugget entdeckte. Ein Nachbau von **Sutter's Mill** hilft, die Zeit zurückzudrehen.
310 Back St. | tgl. 10 – 17 Uhr | Parkgebühr 108 $ pro Pkw | Tel. 1 530 6 22 34 70 | www.parks.ca.gov

Western-Klassiker

Während in Nevada City und Grass Valley die Uhren nur langsamer schlagen, scheinen sie in Columbia (2000 Einw.) im Süden des Gold Country um 1860 einfach stehengeblieben zu sein. Der einst berühmte Goldgräberort war in seinen Glanzzeiten die zweitgrößte Stadt in Kalifornien. Zwölf für die Goldrauschzeit typische Häuserblocks wurden hier als **State Historic Park** für die Nachwelt konserviert, darunter eine Schule, eine Bank, diverse Saloons und die Wells-Fargo-Postkutschenstation. Die **Hotels**, allen voran das Fallon Hotel und das City Hotel, sind noch immer in Betrieb. Kein Wunder, dass so mancher Western-Klassiker hier gedreht wurde, darunter »Pale Rider« (1985) mit Clint Eastwood und »Behind the Mask of Zorro« (2007) mit Antonio Banderas.

11255 Jackson St., Columbia, CA 95310 | meist 10–17 Uhr
Eintritt frei | www.parks.ca.gov/?page_id=552

★★ LAKE TAHOE

Region: Sierra Nevada | **Höhe:** 1890 – 2758 m ü. d. M.

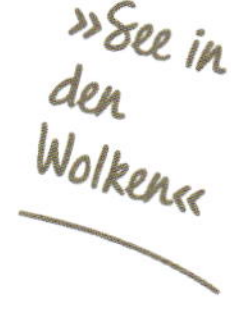

Ein spektakuläres Panorama: In dem saphirblau und smaragdgrün schimmernden Hochgebirgssee spiegeln sich die Berge der Sierra Nevada im Westen und der Carson Mountains im Osten. Dutzende Bäche plätschern die bewaldeten Berghänge herab und ergießen sich in das auch »See in den Wolken« genannte Gewässer.

»See in den Wolken«

Als der spätere Bürgerkriegsgeneral Charles Frémont und sein deutscher Kartograf Charles Preuss 1844 den Lake Tahoe als erste Weiße zu Gesicht bekamen, trafen sie hier auf einheimische **Washoe**, die den Gebirgssee »Großes Wasser« nannten. Mark Twain bezeichnete ihn sogar als das »schönste Gesicht der Erde«. Zu Beginn des 20. Jh.s entstanden am Ufer herrschaftliche Sommerhäuser reicher Familien aus San Francisco. In den 1960er-Jahren entdeckten Skiläufer die schneebedeckten Hänge in den Seitentälern des Sees. Nach den VIII. Olympischen Winterspielen 1960 in Squaw Valley entstanden rund um den See mehrere **Skigebiete** mit Hotels und leistungsfähigen Liftanlagen.

In majestätischer Bergwelt

Lage und Klima

Lake Tahoe birgt so viel Wasser, dass der See (theoretisch) ganz Kalifornien mit knapp 40 cm Wasser bedecken könnte. Das 35 km lange, bis zu 19 km breite Gewässer bedeckt eine Fläche von 518 km² und ist bis 501 m tief. Der weitaus größere Teil gehört zu Kalifornien, ein knappes Drittel zu Nevada. Das Wasser ist außerordentlich klar. Das Klima ist im Sommer gemäßigt warm, im Winter frostig kalt. Durchschnittliche **Temperaturen**: Frühling 3 °C, Sommer 16 °C, Herbst 7 °C und Winter – 7 °C (mit bis zu 5 m Schnee). Die Wassertemperaturen können im Sommer 20 °C erreichen.

LAKE TAHOE ERLEBEN

TAHOE CITY VISITORS INFORMATION CENTER

100 North Lake Blvd.
Tahoe City, CA 96145
Tel. 1 530 5 81 69 00
https://tahoe.com

TAHOE CHAMBER

169 US-50, Stateline, NV 89449
Tel. 1 775 5 88 17 28
https://visitlaketahoe.com

Rundfahrten auf dem See mit der **»Tahoe Paradise«** und dem Schaufelraddampfer **»Dixie II«** (ab Zephyr Cove, NV).
Ab Sand Harbor und North Tahoe starten Motorboote zu Ausflügen.
ab 99 $, www.zephyrcove.com

Von South Lake Tahoe gelangt man mit der **Seilbahn Gondola at Heavenly Valley** hinauf auf 2540 m Höhe mit herrlichem Panorama-Ausblick auf den See und die Gipfel der Sierra Nevada.
70 $, www.skiheavenly.com

❶ WOLFDALE'S CUISINE UNIQUE €€€€

Kreative Köstlichkeiten in Seenähe.
640 N Lake Blvd., Tahoe City
Tel. 1 530 5 83 57 00
www.wolfdales.com

❷ EVAN'S AMERICAN GOURMET CAFÉ €€€€

Kalifornische Küche, gute Auswahl an Westküstenweinen. Reservierung erforderlich!
536 Emerald Bay Rd.
South Lake Tahoe
Tel. 1 530 5 42 19 90
https://evanstahoe.com

❸ TAHOE HOUSE BAKERY & GOURMET €

Schweizer Gastlichkeit mit Bäckerei und preisgünstigen Gerichten.
625 W Lake Blvd., Tahoe City
Tel. 1 530 5 83 13 77
www.tahoe-house.com

❹ YELLOW SUBMARINE €

Hier gibt es dick belegte Sandwiches und Wraps, gut und günstig.
983 Tallac Ave.,
South Lake Tahoe
Tel. 1 530 5 41 88 08

❶ ALPENROSE INN €€€

Nettes Hotel mit Café am See und eigenem Strandzugang.
4074 Pine Blvd.
South Lake Tahoe
Tel. (800) 370-4049
www.alpenroseinntahoe.com

❷ FRANCISCAN LAKESIDE LODGE €€€-€€

Mehrere komfortable Cottages und Studios direkt am See.
6944 N Lake Blvd.
Tahoe Vista
Tel. 1 530 5 46 63 00
http://franciscanlodge.com

❸ APEX INN €€-€

Ordentliche Herberge nicht weit entfernt vom See und Nevada.
1171 Emerald Bay Rd.
South Lake Tahoe
Tel. 1 530 5 41 29 40
https://visitlaketahoe.com/hotels/apex-inn/

Wohin am Lake Tahoe?

Wege zum See

Anreise

Von Kalifornien ist der Lake Tahoe über zwei Hauptstraßen erreichbar. Vom I-80 führen die CA-89 und die CA-267 ans nördliche Seeufer. Im Süden erreicht die US-50 von Sacramento kommend den See bei South Lake Tahoe.

Freizeitparadies

Seeufer und Panoramastraße

Am Nord- und am Westufer des Sees herrscht eine ruhigere Atmosphäre. Hier findet man kleinere Ortschaften und Buchten. Das **Südufer**, besonders bei South Lake Tahoe und dem benachbarten Stateline, ist mit Hotels und Freizeiteinrichtungen auf viele Besucher eingestellt. Von der Staatsgrenze zu Nevada blinken die Neonlichter großer Casino-Hotels herüber. Zwei Routen führen um den See: eine 72 mi/116 km lange **Panoramastraße**, die immer wieder fantastische Aussichten bietet, und der 164 mi/264 km lange **Tahoe Rim Trail**, ein spektakulärer Bergwanderweg, der sich an Kammlinien und Gipfeln entlang zieht.

Baden im smaragdgrün und saphirblau schimmernden »See in den Wolken«

Rund um Lake Tahoe

Zum Entspannen

Desolation Wilderness Area

Südwestlich vom Lake Tahoe erstreckt sich die imposante Desolation Wilderness Area mit dem **Emerald Bay State Park**. In der von Seen aufgelockerten Landschaft können Sie sich bestens erholen. Sehenswert ist das Vikingsholm, ein 38-Zimmer-Mansionhouse von 1929.

Vikingsholm: Mitte Juni – Sept. 10.30 – 15.30/16 Uhr
Führungen alle 60 Min. | Eintritt 17 $ | http://vikingsholm.com

Olympisches Hochtal

Squaw Valley

Nordwestlich des Lake Tahoe, etwa 7 mi/11 km von Tahoe City entfernt, gelangt man in das landschaftlich reizvolle Hochtal von Squaw Valley, wo **1960 die VIII. Olympischen Winterspiele** ausgetragen wurden. Hier haben Georg Thoma und Heidi Biebl einst Goldmedaillen für Deutschland geholt. Heute werden in Squaw Valley über 80 Pistenkilometer präpariert, von extremen Steilhängen bis zu sanften Anfängerabfahrten.

Für Anfänger und Fortgeschrittene

Weitere Wintersportgebiete

Neben Squaw Valley sind auch die Skigebiete Mount Rose, Heavenley Valley und Alpine Meadows sowie die Tahoe Donner Ski Bowl und auch die Boreal Ski Area beliebt. Ein (noch) ruhiger Wintersportplatz ist **Kirkwood**, das nur eine knappe Autostunde südwestlich von South

Lake Tahoe und damit abseits des Rummels liegt. Hier werden gut 50 km Pisten aller Schwierigkeitsgrade gepflegt.

Gedenken an die »Donner Party«

Donner Memorial State Park

In diesem State Park an der Donner Pass Road westlich von Truckee wird an die unglückliche Gruppe von 89 Siedlern erinnert (»Donner Party«), deren **Treck** auf dem Weg nach Westen die Abkürzung über die Sierra Nevada versuchte. In einem schweren Schneesturm im Winter 1846/47 blieben die Menschen in der Nähe des Passes stecken. Nur 47 Mitglieder der Gruppe konnten gerettet werden.

Sonnenauf- bis -untergang
Visitor Center & Museum: tgl. 10 – 17 Uhr | 10 $ pro Pkw
www.parks.ca.gov

★ LASSEN VOLCANIC NATIONAL PARK

Region: Shasta, Lassen, Plumas, Tehama Counties Fläche: 429 km²
Höhe: 2100 m ü.d.M.

Der Lassen Peak empfängt Outdoorfans mit einer faszinierend unwirklichen Landschaft. Zwischen 1914 und 1921 erlebte der Vulkan über 300 Ausbrüche; der schlimmste im Jahr 1915 riss ihm den gesamten Gipfel ab. Seitdem beobachten ihn Seismologen scharf, er hält aber still.

Lavafelder und heiße Quellen

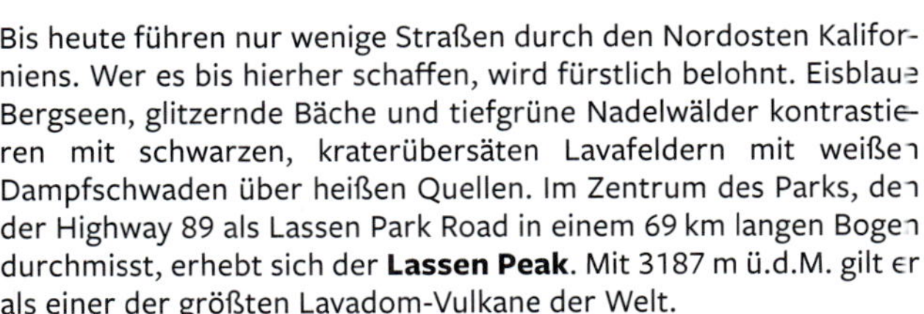

Bis heute führen nur wenige Straßen durch den Nordosten Kaliforniens. Wer es bis hierher schaffen, wird fürstlich belohnt. Eisblaue Bergseen, glitzernde Bäche und tiefgrüne Nadelwälder kontrastieren mit schwarzen, kraterübersäten Lavafeldern mit weißen Dampfschwaden über heißen Quellen. Im Zentrum des Parks, den der Highway 89 als Lassen Park Road in einem 69 km langen Bogen durchmisst, erhebt sich der **Lassen Peak**. Mit 3187 m ü.d.M. gilt er als einer der größten Lavadom-Vulkane der Welt.

Vor etwa 20 000 bis 30 000 Jahren durchbrach der Lassen Peak, der südlichste Vulkan der **Cascade Range**, die Nordostflanke des während der letzten Eiszeit abgetragenen Mount Tehama. Angesichts seiner noch relativ kurzen Ruhezeit von knapp 100 Jahren – die letzten Eruptionen erfolgten im Jahr 1917 – wird er von Seismologen als »schlafend« eingestuft. 2021 erlebte der Park mit dem sog. Dixie Fire das schlimmste Feuer seiner Geschichte.

LASSEN VOLCANIC NATIONAL PARK ERLEBEN

LASSEN VOLCANIC NATIONAL PARK

P. O. Box 100, Mineral, CA 96063
Tel. 1 530 5 95 44 80
www.nps.gov/lavo
Eintritt: 10 $ per Kfz

KOHM YAH-MAH-NEE VISITOR CENTER

21820 Lassen Peak Hwy (Südwesteingang); tgl. 9–17 Uhr

Die als **Volcanic Legacy Scenic Byway** bekannten Highways 89 und 97 verbinden auf ca. 800 km die bekanntesten, eindrucksvollsten Vulkane des Kaskadengebirges miteinander. Start: Lake Almanor im Lassen Volcanic NP, Ziel: Crater Lake NP (Oregon).
www.volcaniclegacybyway.org

Herzhaft essen kann man im Restaurant der **Drakesbad Guest Ranch** und im Dining Room der **Lassen Mineral Lodge** (15 km südl. in Mineral, Hwy. 36). Im Park selbst gibt es nur Snacks im **Manzanita Lake Camper Store** am Nordausgang.

DRAKESBAD GUEST RANCH €€€€

Alt, stimmungsvoll und mitten in der Wildnis: eine urwüchsige Lodge mit 19 rustikalen Gästezimmern; geöffnet nur von Juni bis Oktober; rechtzeitige Reservierung erforderlich!
Warner Valley Rd.
Chester, CA
Tel. 1 877 622-0221
www.lassenlodging.com

BIDWELL HOUSE B & B €€€

Charmantes, über 100 Jahre altes B & B mit 14 Zimmern in Chester südöstlich des Parks am Highway 36.
1 Main St., Chester, CA
Tel. 1 530 2 58 33 38
www.bidwellhouse.com

BEST WESTERN ROSE QUARTZ INN €€–€€€

Keine bösen Überraschungen am Ende des Tages: Die 50 Zimmer des zur etablierten Mittelklasse-Kette zählenden Hotel bieten den gewohnten soliden Komfort.
306 Main St., Chester, CA 96020
Tel. 1 530 2 58 20 02
www.rosequartzinn.com

CEDAR LODGE MOTEL & RV PARK €€

Die in einem lichten Kiefernwald zu findende Ferienanlage besteht aus einem Motel im Cottagestil und besitzt Pool, Kaufladen und einen großen Campingplatz für Wohnmobile auf.
Highway 36/Highway 89
Chester, CA 96020
Tel. 1 530 2 58 29 04

Wohin an der Lassen Park Road?

Mit urzeitlicher Szenerie

Sulphur Works

Sulphur Works ist das am leichtesten zugängliche geothermisch aktive Areal im Nationalpark. Ein kurzer **Spazierweg** führt vom Park-

Es brodelt und dampft in Bumpass Hell – eine fast unwirkliche Erfahrung.

platz zu heißen Quellen, übel riechenden Fumarolen und dampfenden Schlammtöpfen. Die höchsten Gipfel des Nationalparks bewachen dieses Schauspiel: Brokeoff Mountain, Mount Diller, Pilot Pinnacle, Mount Conrad und Lassen Peak.

Größtes geothermisch aktives Gebiet des Parks

Bumpass Hell

Etwas übertrieben als »Hölle« bezeichnet, gleichwohl faszinierend, produzieren die dicht beieinander liegenden heißen Quellen und brodelnden Schlammtöpfe im größten geothermisch aktiven Gebiet des Nationalparks ein beeindruckendes Spektakel. Ein knapp 3 mi/5 km langer und streckenweise mit Holzplanken gesicherter **Trail** führt vom Parkplatz durch diese surreale, nach Schwefel stinkende Kulisse.

Mäßig schwerer Trail mit grandiosem Panorama

Lassen Peak

Fast gegenüber vom Beginn des Weges zur Bumpass Hell beginnt der 5 mi/8 km lange »Lassen Peak Trail« den Gipfel des Mount Lassen hinauf. Dieser technisch leichte, aber steile Trail nimmt 6 – 8 Stunden in Anspruch und ist von jedem durchschnittlichen Wanderer zu schaffen. Von seiner Spitze bietet sich ein atemberaubender **Rundumblick**. Allerdings sollte man sich zuvor im Hauptquartier des Parks über die **Wetterbedingungen** informieren – Stürme können urplötzlich auftreten.

LAVA BEDS NATIONAL MONUMENT

Region: Siskiyou und Modoc Counties | **Fläche:** 188 km²
Höhe: 1460 m ü.d.M.

Weiter weg von Surfin' California geht's nimmer: In der halbtrockenen High Desert der äußersten Nordostecke Kaliforniens liegt diese vulkanische Landschaft mit schwarzen Lavaströmen und grauen Aschekegeln – und einer erstaunlich vielfältigen Flora.

Angesichts der Ödnis ringsum mögen Sie sich fragen, was in aller Welt Sie hier verloren haben. Nichts als menschenleere, abweisende Plateaus, nur spärlich bedeckt von widerstandsfähiger Flora – eine sich bis zum Horizont erstreckende »Mondlandschaft«, in der selbst im Hochsommer ein scharfer, ungemütlich kalter Wind wehen kann. Die Gründe, diese Gegend im Herzen des **Modoc Plateau** zum Schutzgebiet zu erklären, liegen unter der Erde. So weit das Auge reicht, prägen Krater, bizarre Schlackekegel und grauschwarze Lavaströme das Bild. »Schuld« daran ist der flächenmäßig größte Vulkan der Cascade Range. Bei seinen Ausbrüchen während der letzten 500 000 Jahre goss der **Medicine Lake Volcano**, heute nur noch eine durch mehrere jüngere Vulkane gewellte Erhebung, mehr als 30 riesige Lavaströme über seiner Nordostflanke aus. Die viele Kilometer weit fließende Lava erkaltete zunächst an

LAVA BEDS NATIONAL MONUMENT ERLEBEN

LAVA BEDS NATIONAL MONUMENT HEADQUARTERS

Tulelake, CA 96134
Tel. 1 530 6 67 81 13
www.nps.gov/labe

FE'S B &B €€

Liebenswerte Begrüßung, vier hübsche Zimmer plus 3-Zimmer-Cottage und gute Restauranttipps am Abend: So stellt man sich Gastfreundschaft am gefühlten Ende der Welt vor.
660 Main St., Tulelake, CA
Tel. 1 530 6 67 51 45

ELLIS MOTEL €

Das Auto rückwärts ans Zimmer geparkt und ab unter die Dusche: Die einfache Unterkunft nördlich vom National Monument erinnert an die klassischen Motels der 1950er-Jahre.
2238 Hwy. 139, Tulelake, CA
Tel. 1 530 6 67 52 42
https://discoversiskiyou.com lodgings/ellis-motel/

den Rändern, während sie innen weiter floss und dabei Hohlräume hinterließ. An der Oberfläche derart zerrissen und zerklüftet, dass ein Fortkommen mitunter unmöglich ist, gibt es unter der Oberfläche deshalb über **400 Lavatunnel**. Sie sind insgesamt mehrere Hundert Kilometer lang und haben das gesamte Gelände so durchlöchert, dass es beim Spaziergang auf einem der wenigen Trails mitunter hohl klingt.
Die Unübersichtlichkeit dieses Geländes machten sich einst die Modoc zunutze. Während des sogenannten **Modoc War** gegen die US-Armee im Jahr 1873 verschanzten sie sich in einer besonders schwer zugänglichen Gegend, die später nach ihrem Anführer **Captain Jack's Stronghold** genannt wurde, und hielten hier fünf Monate gegen eine zehnfache Übermacht aus. Heute sind die meisten der »lava tubes« zur Besichtigung frei gegeben; höchst interessant sind die von Parkrangern geführten **»Cave Tours«**.

★★ LOS ANGELES

Region: Los Angeles | **Höhe:** 9–1530 m ü. d. M.
Einwohnerzahl: 3,8 Mio. (Metropolitan Area: 13 Mio.)

Jeder kennt Los Angeles. Auch wer das erste Mal durch die Mega-City streift, trifft auf Vertrautes und Bekanntes. »Dieses Café, jene Straßenkreuzung habe ich doch schon einmal gesehen?« Natürlich, denn »La La Land« Los Angeles spielt in vielen Hollywood-Filmen mehr als eine Nebenrolle. Immerhin hatten Filmproduktionsfirmen schon vor 100 Jahren erkannt, dass Außenaufnahmen in einer Region mit 320 Sonnentagen günstig zu drehen waren. Doch es gibt so viel mehr: eine dynamische Wirtschaft, einen der betriebsamsten Airports und einen der bedeutendsten Häfen der USA. Spitzenmuseen, Orchester sowie eine lebendige Musikszene. Wer dem Trubel entfliehen möchte, kann sich unter den 100 km langen Sandstränden zwischen Long Beach und Malibu sein Lieblingsplätzchen aussuchen.

»Stadt der Engel«

Nicht weit vom Flughafen, für viele der erste Kontakt mit L. A., überraschen Ölpumpen, die jahraus, jahrein mit nickenden Bewegungen »Schwarzes Gold« aus dem Untergrund der Stadt pumpen. Sie gehören seit Ende des 19. Jh.s zum Stadtbild. Auch die Dunstglocke, die man von den San Gabriel Mountains im Norden oder von Bord eines Ausflugsschiffs nach Santa Catalina Island deutlich sieht, ist für viele Angeleños Begleiter seit Kindheitstagen.

Ursprünglich gedacht, um Immobilienkäufer anzulocken, entwickelten die berühmten Buchstaben in den Hügeln oberhalb von L. A. ein Eigenleben.

Wenn die Behauptung, **Kultur in Los Angeles** finde bequem in einem Joghurtbecher Platz, einst ein Körnchen Wahrheit enthalten mochte, muss sie heute revidiert werden. Schließlich besitzt die Stadt 105 Museen und über 200 Theater, mehr als manch mittelgroßes Land. Und noch immer eröffnen regelmäßig neue Kulturtempel, wie 2008 die Ausgliederung der Sammlung zeitgenössischer Kunst im neueröffneten Ahmanson Building des Los Angeles County Museum of Art oder 2015 das Museum The Broad, ebenfalls für moderne Kunst ab 1950.

»Die Stadt der Engel« ist die größte Stadt des Bundesstaates Kalifornien und die zweitgrößte der Vereinigten Staaten. Das Siedlungsgebiet dieser städtischen Ballungsraum dehnt sich über 160 km weit von West nach Ost und rund 100 km von Nord nach Süd. Los Angeles liegt im südlichen Teil Kaliforniens mit einigen Vororten direkt an der Pazifikküste zwischen dem Hafen San Pedro und den San Gabriel Mountains. Der **Großraum Los Angeles** erstreckt sich über fünf

Counties. Zu den rund 4 Mio. Stadtbewohnern kommen weitere 9 Mio. Menschen, die in 80 selbstständigen Gemeinden und Städten des Los Angeles County wohnen. Weitere 6 Mio. leben in den anderen vier angrenzenden Counties Orange (im Süden), Ventura (im Norden) sowie Teile der Counties Riverside und San Bernardino im Osten. Das riesige Gebiet wird mithilfe einer sehr komplexen bürokratischen Struktur verwaltet und regiert.

Spanische Gründung

Stadtgeschichte

1781 gründeten spanische Kolonisten auf dem Land der hier ansässigen Gabrilenos die Ortschaft **El Pueblo de Nuestra Señora La Reina de Los Angeles de Porciuncula**, die bald nur noch »Los Angeles« genannt wurde. 1822 erlangten die Mexikaner nach ihrer siegreichen Revolution gegen die spanische Kolonialmacht Kontrolle über das dünn besiedelte Land und etablierten auch in Los Angeles ein Rancho-System mit Großgrundbesitzern.

Den Angriffen der USA hatten die mexikanischen Soldaten später wenig entgegenzusetzen. Alta California und auch Los Angeles wurde 1847 von diesen annektiert und 1850 zum neuen US-Bundesstaat. Die Ankunft der transkontinentalen Eisenbahn markierte 1876 den Beginn schnelleren Wachstums. In San Pedro wurde ein Hafen für Hochseeschiffe gebaut, der Warenumschlag nahm zu. Die Entdeckung von **Erdöl** 1892 auf dem Grundstück von Edward Doheny löste Bohrtätigkeit im ganzen Stadtgebiet und einen Zustrom von Migranten aus. Bald darauf drohte der **Mangel an Süßwasser** das stürmische Wachstum zu hemmen. Als Lösung wurden Wasserläufe aus dem Norden in den Süden umgeleitet. Mit dem Bau des ersten Filmateliers und dem Umzug der Filmindustrie aus New York begannen wenige Jahre später Mythos und Glamour **Hollywoods**.

Der Kriegseintritt der USA nach der Bombardierung von Pearl Harbor 1941 durch die Japaner brachte nach der Weltwirtschaftskrise einen Wirtschaftsaufschwung und die Ansiedlung von Unternehmen der Flugzeugindustrie.

Rassenunruhen gipfelten 1965 in schweren Auseinandersetzungen im hauptsächlich von Afroamerikanern bewohnten Stadtteil Watts. Grund waren hohe Arbeitslosigkeit und desolate Lebensverhältnisse. Als Polizisten 1992 einen Afroamerikaner wegen eines Verkehrsdelikts stoppten und ihn vor laufender Kamera zusammenschlugen, kam es in South Central erneut zu gewalttätigen Ausschreitungen. Probleme bereiten nach wie vor Drogenkriminalität, Bandenunwesen und illegale Einwanderung.

Heute zeigt sich Los Angeles als ein **Konglomerat der Weltkulturen**, in dem mehr als 200 verschiedene Sprachen gesprochen werden und allein über 100 christliche und viele Dutzend andere Glaubensrichtungen vertreten sind. Latinos, vor allem aus Mexiko, machen inzwischen fast die Hälfte der Stadtbevölkerung aus.

LOS ANGELES ERLEBEN

LOS ANGELES TOURISM & CONVENTION BOARD

900 Wilshire Blvd, Los Angeles, CA, Tel. 1 213 239 1118
www.discoverlosangeles.com

HOLLYWOOD INFORMATION CENTER

6801 Hollywood Blvd.
(im Ovation Hollywood)
Tel. 1 323 4 67 64 12
tgl. 9–22 Uhr

FLUGHÄFEN

LOS ANGELES INTERNATIONAL AIRPORT

Der Flughafen (IATA-Kürzel: LAX), auf dem jährlich über 70 Millionen Passagiere abgefertigt werden, liegt im Westen der Stadt, nicht weit vom Meer, zwischen Marina del Rey und Manhattan Beach.
Tel. 1 855 4 63 52 52
www.flylax.com

LOS ANGELES DOWNTOWN

500 m
0,25 mi
©BAEDEKER

- 1 Michael's
- 2 Duke's
- 3 Norah
- 4 République
- 5 A.O.C.
- 6 Frida
- 7 Jody Maroni's Sausage Kingdom
- 8 Pink's Hot Dogs

- 1 Beverly Hills Hotel
- 2 Hollywood Roosevelt
- 3 The Ambrose
- 4 Carlyle Inn
- 5 Inn at 657
- 6 See Shore Motel
- 7 Orange Drive Hostel

KLEINERE FLUGHÄFEN

Hollywood Burbank Airport (BUR; hollywoodburbankairport.com); Long Beach Airport, L. A. (LGB; www.lgb.org); Ontario International Airport, Ontario (ONT; 35 mi/56 km östl. von Downtown L. A.; www.fly ontario.com).

FLUGHAFENZUBRINGER

LAX FLYAWAY

Schnellbusse im 30-Min.-Takt zwischen L. A. Int. Airport und Bahnhof Union Station.
Tel. 1 866 4 35 95 29
www.flylax.com

METROSHUTTLE

Metro-Busse zwischen L. A. Int. Airport und den nächstgelegenen U-Bahn-Stationen.
Tel. 1 323 4 66 38 76
www.metro.net

SUPERSHUTTLE

Supershuttle-Busse zwischen Flughafen LAX und Stadt.
Tel. 1 800 2 58 38 26
www.supershuttle.com

FERNBUSSE

Greyhound-Busse starten an der Los Angeles Union Station (801 N Vignes St.) in verschiedene Richtungen.
Tel. 213 629 8401

BAHN

Von der **Union Station** (800 N Alameda St.), dem Hauptbahnhof der Bahngesellschaft Amtrak, starten neben Vorortzügen auch Langstreckenverbindungen nach Seattle und San Diego entlang der Pazifikküste, über Albuquerque nach Chicago sowie über Texas und New Orleans bis nach Florida.
Tel. 1 800 8 72 72 45 (intern.: 1 215 8 56 79 24)
https://www.unionstationla.com
www.amtrak.com

ÖFFENTLICHER NAHVERKEHR

METRO

Die Los Angeles County Metropolitan Transit Authority betreibt Busse und die Los Angeles Metro. Die innerstädtischen Verbindungen kosten 1,75 $, Umsteigen in einen außerbetrieblichen Muni Bus 50 Cents extra. Express-Busse verlangen je nach Entfernung einen höheren Preis.
Tel. 1 323 4 66 38 76
www.metro.net

METRORAIL

Die Blue Line verkehrt oberirdisch zwischen Long Beach und Downtown Los Angeles. Die Green Line verbindet Redondo Beach im Westen mit Norwalk im Osten. Die Purple Line teilt sich sechs Stationen mit der Red Line und geht im Westen bis zur Wilshire Area. Die Züge der Red Line pendeln unterirdisch zwischen Union Station und Hollywood/Universal City. Die Gold Line verkehrt zwischen Pasadena im Osten und Downtown Los Angeles.

STADTBUSSE

Das städtische Busnetz umfasst gut 200 Linien. Ferner verkehren **DASH-Busse** (Downtown Area Short Hop; 50 Cent) in Downtown L. A., Hollywood sowie im Westen von Los Angeles, die auch Hotels und touristische Attraktionen ansteuern (u. a. Music Center, Chinatown, Pueblo de los Angeles).

TAXI

Taxis stehen in großer Zahl an den Flughäfen, vor der Union Station und vor großen Hotels. Außer im Zentrum reagieren die Taxi-Chauffeure selten auf Winken am Straßenrand. Daher sollte man ein Taxi per Telefon oder online bestellen. Taxifahrten sind auch in L. A. nicht billig, die Entfernungen oft beträchtlich.

Yellow Cab: 1 424 222 2222, https://www.layellowcab.com/taxi-los-angeles.html
United Taxi: Tel. *1 800 8 22 82 94 www.unitedtaxi.com
Checker Cab: Tel. *1 800 3 00 50 07 http://ineedtaxi.com
(* = gebührenpflichtig)

MIT DEM AUTO IN DER STADT

Die meisten Besucher und Bewohner von Los Angeles fahren mit dem Auto, nicht mit öffentlichen Verkehrsmitteln. Mietwagenunternehmen verfügen fast alle über Büros an den Flughäfen, die größeren betreiben zusätzlich eine oder mehrere Stationen in der Stadt.
Ein dichtes Netz von Stadtautobahnen (insges. rund 1000 km) kann den Verkehrsinfarkt zu den morgendlichen (7–9 Uhr) und abendlichen (16–19 Uhr) Stoßzeiten nicht verhindern. Es ist sinnvoll, vor einer Fahrt durch L. A. genau die Karte zu studieren und sich die Straßennamen und Nummern zu notieren, da Ungeübte und Ortsfremde nur zu oft ihre Autobahnausfahrt verpassen oder gar in die falsche Richtung unterwegs sind.
Die Parkplatzsuche beim Restaurantbesuch kann zum Problem werden. Viele Lokale bieten **Valet Parking** an (10–30 $ pro Tag). Die Autos werden zu einem Parkplatz gefahren und später wieder gebracht.
Wer mit mehreren Personen unterwegs ist (mind. 2 Pers./Auto), kann

Wie ein Raumschiff soll das Theme Building am Los Angeles International Airport anmuten. Nach über 60 Jahren ist es immer noch eine Ikone der Architektur.

die weniger befahrenen, mit einer weißen Raute markierten Spuren für **High Occupancy Vehicles** (HOV) auf den Autobahnen nutzen. Wer sie allein im Auto benutzt, riskiert hohe Bußgelder.

Chinesisches Neujahrsfest im Jan./Feb. mit großer Umzugsparade. Ende April findet die **Fiesta Broadway** im alten Theater- und Kinodistrikt von Downtown statt (https://www.facebook.com/fiestabroadwayla).
Anfang Mai feiern die Angeleños mexikanischer Herkunft den **Cinco de Mayo**, Ende Mai steigt an der Universität das renommierte **UCLA Jazz & Reggae Festival**.
Ende Juli/Anfang Aug. treffen sich die besten Surfer des Bundesstaats in Redondo Beach zum **International Surf Festival** (www.surffestival.org).
Ende Sept. finden an den **Watts Towers** traditionell zuerst der Watts Towers Day of the Drum und dann das Watts Towers Jazz Festival statt (https://culturela.org/event/2023-watts-towers-festivals/2023-09-30/).
Zu Weihnachten lädt der erleuchtete Hollywood Boulevard zur **Hollywood Christmas Parade** ein (http://thehollywoodchristmasparade.org).
Die Sonntagsausgabe der Tageszeitung Los Angeles Times gibt einen umfassenden Überblick über kulturelle und sportliche Veranstaltungen der kommenden Woche. L. A. Weekly heißt die Wochenzeitung, die zahlreiche aktuelle Veranstaltungen mit Adressen notiert.

Zwischen Malibu und Redondo Beach kann man sich aus über 100 km Strand das schönste Fleckchen auswählen. **Surfrider Beach** und **Topanga State Beach** sind bei Surfern beliebt, **Venice, Manhattan und Hermosa Beach** gefallen Badenden und Surfern gleichermaßen. An allen öffentlichen Stränden sind Rettungsschwimmer im Einsatz. Parkplätze: meist 10–15 $ pro Tag.

Ob abgelegte Kleider von Filmstars, Art-Deco-Antiquitäten oder schrille T-Shirts, in L. A. kann man es kaufen. Die Geschäfte haben unterschiedliche Öffnungszeiten, Downtown oft Mo.–Sa 10 –18/20 Uhr, in den Malls oder der Nähe bekannter Besucherattraktionen oft länger und auch So.
Im **»Goldenen Dreieck«** von Beverly Hills mit seinem Rodeo Drive sind die Edelmarken von Gucci bis Louis Vuitton zu Hause.
Wer nach Film-Memorabilia sucht, dürfte in **West Hollywood** fündig werden. In der leicht schrägen **Melrose Avenue** gibt es u. a. Second-Hand-Klamotten, Modeschmuck, coole Sonnenbrillen und Ähnliches. In **Venice Beach** reihen sich am Kinney Boulevard Läden für Second-Hand-Mode, originelle Mitbringsel, Kunst und Kunsthandwerk aneinander, aufgelockert durch nette Restaurants und Cafés.
Auch in **Downtown L. A.** kann man gut shoppen: Auf dem Grand Central Market am Broadway beispielsweise können Besucher seit einem Jahrhundert aus einer Riesenauswahl von Früchten, Obst und Gemüse wählen.
In der bunten **Olvera Street** beim Pueblo des los Angeles gibt es neben viel Kitschigem auch mexikanisches Kunsthandwerk zu kaufen.
In einigen kleineren Malls an **ARCO Plaza** oder **Ernst & Young Plaza** gibt es jeweils zahlreiche Boutiquen.
Der **Farmers Market** mit Dutzenden Marktständen und diversen Geschäften liegt nahe dem Wilshire Boulevard an der Fairfax Avenue.
Noch weiter im Westen, um den Westwood Boulevard von **Westwood Village**, gibt es gute Cafés,

Restaurants, Kinos und diverse Geschäfte und Boutiquen, die auch bei Studenten der nahe gelegenen Universitäten beliebt sind.

❶ MICHAEL'S €€€€
Michael McCarty gehört nach wie vor zu den Besten seiner Zunft, vor allem was fantasievolle Kreationen der California Cuisine betrifft. In seiner von Miles Thompson geleiteten Küche legt man Wert auf frische Produkte aus der Region. Übrigens: Michael McCarty ist auch ein begeisterter Winzer mit eigenem Rebgarten bei Malibu.
Santa Monica, 1147 3rd St.
www.michaelssantamonica.com

❷ DUKE'S €€€
Hawaiianische Küche mit herrlichem Pazifikblick. Fleisch- und Meeresspezialitäten, leckere Tacos, Desserts und fantastische Cocktails.
Malibu, 21150 CA-1
(Las Flores Canyon Rd.)
www.dukesmalibu.com

❸ NORAH €€€
In dem hellen, freundlichen Lokal in West Hollywood serviert man einen Mix aus kalifornischen Gerichten und Südstaaten-Küche.
W Hollywood, 8279 Santa Monica Blvd.
https://www.norah.la

❹ RÉPUBLIQUE €€€
Chef Walter Manzke bietet ambitionierte kalifornische Küche mit französischem Touch.
624 S La Brea Ave.
http://republiquela.com

❺ A.O.C. €€€–€€
Zu köstlichen Weinen werden viele kleine Tapas-Leckereien gereicht.
8700 W 3rd St., Hollywood
www.aocwinebar.com

❻ FRIDA €€€–€€
Authentische mexikanische Küche vom Feinsten, nicht nur Taco Chips.
Beverly Hills, 236 S Beverly Dr.
www.fridarestaurant.com

❼ JODY MARONI'S SAUSAGE KINGDOM €
Klassischer Deli für morgens, mittags und den frühen Abend mit Sandwiches, Würstchen und Suppen.
2011 Ocean Front Walk, Venice Beach, www.jodymaroni.com

❽ PINK'S HOT DOGS €
Burger, Hot Dogs und Sandwiches am Straßenstand, seit gut 80 Jahren eine Institution.
709 N La Brea Ave., Hollywood
www.pinkshollywood.com

❶ BEVERLY HILLS HOTEL €€€€
203 Zimmer und Bungalows. Die elegante Nobelherberge lässt keine Wünsche offen. Exzellenter Service.
Beverly Hills, 9641 Sunset Blvd.
Tel. 1 310 2 76 22 51
www.dorchestercollection.com/en/los-angeles/the-beverly-hills-hotel

❷ HOLLYWOOD ROOSEVELT €€€€
305 Zimmer und Suiten. Hier fand 1929 die erste Oscar-Verleihung statt. Nach einer aufwendigen Restaurierung ist das Haus gegenüber dem TCL (Grauman's) Chinese Theatre schöner als zuvor.
7000 Hollywood Blvd.
Tel. 1 323 8 56 19 70
www.thehollywoodroosevelt.com

❸ THE AMBROSE €€€€–€€€
Das preisgekrönte, elegante und ruhig gelegene »Boutique Hotel« mit seinen 77 komfortablen Gästezimmern liegt nur einen Block vom Wilshire Business District entfernt. Zum Strand und zur Third Street

Promenade sind es nur wenige Autominuten.
Santa Monica, 1255 20th St.
Tel. 1 310 3 15 15 55
www.ambrosehotel.com

❹ CARLYLE INN €€€€–€€€
32 Zimmer und Suiten. Gepflegtes, ruhiges Hotel im Westen von L. A.
1119 S Robertson Blvd.
Tel. 1 310 2 75 44 45
www.carlyle-inn.com

❺ THE INN AT 657 €€€
11 Zimmer. In dem gemütlichen Bed & Breakfast mit Innenhof und kleinem Garten mit Kolibris kann man sich wirklich wohlfühlen.
657 W 23rd St.
Tel. 1 213 7 41 22 00
https://theinnat657la.com

❻ SEA SHORE MOTEL €€
Der Name ist nicht ganz wörtlich zu nehmen, denn das Meer ist zwei Blocks von dem freundlichen 20-Zimmer-Motel entfernt. Dafür stimmt das Preis-Leistungs-Verhältnis.
Santa Monica, 2637 Main St.
Tel. 1 310 3 92 27 87
www.seashoremotel.com

❼ ORANGE DRIVE HOSTEL €
25 Einzel-, Doppel- und Mehrbettzimmer in einer ansprechenden Budget-Herberge, einen Block vom Hollywood Boulevard entfernt. In der Teeküche kann man sich auch kleine Mahlzeiten zubereiten.
1764 N Orange Dr., Hollywood
Tel. 1 323 8 50 03 50
www.orangedrivehostel.com

Wirtschaft

Wirtschaftsmetropole

Mehrere Bahnstrecken und Interstate Highways machen Los Angeles zum Umschlagplatz für Waren aller Art. Der an der Wende zum 20. Jh. erbaute Hafen von San Pedro gewann weltweit Bedeutung. Automobil-, Chemie- und Bau-, dazu Betriebe der Luft- und Raumfahrtindustrie gehören zu den wichtigen Wirtschaftszweigen. Und seit über 100 Jahren wird im Raum Los Angeles Erdöl gefördert.
Hinzu kommt ein **wachsender Dienstleistungssektor.** Millionen jährlicher Besucher, die in Hotels wohnen, Restaurants und Attraktionen besuchen, schaffen zahlreiche Arbeitsplätze. Schließlich ist Los Angeles mit Hollywood nach wie vor wichtigster Standort der **Film- und Soundindustrie** weltweit mit etwa 450 000 Arbeitsplätzen. Problematisch bleibt die Wasserversorgung. Schon Mitte des 19. Jh.s reichten die eigenen Süßwasserreserven nicht mehr aus, man errichtete lange Aquädukte, um Wasser von weit her in die Stadt zu transportieren.

Bildung und Kultur

Kulturhauptstadt des 21. Jahrhunderts

Los Angeles gehört mit gut 30 öffentlichen und privaten Universitäten und Colleges zu den **bedeutenden Hochschulorten** der USA. In den benachbarten Städten der Region kommt noch einmal die gleiche Anzahl hinzu. Allein die University of California in den Ausläufern der Santa Monica Mountains zählt 45 000 Studierende. Über 20 000 aller Studierenden im Großraum L. A. kommen aus dem Ausland. Die Zeiten sind längst vorbei, in denen Greater L. A. als kulturelle Wüste geschmäht wurde.

Die Stadt begreift sich inzwischen als amerikanische Kulturhauptstadt des 21. Jh.s. Neben der über 100 Jahre alten Filmindustrie gehört die Westküstenmetropole inzwischen in vielen Bereichen der Kunst und Kultur zu den Spitzenreitern der USA. Sie steht nicht mehr in erster Linie für ausgedehnte Flachdachbungalow-Siedlungen, sondern eher für **spektakuläre Bauten** eines Frank O. Gehry oder anderer Architekten, die auch in L. A. für Aufsehen sorgen.
Mit dem Los Angeles County Museum of Art, dem Getty Center auf den Brentwood Hills und mit vielen weiteren Institutionen verfügt L. A. heute über ein breites Angebot an hochkarätigen Kunstsammlungen. Sinfonieorchester, Oper und Kammerensembles finden in hochmodernen neuen Konzertsälen wie der Walt Disney Concert Hall ideale Bedingungen vor. Hinzu kommen die neuen musikalischen Impulse, die von zahlreichen Klubs und Musiklokalen ausgehen und bis zur Verschmelzung von Hip-Hop und klassischer Musik reichen. Neben den etwa ein Dutzend größeren Bühnen von L. A. existiert eine große Zahl kleinerer Theater, in denen zahlreiche Schauspieler auftreten, die auf ihre Entdeckung für Film und TV warten.

Downtown

Alt trifft neu

Zwei Zentren

Die Innenstadt besteht aus zwei Zentren, die durch den Santa Ana Freeway getrennt sind: **El Pueblo** bildet den Kern der eigentlichen Altstadt, während rund um das **Civic Center** das moderne Zentrum liegt. Im Norden grenzt an die Innenstadt Chinatown, im Osten Little Tokyo. Im Süden schließt sich nach großflächigen Parkplatz-Arealen South Central an, ein Problemviertel, das man als Tourist besser meiden sollte.

Keimzelle der Metropole

El Pueblo de Los Angeles

Westlich des 1939 eröffneten riesigen **Union Passenger Terminal** (Hauptbahnhof) erstreckt sich das denkmalgeschützte Pueblo de los Angeles, der 1781 gegründete historische Stadtkern. Den Mittelpunkt bildet die Plaza mit der **Missionskirche Nuestra Señora La Reina de los Angeles**, die 1822 von spanischen Franziskanern erbaut wurde. Nahebei steht das Fire House von 1884. Im **Sepulveda House** ist die Touristeninformation untergebracht. Ein touristischer Rummelplatz erster Güte ist die malerische **Olvera Street**, eine im mexikanischen Stil gehaltene Marktstraße mit vielen bunten Ständen, an denen man hübsche Souvenirs (besonders Lederwaren) erwerben kann. Abends treten in Restaurants und Bars folkloristische Musikgruppen auf. Das 1818 errichtete **Avila Adobe House** ist das älteste Haus der Stadt und heute als Museum zugänglich.

Avila Adobe House: 10 Olvera St. | tgl. 10 – 18 Uhr | Eintritt: Kleine Spende | https://elpueblo.lacity.org

Chinesisches und vietnamesisches Viertel

Chinatown

Nördlich des Pueblo erreicht man die Chinatown. Mittelpunkt ist die Plaza (951 N Broadway) mit Restaurants, Banken und Geschäften, die teilweise im **Pagodenstil** errichtet wurden. In Chinatown leben heute auch zahlreiche Vietnamesen. Viele gut situierte Chinesen aus Taiwan und Hongkong dagegen wohnen inzwischen in den Vororten, vor allem in Monterey Park und Alhambra im San Gabriel Valley weiter im Norden, wo inzwischen chinesische Enklaven mit chinesischen Supermärkten, Restaurants und Buchhandlungen entstanden sind.

Hauptkirche der Katholiken

Cathedral of Our Lady of the Angels

Die sandfarbene, vom spanischen Architekten **José Rafael Moneo** entworfene und 2002 eingeweihte Kathedrale südwestlich des Pueblo ist Sitz des katholischen Erzbischofs von Los Angeles. In dem Sakralbau mit seinen eindrucksvollen Alabasterfenstern finden 1900 Besucher Platz.

555 W Temple St. | Führungen Mo. – Fr. 13 Uhr | Eintritt frei, Spende erbeten | www.olacathedral.org

Grandiose Aussichten

Civic Center

Südwestlich des Pueblo, jenseits des Santa Ana Freeway und der Temple Street, breiten sich Verwaltungsbauten aus. Mittelpunkt ist die 1928 erbaute 27-stöckige **City Hall** (Rathaus). Von der Aussichtsplattform bietet sich gelegentlich ein überwältigender Rundblick. Südwestlich der City Hall, am Broadway, steht der gewaltige Baukomplex der **Los Angeles Times**.

City Hall: 9 – 17Uhr | Eintritt frei

Die Promenade zur Musik

Paseo de los Popladores

Von der City Hall führt der Paseo de los Popladores als gepflegte Promenade hinauf zum Music Center, der Heimstatt des weltberühmten Los Angeles Philharmonic Orchestra. Benachbart sind der Dorothy Chandler Pavilion und das Mark Taper Forum mit dem Ahmanson Theatre. An der First Street steht die 2004 eröffnete **Walt Disney Concert Hall**, ein imposanter moderner Zweckbau, den der Stararchitekt Frank O. Gehry entworfen hat.

3 x Moderne Kunst

Museum of Contemporary Art (MOCA)

Das Kunstmuseum wurde 1986 als »ein privates Museum mit einem öffentlichen Gewissen« eröffnet. Das Hauptgebäude entstand auf dem letzten unbebauten Gelände der **California Plaza**, einem großen Komplex von Büro- und Wohnhäusern, Einkaufszentren und Restaurants zwischen der City Hall und der eigentlichen Innenstadt. Bis zur Gründung des MOCA gab es in Los Angeles kein eigenständiges Museum für zeitgenössische Kunst seit 1940. Vor seiner Eröffnung

fanden die Ausstellungen in einem von der Stadt zur Verfügung gestellten Lagerraum statt, der wiederum von Frank O. Gehry in mehrere Galerien umgestaltet wurde.
Der Museumsbau in der Central Avenue, der während der Errichtung des neuen Hauptgebäudes als Interimslösung »Temporary Contemporary« diente, fand so großen Anklang, dass er als **MOCA Geffen** (Geffen Contemporary at MOCA) weitergeführt wird. Die dritte Galerie des Kunstmuseums, das **MOCA PDP** (Pacific Design Center; 8687 Melrose Ave), widmet sich Entwicklungen in Architektur und Design.
In dem von dem Japaner Arata Isozakis errichteten Hautgebäude **MOCA Grand Avenue** aus Rotsandstein sind dank seiner pyramidalen Aufbauten, Würfel und Zylinder, die das niedrige Gebäude fest im Boden verankern und es gleichzeitig höher erscheinen lassen, die natürlichen Lichtverhältnisse äußerst vorteilhaft. Dies gilt auch für das MOCA Geffen: Die Unterteilung des alten Lagerraums in kleine und große Galerien mit Rampen und Treppen lässt verschiedenste Gestaltungsmöglichkeiten zu.
In der Zwischenzeit wurden dem Museum **zwei wichtige Sammlungen** geschenkt: 80 Arbeiten aus dem Besitz des italienischen Grafen Giuseppe Panza di Biumo sowie 64 Werke aus dem Nachlass des Sammlers Barry Lowen (Minimalisten der 1960er- und 1970er-Jahre, Neoexpressionisten, Post-Minimalisten der 1980er). Mit Schenkungen einzelner Werke verfügt das Museum damit über einen Bestand von über 400 Gemälden, Skulpturen, Grafiken, Handzeichnungen, Fotos und Installationen. Vertreten sind Ikonen der Moderne wie Franz Kline, Claes Oldenburg, Louise Nevelson, Cy Twombly, Jasper Johns und Mark Rothko.

MOCA Grand Ave.: 250 S Grand Ave. | www.moca.org
MOCA Geffen: 152 N Central Ave.
beide: Mo., Mi., Fr. 11 - 18, Do. 11 - 20, Sa., So. 11 - 17 Uhr
Eintritt frei
MOCA PDC: 8687 Melrose Ave., West Hollywood | Di. - Fr. 11 - 17, Sa., So. bis 18 Uhr | Eintritt frei, Sonderausstellungen Eintritt

Kinotauglich

Grand Central Market

Auf diesem mexikanisch geprägten Markt am Broadway gibt es alles für den verwöhnten Gaumen. Östlich gegenüber steht das 1893 errichtete **Bradbury Building** mit viktorianischer Innenarchitektur. Der Prachtbau ist Cineasten aus Orson Welles' **»Citizen Cane«** und aus **»Bladerunner«** bekannt.

Stiller Filmstar

Pershing Square, Biltmore Hotel

Belebter Mittelpunkt des Financial Districts ist der gärtnerisch recht hübsch gestaltete Pershing Square. Der Platz wird beherrscht vom noblen Biltmore Hotel, dessen großartige Lobby man aus manchem

SELFIES VOR URBANER LICHTKUNST

Das muss erst mal jemand nachmachen: 202 alte Straßenleuchten bringen es unter dem Hashtag #urbanlight allein auf Instagram auf 55 000 Posts. Nicht nur die Besucher des Los Angeles County Museum of Art haben ihren Spaß mit der Urban Light Sculpture von Chris Burden. Machen Sie mit: Das Lichtensemble erhellt abends den Platz vor dem Museum, verführt zu Selfies, Yoga-Posen und anderen (Selbst-)Inszenierungen.

► S. 90

Spielfilm und vielen Fernsehnachrichten kennt. Im Juli und August finden kostenlose Filmvorstellungen und **Sommerkonzerte** statt.

Ägyptisch-römisch?

Central Library

Schaut man sich die Architektur der imposanten **Zentralbücherei** zwischen 5th und 6th Street an, wird man an die ägyptische und römische Klassik erinnert. Die Central Library mit ihren Millionen von Büchern und historischen Fotografien sowie 10 000 Zeitschriften ist die drittgrößte Universalbibliothek der USA.

www.lapl.org

Paläste, Banken und Versicherungen

Bunker Hill

Beachtung auf dem Bunker Hill verdienen der **Security Pacific Plaza**, der **Arco Plaza** mit zwei 52-stöckigen Wolkenkratzern und einer vom Bauhaus-Künstler Herbert Bayer geschaffenen Brunnenskulptur sowie das bereits anno 1976 nach Plänen von John Portman fertigge-

Hinter dieser verrückten Fassade warten 200 Oldtimer im Petersen Automotive Museum.

stellte **Westin Bonaventure Hotel** mit riesigem Atrium und sich drehender Cocktail-Lounge, von der aus man einen schönen Blick über Downtown L. A. genießen kann. Städtebauliche Dominante ist das **First Interstate World Center**, mit 310 m das zweithöchste Gebäude im Westen der USA. Es trägt eine bemerkenswerte Dachbekrönung. Eine Treppe führt hinunter zur 5th Street.
Der schön gestaltete **Wells Fargo Court** wird von den Glasfassaden der Wells Fargo Bank und des IBM Building umrahmt. Jenseits der Grand Avenue gefällt die California Plaza. Die bereits 1901 in Betrieb genommene und in den 1960er-Jahren stillgelegte, liebevoll »Angels Flight« genannte Standseilbahn ist reaktiviert worden und steht wieder als Aufstiegshilfe am Bunker Hill bereit.

Japanisches Viertel

Little Tokyo

Besonders hübsch im japanischen Viertel ist die Noguchi Plaza, deren Blickfang eine Arbeit des Künstlers Isamo Noguchi ist. Den Platz flankieren das **Japanese American Cultural & Community Center** (JACCC) sowie das **Japan American Theatre**. Um die weiter nördlich gelegene Japanese Village Plaza gruppieren sich Geschäfte und Restaurants. Nordöstlich informiert das **Japanese American Natio-**

nal Museum (JANM) in einem modernen Pavillon über die wechselvolle Geschichte japanischer Einwanderer in den USA.

JACCC: 244 N San Pedro St. | Mi. – Fr. 9 – 18 Uhr | www.jaccc.org
JANM: 100 N Central Ave. | Di., Mi., Fr. – So. 11 – 17, Do. 12 – 20 Uhr
Eintritt 16 $ | www.janm.org

»Times Square of the West«

L. A. Live

Im Bereich Olympic Boulevard – Figueroa Street, nicht weit vom Staples Center entstand 2005–2010 dieser milliardenteure Unterhaltungskomplex mit TV-Sendestudios, Konzert- und Theatersälen, Kinos, Luxushotel, Restaurants, Cafés, Clubs und noblen Stadtwohnungen, der schon heute als »Times Square of the West« gilt. Zentraler Treffpunkt ist der **Microsoft Square**, eine große Freiluft-Arena. Neben diversen, viel Publikum anlockenden Veranstaltungen finden hier auch Filmpremieren mit illustrem Star-Aufgebot statt. Im Microsoft Theater, in dem u. a. die Primetime Emmy Awards verliehen werden, finden über 7000 Zuschauer Platz. Im Club Novo können bis zu 2250 Besucher hochkarätige Musik- und andere kulturelle Darbietungen genießen. Auf Etage 27–52 ist das Nobelhotel Ritz-Carlton eingerichtet, von dessen Zimmern und Suiten man – besonders abends und nachts – einen atemberaubenden Blick über Los Angeles hat. Die Geschichte der Pop-Musik erleben Besucher im **Grammy Museum**, einer hochmodernen interaktiven Ausstellung, in der sie sich selbst wie Pop-Stars fühlen können. Eine Sonderpräsentation informiert über die Grammy Awards.

L. A. Live: www.lalive.com
Grammy Museum: Ecke Olympic Blvd./Figueroa St. | Mi.–.Mo. 11–17 Uhr, Di geschl. | Eintritt 18 $ | www.grammymuseum.org

Wilshire Boulevard

Auf der Wundermeile

Miracle Mile

Zwischen Highland Avenue und Fairfax Avenue verläuft die Miracle Mile (Wundermeile) des Wilshire Boulevard mit **Art-déco-Bauten** und eleganten Geschäften. Im **Petersen Automotive Museum** stehen 200 Oldtimer von teils prominenten Vorbesitzern.

Petersen Automotive Museum: 6060 Wilshire Blvd.
tgl. 10 – 17, Discovery Center bis 16 Uhr | Eintritt 20 $
https://petersen.org

Mammuts im Teer

Rancho La Brea Tar Pits

Vor der Fairfax Ave. öffnet sich der **Hancock Park** mit den Teergruben. Hier hat man Skelette von Tieren gefunden, die kurz nach der letzten Eiszeit gelebt haben, darunter auch Reste von Mammuts. Im angeschlossenen Museum kann man sich genauer informieren.

5801 Wilshire Blvd. | 9.30 – 17 Uhr | Eintritt 15 $ | www.tarpits.org

L. A. County Museum of Art (LACMA)

Alte und neue Meister

Im diesem Kunstmuseum sind Werke von Rembrandt, Holbein, Canaletto, Cézanne, Kandinsky und Chagall zu sehen. Das angeschlossene, 2008 eröffnete und von Renzo Piano entworfene **Broad Contemporary Art Museum** zeigt moderne Kunst.

5905 Wilshire Blvd. | Mo., Di., Do. 11 – 17, Fr. 11 – 20, Sa., So. 10 – 19 Uhr | Eintritt 25 $ | www.lacma.org

Farmers Marke

Beliebter Treffpunkt

Die Geburtsstunde des Marktes schlug 1934, als sich 18 Farmer auf dem Höhepunkt der Depression zusammentaten, um auf einem unbebauten Gelände nahe dem Wilshire Boulevard Verkaufsstände zu errichten und ihre Produkte dem Verbraucher direkt anzubieten.
Aus eineinhalb Dutzend sind inzwischen über 100 Obst-, Gemüse- und Lebensmittelhändler geworden, rund **20 Restaurants** und viele andere, zum Teil erstklassige Fachgeschäfte. Der Farmers Market ist ein beliebter Treffpunkt der Angeleños. An manchen Tagen besuchen gut 40 000 Menschen den Markt.

6333 West 3rd St./Ecke S Fairfax Ave. | Mo. – Fr. 9 – 21, Sa. 10 bis 20, So. 10 – 19 Uhr | www.farmersmarketla.com

Hollywood

Filmstadt

Verblasster Glanz

Hollywood und seine Hauptstraßen Hollywood Boulevard, Sunset Boulevard, Melrose Avenue und Vine Street leben von ihrem früheren Glanz und den Legenden der weltberühmten Traumfabrik. Seit Gründung des ersten Filmstudios 1911, dem viele weitere folgen sollten, ist Hollywood zum **Inbegriff der Filmproduktion** geworden, auch wenn die großen Studios inzwischen fast alle in die weiter nördlich gelegenen Viertel Burbank und Universal City gezogen sind. »Hollywood« verbinden die meisten ohnehin mit dem dort geprägten Filmstil.

Hollywood Boulevard

Wiederaufstieg

Der Hollywood Boulevard, wichtigste Ost-West-Achse Hollywoods, wurde wegen seines Nachtlebens oft mit dem New Yorker Broadway verglichen. Doch hatte Hollywood keine Theater, sondern nur extravagante Kinos zu bieten, wie das von Sid Grauman in den 1920er-Jahren errichtete **Chinese Theatre** (heute: TCL Chinese Theatre), das im Stil einer chinesischen Pagode erbaute und wohl bekannteste Filmtheater der Welt, und das **Egyptian Theatre** am Hollywood Boulevard (Nr. 6712).
Nach jahrelangem Verfall wurde der Boulevard wieder aufgepeppt. Neue Restaurants entstanden, Hotels und Gebäude aus der **Art-**

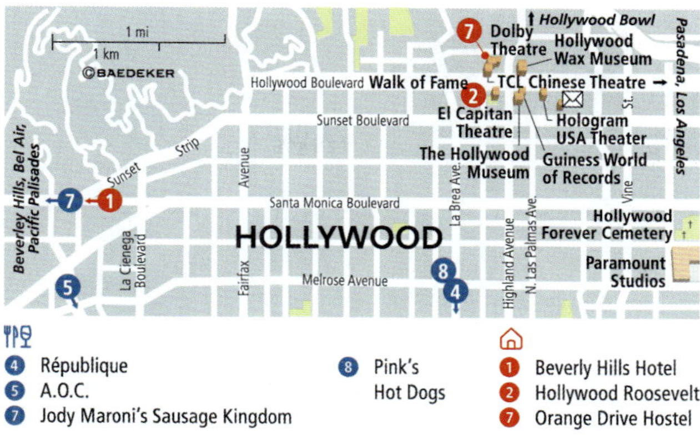

Deco-Zeit sind inzwischen restauriert. Das moderne **Hollywood & Highland Center** mit schickem Veranstaltungs- und Einkaufszentrum und dem angeschlossenen **Dolby Theatre** (früher: Kodak Theatre), in dem alljährlich im Frühjahr die **Oscars** verliehen werden, ist Symbol für den Wiederaufstieg des weltberühmten Stadtteils.

TCL Chinese Theatre: 6925 Hollywood Blvd. | Tel. 1 323 4 61 33 31, Führungen n. V. | (Film-)Tickets: www.tclchinesetheatres.com/tickets-showtimes

Egyptian Theatre: www.egyptiantheatre.com

Dolby Theatre: 6801 Hollywood Blvd. | www.dolbytheatre.com

Berühmt, berühmt ...

Walk of Fame

Beim Chinese Theatre beginnt der Walk of Fame. In den schwarzen Terrazzo-Belag des Bürgersteigs sind die Messingschilder bzw. rosa Sterne aus Marmor mit den Namen berühmter Filmschauspieler eingelassen. Bis heute haben sich hier **1800 Hollywood-Größen** und solche, die dafür gehalten wurden, verewigen lassen. In der Nähe von Grauman's Chinese Theater warten einige **Museen und Ausstellungen**: das Hollywood Wax Museum mit Wachsfiguren von Filmschauspielern und Politikern, die Guiness World of Records und Ripley's Believe It or Not!. Westlich kommt man zum Roosevelt Hotel (7000 Hollywood Blvd.), das 1927 als Home of the Stars eröffnet worden ist. Hier fand 1929 die erste Oscar-Verleihung statt.

Spätestens seit der TV-Serie »77 Sunset Strip« ...

Sunset Boulevard (Sunset Strip)

... ist dieser Straßenzug mit dem berühmten »Château Marmont« als Vergnügungszentrum bekannt. Hier gibt es jede Menge Locations, wo man auch heute noch Hollywood-Filmsternchen oder Stars sehen kann. Dazu zählen z. B. »The Sky Bar« (im Mondrian Hotel, 8440 Sunset Strip) und auch der Club »The Roxy« (9009 Sunset).

Er muss sich für seinen Stern auf dem Walk of Fame noch anstrengen.

Westside

Erster der berühmten Villenvororte

West Hollywood

Der Sunset Boulevard führt weiter durch West Hollywood, den ersten einer ganzen Reihe berühmter Villenvororte zwischen Los Angeles und Malibu an der Pazifikküste.

Ein Hauch von »Pretty Woman«

Beverly Hills

Als nächstes folgt die ebenfalls vom Sunset Boulevard durchzogene Villensiedlung Beverly Hills, wo die Größen des Film- und Showbusiness ihre luxuriösen und oft recht extravaganten Wohnsitze haben. In

Buchläden und an Zeitungsständen kann man einen Plan mit den Adressen berühmter Stars erwerben.
Geradezu ein Muss für jeden Beverly-Hills-Besucher ist der **Rodeo Drive**, jene snobistisch anmutende Flaniermeile mit sündhaft teuren Geschäften. Die feinen Shopping-Adressen (Gucci, Hayman, Tiffany usw.) findet man in dem spitzen Dreieck, das die beiden aufeinander zulaufenden Magistralen Santa Monica Boulevard und Wilshire Boulevard einfassen.

Über den Holocaust

Century City

Am Südwestrand von Beverly Hills erstreckt sich Century City, wo auf dem Gelände des Filmatelierkomplexes der 20th Century Fox moderne Büro-, Geschäfts- und Apartmentbauten entstanden sind. In der Century City ist das moderne **Museum of Tolerance** mit dem Simon-Wiesenthal-Zentrum angesiedelt. Sehr eindringlich wird hier aufgezeigt, wie es zum Holocaust gekommen ist.

Museum of Tolerance: 9786 West Pico Blvd. | Mo.–Do. 10–15.30, So. 10–17 Uhr, Fr.–Sa. geschl. | Eintritt 16 $ | www.museumoftolerance.com

Elegante Promi-Wohngegend

Bel Air

Das nördlich von Westwood und westlich von Beverly Hills gelegene, in den 1920er-Jahren entstandene Bel Air gehört zu den elegantesten Stadtvierteln von Los Angeles mit den **schönsten und teuersten Villen**. Fußwege sind an den steil ansteigenden und gewundenen Straßen kaum zu finden. Wer besonders neugierig ist: In Geschäften kann man Straßenkarten mit den Adressen hier residierender Schauspieler kaufen. In der Stone Canyon Rd. 701 residiert mit dem »Bel Air« eines der teuersten Luxushotels der Stadt. Großzügig im spanischen Missionsstil angelegt, liegt es inmitten einer idyllischen Parkanlage, wo es nach Bougainvilleas, Magnolien und Avocado-Holz duftet.
www.dorchestercollection.com/en/los-angeles/hotel-bel-air

Ein Tempel für die Kunst

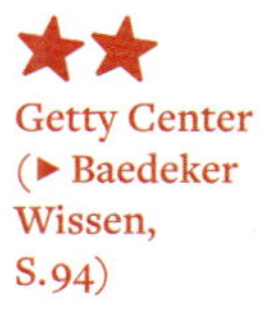

Getty Center (▶ Baedeker Wissen, S. 94)

In den Hügeln von Brentwood, oberhalb vom San Diego Freeway, fällt das 1997 eröffnete Getty Center ins Auge. Die moderne travertinverkleidete Zitadelle ist eine Schöpfung des New Yorker Architekten Richard Meier. Der aufwendige Museumskomplex des Getty Trust hat ca. 1 Mrd. US-$ an Baukosten verschlungen. Er beherbergt den größten Teil der Kunstschätze, die der **Ölmilliardär J. Paul Getty** (1872 – 1976) bzw. die von ihm ins Leben gerufene Stiftung (Stiftungsvermögen rund 4,5 Mrd. US-$) erworben haben.
Prunkstücke der Kollektion, die in 54 Galerien nach Rpochen aufgebuat ist, sind französische Rokoko-Möbel und vor allem eine **bedeutende Gemäldesammlung**, darunter auch der »Alte Mann in Ritterrüstung« von Rembrandt, eine »Kreuzabnahme« aus der Schule von

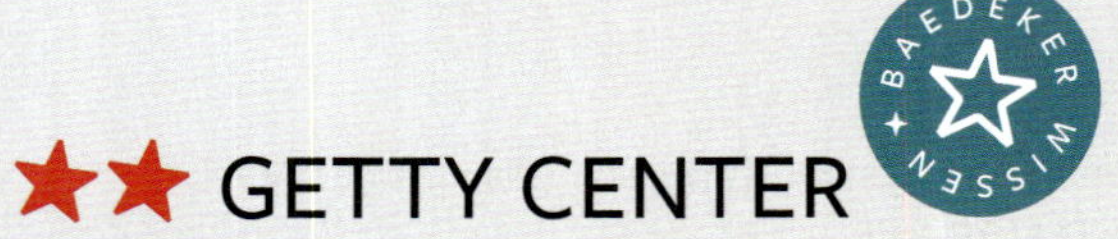

★★ GETTY CENTER

Wie eine postmoderne Tempelanlage, in der man der Kunst huldigt, liegt der 1984–1997 errichtete hell leuchtende, milliardenteure Bau des Stararchitekten Richard Meier auf einer Kuppe der Brentwood Hills. Die Innenräume wurden von dem Innenarchitekten Thierry Dupont gestaltet.

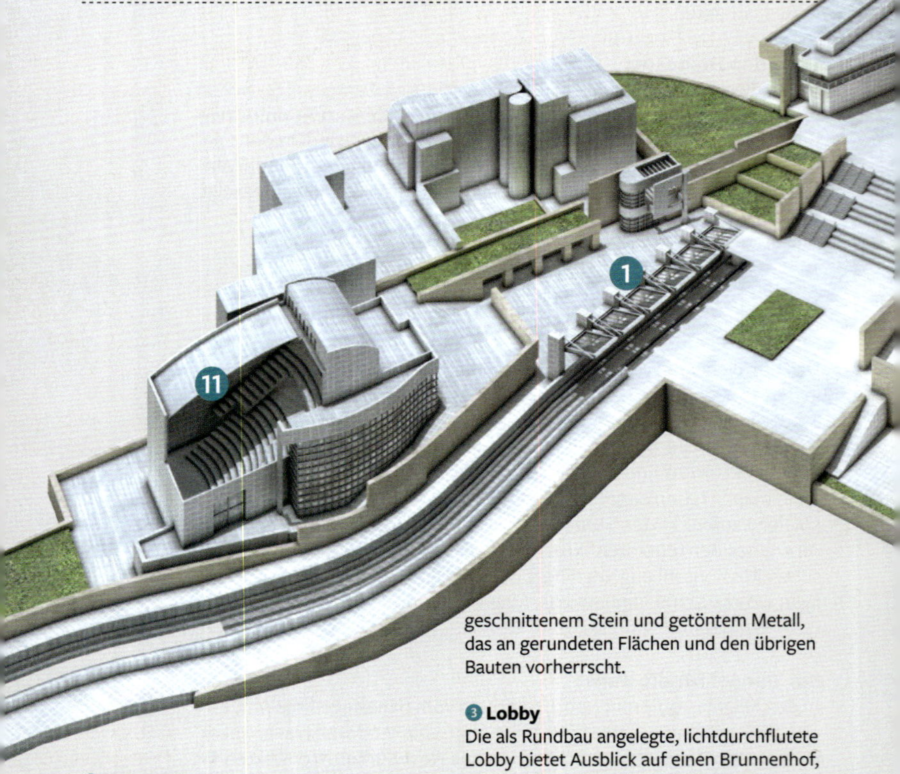

❶ Bahnstation
Eine Tram pendelt zwischen der riesigen Parkgarage und den Museumsgebäuden. Ein paar Schritte den Hügel hinauf erreicht man das Getty Center.

❷ Museumsfassade
Rund 16 000 t italienischer Travertin wurden für die raue hell-beigefarbene Plattenverkleidung verwendet – in Kontrast zu glatt geschnittenem Stein und getöntem Metall, das an gerundeten Flächen und den übrigen Bauten vorherrscht.

❸ Lobby
Die als Rundbau angelegte, lichtdurchflutete Lobby bietet Ausblick auf einen Brunnenhof, um den vier Ausstellungspavillons angeordnet sind.

❹ Sammlungen in den Pavillons
Jean Paul Getty (1892–1976) erwarb sein Vermögen im Ölgeschäft und investierte es in seine Sammlung europäischer Malerei, Skulptur und kunsthandwerklicher Arbeiten – mit Schwerpunkt auf Werken von Renaissance bis Postimpressionismus.

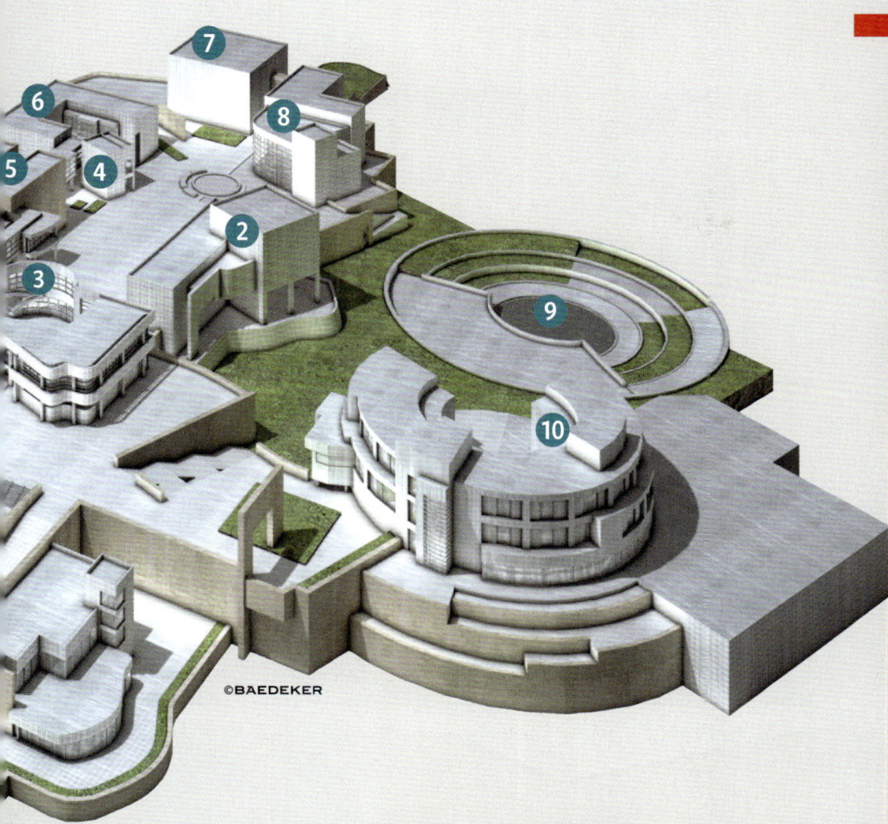

5 Nordpavillon
Mit Handschriften aus dem 6.–16. Jh. sieht man hier Meisterwerke aus byzantinischen und ottonischer Zeit sowie aus Romanik, Gotik und Renaissance.

6 Ostpavillon
Kunstwerke von 1600–1800, im Erdgeschoss Skulpturen und Zeichnungen, im Obergeschoss Gemälde. Von diesem Pavillon hat man auch einen schönen Blick auf Bel Air und den San Diego Freeway.

7 Südpavillon
Im Erdgeschoss ist Kunsthandwerk zu sehen, im Obergeschoss Gemälde aus der Zeit von 1600–1800.

8 Westpavillon
Dieser Pavillon ist der Kunst nach 1800 gewidmet, präsentiert werden Skulpturen, Kunsthandwerk, Fotografie und Malerei.

9 Zentraler Garten
In dem von Robert Irwin angelegten Garten gedeihen Hunderte Azaleen. Über eine Stufenwand fällt Wasser in ein Becken.

10 Forschungsinstitut
In diesem Gebäude werden interessante Wechselausstellungen gezeigt.

11 Auditorium
Das Programm zu den Vorlesungen, Filmvorführungen und Musikdarbietungen erhält man in der Eingangshalle.

OBEN: Natürliches Licht fällt durch Glassteinwände in das von Richard Meier entworfene Getty Center.

UNTEN: Renaissance bis Postimpressionismus: Jean Paul Getty investierte sein mit Öl gemachtes Vermögen in viel Kunst.

Rogier van der Weyden und van Goghs berühmte »Schwertlilien«. Daneben haben dekorative Kunst und Fotografie (u. a. Bilder von Man Ray und Cunningham) Platz gefunden. Der Getty Trust unterhält zudem eine sehr umfangreiche **kunsthistorische Bibliothek**.

Getty Center: 1200 Getty Center Dr. | Tel. 1 310 4 40 73 00 | Di. – Fr., So. 10–17.30, Sa. 10–20 Uhr, Mo. geschl. | Eintritt frei. Die computergesteuerte »Getty Center Tram« bringt Sie vom Parkplatz (Parkgebühr: 20 $) auf den Museumshügel | www.getty.edu/visit/center

Garten und Kunst

University of California at Los Angeles (U.C.L.A.)

Zwischen Westwood und Bel Air dehnt sich der Campus der University of California at Los Angeles (44000 Studierende) aus mit einem prachtvollen **Botanischen Garten** sowie dem **Franklin Murphy Sculpture Garden** mit Schöpfungen von Auguste Rodin, Henry Moore und anderen namhaften Künstlern. Studentisches Leben herrscht in **Westwood Village**, wo man spazieren gehen kann.

Exil für deutsche Schriftsteller

Pacific Palisades

Am Pacific Coast Highway und nahe der Santa Monica Bay mit ihrem breiten Sandstrand liegt Pacific Palisades, ebenfalls ein Wohnplatz Begüterter, der im Herbst des Jahres 1993 von wahrscheinlich mutwillig entfachten Feuerwalzen getroffen wurde. Zahlreiche Villen fielen den Flammen zum Opfer. Pacific Palisades wurde hierzulande als Exilort namhafter deutscher Schriftsteller bekannt. Hier lebten **Thomas Mann**, Emil Ludwig und **Lion Feuchtwanger**. Dessen Haus **Villa Aurora** fiel nach dem Tod seiner Witwe Marta 1987 an die University of Southern California und dient heute als Begegnungsstätte für Kunst und Künstler aus den USA und Deutschland. Bertolt Brecht hat den Villenvorort folgendermaßen charketrisiert:

> »
> Hier kommt man sich vor
> wie Franz von Assisi im Aquarium,
> wie Lenin im Prater …
> «

Das **Thomas Mann House** (1550 San Remo Dr.) wurde 2016 von der Bundesrepublik Deutschland erworben und im Juni 2018 als transatlantische Begegnungsstätte mit Fellowship-Programm eröffnet.

Villa Aurora: 520 Paseo Miramar, Pacific Palisades, CA 90272 | Tel. 1 310 4 54 42 31 | www.vatmh.org/en (mit Infos zum Thomas Mann House)

Ein bisschen »Baywatch«

Malibu

Kommen Ihnen die originellen Stelzenhäuser, die sich am Strand aneinander drängen, bekannt vor? Genau, aus vielen Filmen und Fernsehserien kennt man den hübschen Strand von Malibu. Auf einem Hügel oberhalb des Stillen Ozeans steht die **Villa von J. Paul Getty**. Sie ist eine Rekonstruktion der antiken Villa dei Papiri, die einstmals in Herculaneum am Fuße des Vesuvs gestanden hat. Hier kann man eine der wenigen erhalteneyn Originalstatuen des antiken Bildhauers Lysipp (370 – 300 v. Chr.) sehen. Der größte Teil der Kunstsammlungen des Ölmilliardärs ist im Getty Center (► S. 93) ausgestellt.

Getty Villa: 17985 Pacific Coast Hwy. | Tel. 1 310 4 40 73 00 | tgl. außer Di. 10 – 17, Sa., bis 21 Uhr | Eintritt frei (Internet-Reservierung!) | Parkgebühr 20 $ | www.getty.edu/visit

Ende der Route 66

Santa Monica

Südlich von Pacific Palisades erstreckt sich die auch heute noch als Seebad geschätzte Vorstadt Santa Monica (92 000 Einw.). Hier enden der Santa Monica und der Wilshire Boulevard und damit auch die legendäre Route 66.

Als 1977/1978 das **Privathaus für Frank O. Gehry** an der Ecke Washington & 22nd Street gebaut wurde, erregte seine Architektur öffentliches Aufsehen. Der Architekt umbaute ein altes Haus Wellblech.Damals umstritten, gilt es heute als Musterbeispiel des **De-Konstruktivismus**.

Jung und schön

Venice

Südlich von Santa Monica schließt die nach dem italienischen Original benannte und dicht bebaute Strandsiedlung Venice an. Jugend, Fitness und schöne Körper bestimmen die Szenerie. Am Südrand von Venice ist die **Marina del Rey** angelegt. Sie ist einer der größten Yachthäfen an der Pazifikküste, hier dümpeln einige der größten und teuersten Yachten der Welt.

North Hollywood · Griffith Park

Für jeden etwas

Griffith Park

Im Griffith Park faszinieren besonders die »Travel Town« mit Verkehrs- und Feuerwehrmuseum, der **Los Angeles Zoo**, das **Greek Theatre** (Freilichtbühne), das Ferndell Nature Center und vor allem das **Griffith Observatory**, Planetarium & Hall of Science mit seiner hochinteressanten Raumfahrt-Ausstellung. Von hier oben genießt man an schönen Tagen einen herrlichen Blick auf die Stadtlandschaft Los Angeles.

Los Angeles Zoo: 5333 Zoo Dr. | 10 – 17, im Sommer bis 18 Uhr Eintritt 22 $ | www.lazoo.org

Griffith Observatory: 2800 E Observatory Rd. | Di. – Fr. 12 – 22, Sa., So. 10 – 22 Uhr | Eintritt frei | https://griffithobservatory.org

Welt der Illusionen

Universal Studios

Hauptattraktion von North Hollywood sind die Universal Studios, die 1915 von dem Deutschamerikaner Carl Laemmle auf dem Gelände einer Hühnerfarm gegründet wurde. Das Studiogelände ist mit einem Themenpark kombiniert, der die Illusion vermittelt, in die Geheimnisse der Filmprofis eingeweiht zu werden. Hauptattraktion ist eine **Studio Tour**, die mehrere **Filmsets** passiert und immer wieder von Adrenalin treibenden **Actionsets** unterbrochen wird. Dabei wird man auch Zeuge von aktuellen Filmen im Produktionsstadium.

Sommer tgl. 9 – 22 Uhr, Schließzeiten variieren, nähere Infos unter: www.universalstudioshollywood.com | Eintritt ab 109 $

Den Stars aufs Dach schauen

Santa Monica Mountains, Mulholland Drive

Zwischen North Hollywood und Beverly Hills schieben sich die von vornehmen Villen besetzten und von zahlreichen tiefen Canyons zerteilten Santa Monica Mountains. Reizvoll ist eine Fahrt über den Mulholland Drive, von dem aus man in die gepflegten Garten- und Parkanlagen der Villen von Beverly Hills und Bel Air hinunterschaut.

Rund um Los Angeles

Gute Nerven?

Six Flags Magic Mountain

Wenige Autominuten nordwestlich von San Fernando, einem schönen Städtchen mit Kunstmuseum und exotisch bepflanztem Friedhof, wartet der Six Flags Magic Mountain auf nervenstarke Besucher. Hier sind **mehrere Achterbahnen** aufgebaut, die es wirklich in sich haben. Das verraten schon ihre Namen: »Batman's Ride«, »Revolution«, »Full Throttle« usw. Daneben gibt es noch weitere Attraktionen.

26101 Magic Mountain Pkwy. (I-5, Ausf. Valencia) |
Tel. 1 661 2 55 41 00 | 10.30 – 18 Uhr, Sommer und an Wochenenden länger | Eintritt 65 (Tagesticket)
www.sixflags.com/magicmountain

Filmklassiker

Burbank

Südöstlich von San Fernando erreicht man die Vorstadt Burbank (100 000 Einw.). An der Olive Avenue bzw. am Hollywood Way liegen die 1923 gegründeten Warner Brothers Studios, die man auf verschiedenen Touren kennenlernen kann, darunter eine auf den Spuren von Klassikern wie »Casablanca«.

Warner Brothers Studios: 3400 W Riverside Dr., Burbank | Touren tgl. 8.30 – 15.30 Uhr, im Sommer länger | Tour-Ticket ab 70/erm. 60 $ | Tel. 1 877 4 92 86 87 | www.wbstudiotour.com

In Walt Disneys Wunderland sind alle glücklich ...

Kostbare Kunst, kostbare Schriften

Pasadena

Pasadena (134 000 Einw.) ist bekannt als Standort des California Institute of Technology. Das **Norton Simon Museum of Art** ist eines der wichtigsten Kunstmuseen Kaliforniens und zeigt Werke von Paul Klee, Lionel Feininger, Wassily Kandinsky, Alexej Jawlensky und anderen. Einige Autominuten südöstlich von Pasadena sollte man die **Huntington Library & Art Gallery** besuchen. Hier kann man viele wertvolle alte Bücher (u. a. eine 1450 in Mainz gedruckte Gutenberg-Bibel) und großartige Gemälde (u. a. »Blue Boy« von Gainsborough) sowie ganz zauberhafte Gartenanlagen bewundern.

Norton Simon Museum of Art: 411 W Colorado Blvd., Ecke Orange Grove Blvd. | Mo., Mi., Do. 12 – 17, Fr., Sa. 11 – 20, So. 11 – 17 Uhr Eintritt 20 $, bis 18 J. frei | www.nortonsimon.org

Huntington Library & Art Gallery: 1151 Oxford Rd. | Mi. – Mo. 10 – 17 Uhr | Eintritt ab 25 $, Sa., So. 29 $ | www.huntington.org

Ins Hochgebirge

San Gabriel Mountains

Von Pasadena windet sich der Highway CA 2 hinauf in die landschaftlich überaus reizvolle **Hochgebirgswelt** der San Gabriel Mountains, deren Wälder Teil des Angeles National Forest sind. Hier oben kann man bis weit in den April Ski laufen.

Ein Hauch von Andalusien

San Gabriel

Die Kirche der 1771 gegründeten festungsartigen Mission San Gabriel im gleichnamigen Vorort (40000 Einw.) hat die Kathedrale im andalusischen Córdoba zum Vorbild.

Über die achtgrößte Wirtschaftsmacht der Erde

Exposition Park

Focus des Exposition Parks ist das Memorial Coliseum, das 100000 Besuchern Platz bietet und das einer der Schauplätze der Olympischen Sommerspiele von 1932 und 1984 gewesen ist. Interesse verdient das dem Deutschen Museum nicht unähnliche **California Science Center**. Hier sieht man die technischen und wissenschaftlichen Errungenschaften der »achtgrößten Wirtschaftsmacht der Erde«, wie Kalifornien oft leicht großspurig bezeichnet wird. Dazu gehören auch eine Hall of Health und eine Hall of Economics & Finance.

California Science Center: 700 Exposition Park Drive
tgl. 10 – 17 Uhr | Eintritt frei, IMAX 10 $ | www.californiasciencecenter.org

33 Jahre Heimwerken

Watts Simon Rodia Towers

1921 begann Simon Rodia, ein italienischer Einwanderer, mit dem Bau seiner vier Türme aus Beton-, Glas-, Ton- und Spiegelscherben im Stadtteil Watts. Nach 33 Jahren war dieses Musterbeispiel der Volkskunst vollendet. Heute ist das Ensemble als besonderes Kulturgut geschützt.

1765 E 107th St. | Führungen: Do., Fr. 11 – 15, Sa. 10.30 – 15, So. 12 – 16 Uhr | Eintritt 7 $ | www.wattstowers.us

Maritime Legende

Long Beach

Etwa 30 km südlich von Downtown liegt die zwar seit vielen Jahren mit Los Angeles zusammengewachsene, aber immer noch selbständige Großstadt Long Beach (440000 Einw.) an der **San Pedro Bay** des Pazifiks. Seit der Jahrhundertwende ist hier einer der größten künstlich geschaffenen Häfen der Erde entstanden. Hauptattraktion von Long Beach ist die am Pier J vertäute **»Queen Mary«**, eines der größten jemals gebaute Passagierschiffe. Es ist 1934 in England vom Stapel gelaufen und hat mehr als 80000 Bruttoregistertonnen. Heute dient es als schwimmendes Hotel und als Museum mit mehreren Ausstellungen, u. a. die »Cunard Story«.

Queen Mary: Preise,Tickets und Touren unter www.queenmary.com

Micky Maus & Co.

Disneyland bei Anaheim

Hauptattraktion von Anaheim, einer 1857 von deutschen Einwanderern gegründete Stadt, ist das in aller Welt bekannte Disneyland. Der viel besuchte **Vergnügungspark** ist 1955 vom Trickfilmzeichner und Filmproduzenten Walt Disney angelegt worden. Gleich nach dem Eingang gelangt man in die »Main Street USA«, die im Stil der Jahrhun-

Wer in Mendocino an den Strand möchte, muss steile Klippenwege hinabsteigen.

dertwende gestaltet ist. Geboten werden neben der allseits bekannten täglichen Parade u. a. Abenteuer mit Indiana Jones und interaktive Weltraumkämpfe gegen den bösen Diktator Zurg. Im **California Adventure Park** stürzt man in der »Twilight Zone« 13 Stockwerke in die Tiefe und kann sich an der Elektroparade ergötzen.

Öffnungszeiten variieren je nach Saison, unter htt://disneyland.disney.go.com erfährt man die tagesaktuellen Zeiten und das Tagesprogramm | Mit einem Fastpass kann man für einige Attraktionen feste Eintrittszeiten reservieren und erspart sich damit lange Wartezeiten | Tageskarte je Park ab 104, Kinder (3 – 9 J.) ab 50 $; 2-, 3-, 4- und 5-Tage-Hopper-Tickets günstiger, bes. für Disneyland und Disney's California Adventure, Informationen: Tel. 1 714 5 20 50 60 https://disneyland.disney.go.com/guest-services/fastpass

»Zweites Capri«

Santa Catalina Island

Etwa 40 km südlich vor San Pedro liegt die Santa Catalina Island im Stillen Ozean. Das **felsige Eiland** war früher ein berüchtigter Piratenschlupfwinkel und wurde 1919 nach dem erklärten Willen des Kaugummikönigs Wrigley zum zweiten Capri für den Tourismus. Auf dem Südostende der Insel tummelt sich eine große **Seehundkolonie**.

Die Schnellfähren flitzen (bis 30-mal tgl.) zwischen San Pedro/Los Angeles und Long Beach auf dem Festland und dem Hafen von Avalon hin und her | www.catalinaexpress.com

Tauch- und Wanderparadies

Channel Islands National Park

Ein wildes und faszinierendes Naturparadies sind die nordwestlich von Los Angeles gelegenen Inseln des Channel Islands National Parks, zu dem außer Santa Cruz Island, Santa Rosa Island und San Miguel Island auch die Inselgruppe Anacapa und das südlicher gelegene Eiland Santa Barbara Island gehören. Vor allem Taucher und Naturfreunde finden den Weg dorthin, denn hier kann man eine artenreiche Unterwasserwelt, Robbenarten (u. a. Seelöwen) und im Winter bzw. Frühling sogar Wale beobachten. Das **Visitor Center** des Nationalparks befindet sich im zwischen Malibu und Santa Barbara gelegenen Küstenstädtchen Ventura, von wo aus Boote von Island Packers zu den Inseln fahren.

Visitor Center: tgl. 8.30 – 17Uhr | www.nps.gov/chis
www.islandpackers.com

MENDOCINO

County: Mendocino | **Höhe:** 0 – 47 m ü. d. M. | **Einwohnerzahl:** 900

Das Paradies der Blumenkinder aus den 1960er-Jahren ist noch immer ein idyllisches Künstlerrefugium an der Pazifikküste nördlich von ▶ San Francisco. Am Strand findet man eigentümlich runde Steine, so groß wie Bowling-Kugeln.

Auf dem felsigen Kap, wo sich vor rund 100 Jahren hier reich gewordene Holzhändler hübsche Villen im viktorianischen Stil erbauen ließen, entwickelte sich ab den 1950er-Jahren eine **Bohème**, die Künstler aus ganz Nordamerika anzog – Galerien zehren noch heute von diesem Ruf. Später gedieh hier im Hinterland auf versteckten Flächen Marihuana, das dem »Summer of Love« die entsprechende Würze gab.

Wohin in Mendocino und Umgebung?

Wiege der Künstlerkolonie

Mendocino Art Center

In dem 1959 ins Leben gerufenen Kunstzentrum mit mehreren Galerien – der Wiege der Künstlerkolonie – finden Ausstellungen, Konzerte und Theateraufführungen statt. Künstler bieten Unterricht in verschiedenen Techniken an. Einige der hiesigen Künstler werden in einem Artists-in-Residence-Modell vom Zentrum gefördert.

45200 Little Lake St. | Do.–Mo. 11 – 16 Uhr | Eintritt frei
www.mendocinoartcenter.org

MENDOCINO ERLEBEN

FORD HOUSE VISITOR CENTER & MUSEUM

735 Main St., Mendocino,
CA 95460
Tel. 1 707 9 37 53 97
tgl. 11–16 Uhr
www.mendoparks.org/visitor-centers

Etwa 4 Std. dauert die längste Zugfahrt mit dem **Skunk Train**. Es geht über 39 Brücken und durch die Redwood-Wälder des Noyo River Canyon bis nach Willits (Mai–Dez.). Auch kürzere (und günstigere) Zugfahrten.
Skunk Train: 100 W Laurel St., Fort Bragg
Tel. 1 7 07 9 64 63 71
Tickets ab 50 $
www.skunktrain.com

CAFÉ BEAUJOLAIS €€€

Die feine amerikanisch-französische Küche aus Organic Food.
961 Ukiah St.
www.cafebeaujolais.com

TRILLIUM CAFÉ €€€

Nettes Restaurant im Zentrum von Mendocino. Besonders lecker sind die Fish Tacos und die Reuben Sandwiches. Sehr freundlicher Service.
10390 Kasten St.
http://trilliummendocino.com

SEA-PAL COVE €

Einfacher, aber guter Imbiss am Fisherman's Harbor mit leckeren Fish 'n' Chips und Muschelsuppe.
Fort Bragg, 32390 N Harbor Dr.
Tel. 1 707 9 64 13 00

ELK COVE INN & SPA €€€€

Entspannung pur, etwa 12,5 mi/20 km südlich von Mendocino, direkt am Meer. Ruhe und Komfort, Wellness und ein kleines, feines Restaurant.
Elk, 6300 S CA-1, Tel. 1 707 8 77 33 21
www.elkcoveinn.com

MENDOCINO HOTEL & GARDEN SUITES €€

Freundliches Hotel mit 50 geschmackvoll eingerichteten Zimmern und Suiten sowie einem viktorianischen Dining Room.
45080 Main St, Tel. 1 707 9 37 05 11
www.mendocinohotel.com

Erinnerung an die Holzfälleräras

Main Street

Zahlreiche Boutiquen in der Main Street und deren Nebenstraßen runden das kulturelle Verkaufsangebot ab. Von den vielen Kneipen für die Holzfäller und Hafenarbeiter – in Mendocino gab es in der zweiten Hälfte des 19. Jh.s über ein Dutzend Bordelle – blieben nur alte Geschichten übrig. Das 1878 erbaute **Mendocino Hotel** dagegen stammt noch aus der Holzfäller-Ära. In einem der ältesten Häuser aus dem Jahr 1854, dem **Ford House** an der Main Street, befindet sich ein Visitor Center mit interessanter Ausstellung über die Region.

Eine Nacht beim Leuchtturmwärter

Point Cabrillo Light Station

Seit 1909 warnt der 2 mi/3,2 km nördlich von Mendocino gelegene, liebevoll restaurierte Leuchtturm vor Klippen und Untiefen an der hiesigen Pazifikküste. Das benachbarte **Haus des Leuchtturmwärters** ist als Ferienunterkunft (B & B) buchbar.

Light Station: Point Cabrillo | 11 – 16 Uhr | Eintritt 5 $
https://pointcabrillo.org
B & B: www.mendocinovacations.com

Größte Küstensiedlung

Fort Bragg

Fort Bragg, 1857 zur Kontrolle des Mendocinoreservats errichtet, ist nicht mehr erhalten. Trotz ihrer lediglich 7000 Einwohner ist die heutige Stadt am Pazifik nördlich von Mendocino die größte Küstensiedlung zwischen San Francisco und Eureka. Nach wie vor dominiert hier die **Holzwirtschaft**, wie riesige mit Baumstämmen beladene Trucks auf ihrer Fahrt in die Sägewerke der Stadt deutlich zeigen.
Mutter Natur muss viel erleiden, manchmal aber gelingt es ihr, selbst Müll in etwas »Schönes« zu verwandeln. So wurde der **Glass Beach** am Ende der Elm Street jahrzehntelang als Müllhalde missbraucht. U. a. jede Menge Glas – daher sein Name – wurde hier abgekippt. 1967 fanden die Stadtväter einen anderen Müllplatz, seitdem hat die Natur den Strand zurückerobert und die gläsernen Abfallprodukte zu buntem Schrot zermahlen. Was hier bei Sonnenschein glitzert, wird heute nicht mehr als Müll angesehen. Die bunten, rundgehobelten Glasstückchen darf man auch nicht mitnehmen.

www.fortbragg.com

Unberührter Küstenpark

MacKerricher State Park

Fotogen landeinwärts gebogene Kiefernwälder, endloser Sandstrand: Der etwas nördlich von Fort Bragg liegende State Park bietet erstklassiges Beinevertreten. Den besten Blick auf Meer und Klippen haben Sie vom Aussichtspunkt **Laguna Point** aus. Mit etwas Glück sieht man auf den Felsen dösende Seelöwen.

24100 MacKerricher Park Rd. | tgl. bis Sonnenuntergang
Parkgebühr 8 $ pro Fahrzeug | www.parks.ca.gov

Farbtherapie gefällig?

Mendocino Coast Botanical Gardens

Hier hält die von den feuchten Wintern und nebligen Sommern verwöhnte Flora die wohl üppigste Farbpalette Nordkaliforniens parat. Kamelien, Dahlien, Fuchsien, Rosen und bis zu sieben Meter hohe Rhododendren erfreuen in mehr als **20 verschiedenen Gartenanlagen** wenige Meilen südlich von Fort Bragg das Auge. Schöne Spazierwege führen durch die zwischen dem Highway 1 und dem Pazifik liegende Märchenlandschaft zu herrlichen Aussichtspunkten über die Klippen.

18220 N. Hwy. 1 | März – Okt. tgl. 9 – 17, Nov. – Feb. tgl. 9 – 16 Uhr
Eintritt 20 $ | www.gardenbythesea.org

Mit dem »Stinktier-Zug« unterwegs

Skunk Train

Waren Sie schon immer von den urigen Zügen angetan, die durch die Westernfilm schnaufen? Dann sind Sie hier goldrichtig! Der Skunk Train schaukelt durch uralte Redwood-Wälder, den tiefen Noyo River Canyon und über 30 Brücken und riecht natürlich längst nicht mehr nach Stinktier! Von Fort Bragg bringt er Sie auf einer gemütlichen Tour durch das Mendocino County bis zum 64 km entfernten Wilits 40 mi/64 km landeinwärts.

Skunk Depot, 100 W Laurel St. | März – Okt. tgl. ab 10 Uhr
Tickets ab 49,95 $ | www.skunktrain.com

★ MOJAVE DESERT

Region: San Bernadino | **Höhe:** 600 – 3300 m ü. d. M.
Fläche: ca. 40 000 km²

Singende Sanddünen, heiße, sonnendurchglühte Ebenen, auf denen gewaltige Solaranlagen Strom erzeugen, anmutige Hochtäler, in denen im Frühjahr Wüstenblumen ein vielfarbiges Feuerwerk entfalten. Die riesige Mojave-Wüste (rund 124 000 km²) gehört zu den trockensten Regionen der USA. Sie erstreckt sich zwischen Sierra Nevada und San Gabriel Mountains und reicht bis in die Bundesstaaten Arizona, Nevada und Utah hinein.

Trocken, trockener, Mojave Desert

Da hier die Sonne an vielen Tagen im Jahr auf die Erde brennt (über 3000 Std.), die durchschnittliche Luftfeuchtigkeit sehr niedrig ist (was den Stahl moderner Industrieanlagen vor Rost bewahrt) und riesige Landflächen größtenteils ungenutzt sind, bietet die Mojave-Wüste ideale Voraussetzungen für die Erzeugung erneuerbarer regenerativer Energien. Gerade in dieser Gegend Amerikas ist der Energieverbrauch um die Mittagszeit sehr hoch, wenn die Klimaanlagen auf Hochtouren laufen. Die Tageshöchsttemperaturen in den Niederungen der Mojave-Wüste können bereits im Mai über die Marke von 37 °C steigen. Insgesamt erzeugen **16 Solarkraftwerke** Strom. Sie gehören zu den größten der Welt.

Wohin in der Mojave Desert?

Mojave National Preserve

Wenn die Wüste singt

Seit 1994 werden fast 6500 km² Fläche der Mojave-Wüste im Osten Kaliforniens als National Preserve geschützt. Eingeschränkt

Im Antelope Valley am Westrand der Mojave-Wüste blüht der goldene Mohn, die Staatsblume Kaliforniens.

darf auf dem Terrain gejagt und Vieh gehalten werden, es gibt in begrenztem Umfang sogar Ausnahmegenehmigungen für den Abbau von Bodenschätzen.

Nur wenige Straßen führen durch das im Süden durch die I-15 und die I-40 im Norden begrenzte Gelände mit über 2000 m hohen Gipfeln, Joshua-Tree-Wäldern und spektakulären Höhlen. Die vom Wind verwirbelten Sandkörner der bis zu 200 m hohen Dünen **Kelso Dunes** erzeugen einen fast metallischen Ton, wie ein eigentümlicher Gesang. Etwa 300 verschiedene Tiere – Salamander, Kojoten, Dickhornschafe und sogar Pumas – leben, für den Menschen meist unsichtbar, in den Wüsten- und Steppenlandschaften. Zehntausend Jahre alte Felszeichnungen erzählen von den ersten menschlichen Bewohnern, lange vor Ankunft der Europäer.

Barstow Headquarters (Information Center): 2701 Barstow Rd., Barstow | Tel. 1 760 252 6100 | Mo. – Fr. 8 – 16 Uhr | www.nps.gov/moja

MOJAVE DESERT ERLEBEN

MOJAVE NATIONAL PRESERVE

2701 Barstow Road
Barstow, CA 92311
Tel. 1 760 252 61 00
www.nps.gov/moja

KELSO DEPOT VISITOR CENTER

Kelso Cima Road
Kelso, CA 92332
Tel. 1 760 252 6100

CAMPING

Es gibt einige Campingplätze, etwa den Mid Hills Campground oder den Hole-in-the-Wall Campground. Beide bieten eine wundervolle Aussicht, sind aber sehr einfach.
www.nps.gov/moja/planyourvisit/campgrounds

Wenn die Staatsblume blüht

Antelope Valley California Poppy Reserve

Am Westrand der Mojave-Wüste, im Antelope Valley, 15 mi/24 km westlich von Lancaster, können Besucher zwischen Mitte März und Mitte Mai ein besonderes Naturschauspiel erleben: Mit steigenden Temperaturen und vor allem nach erfrischenden Regenfällen erblüht ein großes Areal im kräftig strahlenden Gelb des Goldmohns, hier bekannt als kalifornische Staatsblume **California Poppy** (Goldmohn / Eschscholzia californica). Wanderwege führen mitten durch die Farbenpracht.

15101 Lancaster Rd. | Blüten-Info: Tel. 1 661 7 24 11 80
Parken: 10 $ pro Pkw | www.parks.ca.gov

Hier landeten Space-Shuttles

Edwards Air Force Base

Im südwestlichen Teil der Mojave Desert etwa 100 km nördlich von Los Angeles liegt der **Luftwaffenstützpunkt** Edwards Air Force Base mit einer Landebahn, auf der bis 2011 auch Space Shuttles der NASA landeten.

www.edwards.af.mil/tours

Von Glücksrittern

Calico

Die »Geisterstadt« Calico 11 mi/17 km östlich von Barstow, nahe der US-15, war 1881–1896 Stützpunkt vieler Glücksritter, die von hier aufbrachen, um in den nahe gelegenen Bergen nach Silber zu schürfen. Als der Silberpreis 1895 sank, wurden die Silberbergwerke geschlossen, und Calico verfiel. Inzwischen restauriert, erfreut es seine zahlreichen Besucher mit Fahrten in der alten **Minenbahn** und Führungen über das Gelände.

36600 Ghost Town Rd., Yermo | tgl. 9 – 17 Uhr | Eintritt 12 $
https://www.calicoattractions.com

Red Rock Canyon State Park

Filmreif

Landschaft

Die Felsklippen und Zinnen aus rotem Sandstein kommen Ihnen bekannt vor? Tatsächlich spielte diese rund 120 mi/200 km nördlich von Los Angeles gelegene Felsenwelt am nordwestlichen Rand der Mojave Desert bereits in zahlreichen Filmen und Werbeclips eine Rolle.

Vom **Midland Trail** (CA-14), der das Gebiet durchmisst, bieten sich beeindruckende Landschaftsszenerien. Die von Wind und Wetter freigelegten vielfarbigen Felsformationen stammen aus verschiedenen Epochen der Erdgeschichte. Verlassene Minen aus dem 19. Jh. erinnern an Versuche, hier nach Gold und Silber zu schürfen. Vereinzelt sind auch indigene Felszeichnungen zu entdecken.

Die **Red Rock Interpretive Association** bietet geführte Wanderungen zu den schönsten Teilen des State Park und bekannten Film-Drehorten an.

Mojave Sector Office: Tel. 1 661 9 46 60 92 | Sonnenauf- bis -untergang | 6 $ pro Pkw. | 50 einfache Camping- bzw. RV-Stellplätze: 25 $ pro Nacht | www.parks.ca.gov

Red Rock Canyon Interpretive Association: Box 2406, Tehachapi, CA 93561 | http://redrockrrcia.org

Im Zentrum der Einsamkeit

Ridgecrest

Das nordöstlich des Red Rock Canyon State Park auf etwa 700 m Höhe gelegene Ridgecrest (29 000 Einw.) gilt als Zentrum der einsamen High Desert in der Mojave-Wüste. Im Osten und im Norden des Ortes sind riesige Gebiete für Manöver und die Erprobung von Waffen der Marineflieger gesperrt.

In der Umgebung von Ridgecrest gibt es **Geisterstädte** wie Randsburg, Red Mountain und Johannesburg, in denen vor gut 100 Jahren Tausende Arbeiter Gold und Silber aus Bergwerken förderten.

Lange vor den Schürfern lebten bereits Menschen in der Region. Im **Little Petroglyph Canyon** auf dem Gelände der Naval Air Weapons Station findet man die umfangreichste Ansammlung prähistorischer Felszeichnungen von ganz Nordamerika. Diese Felszeichnungen sind, da sie sich auf Militärgelände befinden, nur US-Staatsbürgern bei Touren des **Maturango Museum** zugänglich. Das Maturango Museum zeigt wiederum eine kultur- und naturgeschichtliche Ausstellung über die Mojave Desert. Die US-Marineflieger unterhalten im ausgetrockneten China Lake ein Waffentestgelände. In ihrem **Museum** zeigen sie Flugzeuge und Bordwaffen.

Maturango Museum: 100 E Las Flores Ave. | 10 – 17 Uhr | Eintritt 5 $ https://maturango.org

China Lake Museum: 130 E Las Flores | Mo. – Sa. 10 – 16 Uhr Eintritt frei, Spende erbeten | www.chinalakemuseum.org

Spannender Blick ins offene Meer im Monterey Bay Aquarium: Hier können Sie vorbeischwimmenden Haien ganz gefahrlos tief in die Augen schauen.

★★ MONTEREY

E 14

Region: Monterey | **Höhe:** 0 – 245 m ü.d.M. | **Einwohnerzahl:** 30 000

Die Küstenstadt Monterey schmiegt sich an das südliche Ende der gleichnamigen Bucht. Um das weltberühmte Bay Aquarium zu besuchen, reisen Besucher von weither an. Der früheren Hauptstadt der spanischen Kolonie und der späteren mexikanischen Provinz Alta California setzte John Steinbeck als Schauplatz in seinen Romanen ein literarisches Denkmal.

Von der Sardine zum Tourismus

Lange waren Sardinenschwärme Grundlage von Montereys Reichtum. Als die Fische Mitte des 20. Jh.s ausblieben, brach auch die **Fischkonservenindustrie** der Stadt in sich zusammen. Heute bildet der Tourismus die Haupterwerbsquelle. **John Steinbeck** porträtierte in seinem Roman »Cannery Row« (»Die Straße der Ölsardinen«) von 1945 die Stadt und ihre Fischindustrie auf heiter-ironische Weise.

Wohin in Monterey?

Cannery Row

Huren, Zuhälter, Glücksspieler, Herumtreiber …
Die Cannery Row ist dementsprechend auch eine Attraktion von Monterey, wenngleich die einstige Industriestraße schon lange zu einem Komplex von Restaurants, Geschäften, Cafés und Galerien mutierte. Von der Szenerie der Straße, die – wie von Steineck in seinem Roman beschrieben – in den 1930er-Jahren von »Huren, Zuhältern, Glücksspielern und Herumtreibern« bevölkert war, sind nur Gebäudemauern erhalten. Anstelle einer ehem. Fischkonservenfabrik lockt heute das einzigartige Monterey Bay Aquarium Besucher an.

Monterey Bay Aquarium

Blick in den Pazifik
Im Monterey Bay Aquarium lernt man äußerst anschaulich die artenreiche **Wassertierwelt der Pazifikküste** und der Bucht von Monterey kennen. Wolfsaale, Kraken und Otter bekommt man hier ebenso zu Gesicht wie Haie. Die Fütterungen von Pinguinen, Seeotter und Haien sind besonders beliebt. Ein weiteres Highlight ist ein drei Stockwerke

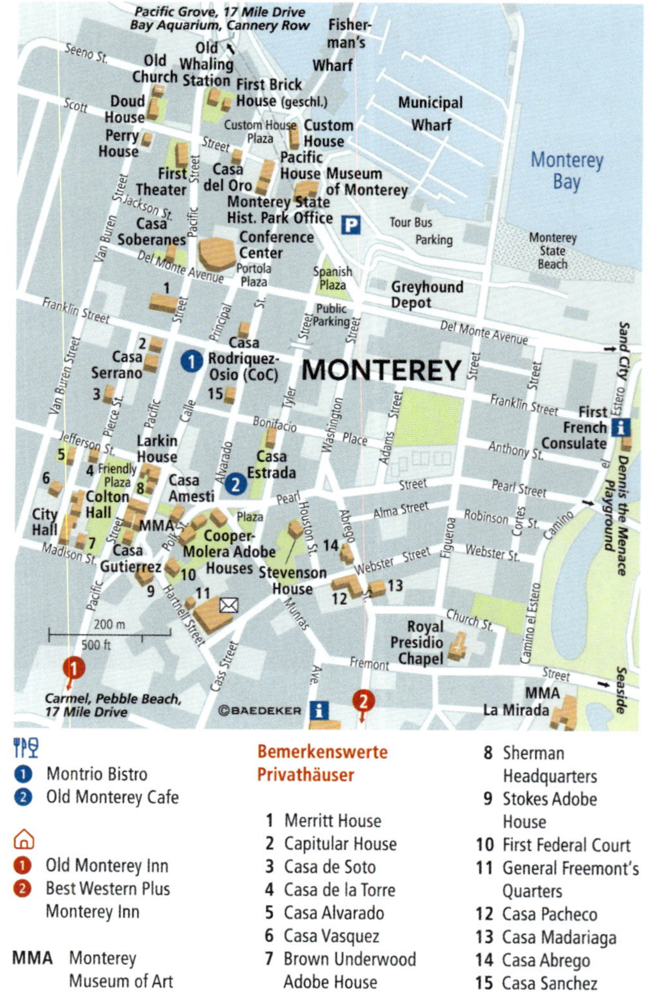

hoher **Algenwald** hinter einer Panoramaglaswand. In **»Monterey Bay Habitats«** werden fünf unterschiedliche Unterwasserwelten der Monterey Bay mit Meeresbewohnern wie Leopardhaien, Fledermausrochen und Fische fressenden Seeanemonen vorgeführt. Nebenan dürfen Kinder in Becken Seesterne, Ohrschnecken, Seeigel und Krabben berühren. In den Bereichen Open Sea und Splash

MONTEREY ERLEBEN

MONTEREY VISITORS CENTER
401 Camino El Estero,
Monterey, CA 93940
Tel. 1 888 221 1010
tgl. 9–17 Uhr
www.seemonterey.com

1 MONTRIO BISTRO €€€€
In der alten Feuerwehrstation gibt es abends beste kalifornische Küche.
414 Calle Principal
www.montrio.com

2 OLD MONTEREY CAFE €
Das üppige Frühstück in verschiedenen Varianten bis zum frühen Nachmittag lässt kaum Wünsche offen (ab 14.30 Uhr geschl.).
489 Alvarado St.
http://oldmontereycafeca.com

1 OLD MONTEREY INN €€€€
Romantisches Bed & Breakfast in einer alten Villa mit bestem Service.
500 Martin St.
Tel. 1 831 3 75 82 84
www.oldmontereyinn.com

2 BEST WESTERN PLUS MONTEREY INN €€
Freundliches, gut geführtes Motel nicht weit von Downtown.
825 Abrego St.
Tel. 1 831 3 73 53 45
www.montereyinnca.com

Zone im zweiten Geschoss faszinieren Pinguine, Kraken, Schildkröten und die bedrohten Seeotter. Besonders eindrucksvoll ist die **Panorama-Unterwassersicht** vom Aquarium in das offene Meer. Je nach Jahreszeit und besonders bei »Open-Sea«-Fütterungen hat man die Chance, einen Blick auf vorbeiziehende Wale, Delphine, Haie oder bunte Fischschwärme zu werfen. In **Mission of the Deep** begibt man sich auf Tiefsee-Erkundung.

886 Cannery Row | 9.30 – 18 Uhr | Eintritt 59,90 $ | www.montereybayaquarium.org

Auf dem Pfad der Geschichte

Monterey State Historic Park

Dieser historische Park umfasst ein gutes Dutzend interessante Häuser aus dem 19. Jahrhundert. Sie sind alle auf dem mit gelben Fliesen markierten »Path of History« erreichbar.

Monterey State Historic Park Office: 20 Custom House Plaza
Eintritt frei | www.parks.ca.gov

Ununterbrochen genutzt

Royal Presidio Chapel

Die Royal Presidio Chapel (550 Church Street) ist die einzige in Kalifornien noch existierende Militärbasis-Kapelle. Sie wird seit 1794 ununterbrochen genutzt. Ihre Fassade ist reich verziert.

Museum of Monterey

Seefahrt, zeitgenössische Kunst und Dalí

Das Museum der Monterey History and Art Association wurde neu konzipiert und ist nun in die Ausstellung zur Geschichte der Seefahrt, das **Stanton Center** für zeitgenössische Kunst, und das **Dali17** unterteilt. Letztere Ausstellung präsentiert Radierungen, Lithografien und Skulpturen und beleuchtet die Beziehung von Salvador Dalí zum berühmten 17 Mile Drive, wo er lebte und arbeitete.

5 Custom House Plaza | Sa.–Do. 10–17 Uhr | Eintritt 23 $
https://www.stantoncenter.org

Monterey Peninsula und Umgebung

Pacific Grove

Viktorianische Häuser und wildromantische Aussichten

Die Nordspitze der Monterey-Halbinsel wird von der Siedlung Pacific Grove eingenommen, in der noch viele schöne viktorianische Häuser erhalten sind. Herrlich ist der 6 km lange **Ocean View Boulevard**, von dem aus Sie die wildromantische Küste überblicken können.

17 Mile Drive

Schöne Strände, wilde Felsen, duftende Wäldchen

Von Pacific Grove schlängelt sich der mautpflichtige 17 Mile Drive als **Panoramastraße** an der Pazifikküste mit ihren herrlichen Stränden, wilden Felsen, duftenden Pinienwäldchen und noblen Villen entlang südwärts nach Carmel. In der Broschüre, die Sie am Eingang erhalten, sind die wesentlichen Highlights beschrieben.

Carmel-by-the-Sea

Refugium der Kreativen

Carmel-by-the Sea wurde 1904 von Dichtern und anderen Künstlern als ländliche Idylle und Rückzugsort gegründet. Der andauernde Kampf zwischen Befürwortern größeren Wachstums und solchen die den Status quo beibehalten wollen, führte dazu, dass sich Carmel nur langsam veränderte und seinen aparten Charme mit seinen von der englischen Architektur beeinflussten Häusern bewahren konnte. Größte Attraktion ist die **Carmel Mission** von 1771, in deren Kirche Pater Junípero Serra 1784 beigesetzt wurde. Die Anlage ist ein Musterbeispiel des kolonialspanischen Missionsstils. Ein Museum informiert über die Geschichte der spanischen Missionskirchen. Jedes Jahr im Juli findet hier ein **Bach-Festival** statt, zu dem hervorragende Interpreten auftreten.

Carmel Mission: 3080 Rio Rd. | Mo.–Di. geschl., Mi.–Do. 10–16, Fr.–Sa. 10–17, So. 11.30–17 Uhr(außer kirchl. Feiertage) | Eintritt 13 $ | www.carmelmission.org | **Bach-Festival:** www.bachfestival.org

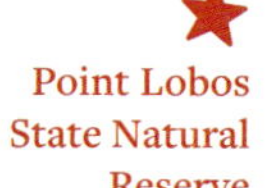

Point Lobos State Natural Reserve

Schutzgebiet für Seeotter, Robben und Wale

Südlich der Monterey Peninsula ist das herrliche Küstenschutzgebiet Point Lobos mit rauen **Klippen**, **Felsen** und **Höhlen** ein bevorzugter Aufenthaltsort für Robben und Seeotter, die sich hier sonnen. Auch kann man von hier aus Wale beobachten, die nahe an der Küste vorbeischwimmen (▶ Baedeker Wissen, S. 152). Mehrere **Wanderwege** wie der North Shore Trail, der South Shore Trail und der Cypress Grove Trail erschließen das Naturreservat.

CA-1 | 8 Uhr bis Sonnenuntergang | 10 $
www.parks.ca.gov, www.pointlobos.org

★ MOUNT SHASTA

Region: Siskiyou County | **Höhe:** 4317 m ü.d.M.

Groß, weiß und schön steht er da: Der alleinstehende Vulkan bietet den wohl eindruckvollsten Anblick im Norden Kaliforniens. Seismologen und Naturfreunde fasziniert er ebenso wie New-Age-Jünger und verschiedenste Metaphysiker.

Schon bald hinter Redding, am oberen Ende des Sacramento Valley gelegen, rücken die kiefernbedeckten Berghänge immer näher an die I-5 heran. Dann taucht er plötzlich auf, seine Eis- und Schneefelder glitzern in der kalifornischen Sonne: Der Mt. Shasta ist der **zweithöchste Vulkan der Cascade Range** und mit einem Durchmesser von 27 km an der Basis Kaliforniens massivster Berg. Als aktiv eingestuft, liegt sein letzter Ausbruch aber über 220 Jahre zurück. Im Gipfelbereich und an den Flanken hervortretende Fumarolen warnen

DEN MOUNT SHASTA ERLEBEN

MOUNT SHASTA CHAMBER OF COMMERCE VISITORS BUREAU

300 Pine St. Mount Shasta
CA 96067
Tel. 1 530 9 26 48 65
www.mtshastachamber.com

LALO'S MEXICAN RESTAURANT €€

Steaks, Seafood, Omeletts, Tacos: einfach, aber gut. Das Essen kann man in die Kategorie »no nonsense food« einordnen.

520 N. Mt. Shasta Blvd.
Tel. 1 530 9 26 51 23

COLD CREEK INN & SUITES €

Viel Motel für wenig Geld, dazu ein freundlicher Service und gratis WLAN.

724 N. Mt. Shasta Boulevard
Tel. 1 530 9 26 98 51
www.coldcreekinn.com

WIE GEMALT

Mit dem Mt. Shasta ist es wie mit dem Fuji: Einsam steht er da, überragt die höchsten Höhen seiner Umgebung um 1600 Meter und sieht dabei so gut aus, dass man bei erster Sichtung unwillkürlich inne- und den Atem anhält. Am schönsten – wenn das überhaupt noch geht – sieht er vom Herds Peak Lookout am Hwy. 97 im Norden aus. Wie gemalt. Ein Meisterwerk von Mutter Natur.

davor, die von ihm ausgehende Gefahr zu unterschätzen: Seismologische Forschungen ergaben, dass der Mt. Shasta bisher alle 500 Jahre ausgebrochen ist. Kein Wunder, dass der Mensch schon immer fasziniert war von diesem Berg. Die Ureinwohner von den Stämmen der Modoc, Klamath und Wintu hielten ihn für den »Wohnsitz der Himmelsgeister«. Anhänger der verschiedensten Religionen und New-Age-Sekten fühlen sich von ihm angezogen und betrachten den Berg als Quelle spiritueller Kräfte. Der an der Südwestflanke des Vulkans gelegene Ort Mount Shasta ist mit Yoga- und Massage-Zentren sowie esoterischen Buchhandlungen das Zentrum ihrer Aktivitäten.

Rund um den Mount Shasta

Was das Touristenherz begehrt

Mount Shasta (Siedlung)

Die hübsche 3000-Einwohner-Siedlung Mount Shasta wurde in den 1850er-Jahren als Postkutschen-Station zwischen den Siedlungen des Sacramento Valley und der Goldrauschstadt Yreka gegründet. Die Läden und Geschäfte der 1200 m hoch gelegenen Stadt spiegeln ihr touristisch vielfältiges Angebot wider. **Outdoorläden** kümmern sich um die Bedürfnisse von Skiläufern – der **Mount Shasta Ski Park** am Highway 89 ist ein beliebtes Skirevier –, Sportanglern – die Flüsse der Umgebung sind bekannt für ihre kapitalen Forellen –, Wanderern und Mountainbikern. Daneben bieten **Buchläden** regalweise esoterische Literatur. Hinzu Kommen nette **Restaurants und Cafés**, vor allem am breiten Mount Shasta Boulevard. Nicht entgehen lassen sollte man sich das **Sisson Museum**, das sich unter anderem mit dem Mount Shasta und der Erforschung seiner Höhlen befasst.

Mai Fr.–Sa. 10–16, Rest des Jahres Do.–Mo. 10–16 Uhr
Eintritt frei

Schöne Aussichten genießen

Everitt Memorial Highway

Die etwa 20 km lange **Panoramastraße**, die in Mt. Shasta beginnt, führt über die Südflanke des Vulkans zu schönen Aussichtspunkten bis auf eine Höhe von 2500 Metern. Am Parkplatz **»Old Ski Bowl Vista«** beginnen herrliche Trails, darunter der populäre **Bunny Flats Trail**, in die hochalpinen Bereiche des Mount Shasta

NAPA VALLEY · SONOMA VALLEY

Region: Napa bzw. Sonoma County | **Höhe:** 6–26 m ü.d.M.

Als »Poesie in Flaschen« preisen Plakate hymnisch die edlen Tropfen aus dem bekanntesten Weinanbaugebiet der USA an. Zusammen mit dem benachbarten Sonoma Valley und kleineren Weinbaugebieten der Umgebung füllen mehr als 300 Winzer ihren kostbaren Rebensaft in etwa 2 Mrd. Flaschen jährlich. Nicht enden wollende Rebstockreihen überziehen die sanften Hügel auf beiden Seiten des Napa River, der weiter südlich in der San Pablo Bay mündet. Chardonnay, gefolgt von Cabernet-Sauvignon, in Kalifornien meist salopp CabSav genannt, Merlot, Riesling und Zinfandel gehören zu den Favoriten.

Große Schilder weisen entlang der CA-29 und dem **Silverado Trail** auf große Namen bekannter Produzenten: Beringer, Mondavi, Sutter Home oder Opus One. Einige Weingüter wie die Charles Krug Winery bauen bereits seit über 100 Jahren Wein an. Östlich von Rutherford liegt das Weingut Mumm Napa Valley, seit 2002 ein Ableger der deutschen Rotkäppchen-Mumm Sektkellereien.

Napa Valley

Weinhochburgen

Schicke Weinorte

Die Hauptorte im 50 km langen Napa Valley sind **Napa** (79 000 Einw.) am Süd- sowie **St. Helena** (6000 Einw.) und **Calistoga** (5200 Einw.) am Nordende. Allein im Napa Valley gibt es über 200 Winzer, die meisten an der SA-29. Mit Weinproben und Besichtigungsprogrammen locken sie jährlich Millionen Besucher an. Die beste Zeit sind Frühjahr und Herbst. Im Sommer fallen die Touristen wie Heuschrecken in das heiße Tal ein, das dann zum Themenpark mutiert. Das weite Tal gehört nicht nur wegen des guten Weins und der vielen Restaurants, sondern auch wegen seiner erholsamen Spas und Resorts zu den Top-Touristikzielen Kaliforniens.

Kellereien reihen sich aneinander. Drei der bekanntesten (Stag's Leap Wine Cellars, www.cask23.com; Domaine Chandon, www.chandon.com; Silverado Vineyards, www.silveradovineyards.com) liegen rund um **Yountville**. Etwas weiter nördlich bei **Oakville** bietet ein Altmeister des kalifornischen Weinanbaus seine edlen Tropfen an (Robert Mondavi Winery, www.robertmondaviwinery.com). Auch Charles Krug (www.charleskrug.com) und Beringer (www.beringer.com) bei St. Helena gehören zu den international bekannten Marken. Auch rund um Calistoga im Norden des Valley werden respektable Weine gezogen, wie in den Sterling Vineyards (www.sterlingvineyards.com) oder »Kultweine« wie die von Clos Pegase (www.clospegase.com).

Italien in Kalifornien: Im Napa Valley wähnt man sich nicht selten in der Toskana.

Sonoma Valley

Koloniales Flair

Landschaft

Im benachbarten Sonoma Valley werden außer **Wein** auch **Obst** und **Gemüse** angebaut und man betreibt etwas Ackerbau. Das Tal wirkt daher bodenständiger und weniger elegant als das schicke Napa Valley. Mittelpunkt ist das 1823 von Mexikanern aus Monterey gegründete **Sonoma** (11 000 Einw.), ein hübsches, noch immer kolonialspanisch wirkendes Städtchen rund um eine schattige Plaza. Deutsche, elsässische, französische und italienische Winzer haben dem Weinbau im Sonoma Valley zur Blüte verholfen. Einige Winzereien zählen zu den besten des Landes, u. a. die Sebastiani Vineyards (389 4th St. E.) und die Buena Vista Winery (18000 Old Winery Rd.).

Ruf der Wildnis

Jack London State Historic Park

Nordwestlich von Sonoma liegt **bei Glen Ellen** die Ranch des Abenteuerschriftstellers Jack London (1876 – 1916). Der Jack London State Historic Park zeigt Londons Haus, das Grab und viele persönliche Gegenstände aus dem Leben des Verfassers von »Wolfsblut« und »Der Ruf der Wildnis«. Über das Gelände winden sich kilometerlange Wanderwege; einige sind auch für Mountainbikes zugelassen.

2400 London Ranch Rd. | tgl. 9 – 17 Uhr | 10 $ pro Pkw
www.jacklondonpark.com

Rund um Napa Valley · Sonoma Valley

Wein, Wasser, Wellness

Calistoga ... Drei gute Gründe, um dem Napa Valley bis ans Ende zu folgen. In Calistoga, zu Füßen des Mount St. Helena, empfangen den Besucher nämlich heiße Quellen, ein kalifornischer »Old Faithful« und ein etwas schläfriger Tourismus, der mit oft altmodischen Spas und kleinen, aber feinen Restaurants nicht unbedingt fashionabel sein will.

Indigene Einwohner, Mexikaner, Wein und frühes Hollywood: Das von dem Zeichner und Produzenten der Walt-Disney-Studios gegründete **Sharpsteen Museum** widmet sich der flamboyanten Geschichte des Napa Valley. Dioramen, historische Fotos und das res-

NAPA VALLEY ERLEBEN

NAPA VALLEY WELCOME CENTER
1300 1st Street #313, Napa, CA 94559, Tel. 1 707 2 51 58 95
www.visitnapavalley.com

NAPA VALLEY WINE TRAIN
In restaurierten Pullman-Waggons geht es im **Museumszug** von Napa aus durch das weltberühmte Weinbaugebiet (3 Std.), inklusive Zwischenstopps für Verkostungen bei zwei Winzern. Je nach Tour wird im Speisewaggon ein köstliches **Lunch** oder **Dinner** serviert.
1275 McKinstry St., Napa
Tel. 1 707 2 53 21 11
Touren ab 380 $
http://winetrain.com

THE BOON FLY CAFÉ €€
Rustikal und schick zugleich, mit Frühstück, Designer-Pizzas, Brathähnchen und anderen Deli-Snacks.
4048 Sonoma Hwy., Napa
Tel. 1 707 2 99 48 70
www.boonflycafe.com

NAPA RIVER INN €€€€
Die luxuriöse Herberge mit 66 schön ausgestatteten Zimmern und hübscher Terrasse ist in einer restaurierten Mühle von 1884 eingerichtet. Etliche gute Restaurants findet man in der näheren Umgebung.
500 Main St., Napa
Tel. 1 707 2 51 85 00
www.napariverinn.com

NAPA VALLEY MARRIOTT HOTEL & SPA €€€€–€€€
Das noble Hotel mit 275 eleganten Zimmer und Suiten verfügt neben Spa und Pool im Freien über viele weitere Annehmlichkeiten. Auch ein gutes Weinrestaurant gehört dazu.
3425 Solano Ave., Napa
Tel. 1 707 2 53 86 00
www.marriott.com/hotels

taurierte Cottage des Stadtgründers Sam Brennan sorgen für einen informativen Besuch. Der **Geysir von Calistoga** – er befindet sich auf Privatgelände – ist einer von ganz wenigen auf dem Globus, die ihre Fontänen in ziemlich regelmäßigen Zeitabständen emporschießen. Die »treue Seele« von Calistoga macht dies ungefähr alle 30 Minuten, wobei die Fontänen an guten Tagen Höhen bis zu 20 Meter, an schlechten allerdings kaum einen Meter Höhe erreichen. Das unaufgeregte, gleichwohl interessante Schauspiel wird am besten auf einem der bereitstehenden Plastikstühle genossen.
6 mi/10 km nördlich von Calistoga liegen auf Privatgelände versteinerte Bäume. Ein Spazierweg im **Petrified Forest** führt u.a. zu einem 20 m langen Redwood-Stamm. Hin und wieder hat man einen Blick auf den Vulkan Mount St. Helena frei. Sein Ausbruch vor 3 Mio. Jahren deckte das Tal mit Asche und Lava zu. Verwesungsvorgänge konnten aufgrund von Sauerstoffmangel nicht stattfinden. Stattdessen bewirkten zirkulierende, kieselsäurehaltige Lösungen, dass die Zellstruktur der Pflanzen verkieselte. Die Zellsubstanzen wurden durch Minerale wie Quarz, Fluorit etc. ersetzt. Die Bäume wurden so zu Stein.

Sharpsteen Museum: 1311 Washington St. | Mo.–Fr. 12 – 15, Sa., So. 11–16 Uhr | Eintritt 3 $ | www.sharpsteenmuseum.org
Old Faithful Geyser: 1299 Tubbs Lane | tgl. ab 8.30 (1. März – 30. Sept. bis 19, Okt. bis 18, 1. Nov. – 28. Feb. bis 17 Uhr | Eintritt 13 $ www.oldfaithfulgeyser.com
Petrified Forest: Do.–Mo. 10–17 Uhr | Eintritt: 12 $ www.petrifiedforest.org

★ PALM SPRINGS

Region: Riverside | **Höhe:** 142 m ü. d. M. | **Einwohnerzahl:** 45 000

Palm Springs begann seine Karriere als »Spielplatz der Reichen und der Filmstars«. Heute gibt es auch günstigere Unterkünfte. Im warmen, trockenen Klima zwischen Joshua Tree National Park und San Jacinto Mountains leben inzwischen rund 220 000 Menschen, die mit »nur« 100 Golfplätzen auskommen müssen.

Palm Springs und seine Nachbarorte Palm Desert, Rancho Mirage, Cathedral City, Desert Hot Springs, Idyllwild und Indian Wells liegen in der Colorado Desert zwischen San Jacinto Mountains und Indio Hills. Entdeckt wurde der Ort schon 1774 von den Spaniern, die ihn nach den heißen Quellen Agua Caliente nannten. Seit mindestens

PALM SPRINGS ERLEBEN

VISITOR INFORMATION CENTER

2901 N Palm Canyon Dr., Palm Springs, CA, 92262
Tel. 1 760 7 78 84 18
tgl. 9–17 Uhr
www.visitpalmsprings.com

WORKSHOP KITCHEN €€€€–€€€

Zeitgemäße kalifornische Küche, das bedeutet saisonale Produkte kreativ, organisch gesund und lecker zubereitet.
800 N. Palm Canyon Drive, Tel. 1 760 459 3451, Palm Springs
www.workshopkitchenbar.com

LAS CASUELAS NUEVAS €€

Einfallsreiche Tex-Mex-Küche in lauschiger Atmosphäre.
Rancho Mirage, 70-050 CA-111
www.lascasuelasnuevas.com

LA QUINTA RESORT & CLUB €€€€

Luxusresort am Fuß der Santa Rosa Mountains. Villen mit Suiten und eigenen Pools sind im weitläufigen Gelände verteilt, in dem auch fünf Golfplätze Raum finden.
49-499 Eisenhower Dr., La Quinta
Tel. 1 760 5 64 41 11
www.laquintaresort.com

CASA CODY €€€–€€

Entspannte Südwest-Atmosphäre, viel Grün, gepflegte Zimmer und zwei Pools.
175 S Cahuilla Rd.
Palm Springs
Tel. 1 760 3 20 93 46
www.casacody.com

In Palms Springs fährt man ganz entspannt zum Golfen.

1000 Jahren lebten hier **Cahuilla**, heute gehört ihnen noch ein fast 125 km² großes Reservat, von dem nahezu ein Fünftel im Stadtgebiet liegt. Die 400 Mitglieder der Agua-Caliente-Gruppe der Cahuilla sind damit die größten Grundbesitzer von Palm Springs.
Noch Ende des 19. Jh.s war Palm Springs nicht mehr als ein verschlafener Eisenbahnerort mit einem Laden und ein paar Häusern. Erst in den 1930er-Jahren wurde es ein zweites Mal »entdeckt«, diesmal von der Prominenz aus Hollywood, darunter Frank Sinatra, Bob Hope und etwas später Elvis Presley und Liberace. Ihnen folgten Politiker: die ehem. **US-Präsidenten** Dwight D. Eisenhower, John F. Kennedy, Lyndon B. Johnson, Richard Nixon, Gerald Ford und Ronald Reagan.
Wohlhabende **Pensionäre** aus dem Nordosten des Landes siedelten sich in Palm Springs an, um den kalten Wintern zu entgehen. Inzwischen dient es auch betuchten Großstädtern als Wochenendziel, die auf einem der zahlreichen Plätze Golf oder Tennis spielen oder an einem Pool der vielen luxuriösen Resorts sonnenbaden.

Angenehme Temperaturen, hohe Preise

Hotels und Sportanlagen

Viele der große Hotelanlagen verstecken sich **hinter Mauern** in parkähnlichem Gelände, mit Villen oder Apartments mit Pool und angeschlossenen Tennis- und Golfplätzen. In der Saison von Mitte Dezember bis Ende Mai erreichen die Preise schwindelnde Höhen. In der Nebensaison, wenn es in Palm Springs und Umgebung sehr heiß wird (in den Sommermonaten bis zu 45 °C), aber dabei ganz trocken bleibt, halbieren sich die meisten Übernachtungspreise, während sich die Temperaturen verdoppeln.

Wohin in Palm Springs und Umgebung?

Kunst des Westens

Palm Springs Art Museum

Das Museum im Herzen von Downtown legt seinen Schwerpunkt auf **kalifornische Kunst** und **Western Art** vom 19. Jh. bis zur Gegenwart, zeigt aber auch Gebrauchs- und Kultgegenstände der Ureinwohner in einem modernen, angenehm temperierten Bau. Auch das **Persimmon Bistro** lohnt einen Besuch.

101 Museum Dr. | So. – Di., Fr., Sa. 10 – 17, Do. 12 – 20 Uhr
Eintritt 14 $ | www.psmuseum.org

Pflanzenparadies

Moorten Botanical Garden

In dem Botanischen Garten wandelt man durch Landschaften mit über 3000 verschiedene Pflanzen, darunter besonders **Kakteen**, die in trockenen Biotopen gedeihen.

1701 S Palm Canyon Dr. | tgl. 10 – 16, Sommer bis 13 Uhr
Eintritt 5 $ | http://moortenbotanicalgarden.com

Unter Fächerpalmen

Palm Canyon

Im Palm Canyon wandern Sie durch einen lichten Wald von 3000 riesigen **Fächerpalmen**. Der **Spaziergang** bietet Ausblicke auf den Canyon, zu dem Stufen hinabführen. Auch die benachbarten Andreas, Murray und Tahquitz Canyons lohnen einen Ausflug.

38500 S Palm Canyon Dr. | Okt. – Juni tgl., Juli – Sept. nur Fr. – So. 8 – 17 Uhr | Eintritt 9 $ | www.indian-canyons.com

Grandiose Aussichten

Mount San Jacinto

Die **Palm Springs Aerial Tramway**, eine Seilbahn mit Drehgondel, bringt Sie in wenigen Minuten auf den 2595 m hohen Mount San Jacinto (San Jacinto Peak; Talstation an der nördlichen Peripherie von Palm Springs). Die Gondel schwebt über alle Höhenstufen der wüstenhaften Vegetation. Von oben bietet sich vor allem gegen Abend ein überwältigender Ausblick auf die Berglandschaft und die Wüste tief unten. Der gesamte Gebirgsstock ist als **Naturschutzgebiet** ausgewiesen. Für Bergwanderer wurden mehr als 80 km Wege angelegt. Wer die Natur weiter als bis zur Ranger Station erkunden möchte, benötigt eine (kostenlose) Erlaubnis. Achtung: Auf dem Mt. Jacinto ist es mehr als 20° C kühler als im Tal bei Palm Springs. Im Winter kann man im Gipfelbereich Ski fahren.

Seilbahn: Mo. – Fr. ab 10, Sa., So. ab 8 Uhr, letzte Talfahrt So. – Do. 21.45 Uhr | Ticket 30,95 $ | www.pstramway.com

Wüstenfeeling

Palm Desert

Auf dem 4,8 km² großen Freigelände der **Living Desert Zoo & Gardens** im südlichen Nachbarort Palm Desert (48 000 Einw.) leben in den Wüstenlandschaften Südkaliforniens heimische Vögel, Säugetiere und Reptilien in natürlicher Umgebung mit Wüstenpflanzen und Palmen. In den Hügeln und Canyons wurden Wege angelegt.

47900 Portola Ave., Palm Desert | Okt. – Mai 8 – 17, Juni – Sept. 8 – 13.30 Uhr | Eintritt 39,95 $ | www.livingdesert.org

Vogelrastplatz am größten See Kaliforniens

Salton Sea

Mitten in der südkalifornischen Wüste, etwa 43 mi/70 km südöstlich von Palm Springs, wurde 1905 der **Saltonsee** mit zugeleitetem Colorado-Wasser geflutet. Sein Pegel liegt 72 m unter dem Meeresspiegel. Wegen seiner geringen Zuflüsse trocknet der See sehr langsam aus. Wasser- und Zugvögel nutzen das Gebiet noch immer als Rastplatz. Am Ufer des Salton Sea wurden mehrere Campingplätze mit unterschiedlichem Komfort eingerichtet. Die **Salton Sea State Recreation Area** am Nordostufer des Sees bietet mehrere Plätze in Wassernähe. Von Juni bis September kann wegen der Hitze nicht gecampt werden.

Salton Sea Authority: 82995 CA-111, Suite 200, Indio, CA 92201 Tel. 1-760-863-2695 | http://saltonseaauthority.org
Campingplätze: Tel. 1-760-393-3059 | www.parks.ca.gov/?page_id=639

Im »Wintergarten der Vereinigten Staaten«

Imperial Valley

Weiter südlich erstreckt sich das Imperial Valley, das sich mit dem Tal des Todes (▶Death Valley) den Ruf teilt, die **heißeste Region Nordamerikas** zu sein. Zwischen März und Oktober steigt die Quecksilbersäule häufig über die 40 °C-Marke. Im Sommer werden hier Temperaturen bis zu 52 °C gemessen! Das extrem trocken Imperial Valley ist jedoch eine Landschaft, in der das ganze Jahr über bei entsprechender **Bewässerung** angebaut und geerntet werden kann, nicht nur Obst und Gemüse, sondern auch Baumwolle. Über den **All-American-Kanal** wird Wasser vom Unterlauf des Colorado River abgezweigt und über ein ganzes System kleinerer Kanäle und Bewässerungsanlagen auf die Felder des Imperial Valley geleitet. Die Erträge im »Wintergarten der Vereinigten Staaten«, wie das Imperial Valley inzwischen genannt wird, sind doppelt so hoch wie in den traditionellen Anbaugebieten.

Baum des Propheten

Joshua Tree National Park

Östlich von Palm Springs breitet sich der Joshua Tree National Park aus. Aufgrund seiner Lage zwischen der im Norden angrenzenden, bis zu 1000 m höher gelegenen Mojave-Wüste und der Colorado-Wüste im Südosten vereint der Park Merkmale beider Wüstengebiete. Das bekannteste Charakteristikum des Nationalparks sind zwar die namensgebenden **Joshua Trees**, doch findet man auch Palmen-

Wie Prophet Josua recken die Yuccas im Joshua Tree National Park ihre »Arme« in die Höhe.

haine, **Kakteengärten**, **Sanddünen** und – ein Traum für Kletterer – **bucklige Felsformationen**. Die Joshua Trees haben ihren Namen wohl von Mormonen erhalten: Die Gläubigen fühlten sich beim Anblick der Äste an die erhobenen Arme des Propheten erinnert.
Im Park gibt es **keine Tankstellen**, man sollte sich daher vor einer Fahrt unbedingt in den umliegenden Siedlungen Twentynine Palms, Joshua Tree, Yucca Valley oder Indio mit Treibstoff versorgen. Die Nationalparkverwaltung unterhält neun **Campingplätze** im Park, außerhalb liegen zahlreiche private (Infos auf der Webseite des National Parks). Wer im Hotel übernachten möchte, muss auf eines in Twentynine Palms ausweichen. Infos erhält man im 29 Palms Visitor Center. Wasser gibt es außer an den beiden Eingängen nur in der Indian Cove Ranger Station westlich von Twenty-Nine Palms und im Blackrock Campground, nicht weit von Yucca Valley im Westen des Parks. **Wasservorräte** mitzunehmen ist daher eine gebotene Vorsichtsmaßnahme.

Visitor Center: 6554 Park Blvd., Joshua Tree | je nach Jahreszeit tgl. 8/8.30 – 16/17 Uhr | 30 $ pro Pkw | www.nps.gov/jotr
29 Palms Visitor Center: 73484 Twentynine Palms Hwy., Twentynine Palms, CA 92277 | 10 – 16 Uhr | Tel. 1 760 3 67 34 45 | www.visit29.org

★ POINT REYES NATIONAL SEASHORE

County: Marin | **Höhe:** 0 – 428 m ü. d. M. | **Fläche:** 290 km²

Dünen und Sandstrände wechseln ab mit Steilküsten, über das Hinterland erstreckt sich eine sanfte Hügellandschaft mit kleinen Seen. Am Südzipfel des Naturparadieses am Pazifischen Ozean knapp 25 mi/40 km nördlich von San Francisco liegt das Örtchen Bolinas, abgeschieden und von vielen alt gewordenen Hippies bewohnt.

Naturparadies

1579 warf **Sir Francis Drake** hier Anker und nahm das Land für die britische Krone in Besitz, doch das Mutterland kümmerte sich nicht weiter um den Westen des neu entdeckten Kontinents. 24 Jahre später, am 6. Januar 1603, landete der spanische Seefahrer Don Sebastian Vizcaíno auf der Halbinsel und nannte sie **La Punta de los Reyes** (»Spitze der Könige«).

Über 300 Stufen geht es hinunter zum Point Reyes Lighthouse.

Wohin an der Point Reyes National Sea Shore?

Zeichen der Erdbewegung

San-Andreas-Verwerfung

Zwischen Point Reyes und dem Festland verläuft die **Tomales Bay** mit der berühmt-berüchtigten San-Andreas-Verwerfung. Sie ist verantwortlich für die verheerenden Erdbeben von 1906 oder 1989, die ▶ San Francisco heimsuchten. Am Bear Valley Visitor Center beginnt der etwa 1 km lange **»Erdbebenweg«**, auf dem man Zeichen der Erdbewegungen erkunden kann. So sind beispielsweise zwei Teile eines Zauns zu sehen, die vor dem Erdbeben in einer Linie verliefen und jetzt 5 m voneinander entfernt liegen.

Geschützte 130 km Küste

Natur-Refugium

In dem geschützten Küstengebiet mit 250 km Wanderwegen überwintern zahllose **Meeresvögel**; in den Wäldern leben u. a. mehrere Rotwildarten. Park Ranger zählten 490 Vogel- und 80 verschiedene Säugetierarten, darunter auch See-Elefanten.

Im Dezember und Januar kann man vor der Küste **Grauwale** (▶ Baedeker Wissen, S. 152) auf ihrer Wanderung von Norden nach Baja California beobachten, ebenso in den Monaten April und Mai, wenn sie wieder nach Norden ziehen.

POINT REYES NATIONAL SEASHORE ERLEBEN

BEAR VALLEY VISITOR CENTER

Point Reyes ist ganzjährig von Sonnenaufgang bis Mitternacht geöffnet, Eintritt frei. Camping nur mit Anmeldung.
1 Bear Valley Rd., Point Reyes Station, CA 94956
Tel. 1-415-464-5100, tgl. 9.30–17 Uhr, www.nps.gov/pore

COWGIRL CREAMERY €

Lokale Käsemanufaktur mit zugehörigem Bistro, in dem man leckere Sandwiches, Salate, Wein und Bier vor Ort oder als »Picknick to Go« erwerben kann. Die verschiedenen Käsesorten werden auch am eigenen Stand im San Francisco Ferry Building verkauft.
80 4th Street, Point Reyes Station
www.cowgirlcreamery.com

LIMANTOUR LODGE €€–€

Schönes Hostel mit Schlafsaal und Einzelzimmern innerhalb des Nationalparks.
1390 Limantour Spit, Point Reyes
Tel. 1 415 663 8811
www.limantourlodge.com

Point Reyes Lighthouse

Leuchtturm im Küstennebel

Da im Bereich von Point Reyes häufiger Nebel herrscht als an jedem anderen Teil der kalifornischen Küste und eine gefährliche Brandung, wurde 1870 hoch darüber auf einer kleinen Felsplattform ein Leuchtturm errichtet. Vom **Visitor Center** oberhalb (Fr.–Mo. 10–16.30 Uhr) führt eine Treppe (300 Stufen) dort hinunter (grandioser Ausblick).

Wander- und Reitwege

Touren durch den Park

Vom Bear Valley Visitor Center führen über 120 km Wander- und Reitwege in alle Teile des geschützten Küstengebiets. Informationen über Zustand und Länge sowie Kartenmaterial sind im Visitor Center erhältlich. Ganz in der Nähe erinnert die Nachbildung eines **Miwok-Dorfs** an die Ureinwohner des Gebiets.

Bodega Bay

Hitchcock was here

In der kleinen Bucht nördlich der Point Reyes National Seashore gründete 1809 die Russian American Co. eine Siedlung zum Anbau von Weizen und Otterfang die bis 1841 bestand.
Hier und in dem landeinwärts gelegenen **Bodega** (1000 Einw.) drehte Alfred Hitchcock seinen Thriller **»Die Vögel«** (1963). Nur wenig erinnert an die alten Zeiten: Im Restaurant »The Inn at the Tides« direkt am Wasser kann man immerhin nicht nur frisch gefangenen Fisch essen, sondern auch viele Fotos von den Dreharbeiten studieren.
800 Bay Hwy. | www.innatthetides.com

Russischer Vorposten

Fort Ross State Historic Park

»Rossiyanin« nannten die Bewohner das Fort, das als südlichster Vorposten Russlands in Nordamerika von einer hohen Klippe auf den Pazifik blickt. Alaska gehörte noch zum russischen Zarenreich, und die dort aktive Russisch-Amerikanische Gesellschaft streckte ihre Fühler nach Süden aus. Die wertvollen Felle der Seeotter an der nordamerikanischen Pazifikküste waren Objekte ihrer Begierde. Als **Stützpunkt der Pelzjäger** und zur Versorgung russischer Siedlungen im unwirtlichen Alaska errichtete man 1812 eine Palisadenfestung mit Haus des Kommandanten, Kapelle und Soldatenunterkünften. Außerhalb entstand ein Dorf für Pelztierjäger, Hilfskräfte und Ureinwohner. Fast drei Jahrzehnte lang unterhielt die Russian American Co. das Fort. Durch die Bejagung nahm die Zahl der Seeotter rapide ab und das Fort schließlich 1841 an Johann A. Sutter verkauft. Die historischen Gebäude der Palisadenfestung wurden restauriert und können besichtigt werden.

19005 CA-1, 20 km nördl. von Jenner | 10 – 16.30 Uhr, im Winter nur Fr. – Mo. | 10 $ pro Pkw | www.parks.ca.gov

★★ REDWOOD EMPIRE

Counties: Mendocino, Humboldt, Del Norte | **Länge:** ca. 480 km

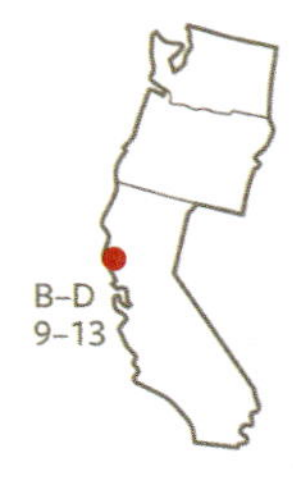

B–D
9–13

Unwirklich. Gigantisch. Märchenhaft. Jedes Adjektiv, das Ihnen einfällt, weist in Richtung Fantasiewelt. Denn die Redwoods haben nichts mit den Bäumen zu tun, die Sie von zu Hause her kennen. Eher mit mächtigen Säulen, deren Kapitelle außer Sichtweite liegen und den Himmel zu tragen scheinen. Nur eines steht fest: Tolkien wäre hier in seinem Element gewesen.

Als »Redwood Empire« bezeichnet man die kalifornische Nordküste und ihr gebirgiges Hinterland von ▶ San Francisco bis zur Grenze des Bundesstaates Oregon. Hier liegen Kaliforniens geschützte Waldgebiete mit den höchsten Mammutbäumen der Welt.

Wohin im Redwood Empire?

Zu Besuch bei den Baumriesen

Muir Woods National Monument

Der nach dem Paten der amerikanischen Umweltschützer John Muir benannten **Wald aus Küstenmammutbäumen** (Redwoods, Sequoia sempervirens) erstreckt sich wenige Kilometer nördlich der Golden Gate Bridge. An den nach Südwesten ausgerichteten Hängen

BAEDEKER ÜBERRASCHENDES

6X DURCHATMEN

Entspannen, wohlfühlen, runterkommen

1. DIE STILLSTE STILLE

Ob der im **Olympic National Park** auf einem Baumstamm plazierte rote Kiesel tatsächlich die ruhigste Stelle der USA markiert? Der »One Square Inch of Silence« macht auf die Lärmverschmutzung aufmerksam. Und ist besonders instagramtauglich. ▶ **S. 318, WA**

2. NATURBELASSEN

Der Blick vom **Point Reyes Lighthouse** auf den gegen die endlose, wild zerklüftete Küste krachenden Pazifik lässt Sie in stiller Andacht verharren. Wale in Sicht? Gut möglich ...

▶ **S. 128, CA**

3. EINTAUCHEN IN HEISSE QUELLEN

Einsteigen, zurücklehnen und die Beine strecken, die Augen schließen: Nach einer schweißtreibenden Wanderung durch den Regenwald gibt es nichts Schöneres als das Eintauchen in die Hot Springs im **Olympic National Park.**

▶ **S. 318, WA**

4. ENDLICH ANKOMMEN!

Tausendmal in Film und Fernsehen gesehen und jedes Mal tief beeindruckt: Beim Blick auf die Golden Gate Bridge in **San Francisco** von der Battery Spencer atmet man unwillkürlich tief durch. ▶ **S. 154, CA**

5. WALDBADEN AUF KALIFORNISCH

Die würzigen Aromen, das milde Licht: Wald tut gut! Der **Redwood National Park** (Foto) mit seinen gewaltigen Mammutbäumen ist da wie ein extragroßer Pool, in dem man sich treiben lässt. Und sich eins fühlt mit der Natur!

▶ **S. 131, CA**

6. WILDER RITT

Zugegeben, wenn das Schlauchboot auf den Wellen tanzt, schießt Adrenalin durch den Körper. Doch schon bei der Rast nach dem **Rafting** tritt eine belebende Entspannung ein.

▶ **S. 407**

und Vorbergen des 784 m hohen **Mount Tamalpais** gedeihen zahlreiche Redwoods (▶ Baedeker Wissen, S. 132). Die höchsten Mammutbäume sind weit über 100 Meter hoch. Das durchschnittliche Alter beträgt zirka 400 bis 800 Jahre.
In diesem Naturschutzgebiet gibt es viele Kilometer gut beschilderte Wanderwege. Auch im Sommer kann es hier gelegentlich recht kühl und neblig-feucht sein. Entsprechende Ausrüstung ist also angeraten. Nordöstlich oberhalb vom Muir Beach zweigt eine Panoramastraße vom legendären California Highway 1 ab und führt herrliche Ausblicke erschließend durch die urtümlichen Wälder an den Hängen des Mount Tamalpais.

Abstecher zu den Giganten

Humboldt Redwoods State Park

Der weiter im Norden zwischen Garberville und Eureka liegende und gut 200 Quadratkilometer große State Park schützt höchst eindrucksvolle Redwood-Wälder. Die **Avenue of the Giants** genannte Nebenstraße der US 101 entlang dem Eel River (South Dark Eel River) verführt immer wieder zum Aussteigen und zu Spaziergängen zwischen den bis zu 100 Meter hohen Riesen.

Mit den höchsten Bäumen der Welt

Redwood National Park

Zwischen Eureka im Süden und Crescent City im Norden erstreckt sich der für seine enormen **Küstenmammutbäume** (Sequoia sempervirens, Redwood) bekannte und in zwei Teile gegliederte Nationalpark. Er ist seit 1980 als UNESCO-Weltnaturerbe ausgewiesen. Seine Bäume sind bis zu 111 m hoch (z. B. der »National Geographic Tree«) und damit die höchsten der Welt. Entlang der Küste können Sie noch Seelöwen sowie Seeadler und die in ihrem Bestand gefährdeten Braunen Pelikane beobachten.
Im Nationalpark sind **Wanderwege, Picknick- und Campingplätze** angelegt. **Besucherzentren** gibt es in Crescent City (1111 2nd St.), am Prairie Creek (abseits des US 101 am Newton B. Drury Parkway), bei Hiouchi (am US 199), im Jedediah Smith State Park (am US 101 bei Hiouchi) sowie bei Orick (am US 101).
Der Redwood-Nationalpark wird zusammen mit den State Parks Del Norte Coast, Jedediah Smith und Prairie Creek verwaltet. Markierte Wanderwege führen zu den imposantesten Mammutbäumen. Ferner sind über 50 mi/80 km Trails für **Mountainbiker** ausgewiesen.

Idealer Stützpunkt für Ausflüge in den Redwood National Park

Crescent City

Die wie eine Mondsichel geformte Bucht gab dem nahe der Grenze zu Oregon gelegenen 8000-Einwohner-Städtchen seinen Namen. Wenn Sie die turmhohen Bäume des Redwood National Park anvisieren, haben Sie hier den idealen Stützpunkt.
Die Stadt wurde 1851 von Goldsuchern gegründet und wenig später zur Hafenstadt ausgebaut. Hauptattraktion ist das **Battery Point**

DIE RIESEN UNTER DEN BÄUMEN

BAEDEKER WISSEN

Erst in den 1830er-Jahren wurden die zur Familie der Zypressenbäume gehörenden Baumriesen im Westen der USA entdeckt. Die beiden wichtigsten Arten sind der in der Sierra Nevada gedeihende Riesenmammutbaum (Sequoiadendron giganteum) und der Küstenmammutbaum (Sequoia sempervirens), der wegen seines rötlichen Holzes auch als »Redwood« bezeichnet wird.

GENERAL SHERMAN TREE

32,5 m
durschnittliche Kronenbreite

▶ **»Hyperion«**
Mit knapp 116 m ist dieser Küstenmammutbaum im Redwood-Nationalpark derzeit der höchste Baum der Erde. Er ist wesentlich schlanker als der Riesenmammutbaum »General Sherman« und wird wohl auch »nur« maximal 1300 Jahre alt.

▶ **Volumen**
Mammutbäume haben gewaltige Volumina. So misst der General Sherman Tree derzeit 1487 Kubikmeter. Zum Vergleich ein Blauwal:

120 Kubikmeter

▶ **Altersringe (Querschnitt)**
Riesenmammutbäume können bis zu 3900 Jahre alt werden. Sie gehören somit zu den ältesten lebenden Pflanzen der Welt. Dieses Alter entspricht rund 130 Menschengenerationen.

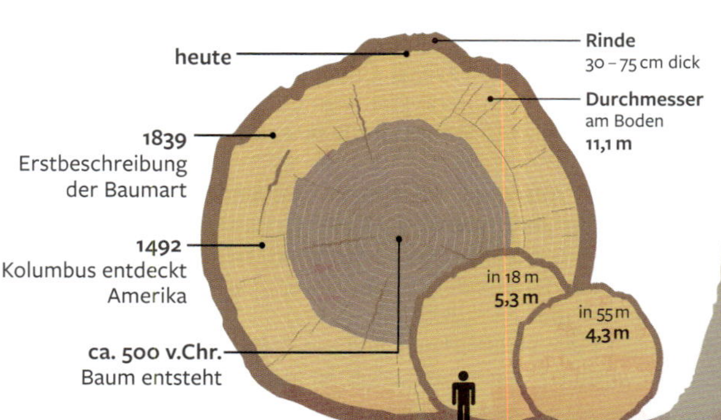

»General Sherman Tree«
Der im Sequoia-Nationalpark stehende Riesenmammut ist momentan der größte der Erde gemessen am Volumen. Sein Alter wird auf 2300 bis 2700 Jahre geschätzt.

83,8 m
Gesamthöhe

39,6 m
bis zum ersten großen Ast

Wurzeln
Tiefe: 1 m
Breite: 30 m

zum Vergleich
Kauri (Neuseeland)

Eiche

Feuerresistenz
Mammutbäume sind dank ihrer bis zu 75 cm dicken Rinde enorm feuerbeständig. Gelegentliche Waldbrände begünstigen auch ihre Fortpflanzung.

1
Der Baum steht im Wald und konkurriert mit anderen Planzen um Nährstoffe und Licht.

2
Ein Feuer bricht aus oder wird kontrolliert gelegt. Durch die aufsteigende Hitze öffnen sich die Zapfen.

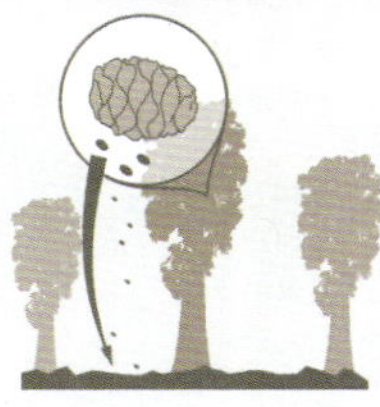

3
Samen fallen auf die fruchtbare Ascheschicht und können sich mangels Konkurrenz gut entwickeln.

Verbreitungsgebiete
Riesenmammutbäume gedeihen vor allem in westexponierten Lagen der Sierra Nevada und hier oft in isolierten Talschluchten (»groves«). Derzeit wachsen diese gewaltigen Bäume auf rund 14 000 Hektar.

REDWOOD EMPIRE ERLEBEN

REDWOOD NATIONAL AND STATE PARK INFORMATION
1111 2nd St.
Crescent City, CA 95531
Tel. 1 707 4 64 61 01
www.nps.gov/redw

SAVE THE REDWOODS LEAGUE
111 Sutter Street, 11. Stock
San Francisco, CA 94104
Tel. 1 888 8 36 00 05
www.savetheredwoods.org

MUIR WOODS NATIONAL MONUMENT
1 Muir Woods Rd,
Mill Valley, CA 94941
Tel. 1 415 5 61 28 50
www.nps.gov/muwo

HUMBOLDT REDWOODS STATE PARK VISITOR CENTER
17119 Avenue of the Giants,
Weott, CA 95571
Tel. 1 707 9 46 22 63
www.humboldtredwoods.org
Apr.–Sept. 9–17,
Okt.–März 10–16 Uhr
Eintritt frei
Parkgebühr 8 $ pro Pkw

CRESCENT CITY / DEL NORTE COUNTY CHAMBER
1001 Front St.
Crecent City, CA 95531
Tel. 1 707 4 64 31 74
https://visitdelnortecounty.com

BENBOW INN €€€
In Garberville werden Gerichte der kalifornischen bzw. regionalen Küche in hübschem Tudor-Ambiente serviert. Wie es sich für ein altes Grand Hotel gehört.
445 Lake Benbow Dr.
Garberville, CA
Tel. 1 707 9 23 21 24
https://benbowinn.com

EEL RIVER BREWING CO. €€
Craft Bier auch in den Redwoods! Dazu gibt's bestes Pubfood aus nachhaltig erzeugten Produkten. Kalifornien halt!
1777 Alamar Way, Fortuna
Tel. 1 707 7 25 27 39

SHAWHOUSE INN €€€€–€€
Die wunderschöne Frühstückspension mit ihren vornehmen Zimmern ist in einer Villa aus dem Jahr 1854 untergebracht. Und sie ist unwiderstehlich heimelig.
703 Main St., Ferndale
Tel. 1 707 7 86 99 58
www.shawhouse.com

HUMBOLDT HOUSE INN €€
Die moderne, gut geführte Unterkunft liegt direkt am US 101. Die Highlights sind ein Pool und das opulente Frühstück.
701 Redwood Dr., Garberville
Tel. 1 707 9 23 27 71
www.humboldthouseinn.com

CURLY REDWOOD LODGE €€
Das Motel wurde Anfang der 1950er-Jahre aus einem einzigen Redwood-Baum errichtet.
701 US 101 South
Crescent City
Tel. 1 707 4 64 21 37
www.curlyredwoodlodge.com

Lighthouse, 1855 erbaut und der älteste noch in Betrieb befindliche Leuchtturm Kaliforniens.
Das **Del Norte County Historical Society Museum** informiert über die indigenen Stämme, die einst in dieser Gegend lebten. Auch die verheerende Tsunami-Katastrophe von 1964 ist ein Thema.
Haie, Seelöwen, Seeotter und viele andere Bewohner des Pazifiks und seiner Küsten können Sie in der Ocean World, einer beliebten Attraktion unten am Hafen, beobachten.

Battery Point Lighthouse: tgl. 10 – 16 Uhr, abhängig von den Gezeiten
Eintritt frei, Spende erbeten | www.delnortehistory.org
Del Norte County Historical Society Museum: 577 H St.
Mai – Sept. Mo. – Sa. 10 – 16 Uhr, Okt. – Mai Mo. und Sa. 10 – 16 Uhr
Eintritt frei | www.delnortehistory.org
Ocean World: 304 Hwy. 101 S. | Führungen Sommer tgl. 8 – 21, Winter tgl. 9 – 18 Uhr | Ticket 14,95 $ | www.oceanworldonline.com

★ SACRAMENTO

Region: Sacramento | **Höhe:** 8 m ü.d.M. | **Einwohnerzahl:** 530 000

Die Hauptstadt Kaliforniens ist jung, wenig älter als der Bundesstaat selbst. In ihrem Umkreis am Zusammenfluss von Sacramento- und American River leben inzwischen über 2 Mio. Menschen. Viele neue Cafés, Mikro-Brauereien, Gastro-Pubs und schicke Geschäfte machten aus der eher schläfrigen Verwaltungsmetropole ein spannendes urbanes Zentrum.

Im Jahr 1839 gründete der badische Einwanderer **Johann August Sutter** die Stadt im damals noch mexikanischen Alta California und benannte sie nach dem Fluss, an dessen Unterlauf sie liegt. Das alte Sutter's Fort wurde wieder aufgebaut und ist heute Touristenattraktion. Nachdem 1848 am südlichen Arm des American River Gold gefunden wurde und kurz darauf eine wahre **Völkerwanderung von Glücksrittern** Kalifornien überschwemmte, entwickelte sich Sacramento zu einer wichtigen Versorgungsstation für die Schürfgebiete. Und als 1854 nach mehreren Provisorien eine dauerhafte Hauptstadt für den jungen US-Bundesstaat Kalifornien gesucht wurde, konnte es gewichtige Konkurrenten wie Berkeley, San José und Monterey aus dem Feld schlagen. 1856 wurde zwischen Sacramento und Folsom die erste kalifornische Eisenbahnlinie eröffnet, die man 1869 an die transkontinentale Eisenbahnlinie zwischen Ost- und Westküste anschloss. Auch nach Verebben des Goldrauschs blieb Sacramento ein wichtiger

SACRAMENTO ERLEBEN

SACRAMENTO VISITORS CENTER

1608 I Street, Old Sacramento, CA 95814, Tel. 1 916 808 7777
10–18 Uhr
www.visitsacramento.com

Bei der **Sacramento Underground Tour** im Sacramento History Museum tauchen Sie in Sacramentos Unterwelten ein und erfahren Tricks zur Flutbekämpfung.
101 I Street
https://sachistorymuseum.org

Sightseeing-, Brunch-, Dinner- und Cocktail-Rundfahrten auf dem Sacramento River sind mit dem **Ausflugsschiff** »Capitol Hornblower« möglich.
1206 Front St.
Tel. 1 916 4 46 11 85, ab 24 $
https://www.sacramento365.com/venue/capitol-hornblower/

1 CASA EAST SAC €€€€–€€

Schön präsentiert: Pasta, Steaks und Chicken – und das Auge isst gleich mit!
5401 H Street
Tel. 1 916 898 3702
https://www.casaeastsac.com

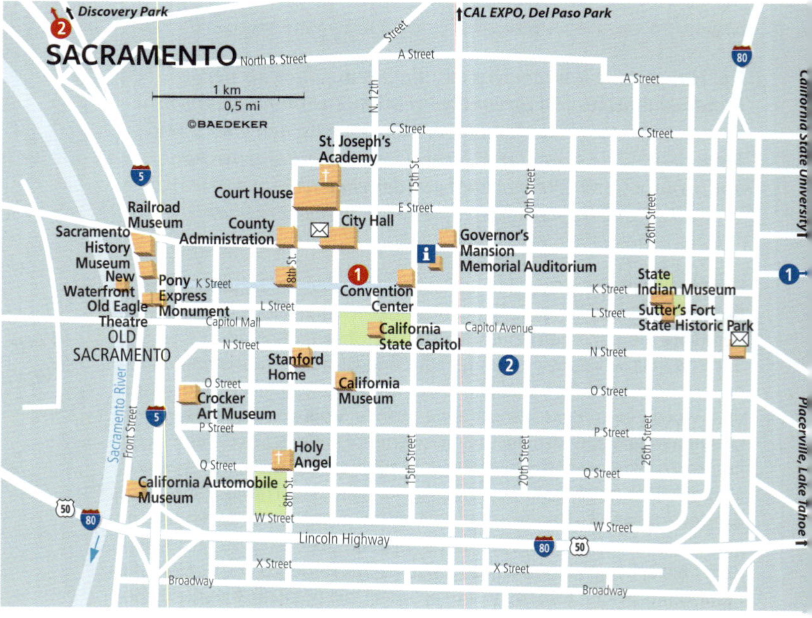

1 Casa East Sac
2 The Waterboy

1 Sterling Hotel
2 Best Western Sandman Hotel

❷ THE WATERBOY €€€€-€€€
In diesem eleganten Restaurant werden nicht nur Genüsse der amerikanischen, sondern auch der französischen und italienischen Küche mit besten Zutaten kreiert.
2000 Capitol Ave.
www.waterboyrestaurant.com

❶ STERLING HOTEL €€€
Man übernachtet sehr komfortabel in einem schön restaurierten viktorianischen Gebäude.
1300 H St.
Tel. 1 916 4 48 13 00
http://sterlinghotelsacramento.com

❷ BEST WESTERN SANDMAN HOTEL €€
Gäste haben freien Zutritt zu den Rad- und Wanderwegen am Sacramento River. Downtown leicht erreichbar.
236 Jibboom St.
Tel. 1 916 443 6515
www.bestwestern.com

Umschlag- und Handelsplatz, nun für landwirtschaftliche Produkte aus dem fruchtbaren Sacramento-Tal. Nicht nur mehrere Überschwemmungen, auch wiederholte Brände setzten der Stadt bis in die frühen 1950er-Jahre zu. Um 1980 restaurierte man den direkt am Sacramento River gelegenen alten Stadtkern, der seitdem als »Old Sacramento« zu den Besucherattraktionen der Stadt gehört.

Wohin in Sacramento?

Fotogener Regierungssitz

California State Capitol

Das neoklassizistische Capitol mit dem 71 m hoher Kuppel entstand 1861–1874 als Regierungssitz, in Anlehnung an das Kongressgebäude in Washington, D. C. Glänzende Mosaikfußböden aus Marmor und zahlreiche Kristall-Leuchter im Innern sowie die sich über mehrere Blocks erstreckende Gartenanlage machten den Parlamentssitz zu einem der schönsten in den USA.
Im nordöstlichen Teil des Capitol Park (L und 15th St.) erhebt sich die bronzene Skulpturengruppe (1988) des **Vietnam War Memorial**, das, ausschließlich durch Spenden finanziert, der 5822 in diesem Krieg gefallenen und vermissten Kalifornier gedenkt.
10th St./Capitol Mall | Mo. - Fr. 7.30 - 18, Sa., So. 9 - 17 Uhr
Touren stdl. 9 - 16 Uhr | Eintritt frei | http://capitolmuseum.ca.gov

Welt der Dampfrösser

California State Railroad Museum

Mit einer Ausstellungsfläche von 10 000 m² ist das California State Railroad Museum nordwestlich des Capitol eines der größten Eisenbahnmuseen der Welt, das bestens gepflegte **Lokomotiven und Eisenbahnwaggons** präsentiert. Zu den Stars der Ausstellung gehört die 1863 in New Jersey für die Central Pacific Railroad gebaute,

um Kap Hoorn nach San Francisco verschiffte Dampflok No. 1 »C. P. Huntington«, später im Besitz der Southern Pacific Railroad. Auch die 1876 konstruierte No. 12 »Sonoma« der North Pacific Coast Railroad fällt ins Auge oder der silbern glänzende Speisewagen »Cochiti« der Atchison, Topeka & Santa Fe Railway aus den 1930ern. Mit einem High Speed Train Simulator und interaktiven Exponaten zog auch neue Technik in die alten Bahnschuppen ein.
Mit der Eintrittskarte kann man die **Central Pacific Railroad Station** (1870) besichtigen, in der man sich wie mit einer Zeitmaschine um 150 Jahre zurückversetzt fühlt.
125 I St. | tgl. 10 – 17 Uhr | Eintritt 12 $ | Zugtickets: April – Sept. Sa., So. 11 – 16 Uhr stdl., ab 20 $ | www.californiarailroad.museum

Ältestes Kunstmuseum des Westens

Crocker Art Museum

Ein restauriertes viktorianisches Gebäude und ein moderner Anbau beherbergen das 1873 begründete älteste Kunstmuseum im Westen der Vereinigten Staaten. Unter den Exponaten findet man neben Gemälden und Zeichnungen kalifornischer Künstler auch Werke europäischer und ostasiatischer Herkunft neben ansprechender Fotokunst. Highlights sind Arbeiten von Georgia O'Keeffe und Childe Hassam.
216 O St. | Fr.–Mi. 10–17, Do. 10–21 Uhr| Eintritt 15 $
www.crockerart.org

Ohne den »Gouvernator«

Governor's Mansion

Die 1878 entstandene prächtige viktorianische Villa nordöstlich des State Capitol diente 13 kalifornischen Gouverneuren als Residenz, darunter auch Ronald Reagan (1966–1975). Arnold Schwarzenegger wohnte während seiner Amtszeit (2003 – 2011) lieber in LA.
1526 H St. | nicht öffentl. zugängl. | www.parks.ca.gov

Restauriert und hübsch

Old Sacramento State Historic Park

Ein Teil der **Altstadt** (zw. I und M sowie 2nd und Front St.) präsentiert sich heute wieder wie in der zweiten Hälfte des 19. Jh.s, als man das Stadtzentrum wegen immer wieder auftretender Überflutungen durch den Sacramento River erhöhen musste. Inzwischen wurden über **50 historische Bauten** restauriert bzw. nach alten Vorlagen wieder aufgebaut – einschließlich Bordsteinen und Straßenpflaster, über das heute wieder Kutschen mit Stadtbesuchern rollen.
Zu den Höhepunkten der für einkaufsfreudige Touristen hergerichteten **Altstadt** gehören der **Pioneer Park** (westl. I & J St.), die **Riverfront Promenade** (südl. der Tower Bridge), **Bahnhof und Frachtgebäude** der Central Pacific Railroad sowie der **Waterfront Park** (Front St., zw. K und L St.).
www.parks.ca.gov/?page_id=497

Kochen wie ein Pionier im Sutter's Fort State Historic Park

Sutter's Fort State Historic Park

Reise in die Pionier- und Goldrauschzeit

Das Fort des Einwanderers Johann August Sutter (▶ Interessante Menschen) war 1839 der erste Vorposten europäischer Einwanderer im Inneren Kaliforniens. Das aus demselben Jahr stammende **Adobe-Haus** wurde im gleichen Stil wieder errichtet und beherbergt heute Relikte aus der Pionier- und Goldrauschzeit, neben Exponaten, die an den Stadtgründer erinnern, dessen ausgedehnte Ländereien über den American River bei Coloma und bis an die Pazifikküste bei Fort Ross reichten. Nach der Entdeckung des Goldes wurde Sutter von Goldgräbern buchstäblich überrannt. Das ebenfalls auf dem Gelände untergebrachte **State Indian Museum** bietet hervorragende Einblicke in die Lebensweise der kalifornischen Ureinwohner.

Sutter's Fort: 2701 L St. | tgl. 10 – 17 Uhr | Eintritt 5 $
www.suttersfort.org

State Indian Museum: 2618 K St. | tgl. 10 – 17 Uhr | Eintritt 5 $
www.parks.ca.gov/indianmuseum

Rund um Sacramento

»Hangtown«

Placerville

Placerville befindet sich nur wenige Meilen von der ersten Goldfundstelle in Coloma entfernt, 45 mi/70 km östlich von Sacramento. Der Ort mit gut 10 000 Einwohnern lässt heute nur noch wenig von seiner wilden Vergangenheit erkennen. Im Zentrum sind Häuser aus dem 19. Jh. restauriert, am früheren **Hinrichtungsort** in der Main Street hängt die lebensgroße Figur eines Delinquenten – in der »Hangtown« wurden etliche Menschen exekutiert.

Eine Statue für Goldfinger

Marshall Gold Discovery Park

An der CA-49 zwischen Placerville und Auburn im Nordwesten liegt der kleine Ort **Coloma**. Hier entdeckte »Goldfinger« **James W. Marshall** 1848 das erste Gold im American River. Auf einer Anhöhe erinnert eine Statue an ihn: Im Auftrag von Johann August Sutter sollte er hier – etwa 50 mi/80 km von Fort Sutter in ▶ Sacramento entfernt – ein Sägewerk errichten. Im **Museum** wird die Zeit des Goldrauschs wieder lebendig.

310 Back St., Coloma | Park 8 – 17/18/20, Museum 9/10 – 16/17 Uhr
8 $ pro Pkw | www.parks.ca.gov/?page_id=484

★ SAN DIEGO

Region: San Diego | **Höhe:** 0 – 483 m ü. d. M. | **Einwohnerzahl:** 1,4 Mio. (Stadt), 3,3 Mio. (Greater Metropolitan Area)

Die entspannte Pazifikmetropole liegt im Trend. Sicherlich spielt das ganzjährig warme Klima eine Rolle, dazu kommen die langen Strände entlang der 100 km langen Küstenlinie und der riesige Balboa Park mit interessanten Museen und einem Weltklasse-Zoo. Auch die Restaurant- und Craft-Bier Szene kann sich sehen lassen.

San Diego liegt etwa 125 mi/200 km südlich von ▶ Los Angeles. Die südliche Stadtgrenze ist zugleich Staatsgrenze zu Mexiko. Durch die Lage an zwei geschützten Buchten wurde San Diego zur bedeutenden Hafenstadt und ist nach Norfolk in Virginia der größte amerikanische Marinestützpunkt. Das gleichmäßig warme und trockene Klima und die landschaftlich schöne und fruchtbare Umgebung machen San Diego zu einem beliebten Wohnort, der keine harten Winter kennt und in dem sich das Leben überwiegend draußen abspielt.

SAN DIEGO ERLEBEN

SAN DIEGO TOURISM AUTHORITY
www.sandiego.org

SAN DIEGO VISITOR INFORMATION CENTER
996-B N Harbor Dr.
Tel. 1 619 7 37 29 99
www.sandiegovisit.org

OLD TOWN SAN DIEGO CHAMBER OF COMMERCE & VISITOR CENTER
4010 Twiggs Street, San Diego CA 92110, Tel. 1 619 228 9340
www.oldtownsandiego.org

SAN DIEGO INTERNATIONAL AIRPORT
Der internationale Flughafen liegt nördlich der Innenstadt. Shuttle-Busse und Taxis verkehren zwischen allen Terminals und dem Zentrum.
3225 N Harbor Dr.
Tel. 1 619 4 00 24 04
www.san.org

SANTA FE DEPOT
Endstation der Züge aus Los Angeles und der gesamten Region.
1050 Kettner Blvd.
Tel. 1 800 8 72 72 45
www.amtrak.com

SAN DIEGO METROPOLITAN TRANSIT SYSTEM (MTS)
Die MTS unterhält ein engmaschiges Trolley- und Busliniennetz. Auf einigen Strecken ins Umland verkehren moderne Stadtbahnen.
Kundendienst: Tel. 1 619 5 57 45 55
Fahrauskunft: Tel. 1 619 2 33 30 04
www.sdmts.com

OLD TOWN TROLLEY TOURS
Die Busse kurven in 2 Std. durch San Diego mit Stopps in Downtown, Balboa Park, Coronado und La Jolla.
Tel. 1 619 2 98 86 87
Tickets ab 46,55 $
www.trolleytours.com/san-diego/

SAN DIEGO–CORONADO FERRY
Die Fähre pendelt zwischen Broadway Pier bzw. Convention Center in San Diego und Ferry Landing Place in Coronado.
990 North Harbor Dr.
Tel. 1 619 2 34 41 11,
Ticket ab 8 $
www.flagshipsd.com/cruises/coronado-ferry

SAN DIEGO HARBOR EXCURSIONS
990 North Harbor Dr.
Tel. 1 619 2 34 41 11
Ticket ab 25 $, erm. 12,50 $
www.flagshipsd.com

LITTLE ITALY
Nördlich vom Stadtzentrum gibt's rund um die Piazza della Famiglia Restaurants, Galerien, Weinbars, Mikrobrauereien und Boutiquen wie Bobbi Rocco, Rosa Mariposa und Maison Armani. Nebenbei ist das kompakte Little Italy auch noch gut zu den Füßen.
https://www.littleitalysd.com/shop

SEAPORT VILLAGE
Direkt am Hafen liegt die verschachtelte Anlage mit Geschäften, Cafés, Restaurants und Park.
849 W Harbor Dr.
Mo.–Sa. 10–21 Uhr
www.seaportvillage.com

SAN DIEGO DOWNTOWN

Essen und Trinken

1. Baci's
2. Eat Puesto
3. Extraordinary Desserts
4. Julian Pie Co.
5. Villa Nueva Bakery
6. Point Loma Seafoods

Übernachten

1. B & B Inn at La Jolla
2. Hotel del Coronado
3. Hotel La Pensione

1 The Old Globe
2 Museum of Art
3 Botanical Building
4 Natural History Museum
5 Timken Museum of Art
6 Museum of Us
7 Mingei Museum
8 House of Hospitality
9 Space Theatre
10 House of Pacific Relations
11 Spreckels Organ Pavillon
12 Federal Building
13 Balboa Park Club
14 Palisades Building
15 Conference Building
16 Hall of Champions Sports Museum
17 Municipal Gym
18 Balboa Park Bowl
19 Air & Space Museum Automotive Museum
20 Casa de Balboa (MOPA)
21 Junior Theatre

– · – · – Trolley

©BAEDEKER

Bei **La Jolla** finden Taucher und Schnorchler gute Bedingungen. Wellenreiten ist entlang der Küste vom **Imperial Beach** (südl. von Coronado) bis zum **Windandsea Beach** (unterhalb von Neptune Place) möglich.

Bootstouren, Tauchschule und vieles mehr bieten **La Jolla Watersports.**
27 Garnet Ave., #110
Tel. 1 619 788 6416
www.lajollawatersports.com

Der Spezialanbieter **La Jolla Surf Systems** verleiht Surf-, Kajak- und Schnorchelausrüstung.
2132 Avenida de la Playa
La Jolla, Tel. 1 858 4 56 27 77
www.lajollasurfsystems.com

❶ BACI'S €€€€–€€€
In dem hoch gelobten italienischen Restaurant werden u. a. beste Pasta und leckere Fleischgerichte serviert, bei guten Wetter auch auf der Terrasse.
1955 Morena Blvd.
www.sandiegobaci.com

❷ EAT PUESTO €€
Mexikanisches Streetfood in stylischem Ambiente mit Portionen zum Teilen.
La Jolla, 1026 Wall St.
Tel. 1 858 4 54 12 60
http://eatpuesto.com

❸ EXTRAORDINARY DESSERTS €€
Naschkatzen wird man heraustragen müssen, so unwiderstehlich sind die Süßspeisen mit Inspirationen aus aller Welt.
2870 Fourth Ave.
(Filiale: 1430 Union St.)
https://extraordinarydesserts.com

❹ JULIAN PIE CO. €€
Bei Julian Pie Co. in Julian gibt es gedeckten Apfelkuchen. Dazu passt hausgemachtes Zimt-Eis.
2225 Main St., Julian
tgl.9–17 Uhr
www.julianpie.com

❺ VILLA NUEVA BAKERY €€
Ein preiswertes Angebot: Leckere Sandwiches mit selbst gebackenem Brot, delikate Suppen und frisch gerösteten Kaffee gibt es hier von morgens bis nachmittags.
956 Orange Ave.
Coronado
http://villanuevabakery.com

❻ POINT LOMA SEAFOODS €€–€
Das direkt am Wasser gelegene Restaurant präsentiert sich als Fischmarkt mit einfachen Sitzgelegenheiten, geschätzt für fangfrischen Fisch und Meeresfrüchte.
2805 Emerson St., Point Loma
www.pointlomaseafoods.com

❶ BED & BREAKFAST INN AT LA JOLLA €€€€
Elegante Pension in Meernähe mit köstlichem Frühstück, auch Wein und Käse-Verkostung am Nachmittag.
7753 Draper Ave.
La Jolla, Tel. 1 858 456 20 66
http://the-bed-and-breakfast-inn-at-l.la-jolla.thecaliforniahotels.com/en/

❷ HOTEL DEL CORONADO €€€€
Das viktorianische Grandhotel präsentiert sich heute eleganter als je zuvor.
1500 Orange Ave.
Coronado
Tel. 1 619 4 35 66 11
https://hoteldel.com

❸ LA PENSIONE €€
Das moderne, gut ausgestattete Haus liegt in Little Italy und biette auch einen kostenlosem Parkplatz.
606 W Date St.
Downtown
Tel. 1 619 2 36 80 00
www.lapensionehotel.com

An der San Diego Bay kann man sich mit Blick auf die Downtown eine frische Brise um die Nase wehen lassen.

Südlichster Pazifikhafen

Geschichte

Die eigentliche Geburtsstunde der Hafenstadt schlug im Jahr 1769, als der Franziskanermönch Pater Junipero Serra hier mit dem Bau der ersten von insgesamt **21 Missionsstationen** begann (die heutige Mission San Diego de Alcala befindet sich ca. 10 km landeinwärts von ihrem ursprünglichen Standort). Im 19. Jh. gehörte San Diego zu Mexiko und später zu den USA. Mit der Aufnahme des Bundesstaates Kalifornien in die Union wurde 1850 das San Diego County ins Leben gerufen. Der Aufschwung kam erst mit dem Anschluss der Santa Fe Rail Road, dem Ausbau des Hafens und der Verlegung des Flottenstützpunktes nach San Diego in der ersten Hälfte des 20. Jh.s.

Bedeutende Wirtschaftszweige sind Luft- und Raumfahrtindustrie, Elektronik und Elektrotechnik, Telekommunikation, Biotechnologie sowie der Dienstleistungssektor inklusive Finanzwirtschaft, Tourismus und Kongresswesen.

Universitäten, Hochschulen und namhafte Forschungsinstitute spielen ebenfalls eine große Rolle im Wirtschaftsleben der Stadt. Ebenso das Militär mit über 100 000 Soldaten und Tausenden von Angestellte.

Downtown San Diego

Für einen Feierabenddrink ...

Gaslamp Quarter

... gehen viele ins Gaslamp Quarter östlich des Seaport Village am Harbor Drive. Die im viktorianischen Stil errichteten 16 Häuserblocks sind als **historischer Distrikt** vor gröberen Bausünden geschützt.

Maritimes Flair

San Diego Bay

Die geschützte San Diego Bay ist nicht nur bei der Kriegsmarine beliebt. Kreuzfahrtschiffe, Hochseejachten und Tausende kleinerer Freizeitboote liegen dort in ihren Marinas. Am südlichen Abschnitt des **Embarcadero** und dem anschließenden **Seaport Village** gibt es zahlreiche Geschäfte, Restaurants und Hotels.

Vom Segler zum U-Boot

Maritime Museum

Die Schiffe des 1948 gegründeten Museums liegen am Harbor Drive in der **North San Diego Bay** (zw. Laurel und Ash St.). Der Dreimaster »Star of India«, ein 1863 auf der Isle of Man gebautes Segelschiff, umsegelte mehrmals die Erde. Weitere Museumsschiffe: die Fähre »Berkeley« (1898), eingesetzt zwischen San Francisco und Oakland; die Motorjacht »Medea« von 1904, die heute noch gelegentlich Fahrten in die Bay unternimmt; das Lotsenschiff »Pilot« von 1914; ein sowjetisches U-Boot der Foxtrott-Klasse und der Nachbau der britischen Fregatte »HMS Surprise« aus dem 18. Jahrhundert.

1492 N Harbor Dr. | tgl. 10 – 17 Uhr | Eintritt 24 $, Bootstouren ab 24 $ | https://sdmaritime.org

Außer Dienst

USS Midway Museum

Bei der Navy Pier liegt der 1992 außer Dienst gestellte Flugzeugträger **»USS Midway«**. Brücke, Messen, Hangars und 30 Kampfflugzeuge mehr können besichtigt werden. Im Simulator hebt man ab.

910 N Harbor Dr. | tgl. 10 – 17 Uhr | Eintritt 31 $ | www.midway.org

★ Balboa Park

Balboa Park Visitors Center: 1549 El Prado, House of Hospitality, Suite I | Tel. 1 619 2 39 05 12 | 9.30 – 16.30 Uhr | www.balboapark.org
Shuttle Bus: 9 – 18, Juni – Okt. bis 20 Uhr | Eintritt frei

Die meisten Gebäude im Balboa Park ...

Parkgelände

... wurden für die große Panama-California Exposition (1915/1916) und die California-Pacific Exposition (1935/1936) in einem dekorativen spanisch-mexikanischen Stil errichtet. Vom Parkplatz aus erreicht man mit einem Shuttle Bus verschiedene Stationen im Parkgelände.
Im Zweiten Weltkrieg diente der Seelilienteich vor dem **Botanical Building** den Patienten des Flottenhospitals (US Naval Hospital) als Schwimmbad. Das für einen Bahnhof vorgesehene Stahlgerüst hatte die Ausstellungsleitung angekauft. Im Innern gedeihen über 2000 Arten tropischer und subtropischer Pflanzen.

Uralter Star

Museum of Us

Die verschiedenen **Zivilisationen der Menschen** – von Pyramidenbauern im alten Ägypten bis zu den prähispanischen Hochkulturen

der Maya oder den Pueblo-Siedlungen im Südwesten der USA – sind das große Thema dieser faszinierenden Ausstellung im Museum of Man. »Star« ist ein 3 Mio. Jahre altes vormenschliches Skelett.
1350 El Prado | Mo. – So.10 – 17 Uhr | Eintritt 19,95 $
www.museumofman.org

Hochkarätige Fotografie

Museum of Photographic Arts (MOPA)

Das noch junge Museum in den Arkaden der **Casa de Balboa** veranstaltet Ausstellungen von Schwarzweiß- und Farbfotografie zu wechselnden Themen oder Arbeiten bekannter Fotografen sowie Video- und Filmprogramme aus den eigenen Beständen.
1649 El Prado | Di. – So. 10 – 17 Uhr | frei, Spende erbeten
www.mopa.org

Vorbild London

The Old Globe

Der 1935/36 für die California Pacific Exposition nach Vorbild von Shakespeares Londoner Globe Theatre im Stil des 16. Jh.s aus Holz errichtete **Theaterbau** ist Heimstätte des Ensembles der San Diego Repertory Co. Unmittelbar daneben liegen zwei weitere Einheiten des **Simon Edison Centre for the Performing Arts**: ein Theater für zeitgenössische Stücke, einst benannt nach Cassius Carter, dem berühmten Shakespeare-Darsteller des 19. Jh.s, heute Sheryl and Harvey White Theatre, sowie das Lowell Davies Festival Theatre, eine Freilichtbühne, auf der im Sommer das Shakespeare-Festival stattfindet.
The Old Globe: 1363 Old Globe Way | Tel. 1 619 2 34 5 623
www.theoldglobe.org
San Diego Repertory Co.: http://sdrep.org
Shakespeare-Festival: www.sandiegoshakespearesociety.org/festival

Space Cowboys

San Diego Air & Space Museum

In einem 1930 errichteten Rundbau des Ford Buildung (früher: San Diego Aerospace Museum) sind Flugzeuge aus der Pionierzeit der Fliegerei bis hin zu NASA-Flugkörpern ausgestellt, darunter ein Nachbau der »Spirit of St. Louis«, mit der Charles A. Lindbergh den ersten Alleinflug über den Atlantik unternahm. Das Original steht im National Air & Space Museum, Washington, D. C. In einer **International Aerospace Hall of Fame** werden »Helden« der Luft- und Raumfahrt geehrt, so Chuck Yeager, der erste Pilot eines Überschallflugs.
2001 Pan American Plaza | Tel. 1 619 2 34 82 91 |tgl. 10 – 16.30 Uhr
Eintritt 25 $ | https://sandiegoairandspace.org

Aus allen Kulturkreisen

San Diego Museum of Art

Das San Diego Museum of Art logiert in einem der Universität von Salamanca (17. Jh.) nachgebildeten neogotischen Gebäude, Büsten spanischer Maler schmücken die Fassade. Die Sammlung umfasst Gemälde der Frührenaissance und flämischer Meister sowie eine Abteilung amerikanischer Kunst neben Exponaten aus anderen Kulturkreisen. Zu sehen sind u. a. Werke von Goya, Renoir, Diego Rivera oder Georgia O'Keeffe. Teil des Museums ist auch ein kleiner **Skulpturengarten** mit Werken von Alexander Calder, Barbara Hepworth, Juan Miró, Henry Moore und Louise Nevelson.

1450 El Prado | Mo., Di., Do., Sa. 10 – 17, Fr. bis 20, So. 12 – 17 Uhr
Eintritt 15 $ | www.sdmart.org

Eine naturgeschichtliche Zeitreise

The Nat

Das vor mehr als 100 Jahren gegründete **San Diego Natural History Museum** zeigt südkalifornische Fossilien, Vögel, Reptilien, Säugetiere, Insekten, Pflanzen sowie Meerestiere. Glanzlichter sind Nachbildungen und Knochen von Dinosauriern, die einst in der Region heimisch waren. Mehrere Dioramen widmen sich der Fauna und Flora der kalifornischen Wüste.

1788 El Prado | So. 120 – 17 Uhr | Eintritt 20 $ | www.sdnhm.org

Meistbesuchter Tierpark der USA

San Diego Zoo

Im weltberühmten San Diego Zoo leben mehr als 3500 Tiere in naturnah gestalteten Arealen. Die Gehege nehmen mehr als ein Viertel des nördlichen Balboa Park ein. Besonders eindrucksvoll der **Regenwald am Tiger River** mit üppiger Vegetation, Wasserfällen, künstlich erzeugtem Nebel und einem Gelände für Hochland-Gorillas. Zu den »Stars« gehören auch Tiger aus Sumatra, Tapire aus Malaysia, Panda-Bären aus China, Koala-Bären aus Australien, Kiwis aus Neuseeland, Nashörner und viele andere exotische Tierarten. Der Kinderzoo ist eine besondere Attraktion, denn hier dürfen viele Jungtiere nicht nur bewundert, sondern auch gestreichelt werden. Auf dem weitläufigen Gelände des Tierparks pendeln auch **Busse** und eine knapp über Baumwipfelhöhe konstruierte **Schwebebahn**. Bei einer Tour durch den bzw. über dem Tierpark erfahren die Passagiere alles Wichtige über den San Diego Zoo.

Der Zoo betreibt auch einen **Safari Park** in Escondido nördlich der Stadt, wo Tiere der Savanne (Giraffen, Elefanten) gehalten werden.

2920 Zoo Dr. | ab 9 Uhr, Schließzeiten variabel, s.a. Website
Eintritt ab 69 $ | zoo.sandiegozoo.org

Kunstoase

Timken Museum of Art

Das 1965 auf der Panama Plaza errichtete Timken Museum of Art besitzt neben einer **Sammlung russischer Ikonen** (16.–19. Jh.) Gemälde von der **Renaissance bis zum Impressionismus** aus Italien, Frankreich, Spanien und den Niederlanden (u. a. Veronese, Boucher, Fragonard, Murillo, Rembrandt oder Rubens) sowie **amerikanische Klassiker** (Benjamin West, Thomas Cole, Albert Bierstadt).

1500 El Prado | Di. – Sa. 10 – 16.30, So. ab 12 Uhr | Eintritt frei
www.timkenmuseum.org

Querbeet

Spanish Village Art Center

Im Spanish Village Arts Center im Norden des Areals kann man in mehreren niedrigen Häusern Künstlern und Kunsthandwerkern (Bildhauern, Malern, Fotografen, Gold- und Silberschmieden, Töpfern und Webern) bei der Arbeit zusehen. Ihre Werke sind natürlich auch käuflich zu erwerben.

1770 Village Place | 10.30 – 16.30 Uhr | Eintritt frei | http://spanishvillageart.com

Old Town

Mexikanische und frühamerikanische Geschichte

Altstadt

Die nördlich von Downtown auf dem Presidio-Hügel am San Diego River gelegene sogenannte Altstadt, der **Old Town San Diego State Historic Park**, führt den Besucher in die mexikanische und frühamerikanische Geschichte der Stadt. Zu sehen sind einige restaurierte **Adobe-Häuser** – so zum Beispiel die Casa de Estudillo in der San Diego Avenue – und **traditionelle Werkstätten**.

Herzstück von Old Town San Diego und zugleich lebhafter Schauplatz von Konzerten und Folkloretänzen ist der farbenfrohe Arkadenbau um den **Bazaar del Mundo**.

Casa de Estudillo: tgl. 10 – 17 Uhr

»Mutter aller Missionskirchen«

Mission San Diego de Alcalá

Die Mission San Diego de Alcalá östlich von Old Town wurde von Pater Serra am 16. Juli 1769 begründet und ist damit die »Mutter aller kalifornischen Missionskirchen«. Früher war der schön restaurierte weiße Kirchenbau mit Glockenturm Teil eines größeren Komplexes mit angeschlossenem Kloster und Gutsgebäuden.

10818 San Diego Mission Rd. | 9 – 16.30 Uhr | frei, Spende erbeten www.missionsandiego.org

Coronado und Point Loma

Manche mögen's heiß

Coronado

Von Downtown führt eine Hochbrücke über die San Diego Bay zur **Halbinsel** Coronado. Sie ist nach den Baja California vorgelagerten Inseln Los Coronados benannt. Auch eine Fähre verbindet das Festland mit der Gartenstadt auf der Halbinsel, die wegen ihrer landschaftlichen Reize auch **Crown City** genannt wird. Glanzpunkt ist das 1888 im spanisch-mexikanischen Stil aus Holz erbaute höchst luxuriöse **Hotel Del Coronado** (1500 Orange Ave.), seinerzeit das größte Gebäude außerhalb New Yorks, das bereits völlig mit elektrischem Strom versorgt war. Zu den illustren Gästen des Hauses zählen gekrönte Häupter

CHICANO MURALS

Der Barrio Logan in San Diego hat eine kämpferische Vergangenheit: Studenten protestierten gegen das Planieren einer Grünanlage im Viertel der mexikanischen Einwanderer. Die Bilder der dabei entstandenen farbenprächtigen Wandgemälde an den Betonstützen der Coronado Bay Bridge gingen um die Welt. Das Quartier entwickelte sich zum Epizentrum der hispanischen Kultur – mit zahlreichen Kunstgalerien, Restaurants und Cafés. Lassen Sie sich einfach treiben. ► www.caculturaldistricts.org/barrio-logan

ebenso wie Schauspiel- und Politikprominenz; hier wurden Filme gedreht wie die grandiose Billy-Wilder-Komödie »Some like it hot« mit Marilyn Monroe, Jack Lemmon und Tony Curtis.

Grauwale in Sicht!

Point Loma

Am Südende der Halbinsel Point Loma wird an die Entdeckung Kaliforniens durch den Portugiesen Juan Rodriguez Cabrillo im September 1542 gedacht. Von hier aus hat man bei klarer Sicht einen tollen **Panoramablick** auf die Stadt. Von Mitte Dezember bis Mitte Februar kann man von hier aus auch **Grauwale** auf ihrer Wanderung von der Bering-See nach Süden zu den warmen Buchten in Baja California beobachten (► Baedeker Wissen, S. 152). Spaziergänge führen zum alten Leuchtturm, über den Bayside Trail und die Sylvester Road mit einer bizarren Mischung aus Wüsten- und Küstenvegetation. Auf Point Loma befinden sich auch eine Marinebasis und einer der größten Friedhöfe der US Navy, der **Rosecrans National Cemetery**.

 Mission Bay

Einfach relaxen

Landschaft

Lange Sandstrände, viele hübsche kleine Buchten und gepflegte Grünanlagen zeichnen die Mission Bay aus. Inlineskater, Radfahrer, Jogger teilen sich mit Sonnenanbetern und Surfern den Strand, es gibt elegante Yachtklubs und Luxusherbergen.

Ein feuchtes Vergnügen

SeaWorld

Am südlichen Rand der Mission Bay liegt der Meeres-Themenpark SeaWorld. In der Kombination aus Meerwasseraquarium, Erlebnis- und Vergnügungspark zeigen Pinguine, Delfine, Seelöwen, Otter und Wale hier ihre andressierten Kunststücke. Seit einigen Jahren stellt der Meereszoo seine Bemühungen um den Schutz bedrohter Meerestiere stärker in den Vordergrund. Parkbesucher können das Gelände per Schwebebahn besichtigen oder an einem der rasanten, manchmal recht feuchten Fahrvergnügen – »Thrill Rides« wie z. B. künstlichen Wildwasserbahnen – teilnehmen. Ein begehbarer Acryltunnel führt durch eine künstliche tropische Unterwasserwelt mit Haien, Rochen und vielen anderen Meeresbewohnern. Highlights von SeaWorld waren die Liveshows mit Schwertwalen (Orcas), die jedoch nach massiver Kritik und Protesten von Tierschützern in Zukunft eingestellt werden sollen.

500 SeaWorld Dr. | Zeiten variabel (s. Website) | Eintritt ab 64,99 $ (online) | https://seaworld.com/san-diego

 La Jolla

San Diegos Juwel

Mondäner Badeort

Der idyllische Vorort La Jolla ist bekannt für seine ausgefallenen Designerboutiquen, für viele gemütliche Restaurants und sehenswerte Kunstgalerien im Bereich von Girard Avenue und Prospect Street. Das fast dörflich anmutende »Juwel« San Diegos ist durch die hier angesiedelte Universität und andere Forschungseinrichtungen zu einem bevorzugten Wohnort von Akademikern, bildenden Künstlern und Literaten geworden. Entlang der Küstenstraße kommt man an schönen Stränden vorbei: der kleinen Bucht **La Jolla Cove**, einem der besten Badeplätze und Tauchspots entlang der Westküste, an dem sich auch Robben und Seevögel tummeln, und dem **Ellen Browning Scripps Park** etwa 30 m unterhalb der Prospect Street, von der in kleinen Abständen Treppen hinabführen.

Meereskunde

Architektonisch Interessierte sollten sich die Gebäude auf dem Campus der 1912 gegründeten University of California ansehen. Das 1903 eröffnete **Institute of Oceanography**, zu dem eine hervorragende Bibliothek gehört, gilt als das älteste und größte amerikanische Institut für Meereskunde. Im angeschlossenen **Birch Aquarium at Scripps** lernt man die Unterwasserwelt vor der kalifornischen Küste kennen.

University of California

Village Dr., N. Torrey Pines Rd., unweit US 5

Birch Aquarium at Scripps: 2300 Expedition Way | 9 – 17 Uhr, Fütterungszeiten s. Website | Eintritt 19,50 $ | http://aquarium.ucsd.edu

Rund um San Diego

Tier- und Pflanzenparadies

San Diego Zoo Safari Park

31 mi/50 km nördlich von San Diego in **Escondido** liegt der Safari Park des San Diego Zoo, ein 700 ha großes Wildgehege für 300 in Afrika und Asien heimische Tiere. Die beste Möglichkeit, die Tiere aus der Nähe zu beobachten, bietet sich während einer Fahrt mit der Einschienenbahn. Der Park ist auch ein **Pflanzenparadies**. Hier gibt es auch eine große Bonsai-Anlage. Auf dem **»Dinosaur Mountain«** begegnet man mehreren rekonstruierten urzeitlichen Monstern.

15500 San Pasqual Valley Rd., Escondido | ab 9 Uhr, Schließzeiten variabel | Eintritt ab 69 $ | www.sdzsafaripark.org

Flirrende Sonne und Palmen

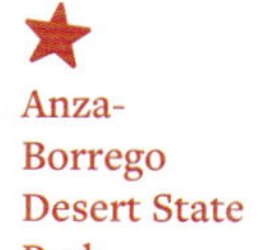

Anza-Borrego Desert State Park

Das am Rande der Coloradowüste gelegene Naturschutzgebiet umfasst eine der **imposantesten Wüstenlandschaften** im US-amerikanischen Südwesten. Von periodischen Flutwellen geschaffene Schwemmland- und Sandflächen, eindrucksvolle Sanddünen, wildromantische Canyons sowie eine überraschend vielgestaltige und daher hochinteressante Flora ziehen Besucher an. Ein Besuch im Anza-Borrego Desert State Park ist besonders **im Frühling** ein Erlebnis, wenn die Wüstenlandschaft erblüht. Achtung: Bevor man in den State Park hineinfährt, sollte man sich im westlich von Borrego Springs gelegenen **Visitor Center** über die Beschaffenheit der unbefestigten Pisten und eventuelle andere Gefährdungen erkundigen!

Visitor Center: Zwischen Borrego Springs und Borrego Palm Canyon Tel. 1 760 7 67 42 05 | tgl. 9 – 17 Uhr | 10 $ pro Pkw | www.parks.ca.gov/?page_id=638 | Infos zur Wüstenblüte: Tel. 1 760 7 67 46 84

»Wo die Sonne durch den Nebel scheint«

Temecula Valley

Ca. 62 mi/100 km nördlich von San Diego erstreckt sich das Temecula Valley (indian. »te mec u la« = dt. »wo die Sonne durch den Nebel scheint«). Hier oben, ca. 430 m ü. d. M., wird **Weinbau** betrieben. Möglich wird die Kultivierung von Trauben in dieser heißen Land-

WHALE WATCHING AN DER KÜSTE

Im Dezember rüsten sich viele Küstenorte im Westen zum Whale Watching, denn in den folgenden drei Monaten ziehen etwa 25 000 Grauwale aus Alaska nach Süden in die warmen Gewässer von Baja California in Mexiko. Menschen warten in den Häfen zwischen den San Juan Islands im Norden und der Grenze zu Mexiko im Süden, um sie aus nächster Nähe zu beobachten.

An einigen Stellen der Küste, wie bei **Point Reyes** nördlich von San Francisco, im **Julia Pfeiffer Burns State Park** von Big Sur oder am **Cabrillo National Monument** bei San Diego kann man die mächtigen Meeressäuger mit bloßem Auge ausmachen.

Graue Meeresriesen

Gewaltige Meeressäuger, die man vor der Küste häufig zu sehen bekommt, sind die zur Familie der Bartenwale gehörenden **Grauwale** (Eschrichtius robustus). Sie werden bis zu **14 m lang**, können ein Gewicht von **20–35 t** erreichen und besitzen keine Finne, haben jedoch im hinteren Teil ihres Körpers einen **Buckelkamm** ausgebildet. Ihre Haut ist meist dunkelgrau und mit helleren Flecken gesprenkelt. Im Sommer leben sie in den kühlen arktischen Gewässern vor der Küste von Alaska. Sie ernähren sich hauptsächlich von kleinen Fischen, Krebsen und anderen Meerestieren, die sie durch ihre **Barten** (vom Oberkiefer statt Zähnen herabhängende Hornplatten) aus dem Wasser und dem Schlamm am Meeresboden filtern.

Zug der Wale

Im Herbst wird es im hohen Norden dunkler, das Meerwasser immer kälter, und das Nahrungsangebot nimmt ab. Zuerst starten die schwangeren Walweibchen gen Süden, ihnen folgen einige Wochen darauf die anderen Weibchen und die paarungswilligen männlichen Tiere. Die jüngeren Wale bilden die Nachhut. Die warmen Lagunen des Golfs von Kalifornien sind die Kinderstuben der Wale. Hier werden die bis zu 4,5 m langen und etwa 600 kg schweren Kälber im Schutz der **Baja California** geboren.
Ab März geht es wieder nach Norden, erst die männlichen Tiere und die Weibchen, später die Walmütter mit ihren Kälbern. Die 10 000 km lange Wanderung nähert sich ihrem Ende – bis zum nächsten Herbst.

Sprünge und Fontänen

Auf ihrer Wanderung sind die riesigen Meeressäugetiere meist in Küstennähe unterwegs und schwimmen mit etwa 8 km/h nicht allzu schnell. Alle 4–5 Min. müssen sie auftauchen, um zu atmen. Die verbrauchte Luft wird durch die Blaslöcher ausgestoßen, zu erkennen an mehr oder weniger hohen **Fontänen**. Jetzt ist die beste Zeit, um die Tiere von Aussichtspunkten an der Küste auszumachen oder sich in einem Beobachtungsboot einer Schule von Walen zu nähern.
Wer Glück hat, sieht eines dieser massigen Tiere **»springen«**. Dabei steigen Kopf und Oberkörper des

Ein riesiger Grauwal »springt« aus dem Wasser in der Monterey Bay.

Grauwals hoch aus dem Wasser. Dann lässt er sich wieder zurückfallen und taucht in einer gleitenden Bewegung ins Meer ab.

Gefährdete Tierart

Grauwale kommen heute nur noch im **Pazifischen Ozean** vor. Hier wandert eine größere Population – wie beschrieben – entlang der Westküste Nordamerikas zwischen Alaska und Baja California. Sie konnte ihre Kopfstärke in den letzten Jahren in etwa halten, gilt aber trotzdem als in ihrem Bestand gefährdet.
Schlimm sieht es bei der zweiten und kleineren Grauwal-Population im Pazifik aus, die entlang der Küste Ostasiens zwischen der Beringsee und dem Japanischen Meer wandert. Nur noch wenige hundert Tiere zählend, ist sie nach Meinung von Meeresbiologen in ihrem Bestand sehr stark bedroht.
Im Atlantischen Ozean wurden Grauwale bereits im 17./18. Jh. ausgerottet.

schaft durch eine feuchtkühle Brise, die vom Pazifik durch eine Lücke im Küstengebirge herauf wehen kann. Die Weine gehören zu den besten der USA.
Die **Temecula Old Town** ist ein Paradies für Schnäppchenjäger, die auf der Suche nach schönen Antiquitäten sind. Fündig wird man vor allem in Granny's Attic & Antiques, in der Chaparral Antique Mall und bei Grandpa's Antique Depot.
Auf dem 1706 m hohen Mount Palomar befindet sich das **Mount Palomar Observatory** mit dem weltberühmten und unter maßgeblicher Beteiligung von G. E. Hale konstruierten Teleskop mit einem Durchmesser von über 5 m. Es wurde 1948 in Betrieb genommen. Außerdem steht hier oben ein »Big Schmidt« genanntes Teleskop, mit dem man einen fotografischen »Himmelsatlas« (Palomar Observatory Sky Survey) erstellt hat. 1970 wurde noch ein großes fotometrisches Teleskop installiert.

Mount Palomar Observatory: Tel. 1 760 742 21 19 | tgl. 9 – 15.30 Uhr, kann aufgrund schlechter Wetterbedingungen kurzfristig schließen
www.astro.caltech.edu/palomar

★★ SAN FRANCISCO

D13

Region: San Francisco County | **Einwohnerzahl:** 808 000 (Metropolitan Area: 8,7 Mio.) | **Höhe:** 0 – 277 m ü. d. M.

Ist es die Lage? Die Luft? Das Licht? Die Metropole an der Meerenge des Golden Gate gehört zu den faszinierendsten Sehnsuchtsorten der Welt. Überschaubar und am besten zu Fuß, mit Straßenbahn oder Cable Car zu erkunden, mit lebhaften Stadtvierteln auf 43 Hügeln und einer orangefarbigen Hängebrücke. In North Beach ist das italienische Leben zu Hause, gleich daneben liegt das quirlige Chinatown mit Restaurants und Läden, im Mission District mit farbenprächtigen Graffiti leben die meisten Latinos, in Castro konzentriert sich die größte Gemeinde von Schwulen und Lesben in den USA. Tolle Museen, exzellente Restaurants und Coffeeshops, dazu eine dynamische Musikszene prägen die Stadt, in der man auch die Nähe zur hippen Start-Up- und IT-Szene des »Silicon Valley« spürt.

Entspannte »Golden City«

Kaum eine Stadt kann sich einer schöneren Lage rühmen als San Francisco: an der Spitze einer Halbinsel mit 40 Hügeln zwischen San Francisco Bay und Pazifik. Hinzu kommt ein unverwechselbares Klima, dessen sommerlicher Nachmittagsnebel die Golden Gate Bridge oft genug wie in Watte hüllt und die Touristen einmal mehr zur Kamera greifen lässt. Die San Franciscans danken es mit einer charmanten **»Laidbackness«**, die ansteckend wirkt.

San Francisco macht den Kopf frei. Kein Wunder, dass hier so manche nationale und internationale Bewegung begann. Die Fitnessbewegung beispielsweise und Aerobic. Das Mountainbike wurde hier erfunden, und Kultmagazine wie »Rolling Stone« und »Wired« fanden hier ihre ersten Leser.

In San Francisco begann – und endete – der Dot.com-Goldrausch der 1990er-Jahre. In den 1950er-Jahren soffen und philosophierten die Beatniks in den Kneipen im Stadtteil North Beach, die Schriftsteller Allen Ginsberg, Jack Kerouac und William Burroughs waren ihre Fackelträger. Auch nahmen die Schwulen- und die Anti-Vietnambewegung in San Francisco ihren Anfang. Und – das weiß jedes Kind – hier fand im Jahr 1967 der legendäre **»Summer of Love«** statt mit Flower Power, Hippies und LSD, und Janis Joplin, Bob Dylan und Jefferson Airplane sangen gegen das Establishment an.

Aus aller Herren Länder

Multikulturelle Stadt

Fast die Hälfte der Einwohner spricht zu Hause eine andere Sprache als Englisch, die hiesige Chinatown ist die zweitgrößte der USA. San Francisco ist entschieden multikulturell und toleriert alle Farben, Sprachen und Religionen. So hat sich »Frisco« zur »Hauptstadt der Homosexuellen« in den USA entwickelt und vor allem im Castro District sind die Regenbogenfarben der Schwulen- und Lesbenbewegung omnipräsent.

Wohin in San Francisco?

Das Herz der Stadt ...

Downtown

... ist ein kompaktes und leicht durchstreifbares Stück San Francisco – solange man gut zu Fuß ist! Der Stadtplan wurde damals nämlich ohne Rücksicht auf die 40 teils sehr steilen Hügel ausgelegt. So kam es zu jenen Straßen, die Hollywood in vielen rasanten Verfolgungsjagden verewigt hat.

Palmengeschmückt und stets von Touristen wie Einheimischen belebt, schlägt im **Union Square** das Herz der Downtown. Saks Fifth Avenue und Neiman Marcus sowie das ehrwürdige Westin St. Francis Hotel, das erste Spitzenhotel der Stadt, dominieren diesen schönen Platz. Auf der Powell St. klappern die weltberühmten Cable Cars vorbei.

Einen Block weiter mündet die Powell Street in die **Market Street**. Die Hauptverkehrsader und -geschäftsstraße führt diagonal durch das Schachbrettmuster der Downtown. In südwestlicher Richtung lohnt die **City Hall** mit ihrer 92 m hohen, dem Petersdom nachempfundenen Kuppel einen näheren Blick.

City Hall: Mo. – Fr. 8 – 20 Uhr

Heute ein Muss für Kunstfreunde

South of Market, das südlich der Market Street anschließende Viertel, früher ein tristes Industriegebiet, lockt heute mit einigen der besten Museen und Galerien. Ein absolutes Muss ist hier das **San Francisco Museum of Modern Art**, ein von einem gewaltigen abgeschnittenen Zylinder dominiertes Gebäude, das hochkarätige Sammlungen von Werken amerikanischer und europäischer Künstler beherbergt und über einen erstklassigen Museumsshop verfügt. Installationen füllen hier das Atrium, im Dachgarten stehen Skulpturen und eine 480 Mio. Dollar teure Erweiterung ist im Bau; Letztere soll weitere 1100 wichtige Werke aufnehmen. Gegenüber repräsentiert das **Yerba Buena Center for the Arts** die kunstsinnige Stadtverwaltung, und zwar mit Theater- und Tanzveranstaltungen. Angeschlossen sind die mit zeitgenössischer Kunst dekorierten **Yerba Buena Gardens**.

San Francisco Museum of Modern Art: 151 3rd St. | Fr. – Di. 10 – 17, Do. bis 21 Uhr | Eintritt ab 30 $ | www.sfmoma.org

Yerba Buena Center for the Arts: 701 Mission St. | www.ybca.org

China in Amerika

Das von chinesischstämmigen Amerikanern bewohnte Viertel ist mit 100 000 Einwohnern eine der größten Chinatowns der USA. Sie hat Erdbeben, Gangstern und den Versuchen von Politikern getrotzt, sie an die Küste umzusiedeln. Die Vorfahren der heutigen Bewohner kamen im 19. Jh. nach San Francisco, um in den Goldminen oder bei der Eisenbahn zu arbeiten. Begrenzt von Bush Street und Grant Avenue, konzentriert sich dieses Viertel rund um den Portsmouth Square. Die Hauptgeschäftsstraße ist die mit chinesischen Läden, Warenhäusern und Restaurants vollgestopfte **Stockton Street**. Die Hausnummer 855 in dieser Straße beherbergt den buddhistischen **Kong Chow Temple**.

www.sanfranciscochinatown.com

Nostalgie und steile Straßen

Westlich von Union Square und Chinatown stellt sich der 124 m hohe Nob Hill dem Verkehr in den Weg. Bis 1906 war Nob Hill der Wohnbezirk der beim Goldrausch reich gewordenen Glücksritter, doch dann machte das Erdbeben der Pracht ein Ende. Heute präsentiert sich das Viertel mit den steilen Straßen im 1920er-Jahre-Look. Sehenswert: die grandiose **Grace Cathedral** am Huntington Park, wo auch die Luxushotels »Fairmont« und »Mary Hopkins« stehen. Die unverwüstlichen **Cable Cars** erleichtern hier das Fortkommen. Bereits 1873 eingeführt, verkehren sie heute noch auf

Die schönste Hängebrücke der Welt ist in »International Orange« gekleidet und überspannt das »Goldene Tor« der San Francisco Bay.

SAN FRANCISCO ERLEBEN

SAN FRANCISCO VISITOR INFORMATION

749 Howard St (im Moscone Center), CA 94103
Mo.–Fr. 9–17,
Sa., So. bis 15 Uhr
Tel. 1 415 3 91 20 00

California Welcome Center: Pier 39, Fisherman's Wharf
9–19 Uhr
www.pier39.com/cwc

Internet: www.sftravel.com/visitor-information-center

ANREISE

SAN FRANCISCO INTERNATIONAL AIRPORT

Der Flughafen liegt etwa 20 km südlich der Stadt. Ein AirTrain verbindet die einzelnen Terminals mit der Flughafenstation der Schnellbahn **BART**, mit der man zügig ins Stadtzentrum gelangt (einf. Fahrt ca. 9,50 $).
Shuttle-Busse und **Minivans** pendeln zwischen Flughafen und größeren Hotels sowie den Parkplätzen der Mietwagenfirmen (gratis oder für ein Trinkgeld).
Eine **Taxifahrt** vom Flughafen ins Stadtzentrum kostet 60–90 $.
Tel. 1 650 8 21 82 11
www.flysfo.com

MIT DEM AUTO

Der US-101 überquert die Öffnung der San Francisco Bay über die berühmte Golden Gate Bridge (Maut, ► S. 172) und führt von Nord nach Süd durch die Stadt. Die I-5 passiert San Francisco weiter landeinwärts ebenfalls in Nord-Süd-Richtung. Die I-80 erreicht die Stadt von Osten über die Oakland Bay Bridge (mautpflichtig).

AMTRAK-REISEZÜGE

Endstation der Amtrak-Reisezüge ist der Bahnhof am **Jack London Square** in Oakland. Von dort und von der Station in der Horton Street in Emeryville südlich von Berkeley fahren Shuttle-Busse weiter nach San Francisco.
Tel. 1 800 8 72 72 45
245 Second Street, Oakland
www.amtrak.com

GREYHOUND-BUSSE

Greyhound-Fernbusse kommen in der 425 Mission Street an.
Tel. 1 415 495 1569 (Busbahnhof), 415 495 1569 (Greyhound)
www.greyhound.com

Für mehrtägige Besuche lohnt der Kauf eines **CityPass**. Er schließt die Fahrt mit öffentlichen Verkehrsmitteln ein (auch Cable Car), Eintritt in mehrere Attraktionen sowie eine Bay Cruise (Bootsfahrt).
Ab 122,38 $ bzw. 93,24 (Kind, 4–11 J.), www.citypass.com

MUNI

Die SFMTA (San Francisco Municipal Transportation Agency) betreibt ein engmaschiges Netz von Straßenbahn-, Trolley- und Buslinien sowie die Cable Cars. Alle Sehenswürdigkeiten sind für wenig Geld erreichbar.
Tel. 1 415 7 01 23 11
www.sfmta.com

STRASSENBAHN

Die beliebten Straßenbahnen der Linie F fahren vom Castro District über Market Street und The Embarcadero zur Fisherman's Wharf. Hier verkehren ausrangierte restaurierte Triebwagen aus aller Welt.

CABLE CAR
Seit 1873 transportiert die weltberühmte Cable Car Fahrgäste auf drei Strecken in gemächlichem Tempo über die Hügel zwischen Pazifik und San Francisco Bay.

BAY AREA RAPID TRANSIT
Die moderne Schnellbahn BART (▶ Plan S.160) verbindet San Francisco mit Oakland und anderen Vororten sowie dem Airport.
Tel. 1 510 465 2278
www.bart.gov

TAXI
An größeren Hotels findet man meist Taxis, ansonsten sollte man eines per Telefon bestellen. Ein Taxi an der Straße anzuhalten klappt selten.
National Cab Co.:
Tel. 1 415 6 48 44 44
SF Green Cab:
Tel. 1 415 6 26 47 33

AUTO IN DER STADT
Parkplätze sind rar und sehr teuer, Autos und Lieferwagen quälen sich mühsamst durch die oft recht engen Straßen. Wesentlich besser kommt voran, wer öffentliche Verkehrsmittel benutzt oder zu Fuß geht.

STADTRUNDFAHRTEN
49-MILE SCENIC DRIVE
Mithilfe einer Straßenkarte (Visitor Information) kann man die Stadt auf reizvoller Panoramastrecke mit dem Auto abfahren.

GRAY LINE
Stadtrundfahrten per Bus.
Tel. 1 415 3 53 53 10
http://graylineofsanfrancisco.com

GREAT PACIFIC TOUR CO.
Lehrreich-amüsante Touren mit dem Minivan.
Tel. 1 415 6 26 44 99
https://greatpacifictour.com

SAN FRANCISCO BAY FERRY
Diese Linie verbindet San Francisco mit Vallejo, Mare Island, Oakland, Harbor Bay und Alameda. Tickets kann man an Bord lösen.
Tel. 1 415 291 3377
https://sanfranciscobayferry.com

GOLDEN GATE FERRY SERVICE
Die Fähren pendeln zwischen dem San Francisco Ferry Bldg. (Market St.), Sausalito, Tiburon und Larkspur.
Tel. 1 415 921 5858
https://www.goldengate.org

BLUE & GOLD FLEET
Die Schiffe der blau-goldenen Flotte legen von Pier 41 ab nach Sausalito, Tiburon, Vallejo sowie Angel Island, Oakland/Alameda und Harbor Bay.
Tel. 1 415 7 05 82 00
www.blueandgoldfleet.com

San Franciscos Nachtleben ist elegant und trendy – und oft erfrischend unprätentiös. Über das aktuelle Wann und Wo informieren »San Francisco Weekly« (www.sfweekly.com) und die »San Francisco Arts« (https://sfarts.org). Am meisten los ist in den Bars der Ausgehviertel rund um den **Union Square**, in **North Beach**, im **Mission District**, in **Castro** und in **SoMa**

❶ THE CHAPEL
Restaurant, Bar und erstklassige Live-Musik in einerKapelle von 1914.
777 Valencia St.
(Mission District)
https://thechapelsf.com/

❷ COBB'S COMEDY CLUB
Hier kann man die aktuellsten Stand-Ups des Landes erleben.

Sausalito
Golden Gate Bridge
Fort Point
Golden Gate
1 km
1 mi
©BAEDEKER
GFNMS
Palace of Fine Arts
Marina
Pacific Ocean
Golden Gate Nat. Recreation Area
Walt Disney Family Museum
National Cemetery
COW HOLLOW
PRESIDIO
China Beach
Presidio Golf Course
J. Kahn Playground
Land's End
Ocean Lookout
Lincoln Park
Legion of Honor
SEACLIFF
Temple Emanu-El
Fort Miley
SAN FRANCISCO
Cliff House
Seal Rocks
Angelo Rossi Playground
RICHMOND
Portals of the Past
M. H. de Young Mem. Museum
Conservatory
University of San Francisco
Dutch Windmill
Beach Chalet
The Esplanade
Japan. Tea Gardens
Planetarium
Steinhart Aquarium
HAIGHT ASH-BURY
Murphy Windmill
Golden Gate Park Stadium
Cal. Acad. of Sciences
Strybing Arboretum
County Fair Building
Kezar Stadium
Buena Vista Park
Ocean Beach
University of California Medical Center
Sunset Playground
SUNSET
Laguna Honda
W. Sunset Playground
Sunset Reservoir
Sunset Heights Park
Twin Peaks Park
Forest Hill Station
Laguna Honda Hosp.
FOREST HILL
McCoppin Square
Douglas Playground
PARKSIDE
Carl Larsen Park
West Portal Station
Glen Canyon Park
Mt. Davidson
Pine Lake Park
San Francisco Zoo
SHERWOOD FOREST
GLEN PARK
Lake Merced
Stonestown Station
City College of San Francisco
Harding Park Municipal Golf Course
San Francisco State University
S.F. State Station
INGLESIDE
Balboa Pk. Station
PARK MERCED
Flughafen
OCEAN VIEW

Sausalito, Tiburon
Alcatraz
Angel I., Tiburon
Sausalito
San Francisco Bay
YERBA BUENA ISLAND
US Coast Guard
Berkeley
Alameda, Oakland
Oakland Bay Bridge
Gas House Cove
Marina Green
Cartoon Art Museum
Mex. Museum
Fort Mason
Fisherman's Wharf
Aquatic Park
Pier 39
Pier 41
The Cannery
Wax Museum
Nat. Marit. Museum
Ghiradelli Sq.
Art Institute
MARINA
Funston Playground
Coit Tower
TELEGRAPH HILL
Washington Sq.
St. Peter & Paul
NORTH BEACH
RUSSIAN HILL
Jackson Square
Exploratorium
Octagon House
Cable Car Mus.
CHINA TOWN
Trans America Pyramid
Ferry Terminal
Embarcadero Station
Lilienthal House
PACIFIC HEIGHTS
Alta Plaza
LaFayette Park
Grace Cathedral
Wells Fargo Hist. Mus.
Folsom Station
Transbay Terminal
Pacific Medical Center
Winterland Auditorium
NOB HILL
Union Square
Montgomery Station
JAPAN-TOWN
Japan Center
SFMOMA
Yerba Buena Ctr.
Powell Station
Metreon
Moscone Convention Center
Brannan Station
WESTERN ADDITION
State Bldg.
Asian Art Mus.
Old Mint
City Hall
Civic Center
Civic Center Station
SOUTH OF MARKET
2nd&King Station
Alamo Square
Performing Art Center
Davies Symphony Hall
Southern Pacific Terminal
Van Ness Station
Hall of Justice
4th&King Station
US Mint
Central Frwy.
Church St. Station
16th St. Station
Corona Heights
Castro St. Station
Mission Dolores
Franklin Square
Jackson Park
CASTRO
Castro Theatre
Mission Park
McKinley Square
POTRERO HILL
Potrero Hill Playground
22nd St. Station
EUREKA VALLEY
MISSION
POTRERO
24th St. Station
Garfield Square
Cesar Chavez St.
BERNAL HEIGHTS
Wholesafe Produce Market
DIAMOND HEIGHTS
BAY SHORE
Holly Park
Glen Pk. Station
St. Mary's Park
SILVER TERRACE
BAYVIEW
HUNTERS POINT
EXCELSIOR
John McLaren Park
Flughafen
Palo Alto, Santa Clara, San Jose, Monterey
1 Gary Danko
2 Kokkari
3 Fior d'Italia
4 Zuni Cafe
5 Bouche
6 R & G Lounge
7 Caffè Trieste
8 La Taqueria
1 Mark Hopkins
2 Triton
3 The Kimpton Buchanan
4 Phoenix Hotel
1 The Chapel
2 Cobb's Comedy Club
3 White Rabbit
BART
Cable Car
Caltrain
Mun Line

915 Columbus Ave.
(North Beach)
https://www.cobbscomedy.com

❸ WHITE RABBIT
Ungezwungene Bar im Marina District. DJs spielen Musik von Rock bis Hip-Hop.
3138 Fillmore St., Mi.–So.
www.whiterabbitsf.com

CHINESE NEW YEAR PARADE
Die große chinesische Gemeinde der Stadt feiert das Chinesische Neujahr.
Jan./Feb.
www.chineseparade.com

INTERNATIONAL FILM FESTIVAL
Cineasten treffen sich seit rund 50 Jahren.
April/Mai
www.sffilm.org

SAN FRANCISCO PRIDE
»San Francisco Lesbian, Gay, Bisexual, Transgender Pride Celebration and Parade« mit einem schrillen Umzug und diversen Musikfestivitäten.
Ende Juni
www.sfpride.org

Ebenfalls im Sommer steigen das **Ashbury Haight Street Fair** im früheren Hippie Viertel (www.haightashburystreetfair.org) und das **San Francisco Jazz Festival** (www.sfjazz.org).

VERANSTALTUNGSTIPPS
»San Francisco Weekly« (www.sfweekly.com) liegt kostenlos in Hotels aus. Im »Datebook«, der Sonntagsausgabe des »San Francisco Chronicle«, sowie der Webseite SFGate (www.sfgate.com) sind Veranstaltungen der kommenden Woche aufgelistet, man muss sich nur entscheiden.

TIX
Eintrittskarten zum halben Preis für Aufführungen des gleichen Tages.
Tix Bay Area Booth: 350 Powell St. (Union Square)
Tel. 1 415 4 33 78 27
So.–Do. 8–16, Fr., Sa. bis 17 Uhr
http://tixbayarea.org

CITY BOX OFFICE
Theater- und Veranstaltungstickets zum normalen Preis.
180 Redwood St., Suite 100
Tel. 1 415 3 92 44 00
Mo.–Fr. 9.30–17, Sa. 12–16 Uhr
www.cityboxoffice.com

In San Francisco kann man wunderbar einkaufen, in den eleganten Geschäften des Zentrums, verführerischen Shopping-Arkaden oder in den originellen Geschäften der verschiedenen Stadtteile. Rund um den **Union Square** im Zentrum verliert man sich in Kaufhäusern der Edelklasse, Sportgeschäften wie Nike Town oder diversen Buchläden.
Das **Embarcadero Center** mit 125 Geschäften aller Art und diversen Restaurants beim Hyatt Regency geht über drei Ebenen (http://embarcaderocenter.com).
Im **Japan Center**, Ecke Post/Geary St., kann man nicht nur in verschiedenen Restaurants und Sushi-Imbissen japanisch speisen, sondern vom Kimono bis zum Papierdrachen auch japanisch einkaufen.
In **Chinatown** ist das Angebot von chinesischen Gebrauchsartikeln, Kitsch und Kunst gewaltig. Für Second-Hand-CDs, Klamotten oder Bücher ist die **Haight Street** eine gute Adresse. Auf der **Fisherman's Wharf**, am **Pier 39** sowie in den lebhaften Einkaufszentren **»Ghirardelli Square«** (www.ghirardellisq.com) und **»The Cannery«** (2801 Leavenworth St.) findet man originelle Geschäfte mit viel Kitsch.

Die Cable-Cars von San Francisco sind Kult – und ein nostalgisches, aber effektives Fortbewegungsmittel in der hügeligen Stadt.

1 GARY DANKO €€€€
Vollendete französische Kochkunst von der »Foie gras« über gefüllte Wachtel bis zum Schokoladen-Soufflé.
800 North Point St.
(Fisherman's Wharf)
https://garydanko.com

2 KOKKARI €€€€
Köstliche Mittelmeerküche mit griechischen Schwerpunkten, göttliche Desserts.
200 Jackson St.
(Financial District)
https://kokkari.com

3 FIOR D'ITALIA €€€€–€€€
Das 1886 gegründete »Fior d'Italia«, das älteste italienische Restaurant der USA, serviert klassische norditalienische Küche.
2237 Mason St. (North Beach)
www.fior.com

4 ZUNI CAFE €€€€–€€€
Immer voll, immer gut, und das Publikum ist bunt gemischt. Die Küche bezieht Anregungen aus aller Welt, vor allem aus dem mediterranen Raum.
1658 Market St. (Civic Center)
https://zunicafe.com

5 BOUCHE €€€€–€€€
Bekömmliche französisch-kalifornische Küche zwischen Nob Hill und Union Square.
603 Bush Street (Nähe Union Square), www.bouchesf.com

6 R & G LOUNGE €€
Das Restaurant ist auf traditionelle kantonesische Küche spezialisiert, die man aufs Appetitlichste serviert.
631 Kearny St. (Chinatown)
https://rnglounge.com

7 CAFFÈ TRIESTE €
Hier soll es den ersten Espresso an der Westküste gegeben haben. Literaten, Musiker und Normalos genießen den besten Kaffee noch immer im Geschäft der Familie Giotta, die seit über 50 Jahren italienische Kaffeespezialitäten serviert.
601 Vallejo St. (Telegraph Hill)
https://coffee.caffetrieste.com

8 LA TAQUERIA €
Hier gibt es die besten Tacos der Stadt, nur echt mit der Sauce »Pico de Gallo«.
2889 Mission St.
(Mission District)
Tel. 1 415 2 85 71 17
Mo., Di. geschl.

1 MARK HOPKINS €€€€
Hotelklassiker aus den 1920er-Jahren. In der Bar »Top of the Mark« kann man im 19. Stockwerk zu Barmusik mit seinem Cocktail der untergehenden Sonne zuprosten.
999 California St. (Nob Hill)
Tel. 1 415 3 92 34 34
www.intercontinentalmarkhopkins.com

2 TRITON €€€€
Designerhotel mit individuell gestalteten Zimmern und trendiger Lobby. Der Morgenkaffee und das abendliche Glas Wein sind inklusive.
342 Grant Ave.
(Nähe Union Square)
Tel. 1 415 3 94 05 00
www.hoteltriton.com

3 THE KIMPTON BUCHANAN €€€
Hotel im japanischen Stil mit bestens ausgestatten Räumlichkeiten und gutem japanischem Restaurant.
1800 Sutter St. (Japantown)
Tel. 1 415 9 21 40 00
www.thebuchananhotel.com

4 PHOENIX HOTEL €€€–€€
In einem ehem. Motel eingerichtetes, sympathisches Boutique Hotel in Downtown, mit kreativem Design, Pool und stilvollem Bar-Bistro.
601 Eddy St. (Civic Center)
Tel. 1 415 7 76 13 80
www.phoenixsf.com

drei Strecken: »1« California Street Line, »2« Powell Mason Line und »3« Powell Hyde Line. Im **Cable Car Museum** kann man außer den ältesten Seilwagen auch die Motoren und Winden, die die Seile antreiben, in Aktion beobachten.

Grace Cathedral: 1100 California St. | tgl. 8 – 18 Uhr | frei, Spende erbeten | www.gracecathedral.org
Cable Car Museum: 1201 Mason St. | tgl. 10 – 17/18 Uhr | Eintritt frei
www.cablecarmuseum.org

Zu Ehren der Feuerwehr

Telegraph Hill

An der Nordseite der Downtown erhebt sich der 90 m hohe Telegraph Hill, gekrönt vom 64 m hohen **Coit Tower**. Von dem 1934 zu Ehren der Feuerwehr errichteten Turm schweift der Blick über das Häusermeer zur Golden Gate Bridge und nach Alcatraz.

Coit Tower: 1 Telegraph Hill Blvd. | tgl. 10 – 17/18 Uhr | Aufzug 10 $
https://sfrecpark.org

Italien in Amerika

North Beach

Vom Telegraph Hill nach North Beach sind es gerade 20 Minuten zu Fuß. Das nördlich an Chinatown anschließende Viertel ist seit den 1880er-Jahren die Hochburg der Italiener der Stadt. Über 50 000 italienischstämmige San Franciscans leben rund um den **Washington Square**, das inoffizielle Zentrum des Viertels, und die **Columbus Avenue**, die Hauptgeschäftsstraße, säumen vor allem italienische Feinschmeckerläden und Restaurants. Der Kreuzungsbereich von **Broadway und Columbus Avenue** ist mit seinen Bars und schrägen Musikkneipen bis zum frühen Morgen belebt.

Serpentinen

Lombard Street

Ein Abschnitt der auf dem Russian Hill westlich von North Beach gelegenen Lombard Street verläuft mit einem **starken Gefälle** in zehn mit Hortensien bepflanzten S-Kurven und ist zu einer touristischen Attraktion San Franciscos geworden.

Viel los am Wasser

Waterfront

Von North Beach sind es nur wenige Häuserblocks zum Wasser. Doch wo früher die Kutter der in North Beach ansässigen italienischen Fischer ankerten, ist heute viel geboten: Beiderseits von Jefferson Street und Embarcadero reihen sich Souvenirläden und Fast-Food-Kantinen aneinander.

Der **National Historical Park** westlich von Fisherman's Wharf, Museum und Gedenkstätte, umfasst eine historische Schiffsflotte, Besucherzentrum, Schifffahrtsmuseum und eine wissenschaftliche Bibliothek

In einem vom Art déco inspirierten früheren Badehaus (1939) mit farbkräftigen Wandmalereien ist das **Maritime Museum** von San Francisco untergebracht. Es zeigt u. a. eine Reihe sehenswerter Schiffsmodelle. Mehrere historische Schiffe sind in Originalgröße an der Hyde Street Pier vertäut. Der Dreimaster »C. A. Thayer« (1895), zunächst Holztransportschiff, diente bis 1950 als Kabeljau-Fangschiff in der Bering-See. Der Raddampfer »Eureka« (1890–1957 in Betrieb) war seinerzeit die größte Fähre der Welt. Auf dem Dreimastsegler »Balclutha« (1886) zeigt die Ausstellung »Cargo is king« die lange Geschichte des Frachtseglers.

National Historical Park Visitor Center: 499 Jefferson St./Ecke Hyde St. | tgl. 9.30 – 17 Uhr | www.nps.gov/safr

Maritime Museum: 900 Beach St./Ecke Polk St. | tgl. 10 – 16 Uhr Eintritt 15 $

Vergnügungs- und Shoppingzentrum

Fisherman's Wharf

Die renovierten Piers und die Uferstraße **Embarcadero** enden an Fisherman's Wharf, früher Hafen von einigen Dutzend Fischerbooten an der North Waterfront. Inzwischen hat sich das Areal in ein

touristisches Vergnügungs- und Shoppingzentrum mit zahllosen Geschäften und Restaurants verwandelt. Noch heute beliefern einige Dutzend Fischer frühmorgens die Fischrestaurants mit Krebsen und Krabben. Neben den wenigen Fischerbooten haben Freizeitkapitäne ihre gut 300 Schiffe in zwei Marinas vertäut.Mit The Cannery, Anchorage Square und Ghirardelli Square liegen noch drei verführerische **Einkaufszentren** mit Live-Musik und entspannter Atmosphäre ganz in der Nähe, was es nicht schwer macht, Geld auszugeben. Wer es bis zum Ende von Pier 39 schafft, wird mit dem Anblick mehrerer Dutzend Seelöwen belohnt, die die schwimmenden Docks unterhalb dem Pier zu ihrem Domizil auserkoren haben.
Von hier aus ist auch die **Gefängnisinsel Alcatraz** gut zu sehen, von 1933 bis 1963 Bundesgefängnis. Berühmt-berüchtigte Ganoven saßen hier ein, darunter Al Capone und Machine Gun Kelly. Heute gehört Alcatraz zur Golden Gate National Recreation Area. Ausflugsboote dorthin starten von Pier 33. Achtung: Die Touren sind meist zwei Wochen im Voraus ausgebucht. Man sollte besser reservieren.
www.alcatrazcruises.com

Jung und spanisch

Mission District

Südlich der City Hall schließt der Mission District an, das Wohngebiet der Hispanics. Das Herz des Viertels schlägt an der 24th Street zwischen Potrero und Van Ness Avenues, hier frequentieren vor allem junge Leute die vielen preiswerten Restaurants und Kneipen. Tagsüber sehenswert sind die vielen **»murales«** genannten Wandbilder, die meist Themen der Lokalpolitik karikieren. Die Murals schmücken, wie beim **Women's Building** (Ecke 18th St./Lapidge St.) zuweilen die gesamte Hausfassade mit farbenprächtigen Wandmalereien.
Ein architektonisches Kleinod, zugleich eines der ältesten Gebäude der Stadt und ein Filmset, ist die im Jahr 1776 von Junipero Serra gegründete **Mission Dolores**; im Garten steht seine Statue. Die gedrungene, weiß getünchte Missionskirche ist mit einem schönen Barockaltar ausgestattet.
Women's Building: https://womensbuilding.org/the-mural
Mission Dolores: 3321 16th St./Ecke Dolores St. | tgl. 9 – 16 Uhr
Eintritt 7 $ | www.missiondolores.org

Gay Scene

Castro District

Westlich an Mission grenzt der Bezirk Castro. Zwischen der Market Street und der 18th Street gelegen, ist dies die Heimat der Homosexuellenszene San Franciscos. Die Geschichte der schwulen Gemeinde reicht bis in die spanische Zeit der Stadt und sah Verfolgung und Diskriminerung bis hin zur Ermordung von Harvey Milk, dem ersten offen schwulen Stadtrat in den USA. In drei hervorragenden Galerien dokumentiert das **The GLBT Historical Society Museum** an der 18th Street auch den Weg der LGBT-Gemeinde von den darauffolgenden,

BAY CRUISE BEI SONNENUNTERGANG

Das wäre was: die Golden Gate Bridge vom Wasser aus im Licht der untergehenden Sonne. Aber wer hat schon ein Segelboot dabei? Kein Problem: Die »AdventureCat« startet täglich vom South Beach Harbor durch die San Francisco Bay. Bei der »Sunset Cruise« segeln Sie ab 17 Uhr vorbei an Alcatraz Island zur Golden Gate Bridge. Einfach toll. ▶ www.adventurecat.com

»White Night Riots« genannten Straßenschlachten bis heute.
Das Viertel bietet eine große Auswahl an hervorragenden Restaurants und Cafés sowie ein großartiges kulturelles Angebot. Die meisten Restaurants reihen sich in der **Castro Street** auf. Hier befindet sich auch das 1922 gebaute, im spanischen Renaissancestil glänzende Castro Theatre, ein Programmkino, dessen plüschiges Innenleben den Filmen, die hier gezeigt werden, fast die Schau stiehlt.

Castro Theatre: 429 Castro St. | Tickets ab 18 $ | Tel. 1 415 6 21 61 20 www.castrotheatre.com

The GLBT Historical Society Museum: 4127 18th Street | Mo – Sa 11 bis 18, So 12 – 17 Uhr | Ticket 5 $ | hwww.glbthistory.org

Alt-68er und Blumenkinder von heute ...

Haight Ashbury

... sollten diesen wiederum westlich anschließenden Bezirk besuchen. In den bunten viktorianischen Häusern fanden einst Janis Joplin, Jimi Hendrix, die Grateful Dead und ihr Blumenkinder-Gefolge Unterkunft. So manchen Buch-, Platten-, Second-Hand- und Müsliladen durchweht noch der Hauch des Summer of Love. Der **Buena Vista Park** sah etliche Happenings und »Be-Ins«. Je eine Gedenkmi-

»IF YOU‘RE GOING TO SAN FRANCISCO,

... be sure to wear some flowers in your hair.
If you come to San Francisco,
Summertime will be a love-in there«.

Scott McKenzie brachte das Lebensgefühl einer Generation auf den Punkt. Zum Summer of Love strömten 1967 die Hippies in San Franciscos Stadtviertel Haight- Ashbury, probten und diskutierten neue Formen des Zusammenlebens, Drogen und freie Liebe inklusive. Die Bewegung schwappte durch die USA und in die Welt als Protest gegen die herrschende Gesellschaftsordnung.

All you need is love

Presidio

SAN FRANCISCO

Golden Gate Park

Haight-Ashbury

Turn on, tune in, drop out
Timothy Leary

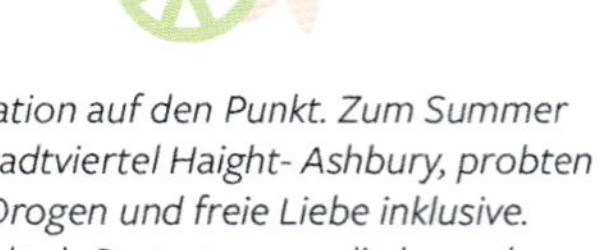

Hippie-Bewegung und Pop-Kultur

- 14. Jan. **Human Be-In in San Francisco**
- Jan. **The Doors**, Debüt-Album
- Feb. **Jefferson Airplane**, 2. LP »Surrealistic Pillow«
- März **Grateful Dead**, Debüt-Album
- Mai **Scott McKenzie**, »San Francisco«
- Mai **Jimi Hendrix**, LP »Are You Experienced«
- 16.–18. Juni **Monterey Pop Festival** Teilnehmer u.a.: **The Who, Jeff. Airplane, Simon & Garfunkel, Hendrix, Janis Joplin, Eric Burdon**
- Aug. **Janis Joplin**, Debüt-Album
- März–Okt **ca. 100 000 Menschen strömen nach Haight-Ashbury** in San Francisco

Anti-Vietnam-Proteste und afroamerikanische Bürgerrechtsbewegung

1967

- 15. Okt. 1966 **Gründung der Black Panther Party** in Oakland
- 15. April **Anti-Vietnam-Proteste** in New York City und San Francisco
- Mitte 1967 **ca. 500 000 US-Soldaten in Vietnam**
- 1. Juni **Gründung der Vietnam Veterans Against the War**
- 23.–27. Juli **Detroit Riots,** 43 Todesopfer
- 12.–17. Juli **Newark Riots,** 26 Todesopfer
- 21.–23. Okt. **»The March on the Pentagon«**

MAKE LOVE, NOT WAR

Weltgeschehen und Studentenbewegungen

1967

- 21. April **Militärputsch in Griechenland**
- 2. Juni **Anti-Schah-Proteste in Berlin,** Erschießung von **Benno Ohnesorg**
- 5.–10. Juni **Sechstagekrieg im Nahen Osten**

- 29. April **Uraufführung des Muscials »Hair«** in New York
- Mai **Quicksilver Messenger Service**, Debüt-Album

HAIR

- Juli **»Easy Rider«** kommt in die Kinos
- 15.–17. Aug **Woodstock Festival** Teilnehmer u.a.: **The Who, Ten Years After, Hendrix, Santana, Joplin**
  6. Dez. **Altamont Free Concert**
- Teilnehmer u.a.: **The Rolling Stones, Santana**

† **Jimi Hendrix** 18. Sep. 1970
† **Janis Joplin** 4. Okt. 1970

1968

1969

- Jan. **Tet-Offensive** des Vietcong und der nordvietnamesischen Armee
- 16. März **Massaker von My Lai**
- 4. April Ermordung von **Martin Luther King**
- 5. Juni Ermordung von **Robert F. Kennedy**

- 9. Aug. Ermordung von **Sharon Tate** durch die Manson Family

30. April 1975 **Ende des Vietnamkriegs**

1968

- 17. Feb. 1968 **Intern. Vietnamkongress** in Berlin
- 2. April 1968 **Kaufhausbrandstiftung** in Frankfurt (Baader, Ensslin)
  11. April 1968 **Attentat auf Rudi Dutschke** in Berlin

- Mai 1968 **Studentenproteste in Paris**
  21. Aug. 1968 **Niederschlagung**
- **des Prager Frühlings**

nute vor dem Haus von Janis Joplin (112 Lyon St.) und dem der Grateful Dead (710 Ashbury St.) ist obligatorisch!

Golden Gate Bridge
▶ Baedeker Wissen, S. 172

Wahrzeichen der Stadt

Die Golden Gate Bridge ist die wohl meistfotografierte Brücke der Welt – und natürlich das Wahrzeichen San Franciscos. Das **Golden Gate**, die Meerenge zwischen der Halbinsel und der gegenüberliegenden Marin Peninsula, verbindend, wurde sie 1933 bis 1937 als damals längste Hängebrücke der Welt erbaut. Mit einer Gesamtlänge von 2800 m, einer Breite von 27,5 m, 227 m hohen Tragepfeilern und einer durchschnittlichen Höhe über Wasser von 67 m hat sie auch heute noch Gardemaß. Ihre Farbe heißt **»International Orange«** und schützt die Brücke vor Korrosion in der salzhaltigen Luft. Brückenzoll (zur Zeit 8 $ pro Auto) wird nur in Nord-Süd-Richtung verlangt, Fußgänger und Radfahrer dürfen die Brücke kostenlos benutzen. Vom nördlichen Brückenkopf in der Golden Gate National Recreation Area bietet sich ein fantastischer Blick auf Brücke und Stadt.

Welcome Center: am Südende der Bücke | tgl. 9 – 16 Uhr
Brückenmaut: Pkw/Motorrad 8,75 $ + 26,25 $ für drei Achsen (elektr./online; Barzahlung nur im Bay Area Metro Center, The Hub, 375 Beale St.) | http://goldengate.org/tolls

 Golden Gate Park

Größter Park der Stadt

Ein Schotte am Golden Gate

Im Nordwesten San Franciscos erstreckt sich der 5 km lange, 800 m breite, und damit größte Park der Stadt. 1887 vom schottischen Landschaftsgärtner John McLaren auf kahlem Sanddünengelände angelegt, ist er heute mit mehreren Seen und Teichen sowie 5000 Pflanzenarten eine der schönsten Gartenanlagen der USA. Hier werden auch Hirsche und eine Bisonherde in Gehegen gehalten. Themengärten und Museen ergänzen das reiche Freizeitangebot.

California Academy of Sciences

Ein Dach, das lebt

Der nachhaltige Neubau der Academy of Sciences im Nordosten wurde vom italienischen Stararchitekten Renzo Piano entworfen. Ein Highlight ist das lebende Dach, bepflanzt mit immergrünen und saisonal blühenden Pflanzen. Im Inneren kann man auf Stelzenwegen durch einen tropischen Regenwald wandern, in dem Orchideen blühen und Kolibris durch die Luft schwirren. Das ist hier aber nicht alles: Das **Steinhart Aquarium** zeigt in einem gigantischen Tank das Unterwasserleben in einem tropischen Korallenrif, und das **Morrison Planetarium** eröffnet Ausblicke in den Weltraum.

55 Music Concourse Dr. | Mo. – Sa. 9.30 – 17, So 11 – 17 Uhr
Eintritt 40 $ | www.calacademy.org

Vielfalt in großer Architektur

M. H. de Young Memorial Museum

Die Galerien des »De Young« zeigen amerikanische Kunst vom 17. bis 20. Jh. sowie Volkskunst aus Afrika, Amerika und Asien. Sehenswert sind die Sammlungen zu Hochkulturen Mittelamerikas sowie umfangreiche Kollektion von Textilien, Geweben und Wandteppichen.

Der üppige Baumbestand des Golden Gate Parks inspirierte die Schweizer Architekten Herzog & de Meuron zur Fassade ihres Museumsbaus: Überwiegend durchbrochene Kupferplatten sollen nicht nur mit der Zeit ergrünen, sondern filtern das Licht wie ein Blätterdach. Über dem Kunstmuseum erhebt sich ein siebenstöckiger Turm, von dessen voll **verglastem Aussichtsgeschoss** man einen fantastischen Blick über große Teile der Bay Area genießt.

50 Hagiwara Tea Garden Dr. | Di. – So. 9.30 – 17.15 Uhr | Eintritt 25 $
https://deyoung.famsf.org

Kirschblüte im Teegarten

Japanese Tea Garden

Südwestlich des »De Young« lädt der wunderschön gestaltete Japanese Tea Garden mit geschwungenen Holzbrücken, kleinen Wasserfällen, einer bunten Pagode und Teehaus zum Besuch ein. Besonders reizvoll ist der Aufenthalt während der **Kirschblüte** (Sakura Matsuri) ab Anfang April. Gegenüber dem Teegarten liegt das **Strybing Arboretum** mit rund 7000 verschiedenen Pflanzenarten, vor allem Büsche und Bäume aus Asien.

Teegarten: 75 Hagiwara Tea Garden Dr. | tgl. 9 – 16.45/18 Uhr | Eintritt ab 12 $; frei: Mo., Mi., Fr. 10 Uhr | http://japaneseteagardensf.com
Strybing Arboretum: 1199 9th Ave | variable Öffungszeiten ab 7.30 Uhr | Eintritt 13 $ | https://goldengatepark.com

Very british

Conservatory of Flowers

Im Nordosten des Parks liegt das große **Gewächshaus im viktorianischen Stil**. Seine Pflanzen stammen hauptsächlich aus Südamerika und von den pazifischen Inseln. Dieses älteste Gebäude des Parks (National Register of Historic Places) wurde zerlegt aus England hierher transportiert und wieder aufgebaut (1897). Neben tropischen Gewächsen, Orchideen und Farnen sind Wechselausstellungen zu botanischen Themen zu sehen.

100 John F. Kennedy Dr. | Di. – So. 10 – 18.30 Uhr (variabel, s. Website) Eintritt 9 $ | 1. Di. im Monat frei | www.conservatoryofflowers.org

Rund um San Francisco

Uni-Luft schnuppern

Berkeley

Die Universitätsstadt Berkeley liegt am nördlichen Ende der Bay Bridge von San Francisco nach Oakland. Ein Ausflug nach Berkeley vermittelt

GOLDEN GATE BRIDGE

Die Golden Gate Bridge, die 2022 ihr 85-jähriges Jubiläum feierte, überbrückt die »Golden Gate« (Goldenes Tor) genannte Meerenge zwischen der Halbinsel von San Francisco und der gegenüberliegenden Marin Peninsula. Sie ist eine der längsten und schönsten Hängebrücken der Welt und das bekannteste Wahrzeichen der Stadt. Jährlich pilgern rund 10 Mio. Touristen dorthin, und gut 112 000 Autos überqueren die Brücke täglich.

❶ Maße
Die Gesamtlänge der abends angestrahlten Brücke beträgt 2,7 km, ihre Höhe 67 m über Mittelwasser, die der Pfeiler 227 m, die Spannweite 1280 m.

❷ Pfeiler
Während der Bauarbeiten schützte ein 47 m hoher Betonmantel die Basis jedes der Pfeiler vor den Gezeiten. Das Wasser wurde abgepumpt, um einen wasserfreien Hohlraum zu schaffen. Die Stützpfeiler, die je einen 21 500 t schweren Turm tragen, müssen einen Gezeitendruck von knapp 100 km/h aushalten.

❸ Pfeilerfundamente
Die abgestuften Pfeilerfundamente sind 20 m mächtig und wurden 345 m von der Küste etwa 30 m tief ins Meer eingelassen. Der für den Bau in Stützpfeiler und Verankerungen gegossene Beton würde für einen 1,5 m breiten, 4000 km langen Weg reichen, etwa von New York bis San Francisco.

❹ Fahrbahn
Die stahlverstärkte Betonfahrbahn 67 m über dem Wasserspiegel des hier 97 m tiefen Meeres wurde gleichzeitig von beiden Pfeilern aus gebaut, um den Zug auf die Stahlseile der Hängekonstruktion gleichmäßig zu verteilen.

Die beiden großen, 2332 m langen Tragseile sind über 1 m dick und bestehen aus 128 744 km Stahldrähten – genug, um den Äquator dreimal zu umspannen. Die 122 herabhängenden Stahlseile wurden unter hohem Druck aus 25 000 Drähten zusammengeschweißt.

Allwöchentlich verbrauchen 25 Anstreicher etwa 2 t der rötlichen Bleifarbe (»International Orange«) für die ständige Erneuerung des markanten Anstrichs.

dem Besucher die ganz besondere Campus-Atmosphäre amerikanischer Universitäten. Die **University of California** (Telegraph Ave. und Bancroft Way) wurde 1873 gegründet und hat mittlerweile über sechzig Nobelpreisträger hervorgebracht. Wahrzeichen der Universität ist der Sather Tower oder Campanile genannte Glockenturm, eine 1914 errichtete Nachbildung des Markusturms von Venedig. Mit 94 m Höhe überragt er alle anderen Gebäude des parkähnlich angelegten Universitätsgeländes. Von oben (Fahrstuhl; Gebühr) bietet sich eine herrliche Aussicht auf den Campus der Universität, die San Francisco Bay und auch die Golden Gate Bridge. Das Glockenspiel (61 Glocken) ist mehrmals am Tag zu hören. Sehenswert sind außerdem der Charles Lee Tilden Regional Park und der **Bancroft Way** mit vielen von Studenten bevorzugten Lokalen und Geschäften.

Sather Tower: Mo. – Fr. 10 – 15.45, Sa. 10 – 16.45, So. 10 – 13.30, 15 – 16.45 Uhr | Eintritt 5 $ | visit.berkeley.edu

Von wegen kleines, klappriges Hausboot: Komfortabel und dazu noch originell wohnt man in Sausalito auf dem Wasser.

Wohnen auf dem Wasser

Sausalito

Das ehemalige Fischerdorf an der San Francisco Bay am Nordende der Golden Gate Bridge ist ebenfalls ein beliebtes Ausflugsziel. Die engen, verwinkelten Straßen sind teilweise durch Holztreppen miteinander verbunden und sorgen für eine schöne Atmosphäre. In der Flower-Power-Zeit der 1960er-Jahre haben Lebenskünstler den Ort entdeckt, aus dieser Zeit stammt auch die bunte Kolonie von **Hausbooten** am Hafen, die heute weniger von Aussteigern als von Rechtsanwälten bewohnt werden. Dennoch, selbst die inzwischen komfortablen Wasserresidenzen verströmen noch einen Bohème-Charme, der sich wunderbar mit dem maritimen Flair Sausalitos mischt.

Im Schatten San Franciscos

Oakland

Handel, Gewerbe und ein bedeutender Hafen prägen die achtgrößte Stadt Kaliforniens, die auch mit einigen außergewöhnlichen Attraktionen aufwarten kann. Eine davon ist sicherlich der Blick auf die schöne Nachbarstadt San Francisco auf der westlichen Seite der Bucht, mit der Oakland über die Bay Bridge, mit Fähren und der U-Bahn verbunden ist.

Nach dem Schriftsteller Jack London ist der **Jack London Square** mit einer lebensgroßen Statue des Autors am Ende des Broadway benannt. An den berühmten Mann, der sich in Oakland erfolglos als Kandidat der Sozialistischen Partei um das Amt des Bürgermeisters beworben hat, erinnert auch **Heinhold's First and Last Chance Saloon**, die Kneipe, in der er nicht nur Whisky trank, sondern auch viele Kurzgeschichten schrieb.

Die Stadtmitte nimmt der über 60 ha große Salzwassersee **Lake Merritt** ein, auf dem in den Sommermonaten kleine Boote herumkurven (mehrere Bootsvermieter) und um den Einheimische morgens vor der Arbeit joggen. In der großen Parkanlage rund um den See verteilen sich ein **Botanischer Garten**, Picknickplätze und Wanderwege. An seinem Südwestende steht das Oakland Museum mit seinem großen Freigelände.

Das südwestlich vom Lake Merritt gelegene **Oakland Museum of California** (OMCA) enthält sehenswerte Sammlungen zur Naturgeschichte, Geschichte und Volkskunde Kaliforniens (großes Freigelände). Es ist das einzige größere Museum, das ausschließlich der Geschichte und Kultur Kaliforniens gewidmet ist.

Oakland Museum of California: 1000 Oak St. | Mi.–So. 11–17 Uhr, Mo.–Di. geschl. | Eintritt 19 $ | http://museumca.org

»Gehirn« des Silicon Valley

Palo Alto

In und um Palo Alto, rund 37 mi/60 km südlich von San Francisco schlägt das Herz des Silicon Valley. Vielleicht wäre es besser vom Gehirn zu sprechen, denn die Hochschulen, Forschungseinrichtungen und Technologiefirmen in Menlo Park, Mountain View oder

Stanford haben mit ihren Erfindungen und Entwicklungen das Zusammenleben der Menschen geradezu revolutioniert. Besonders die **Stanford University** am südlichen Ortsrand von Palo Alto und ihre Absolventen prägten die technologischen und gesellschaftlichen Veränderungen der letzten Jahre stärker als jede andere Hochschule weltweit. Zu den bekanntesten Unternehmen gehören **Tesla** und **Skype**.
Südlich von Palo Alto, im Herzen des Silicon Valley, liegt **Mountain View** (80 000 Einw.). Hier haben etliche namhafte Unternehmen der IT-Branche ihren Sitz haben, darunter Google und Mozilla. Hier fand das **Computer History Museum** einen adäquaten Platz. Es präsentiert mit vielen Ausstellungsstücken die noch junge Geschichte von Computern, Speichermedien, dem Internet sowie diversen Anwendungen. Die PCs der 1970er- und 1980er-Jahren wirken heute wie aus längst vergangener Zeit. Auch die Entwicklung von Computerspielen lässt sich hier gut nachvollziehen.

Stanford University, Visitor Center: 295 Galvez St.
8.30/10 – 17 Uhr, Campus-Führungen (frei) 11.30, 15.30 Uhr (außer in Semesterferien und an Feiertage); nach Vereinbarung: Engineering-, Athletics- oder Humanities & Arts-Touren | http://visit.stanford.edu/tours

Computer History Museum: 1401 N Shoreline Blvd. | Mi. – So. 10 – 17, Fr. bis 21 Uhr | Eintritt 19,50 $ | www.computerhistory.org

★ SAN JOSÉ

Region: Santa Clara | **Höhe:** 0 – 1332 m ü.d.M.
Einwohnerzahl: 970 000

Die drittgrößte Stadt Kaliforniens ist fast noch ein Geheimtipp, dabei wurde sie schon 1777 von den Spaniern gegründet und entwickelte sich zum Umschlagplatz für Wein, Gemüse und andere landwirtschaftliche Produkte. Doch erst der Siegeszug von Computern, Speicherchips und ausgefeilter Software katapultierte die Stadt am südlichen Ende der Bay mit Rekordgeschwindigkeit in die Neuzeit. Und plötzlich war San José »Hauptstadt des Silicon Valley«.

Hauptstadt des Silicon Valley

Mit Wachstum und Zuzug zahlreicher Beschäftigter der Hightech-Industrie des Silicon Valley änderte sich der Charakter San Josés in Riesenschritten: Theater, eine Oper, viele neue coole Bars, Restaurants und Cafés entstanden die v. a. abends rund um die San Pedro

Street bis auf den letzten Platz besetzt sind, dazu Geschäfte rund um neu geschaffene Plazas und in Paseos. Nur noch wenige Gebäude im sogenannten »Historic District« nördlich der Plaza de César Chávez sind älter als 100 Jahre.

Wohin in San José?

Wissenschaftler spielen

★ The Tech

In dem wie ein Freizeitpark für innovatives Denken gestalteten **The Tech Museum of Innovation** werden Besucher mit neuesten Technologien vertraut gemacht. In der Abteilung »Social Robots« kann man Roboter bauen. Im »BioDesign Studio« können Besucher in die Rolle von Biotechnologen schlüpfen und Zellen, Bakterien und eigene Kreaturen neu kodieren, rekonstruieren und programmieren, und in der »Exploration Gallery« geht es um die Erforschung von Erdphänomenen und des Weltraums. Ein IMAX-Kino zeigt Filme zu naturwissenschaftlichen Themen, beispielsweise zu 3D-Effekten.

201 S Market St. | Di.–Fr. 10–15, Sa. 10–17, So. 11–17 Uhr, Mo. geschl. | Eintritt 34 $ (IMAX inklusive) | www.thetech.org

Kurios bis gruselig

Winchester Mystery House

Das Winchester Mystery House, ein viktorianisches Herrenhaus mit 160 Räumen, hat eine seltsame Geschichte. Als es 1884 im Auftrag von **Sarah Pardee Winchester**, Erbin der Gewehrfirma Winchester, erbaut wurde, war es ein Bauernhaus mit acht Zimmern. Fast 40 Jahre lang arbeiteten Zimmerleute und andere Handwerker an dem Anwesen, das beim Tod seiner Besitzerin auf **160 Zimmer mit 2000 Türen und 10 000 Fenstern** erweitert, jedoch immer noch nicht fertig gestellt war. Eine Wahrsagerin soll ihr geraten haben, mit dem Bau nie aufzuhören, um sich vor den Geistern zu schützen, die durch Winchester-Gewehre ums Leben kamen.

Zu den zahlreichen Kuriositäten gehören Treppen, die ins Nichts oder bis an die Decke führen, unsichtbare Türen, die sich in den glatten Wänden öffnen, oder Fenster, die keinen Blick nach außen gestatten.

525 S Winchester Blvd. | 9 – 19, Okt. – März bis 15 Uhr, Führungen April – Sept. 8 – 17 Uhr | Führungen ab 42 $
www.winchestermysteryhouse.com

Ein ägyptischer Tempel

Rosicrucian Egyptian Museum

Das kunstvoll gestaltete Museum im Rosicrucian Park ähnelt dem Amon-Tempel im ägyptischen Karnak. Es besitzt eine Sammlung ägyptischer, assyrischer und babylonischer Kunstwerke sowie die Nachbildung eines ägyptischen Felsengrabs samt Mumien. Im angrenzenden Gebäude befinden sich eine **Kunstgalerie** und ein **Pla-**

SAN JOSÉ ERLEBEN

SAN JOSÉ CVB
408 Almaden Blvd.
San José, CA 95110
info@sanjose.org
Mo.–Fr. 8–17 Uhr
www.sanjose.org

DISTRICT SAN JOSÉ €€€–€€
Gute Stimmung, gute Weinauswahl und tapasähnliche kleine Leckereien, wie Avocado im Tempura-Teig oder gefüllte schwarze Feigen. Dazu ein exzellentes Whiskey-Angebot.
65 N San Pedro St.
www.districtsj.com

HAYES MANSION €€€€
Die noble Herberge besticht mit 200 gepflegten Zimmern und Suiten und zwei vorzüglichen Restaurants.
200 Edenvale Ave., San José
Tel. 1 408 2 26 32 00
www.hayesmansion.com

MADISON STREET INN €€€€–€€
Gemütliches B & B im Santa Clara Valley mit sechs geschmackvoll eingerichteten Gästezimmern, Pool und hübschem Garten.
1390 Madison St., Santa Clara
Tel. 1 408 2 49 55 41
www.madisonstreetinn.com

netarium, die – wie die Ausstellungsgegenstände des Museums – Eigentum der Rosenkreuzer sind.
1660 Park Ave. | Mi. – Fr. 9 – 17, Sa., So. 10 – 18 Uhr | Eintritt 10 $
www.egyptianmuseum.org

Kunst Kaliforniens

Museum of Art

Das leicht und luftig umgebaute und erweiterte **Kunstmuseum** konzentriert sich auf zeitgenössische Kunst des späten 20. Jh.s und der Gegenwart. Die stets wachsende Sammlung aus Gemälden, Skulpturen, Fotografien, Installationen und Arbeiten mit Neuen Medien konzentriert sich auf Künstler aus Kalifornien und dem pazifischen Raum.
110 S Market St. | Do. 16–21, Fr. 11–21, Sa.–So. 11–18 Uhr | Eintritt 15 $ | https://sjmusart.org

Rund um San José

IT-Hotspot

Santa Clara

Das weiter westlich gelegene Santa Clara (126 0000 Einw.) entwickelte sich rasant von einem Landwirtschaftzentrum des Obst- und Gemüseanbaus zum Hotspot der IT-Industrie, mit dem Headquarter von **Intel**. Und 2014 gelang es der Stadt sogar, die Football-Profis der San Francisco 49ers zum Umzug ins Levi's Stadium zu bewegen.

Surfen, am Strand spazieren, Achterbahn fahren: In Santa Cruz wird einem so schnell nicht langweilig.

Franziskaner-Padres gründeten 1777 die **Mission Santa Clara de Asis** als achte der 21 kalifornischen Missionsstationen. Sie war die Keimzelle der späteren Stadt und auch der ersten Hochschule von Kalifornien (Santa Clara University), die 1851 auf dem Kirchengelände ihren Betrieb aufnahm. Die heutige **Klosterkirche** wurde 1928 auf den Grundfesten eines zwei Jahre zuvor abgebrannten Vorgängerbaus errichtet.

Die Ausstellung des **Intel Museum** auf dem Gelände der Konzernzentrale im Norden von Santa Clara informiert auf spannende und anschauliche Weise über die Entwicklung von Prozessoren und Platinen, vor allem anhand der Entwicklungen firmeneigener Produkte.

Mission Santa Clara de Asis: 500 El Camino Real | tgl. 7 – 19 Uhr
Eintritt frei, Spende erbeten | www.scu.edu/missionchurch
Visitors Bureau: 1850 Warburton Ave., Santa Clara, CA 95050
Tel. 1 408 4 54 12 54 | www.santaclara.org
Museum: 2200 Mission College Blvd.| Tel. 1 408 7 65 50 50 | Mo. – Fr. 9–18 Uhr, Sa.–So. geschl., Führungen n. V. | Eintritt frei
www.intel.com

Surf City

Santa Cruz

Südlich von San José liegt direkt am Pacific Coast Highyway Santa Cruz. Die lang gezogene Dünung trägt die vielen Surfer direkt zu einem ihrer schönen Strände. Einst war die Siedlung um die 1791 erbaute Missionskirche wichtiger Hafen, von dem aus die in der Nähe gefällten Redwoods in alle Welt verschifft wurden. Erst nach und nach entwickelte sich Santa Cruz zum Ferien- und Erholungsort.

Auf dem **Santa Cruz Beach Boardwalk** (über 3 Mio. Besucher jährlich) rumpelt schon seit 100 Jahren im Sommer die hölzerne Achterbahn. Die nostalgischen Attraktionen, ein Karussell von 1911 mit farbenfroh bemalten Holzpferdchen und melodisch tönenden Orgelpfeifen und die auf einer Holzkonstruktion erbaute riesige Achterbahn »Giant Dipper« von 1924 gehören noch immer zu den Publikumslieblingen. Auf der fast 1 km langen Wharf konkurrieren Souvenirshops sowie ein Dutzend Restaurants und Bars mit dem allabendlichen spektakulären Sonnenuntergang um die Aufmerksamkeit der zahlreichen Urlauber.

Das Wellenreiten hat in Santa Cruz eine längere Tradition. Bei der Steamer Lane am West Cliff Drive warten fast täglich Surfer mit ihren Brettern auf die perfekte Welle. Das **Santa Cruz Surfing Museum** im alten Leuchtturmhaus erzählt mit alten Fotos und Brettern von der Entwicklung des Surfens im Lauf der vergangenen hundert Jahre.

In dem schönen Waldgebiet des **Henry Cowell Redwood State Park** mit Wanderwegen und Campingplätzen am CA-9 nördlich von Santa Cruz stehen einige der imposantesten Küstenmammutbäume. Die **Roaring Camp Railroad**, eine Schmalspurbahn, befördert ihre Passagiere zwischen den Baumriesen zum Bear Mountain.

Beach Boardwalk: 400 Beach St. | variale Öffnungszeiten, im Sommer bis spätabends, s. Webseite | ab 40 $ | beachboardwalk.com

Surfing Museum: 701 W Cliff Dr. | Do. – Di. 10 – 17, Winter Do. – Mo. 12 – 16 Uhr | frei
www.santacruzsurfingmuseum.org

Roaring Camp Railroads: 5401 Graham Hill Rd., Felton
Tel. 1-831-335-4484 | Abfahrtszeiten variabel, in der Hauptsaison mehrmals tgl. | 39,95 $ | www.roaringcamp.com

★★ SANTA BARBARA

County: Santa Barbara | **Höhe:** 0 – 259 m ü.d.M.
Einwohnerzahl: 87 500

Wunderblumengewächse schlängeln sich an roten Ziegeldächern entlang, die State Street verströmt gepflegt-schicke Einkaufsatmosphäre. Wer hier wohnt, hat Oprah Winfrey oder Gwyneth Paltrow als Nachbarn. Die Lage zwischen den Ausläufern der Santa Ynez Mountains und der Pazifikküste könnte nicht besser sein. Von der Küste kann man bei gutem Wetter die Inseln des Channel Islands National Park im Meer ausmachen.

Bei Santa Barbara mischt sich die kalte Meeresströmung von Norden mit einer wärmeren von Süden. Eine gute Nachricht für alle, die an den vier Stränden baden möchten. Das spanisch-mediterrane Stadtbild, nette Geschäfte, dazu gute Restaurants und das Weinanbaugebiet des **Santa Ynez Valley** im Hinterland machen Santa Barbara zu einem bevorzugten Ziel an der »kalifornischen Riviera«.

Kaliforniens Riviera

Santa Barbara entwickelte sich rund um die 1786 erbaute zehnte der insgesamt 21 Missionsstationen und um einen hervorragenden Hafen. Ein schweres Erdbeben 1925 zerstörte einen großen Teil; auch die Missionskirche wurde schwer beschädigt. Die Stadtväter beschlossen, im alten **spanischen Missionsstil** wieder aufzubauen und Bausünden mit strengen Vorschriften zu verhindern. Die wichtigsten öffentlichen Gebäude dieses Stils sind: El Paseo, um das alte de la Guerra Haus herumgebaut, das imposante County Court House und das Santa Barbara Museum of Art. Der kolonialspanische Charakter der Straßen wurde u. a. unterstrichen durch die mit iberischen Kacheln geschmückten Fontänen, vor allem in der Hauptstraße der Stadt, der State Street.

Wohin in Santa Barbara?

Einmal durch die Stadt

Scenic Drive

Die meisten Sehenswürdigkeiten von Santa Barbara, mit Ausnahme des Botanischen Gartens, liegen am gut markierten Scenic Drive. Dieser führt auch an exklusiven Wohngegenden vorbei, wie Goleta, Carpinteria und vor allem Montecito. Neben dem Campus der University of California, illustriert in **Goleta** ein Eisenbahnmuseum die Eisenbahngeschichte des südlichen Kalifornien.

South Coast Railroad Museum: 300 N Los Carneros Rd., Goleta
https://goletadepot.org

Schöner Stilmix

County Courthouse

Das Santa Barbara County Courthouse, protzig wie ein **Palast im spanisch-maurischen Stil**, wurde erst nach dem großen Erdbeben von 1929 fertiggestellt. Die Fliesen im Treppenhaus stammen größtenteils aus Tunesien, die Bodenfliesen aus Kalifornien. Die Vorhalle im ersten Stock ziert ein Stilmix aus orientalisch inspirierten Kacheln, das rosa Fenster ist romanisch, der mit Engeln verzierte Bogen byzantinisch.

Die Wandgemälde im **Sitzungssaal** illustrieren die Geschichte des County, beginnend mit den Ureinwohnern, die die Ankunft der ersten Europäer unter der Führung Cabrillos beobachten. Mit dem Fahrstuhl gelangt man zum Glockenturm **El Mirador**, von dem aus man einen schönen Blick auf Santa Barbara genießen kann. Vor dem Eingangsportal versinnbildlicht ein Brunnen den »Geist des Ozeans«.

1100 Anacapa St. | Mo. – Fr. 8 – 17, Sa., So. 10 – 17 Uhr | Eintritt frei
www.sbcourts.org

SANTA BARBARA ERLEBEN

VISIT SANTA BARBARA
500 E Montecito St.
Santa Barbara, CA 93103
Tel. 1 805 9 66 92 22
http://santabarbaraca.com

In den Sommermonaten pendeln ein **Downtown Shuttle** auf der zentralen State St. sowie ein **Waterfront Shuttle** entlang dem Cabrillo Blvd., Fr., Sa. im Sommer bis 21 Uhr.

CAPTAIN JACK'S TOURS & EVENTS
Hier lassen sich Küsten- oder Angeltouren unternehmen. Von Dez.–März geht es zu **Whale Watching-Touren** der vorbeiziehenden Grauwale; auch **Stadtrundgänge und Weinproben**.
1025 W Micheltorena St.
Tel. 1 805 5 64 18 19
www.captainjackstours.com

SANTA BARBARA SAILING CENTER
Vermietung von Segelbooten mit und ohne Skipper und Organisation von **Segeltouren** vor der Küste.
302 W Cabrillo Blvd. (Hafen)
Tel. 1 805 9 62 28 26
http://sbsail.com

BROPHY BROS. €€
In der »Clam Bar & Restaurant« an der Marina (Filialen in Santa Barbara und Ventura) werden besonders leckere Fischgerichte zubereitet. Eine Wucht ist »Brophy's Clam Chowder«.
119 Harbor Way, Santa Barbara
1559 Spinnaker Dr., Ventura
www.brophybros.com

ROY €€
In Retro-Ambiente und kommunikativer Atmosphäre werden Gerichte aus lokalem Anbau, hausgemachte Pasta und Desserts serviert.
7 W Carrillo St.
Santa Barbara
Mo. geschl.
www.restaurantroy.com

LA SUPER-RICA TAQUERIA €
Die besten Tacos weit und breit, dazu richtig gute mexikanische Eintöpfe. Keine Kreditkarten!
622 N Milpas St.
Santa Barbara
Tel. 1 805 9 63 49 40
Di., Mi. geschl.

THE UPHAM €€€€
Seit 1871 übernachten Gäste im ältesten Bed & Breakfast Süd-Kaliforniens. Alle Zimmer im Haupthaus und den Nebengebäuden sind unterschiedlich eingerichtet. Wein und Käse am Nachmittag sind inklusive.
1404 De La Vina St.,
Santa Barbara
Tel. 1 805 9 62 00 58
www.uphamhotel.com

MOTEL 6 €€
In einem der ersten Häuser der berühmten Budget-Hotelkette kann man zu unschlagbaren Preisen nur einen Block vom East Beach entfernt übernachten.
443 Corona Del Mar
Santa Barbara
Tel. 1 805 5 64 13 92
www.motel6.com

Spanische Festung

Der 1782 von den Spaniern gegründete **Presidio** (»Festung«) wurde bereits durch mehrere Erdbeben schwer beschädigt. Inzwischen sind die ursprünglichen Gebäude – wie El Cuartel, die Unterkünfte der Soldaten und die vorderen Räume der Cañedo Adobe, die Unterkunft des Padre und die Garnisonskapelle – restauriert und zeigen das Leben auf einem Außenposten des spanischen Kolonialreichs.

El Presidio de Santa Barbara State Historic Park

123 E Canon Perdido St. | tgl. 11 – 16 Uhr | Eintritt 5 $
www.sbthp.org/presidio

Die Mission Santa Barbara ist die Königin der Missionskirchen.

Klein, aber fein

Museum of Art

Das kleine **Kunstmuseum** zeigt eine breit gefächerte Sammlung, die von ägyptischen Kunstwerken, römischen Skulpturen und einer bedeutenden Abteilung asiatischer Kunst bis hin zu Werken des französischen Impressionismus und Arbeiten amerikanischer Künstler des 20. Jh.s reicht.

1130 State St. | Di. – So. 11 – 17, Do. bis 20 Uhr | Eintritt 10 $, Do. ab 17 Uhr frei | www.sbma.net

Die Königin der Missionskirchen

Mission Santa Barbara

Die Kirche der 1786 gegründete 10. Missionsstation wird nach wie vor von Franziskanern betreut. Ihre Kirche gilt als Königin der Missionskirchen, da sie u. a. als einzige kalifornische Missionskirche zwei Türme besitzt. Nach großen Erdbebenschäden Anfang des 19. Jh.s bauten die hier ansässigen Chumash sie mit einer an römische Tempelfassaden erinnernden Front neu auf.

Ein **Museum** in den früheren Unterkünften für Missionare und Besucher stellt Kunstobjekte der Kolonialzeit und des 19. Jh.s aus.

2201 Laguna St. | Führungen Fr. 12.30, Sa. 10.30, So. 12.30 Uhr
Eintritt 15 $ | www.santabarbaramission.org

Die älteste Pier der Westküste

Stearns Wharf

Eigentlich wurde nur die Hauptstraße Santa Barbaras, die State Street in den Pazifik hinein verlängert. Die Pier, 1872 erbaut, bietet mit Restaurants, Geschäften, Ausstellungen und Angelplätzen zusätzliche Zerstreuung.

Auf der Stearns Wharf ist das **Sea Center** des Naturhistorischen Museums untergebracht. Es demonstriert, wie Wissenschaftler den Ozean erforschen, seine Lebenskreisläufe beobachten und versuchen, Fehlentwicklungen aufzudecken und zu korrigieren. Zusätzlich erfreuen interaktive Ausstellungen mit Baby-Haien, Rochen und anderen Meerestieren die Besucher.

Sea Center: 211 Stearns Wharf | tgl. 10 – 17 Uhr | Eintritt 14 $
www.sbnature.org

Rund um Santa Barbara

Wo der Kondor schwebt

Los Padres National Forest

Das bis 2700 m hohe bergige **Waldgebiet** (7500 km²), das zum Teil unter Naturschutz steht, wird – zuletzt im Sommer 2019 – immer wieder von Feuersbrünsten heimgesucht. Douglasien wachsen hier, Jeffrey-Kiefern, Coloradotannen und Küsten-Mammutbäume. Das Schutzgebiet ist Rückzugsraum für seltene Tiere, wie den Kalifornischen Maultierhirsch, das Dickhornschaf und den Kalifornischen Kondor.

Headquarter: 6750 Navigator Way, Suite 150, Goleta | Mo. - Fr. 8 - 12, 13 - 16.30 Uhr | www.fs.usda.gov/lpnf

Dänemark in Kalifornien

Solvang

In Solvang, einem am Rande der Santa Ynez Mountains gelegenen und 33 mi/53 km von Santa Barbara entferntes Städtchen mit unübersehbar dänischem Charakter, boomt der Tourismus. In der 1911 von dänischen Pädagogen gegründeten Ortschaft gibt es eine ganze Reihe von Häusern in dänischem Stil, vier Windmühlen und dänisches Gebäck, das in mehreren Bäckereien und Konditoreien verkauft wird.

Im **Elverhøj Museum** wird das dänische Erbe gepflegt: Ausstellungen zeigen die Entwicklung des Ortes und die kunsthandwerkliche Tradition im 18. und 19. Jahrhundert.

Die 1804 als 19. der spanischen Missionskirchen gegründete **Mission Santa Inés** präsentiert sich im deutlichen Kontrast zum dänischen Ambiente. Von der einst großen Missionsstation mit verschiedenen Gebäuden sind der schöne Kirchenraum und der wieder aufgebaute Glockenturm übrig geblieben.

Elverhøj Museum: 1624 Elverhoy Way | Do. - Mo. 11 - 17 Uhr
Eintritt 5 $ | www.elverhoj.org

Mission Santa Inés: 1760 Mission Dr. | Führungen tgl. 9 - 15.30 Uhr
Eintritt 8 $ | http://missionsantaines.org

Auf dem Muschelberg

Lompoc

Nordwestlich von Solvang ebenfalls im Santa Ynez Valley liegt das 41 000 Einwohner zählende Städtchen Lompoc. Der Namen der Stadt geht auf die früher dort lebenden Chumash-Indianer zurück und bedeutet »Muschelberg«. Die **Mission La Purísima Concéption** wurde 1787 gegründet. Nach einem Erdbeben wurde sie um einige Meilen versetzt und am heutigen Standort neu aufgebaut.

2295 Purísima Rd. | tgl. 10 - 17 Uhr, Führungen Do. - Mo. 11 - 17 Uhr
Eintritt 6 $ pro Pkw | www.lapurisimamission.org

Im Zeichen des Weins

Santa Ynez Valley

Im Tal zwischen den Santa Ynez und den San Rafael Mountains herrscht ein für den Anbau von Wein ideales Mikroklima. Schon die spanischen Franziskanermönche zogen vor 200 Jahren hier ihren Messwein. Seit gut 20 Jahren werden im Valley auch beste Qualitäten hergestellt.

Viele **Weingüter** lassen sich besichtigen, etwa **The Gainey Vineyard** (3950 East Highway 246, Santa Ynez) oder **Firestone Vineyard** (5000 Zaca Station Rd., Los Olivos). Wer sich einen Überblick verschaffen möchte, kann auch den Weinhändler **Los Olivos Tasting Room & Wine Shop** (2905 Grand Ave., Los Olivos) aufsuchen, der die meisten Produzenten des Tales im Angebot führt.

★ SEQUOIA & KINGS CANYON NATIONAL PARKS

Gründungsjahr: 1890 bzw. 1940 | **Fläche:** 3494 km²

Schneebedeckte 4000 m hohe Gipfel, tosende Wasserfälle, die in tiefe Schluchten stürzen, dazu 3000 Jahre alte Bäume, die zur Zeit Alexanders d. Gr. schon 700 Jahre alt waren, findet man in den Sequoia & Kings Canyon National Parks. Der größte Teil ist unwegsame Wildnis, doch die Mammut-Sequoias, die gewaltigsten Lebewesen der Erde, liegen nur einen Spaziergang entfernt vom Generals Highway, der die Parks im Westen durchquert.

Wohin in den National Parks?

Der Größte unter den Großen

★ Giant Forest

Der Giant Forest (Riesenwald) im Westen des Sequoia National Park ist einer der wenigen Mammutbaumwälder, in dem wegen der Dichte des Bestandes keine anderen Bäume gedeihen. Im Nordosten des Gebiets erhebt sich der **General Sherman Tree** (83,8 m hoch, 11,12 m max. Durchmesser, Basisumfang 31,3 m), einer der gewaltigsten bekannten Mammutbäume und mit einem Alter von 3000 Jahren eines der **ältesten lebenden Wesen** der Erde.

Nordwestlich des Giant Forest liegt die **Crystal Cave** mit imposanten Tropfsteinen, die als einzige der 200 Höhlen im Park für Besucher erschlossen ist. Nördlich davon erreicht man **Muir Grove**, einen der schönsten Sequoia-Wälder mit zahlreichen sehr alten Bäumen. Im äußersten Nordwesten der Giant Forest Area liegt **Lost Grove**, ein etwa 0,2 km² großer Mammutbaumwald mit besonders mächtigen Exemplaren von über 3 m Durchmesser.

Unendliche Ausblicke

Moro Rock

Vom Giant Forest führt eine Straße in südöstlicher Richtung zum mächtigen **Granitfelsen** Moro Rock (2050 m). Wer die 350 Stufen bis zu seiner Kuppe erklommen hat, hat einen der spektakulärsten Aussichtspunkte der gesamten Sierra Nevada 1200 m über dem Talgrund erreicht. Der Blick scheint ins Unendliche zu reichen, über Wälder und Hochgebirge, weiter zu Crescent Meadow, etlichen 4000er-Gipfeln, Schluchten, Felsen und Wäldern.

Start: Moro Rock Parkplatz, Abzweigung vom Generals Highway

Unterwegs im Reich der Giganten

Von gewaltigen Bäumen umgeben

Grant Grove, Redwood Mountain Grove

Grant Grove und Redwood Mountain Grove, die nordwestlich an den Sequoia National Park anschließen, sind Teil des Kings Canyon National Park. Im Norden der Grant Grove erhebt sich der gewaltige **General Grant Tree** (81,5 m, max. Durchmesser 12,28 m, Basisumfang 32,8 m). Im Süden steht **Big Stump**, Überrest einer 1875 für die Weltausstellung in Philadelphia gefällten Riesensequoia. Das **Stump Basin** ist eine Ansammlung von Baumstümpfen eines vor der Einrichtung des Nationalparks kahl geschlagenen Wald von Mammutbäumen.

Von leicht bis anspruchsvoll

Kings Canyon

Kings Canyon heißt das von steilen Felswänden gesäumte Tal des Südarms des Kings River. Die Granitgipfel der umliegenden Berge überragen den Grund des einst von Gletschereis ausgeschliffenen Canyons um mehr als 1600 m. Vom Besucherzentrum Cedar Grove führen leichte **Wanderwege** zu der landschaftlich besonders reizvollen Zumwalt Meadow sowie zu den imposanten Wasserfällen **Roaring River Falls** und **Mist Fall**. Vorsicht: Die hoch gelegenen Gebirgsregionen sind nur im Rahmen von geführten **Bergtouren** zugänglich. Sie erfordern gute körperliche Verfassung und Hochgebirgserfahrung.

SEQUOIA & KINGS CANYON NATIONAL PARKS ERLEBEN

SEQUOIA & KINGS CANYON NATIONAL PARKS

Besucherzentren: Foothills Visitor Center, Ash Mountain Entrance (CA-198), Giant Forest Museum (4 mi/7 km nördl. von Giant Forest Village), Kings Canyon Visitor Center, Cedar Grove Visitor Center, Mineral King Ranger Station.
47050 Generals Hwy.,
Three Rivers, CA 93271-9700
tgl. 9–16.30 Uhr
Tel. 1 559 5 65 33 41, 35 $ pro Pkw
www.nps.gov/seki

Wer die Gegend erkunden will, in die keine einzige Straße führt, benötigt einen gebührenpflichtigen Erlaubnisschein **(Wilderness Permit)**, der von den Rangern der Nationalparkverwaltung ausgestellt wird. Verschiedene Veranstalter in und außerhalb der Nationalparks bieten im Sommer **Ausritte** hoch zu Ross an. Im Winter geht's auf **Langlaufskiern** oder **Schneeschuhen** durch die tief verschneite Wildnis.

THE VINTAGE PRESS €€€€–€€€

Das Interieur ist im Goldrausch-Stil gehalten, die Küche top, mit innovativen Gerichten – ein Geschmackserlebnis.
216 N Willis St., Visalia
http://thevintagepress.com

CEDAR GROVE LODGE €€€–€€

Von der gut ausgestatteten Lodge (Mai–Okt.) mit 21 freundlichen Gästezimmern haben Sie einen atemberaubenden Blick in das wildromantische Tal des Kings River.
Reizvolle Wanderziele in der Nähe sind Zumwalt Meadow, North Dome und Grand Sentinel.
86724 CA-180, Kings Canyon N. P.
Tel. 1 866 8 07 35 98
www.visitsequoia.com/Cedargrove-Lodge.aspx

THE PARKS INN B&B €€€–€€

Die Herberge ist in dem für diese Gegend ungewöhnlichen alten Südstaaten-Stil gestaltet. Opulentes Frühstück.
33038 Sierra Dr., CA-198, Lemon Cove (15 mi/25 km westl. des Parkeingangs)
Tel. 1 559 5 97 25 55
www.theparksinn.com

THE PEAKS RESTAURANT AT WUKSACHI LODGE €€€

Im Speisesaal der Lodge gibt es Burger, Steaks u. Ä., abends wird auch Einfallsreicheres aufgetischt.
64740 Wuksachi Way
https://www.visitsequoia.com/dine/the-peaks-restaurant

Höchster Berg der Lower 48

Mount Whitney

Am Südostrand des Sequoia NP ragt der 4418 m hohe Mount Whitney auf. Er ist der höchste Berg der räumlich zusammenhängenden USA, der sich für tolle Wanderungen anbietet – Ausdauer sollten Sie auch hier mitbringen.

★★ YOSEMITE NATIONAL PARK

Gründungsjahr: 1890 | **Fläche:** 3082 km²

Half Dome. El Capitan. Mariposa Grove. Namen, die auf der Zunge zergehen und auf jedem Westküstentrip auf der To-do-Liste stehen. Mit seinen schieren Granitwänden, spektakulären Wasserfällen und riesigen Mammutbäumen gehört dieser Nationalpark mit Recht zu den schönsten der USA.

Zentrum des Parks ist das **Yosemite Valley** (auf 1200 m ü. d. M.) – ein 13 Kilometer langes Tal mit Blumenwiesen und lichten Wäldchen hier und da. Von den bis zu 1500 m hohen, senkrecht aufragenden Granitwänden stürzen **Wasserfälle** herab. Durch die dichten Wälder streifen Rotwild, Schwarzbären, Coyoten und Dachse, Nagetiere huschen durch das Unterholz, Murmeltiere bevölkern die Berghöhen. Auch mehrere Haine mächtiger **Riesenmammutbäumen** gehören zu den einzigartigen Sehenswürdigkeiten in Yosemite. Kein Wunder also, dass er mit mehr als fünf Millionen Besuchern pro Jahr unter den beliebtesten Nationalparks der USA rangiert.

Der Star unter den Nationalparks

Gut Ding will Weile haben

Entstehung

Die Natur benötigte Millionen Jahre, damit das Yosemite Valley in seiner ganzen Schönheit entstehen konnte. Ursprünglich befand sich an diesem Platz ein breites Tal mit einem Fluss, der im Lauf der Zeit eine bis zu 650 m tiefe Schlucht in den Untergrund fräste. Während der Eiszeit füllte sich der Canyon bis zum Rand mit Eis und Gletschern. Sie verbreiterten und vertieften das Kerbtal zum U-förmigen Yosemite-Tal. Der letzte Gletscher ließ eine Moräne zurück, hinter der das schmelzende Eis einen See bildete. Nachdem sich dieser mit Ablagerungen gefüllt hatte, entstand die Talebene mit Wiesen und Wäldern.

Zweiter Nationalpark der USA

Erschließung

Die ersten Menschen kamen vermutlich vor 8000–10 000 Jahren ins Yosemite Valley. Seit mehr als 4500 Jahren lebte hier der Stamm der **Miwok** (Ahwahnee).

Bei einer Strafexpedition der US-Armee gegen aufständische Ureinwohner erreichten 1851 die ersten Touristen das Tal. Ihre überschwänglichen Berichte weckten das Interesse an diesem besonderen Stück Erde. Noch während des Bürgerkriegs unterzeichnete Präsident Lincoln 1864 die Yosemite-Übereignung, die das Yosemite Valley und die Mariposa Grove an den jungen Bundesstaat California mit der Auflage abtrat, es in seiner natürlichen Schönheit zu erhalten. Der schottische Naturforscher **John Muir**, der vier Jahre später erstmals das Yosemite Valley besuchte, wurde zum wortgewaltigen Wortführer der Nationalpark-Idee: 1872 wurde Yellowstone der erste Nationalpark der USA; als zweiter folgte 1890 Yosemite.

Gefährdet

UNESCO-Welterbe

Seit 1984 ist der Nationalpark Teil des UNESCO-Welterbes. Immer wieder sind seine Naturschönheiten in Gefahr: durch Waldbrände, gefräßige Käfer, aber auch durch die Naturliebhaber, die den Nationalpark mit millionenfachen Besuchen an die Grenze seiner Aufnahmekapazität bringen.

Wohin im Yosemite Valley?

Das touristische Gravitationszentrum im Tal ...

Yosemite Village

... ist Yosemite Village unterhalb der Hauptfälle mit Parkverwaltung, Besucherzentrum, Museum, Unterkünften, Gaststätten, Postamt, Ladengeschäften, Reitställen und anderen Einrichtungen.

Majestätisch

El Capitán

Der Yosemite National Park steckt voller Naturwunder. Einen ersten eindrucksvollen Blick in das Yosemite Valley gewinnen von **Merced** (91 600 Einw.) im Südwesten anreisende Besucher vom **Valley View Point** an der westlichen Talöffnung. Eine der großartigsten Erscheinungen ist der El Capitán (2307 m) genannte Felsklotz, der als nordwestlicher Eckpfeiler des Tales kühn hervortritt. Seine Wirkung verdankt dieser gewaltige Monolith beseiner bildbeherrschenden Lage und natürlich seinen schroffen, 1000 m vom Talboden aufsteigenden Wänden.

Einer der höchsten Wasserfälle der Erde

Yosemite Falls

Östlich des Eagle Peak (2372 m) stürzen die 739 m hohen Yosemite Falls in drei Stufen herab: der 10 m breite **Upper Fall** kracht 436 m lang fast senkrecht in die Tiefe, die **Middle Cascade** besteht aus einer Folge kleinerer Kaskaden von zusammen 206 m Höhe, der **Lower Fall** ist 98 m hoch. Die Yosemite Falls gehören zu den höchsten Wasserfällen der Erde und sind bei Tauwetter im Frühjahr besonders eindrucksvoll.

Am spiegelnden See

Indian Caves, Mirror Lake

An seinem Ostende verzweigt sich das Yosemite Valley in die beiden engeren Täler des nordöstlichen **Tenaya Creek** und des nach Südosten führenden **Merced River**. Zwischen den Felsquadern über dem Tenaya Creek befinden sich die ehemaligen Höhlenwohnungen der Indian Caves. Etwa 2 km bachaufwärts spiegeln sich der Himmel und die hohe Kuppe des **North Dome** (2299 m) im Mirror Lake.

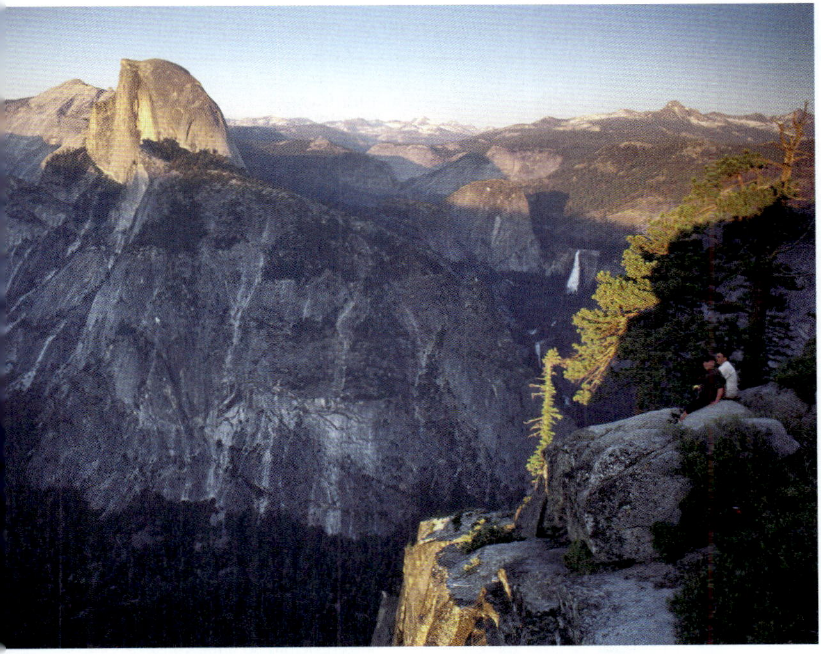

Der Blick vom Glacier Point ins Tal des Merced River ist eines der vielen grandiosen Erlebnisse, die der Yosemite National Park zu bieten hat.

Eine halbierte Kuppel

★ Half Dome, Vernal Fall, Nevada Fall

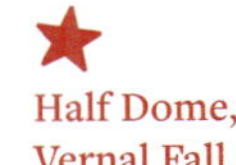

Gegenüber dem North Dome erhebt sich als östlicher Abschluss des Yosemite Valley der **Half Dome** (2695 m) in Gestalt einer senkrecht halbierten Kuppel: neben dem El Capitán das meistfotografierte Motiv des Parks. Bis heute ist es ein Geheimnis, ob er jemals eine andere Hälfte hatte. Man kann ihn von hinten besteigen und muss das letzte Stück zum Gipfel mit Hilfe von Kabeln zurücklegen. Freeclimber bewegen sich – der Schwerkraft trotzend – auch an der Steilwand senkrecht nach oben. Südlich des Half Dome endet der Canyon des Merced River; flussaufwärts liegen der 100 m hohe **Vernal Fall** und der 186 m hohe **Nevada Fall**.

Das Beste auf einen Blick

★★ Glacier Point

Bei der Einmündung des Merced Canyon springt an der Südostecke des Yosemite Valley eine Felsnase mit dem Glacier Point (2199 m) vor, dem wohl schönsten **Aussichtspunkt** des Parks. Er bietet einen unvergesslichen Blick über das Yosemite Valley in den Merced Canyon mit seinen Wasserfällen sowie über die High Sierra.

YOSEMITE NATIONAL PARK ERLEBEN

VISITOR CENTER

Im Yosemite Valley Visitor Center und im Yosemite Wilderness Center gleich nebenan gibt es Infos für Trips in die Wildnis. Weitere Auskunftsstellen: Wawona Information Station, Big Oak Flat Information Center, Tuolumne Meadows Visitor Center.
9035 Village Dr., Yosemite Village, CA 95389
Tel. 1 209 3 72 02 00
35 $ pro Pkw
www.nps.gov/yose

Die CA-140 (El Portal Rd.) nähert sich dem Park von Merced im Südwesten, die CA-41 (Wawona Rd.) vom südlichen Fresno, die CA-120 (Big Oak Flat Rd.) vom nordwestl. Stockton und führt weiter nach Osten, durch den Park hindurch, erreicht auf dem Tioga Pass seine Grenze und mündet kurz darauf bei Mono Lake in die US-395. Der Tioga Pass, die Glacier Point Road und Mariposa Grove Road sind im Winter wegen Schneefalls unpassierbar. Die Durchfahrt durch den Park kann je nach Schneelage bis in den Juni unmöglich sein.

Der National Park ist auf (fast) alle Arten von sportlichen Aktivitäten eingerichtet. Es gibt **Mountainbike-Strecken** (Fahrräder und Zubehör können ausgeliehen werden); an den meisten Flüssen darf (Angelschein vorausgesetzt) gefischt werden; bei Wawona gibt es einen **Golfplatz**; drei **Reitställe** vermieten Pferde und organisieren Trips; in Half Dome Village (Yosemite Valley) werden Kajaks, Paddel und Ausrüstungen für **Bootstouren** vermietet, und die Yosemite Mountaineering School macht aus Anfängern Bergsteiger.
Im Winter kommt **Skilanglauf** hinzu, mit diversen gespurten Tracks und einer Langlaufschule; am Badger-Pass gibt es eine Abfahrts-Ski-Arena mit allerlei Liften; außerdem ist beim Half Dome Village (Yosemite Valley) eine **Eisbahn** eingerichtet, sicherlich eine der schönsten überhaupt, mit Blick auf den Glacier Point.
www.travelyosemite.com

WANDERN UND HIKING

Wer einfach nur in der herrlichen Natur wandern möchte, wird nicht enttäuscht: Die 1200 km markierten **Wanderwege** bieten Ungeübten und Durchtrainierten mehr als genug Alternativen, die Schönheiten der Natur zu erlaufen. Wer genug gelaufen ist, kann einen kostenfreien **Shuttle Bus** nutzen, der im Sommer von 7–22 Uhr im östl. Valley pendelt.

LOWER YOSEMITE FALLS

Der leichte Wanderweg ist eher ein Spaziergang. Er führt auf 1,7 km asphaltierter Strecke in 45 Min. von der Shuttlebus-Haltestelle 6 zu den Lower Yosemite Falls. Je nach Wasserstand kann man die oberen Fälle erspähen.

PANORAMA TRAIL

Rund 6 Std. dauert der Abstieg auf 13,7 km langer Wegstrecke vom Panorama Trailhead am Glacier Point ins Yosemite Valley. Grandiose Panoramablicke gibt es inklusive.
www.yosemitehikes.com/hikes.htm

VALLEY FLOOR LOOP

Die mit 21 km recht lange Wanderung bietet keine großen Schwierigkeiten. Start ist an der Shuttlebus-Haltestelle 6,

YOSEMITE NATIONAL PARK
UND YOSEMITE VALLEY
Twin Lake
Mary Lake
Toiyabe National Forest
Snow Peak 10,933 ft
Matterhorn Peak 12,281 ft
Kibbie Lake
Price Peak 10,716 ft
Tiltill Mountain 8951 ft
Quarry Peak 11,161 ft
Flora Lake
Benson Lake
Cherry Lake
Frog Creek
Lake Vernon
Rancheria Mountain 9045 ft
Rodgers Lake
Saddlebag Lake
Mount Conness 12,590 ft
Rancheria Falls
Hetch Hetchy Reservoir
Pate Valley
Glen Aulin
Smith Peak 7751 ft
Harden Lake
Ten Lakes
Mt. Dana 13,053 ft
Tioga Pass Entrance
Mather
Fairview Dome 9731 ft
Polly Dome 9810 ft
Tuolumne Peak 10,845 ft
White Wolf
Tuolumne Meadows
Bald Mountain 7261 ft
Lukens Lake
Mt. Hoffmann 10,850 ft
10,940 ft
Unicorn Pk. 8600 ft
Mammoth Peak 12,117 ft
Cathedral Peak
Aspen Valley
Big Oak Flat Entrance
Stockton
Smoky Jack
Yosemite Creek
Porcupine Flat
120
Tenaya Lake Campground
Tuolumne Grove
Vogelsang
Vogelsang Pk. 11,516 ft
Hodgdon Meadow
Tamarack Flat
Mt. Watkins 8500 ft
Sunrise
Ireland Lake
Yosemite Falls
North Dome 7542 ft
El Capitan 7569 ft
Half Dome 8842 ft
Merced Laker Ranger Station
Merced Grove
Grane Flat
Tunnel
Yosemite Village 4000 ft
Taft Point
Glacier Point 7214 ft
Merced Lake
Washburn Lake
Tunnel
Cathedral Rocks
Sentinel Dome
Mt. Starr King 9092 ft
Mt. Clark 11,522 ft
Arch Rock
Glacier Point
Yosemite Travel Museum
Arch Rock Entrance
140
Badger Pass Ski Center
Red Peak 11,699 ft
Midpines, Merced
Chinquapin
Ottoway Lakes
Triple Divide Peak
Buena Vista Peak 9709 ft
Nationalpark-grenze
Crescent Lake
Buck Camp
Wawona
Mariposa Visitor Center
Pioneer Yosemite History Center
Mariposa Center of Giant Sequoias
10km
5mi
©BAEDEKER
41
South Entrance
Sierra National Forest
Oakhurst, Fresno
1 Erna's Elderberry House
2 The Ahwahnee Dining Room
3 Degnan's Kitchen
1 Wawona Hotel
2 Yosemite Bug Rustic Mountain Resort
Yosemite Valley
Yosemite Point 6936
Eagle Peak 7779 ft
Upper Yosemite Fall
Lower Yosemite Fall
North Dome 7542 ft
Tenaya Creek
Royal Arch Cr.
Royal Arch Cascade
Mirror Lake
Ribbon Creek
Three Brothers
Yosemite Village
Half Dome 8842 ft
Royal Arches
Ribbon Fall
El Capitan 7569 ft
Union Point 6314 ft
Valley View
Happy Isles Trail Center
Sentinel Fall
Sentinel Rock 7038 ft
Glacier Point 7214 ft
Merced River
Nevada Fall
Vernal Fall
Sentinel Dome 8122 ft
Cathedral Spires
Bridalveil Fall
Illilonette Fall
Merced River
5907 ft
6118 ft
Sentinel Cr.
Glacier Point Road
Illilouette Cr.
Bridalveil Cr.
Cathedral Rocks
Taft Point 7480 ft
1 Visitor Center
2 Yosemite Valley Lodge
3 Chapel
4 Curry Village
5 The Ahwahnee
6 John Muir Trail
7 Emerald Pool
8 Indian Caves
4km
2mi
©BAEDEKER

weiter geht es in Ost-West Richtung entlang alter Wagenstrecken, über Wiesen, durch Wälder und entlang des Merced River im Talgrund. Wer nicht so gut zu Fuß ist, läuft nicht bis zum Bridal Veil Fall, sondern quert das Tal nahe der El Capitan Crossover Road. Dann sind es nur gut 10 km (3 Std.).

❶ ERNA'S ELDERBERRY HOUSE €€€€

Die festen Menüs mittags und abends haben ihren Preis – und sind wirklich jeden Cent wert. Das Restaurant ist eines der besten in ganz Kalifornien. Reservierung empfohlen!
48688 Victoria Lane, im Hotel »Château du Sureau«, Oakhurst
Tel. 1 559 6 83 6869
http://www.elderberryhouse.com

❷ THE AHWAHNEE DINING ROOM €€€€

Gourmetküche im Ahwahnee Hotel. Von der über 10 m hohen Decke des Speiseraums hängen Kronleuchter.
1 Ahwahnee Dr.
https://www.yosemite.com/places-to-stay/hotels-and-motels/the-ahwahnee-hotel/

❸ DEGNAN'S KITCHEN €

Suppen, Salate und Sandwiches – alles wird frisch und nach individuellen Wünschen zubereitet.
Yosemite Village, www.travelyosemite.com/lodging/dining/yosemite-village

Im Park können diverse Unterkünfte und Touren online gebucht werden:
www.travelyosemite.com
Campingplätze: Reservierung:
Tel. 1 877 4 44 67 77
https://www.nps.gov/yose/planyourvisit/camping.htm
Wer in der Natur übernachten möchte, benötigt einen Erlaubnisschein **(Wilderness Permit)**. Den kann man per Telefon anfordern (Tel. 1 209 3 72 07 40) oder persönlich bei einer Wilderness Permit Station bzw. dem **Valley Wilderness Center** beantragen und dort auch mitnehmen.
Tel. 1 209 3 72 08 26
www.nps.gov/yose/planyourvisit

❶ BIG TREES LODGE/WAWONA HOTEL €€€€-€€

Denkmalgeschützter viktorianischer Hotelklassiker im Nationalpark.
8308 Wawona Rd., Yosemite Valley, Tel. 1 888 4 13 88 69
https://www.allyosemite.com/park_lodging/big_trees_lodge.php

❷ YOSEMITE BUG RUSTIC MOUNTAIN RESORT €€

Einzel-, Doppel- und Gruppenzimmer, dazu Schlafsäle, alles einfach und sauber. Nettes Café für alle Mahlzeiten.
6979 CA-140, Midpines
Tel. 1 209 989 3598
www.yosemitebug.com

Stürzender Brautschleier

Cathedral Rocks, Bridal Veil Fall

Weiter westlich folgen die schlanken **Cathedral Spires** (1800 m, 1865 m), an die sich die imposante Zwillingsgruppe der Cathedral Rocks (2021 m) gegenüber dem Capitán anschließt.
Über die Westseite des unteren Teils dieser Felsen stürzt der 15–20 m breite Bridal Veil Fall fast 190 m senkrecht in die Tiefe. Der beständige Wind lässt einen Wasservorhang ähnlich einem überdimensionalen »Brautschleier« (»bridal veil«) entstehen.

Wohin im übrigen Parkgebiet?

Der größte Baum im Park

Vom South Entrance führt die 30 mi/48 km lange **Wawona Road** zum Yosemite Valley. Rund 2 mi/3 km nordöstlich des Parkeingang liegt die Mariposa Grove, der größte der drei im Nationalpark gelegenen Mammutbaumhaine: Auf dem etwa 1 km² großen, in etwa 1675–2135 m Höhe liegenden Waldstück verteilen sich etwa 500 ausgewachsene Riesenmammutbäume. Im unteren Teil des Hains steht mit dem **Grizzly Giant** (64 m, Basisumf. 29,4 m) der größte Baum im Yosemite National Park; im oberen Teil liegt der berühmt gewordene, 1969 unter der Schneelast zusammengebrochene **Wawona Tree**, durch dessen ausgesägten Stamm heute die Straße führte.

Mariposa Grove mit Grizzly Giant

Kleine Riesen

Vom Big Oak Flat Entrance im Westen des Nationalparks zieht die rund 20 mi/32 km lange **Big Oak Flat Road** zum Yosemite Valley. Gut 5 mi/8 km südöstlich des Parkeingang stößt man auf die Merced Grove of Giant Sequoias, den kleinsten der drei Riesenmammutbaum-Bestände. Nordöstlich wachsen diese Riesen auch im **Tuolumne Grove of Big Trees**.

Merced Grove of Giant Sequoias

Idyllisches Hochland

Die knapp 44 mi/70 km lange **Tioga Pass Road** (im Winter geschl.) durchquert den Park in west-östlicher Richtung. Sie führt in prachtvoller Hochgebirgsszenerie durch die High Sierra am stillen Tenaya Lake vorbei zum Tioga Pass (3031 m). Glatt geschliffene Felswände zeigen die Kraft der Gletscher während der letzten Eiszeit.

Die Tuolumne Meadows (2713 m), ein von hohen Granitfelsen umgebenes Wildwiesenhochland, erstrecken sich einige Kilometer am Tuolumne River entlang. Er durchquert den Nationalpark und bildet im großartigen Grand Canyon of the Tuolumne River eine Reihe schöner Wasserfälle.

Tenaya Lake, Tuolumne Meadows

Rund um den Yosemite National Park

Lebensfeindlich

Wer vom Yosemite National Park über den Tioga Pass in östlicher Richtung bergab fährt, erreicht schon nach kurzer Zeit den direkt am US 395 gelegenen und recht idyllisch wirkenden Mono Lake. Der See ist über 700 000 Jahre alt und vermutlich das Ergebnis vulkanischer Tätigkeit. Wegen seines ausgesprochen **hohen Salzgehalts** können in ihm nur verhältnismäßig wenige Lebewesen existieren. In erster Linie sind es einzellige Algen, die Myriaden von kleinen Salzfliegen und vielen kleinen Krebsen als Nahrung dienen. Im Frühjahr und Herbst bietet der

Mono Lake

Mono Lake dennoch ein fantastisches Naturschauspiel, wenn hier Hunderttausende von Zugvögeln rasten.
Ein Hingucker sind die eigentümlichen und bizarr geformten **Kalksintertürmchen** an seinem Südufer. Dabei handelt es sich um bis zu 13000 Jahre alte Kalkablagerungen, die erst seit den 1960er-Jahren aus dem See ragen. Grund: Um den Ballungsraum Los Angeles besser mit Trinkwasser versorgen zu können, hat man einige Zuflüsse des Mono Lake angezapft. Der Seespiegel sinkt seither ständig ab. Nach und nach erscheinen immer mehr dieser Kalktürmchen an der Wasseroberfläche. Die Absenkung des Seespiegels führt aber auch dazu, dass der Salzgehalt des Seewassers tendenziell zunimmt.
Visitor Center: Lee Vining, CA 93541 | Tel. 1 760 647 6595 | tgl. 9 bis 17 Uhr | www.monolake.org

Goldgräbernostalgie in einer Geisterstadt

Bodie

Die wenige Meilen nördlich des Mono Lake auf 2600 m Höhe gelegene **Geisterstadt** Bodie zählte in ihren besten Zeiten im 19. Jh. rund 10 000 Einwohner. Die einst florierende Bergbausiedlung, in der bis 1876 große Mengen **Gold** geschürft wurden, war berüchtigt für ihre Saloons, Bordelle, Spielhöllen und Rauschgifthöhlen. Die Goldgräber galten als gesetzlos und verrufen. Täglich kam es zu Schießereien.
Nach Verfall des Goldpreises um die Jahrhundertwende wurde der Betrieb immer weniger rentabel, der Ort verfiel zusehends. Ein verheerendes Feuer von 1932 vertrieb seine letzten Bewohner. Die noch erhaltenen 170 Gebäude (Wohnhäuser, Kirche, Schule, Laden, Bank und Bar) wurden in einem **State Historic Park** nicht restauriert, sondern lediglich vor weiterem Verfall bewahrt.
Bodie State Historic Park: Bridgeport, CA 93517 | 15. April – 3. Nov. tgl. 9 – 18, 4. Nov. – 15. April tgl. 9 – 16 Uhr | Eintritt 8 $ | www.parks.ca.gov

Naturrefugium rund ums Jahr

Mammoth Lakes

26 mi/42 km südlich vom Mono Lake erreicht man das Wintersportzentrum Mammoth Lakes am Ostabfall der Sierra Nevada. Im Sommer tummeln sich hier Bergwanderer und Mountainbiker. Weiter westlich lohnt der ca. 20 m hohe **Devil's Postpile**, der »Teufelspfahl« einen Besuch. Sie besteht aus regelmäßig geformten Basaltsäulen, die sich nach einem Vulkanausbruch vor ca. 100 000 Jahren gebildet haben. Imposant sind auch die beiden bis zu 30 m hohen Wasserfälle.
Juli – Okt. ganztägig; Ranger Station tgl. 9 – 17 Uhr | Eintritt 10 $ pro Auto, Shuttle-Bus 7 $ | www.nps.gov/depo

Ein Höhlenreich

Fresno

Die nach dem spanischen Wort für Esche benannte Stadt (546 000 Einw.) im fruchtbaren **San Joaquin Valley** eignet sich als Stützpunkt für Ausflüge sowohl in die ▶ Sequoia & Kings Canyon National Parks als auch in den Yosemite National Park (je etwa 1 Autostd.). Fresno ist Zentrum eines ertragreichen Anbaugebiets für Nektarinen, Pflaumen, Tomaten, Pfirsiche, Weintrauben und andere Agrarprodukte im Wert von jährlich über 2 Mrd. $. Hauptattraktion ist das **Fresno Art Museum**, dessen Palette von Artefakten aus prähispanischer Zeit bis zu moderner Kunst aus der Region reicht.

Unbedingt einen Besuch lohnen die eigentümlichen **Forestiere Underground Gardens**, wo sich ein sizilianischer Einwanderer 1906–1946 ein unterirdisches Höhlenreich mit Dutzenden von Zimmern und einer eigenen Kapelle grub.

Fresno/Clovis CVB: 1180 E. Shaw Ave, #201 Fresno, CA 93710
(559) 981-5500 / (800) 788-0836, https://www.visitfresnocounty.org
Fresno Art Museum: 2233 N 1st St. | Mi. - So. 11 - 17 Uhr
Eintritt 10 $ | www.fresnoartmuseum.org
Forestiere Underground Gardens: 5021 W. Shaw | Touren (stdl.)
April - Aug. Mi. - So. 10 - 16 Uhr, März nur Sa., So., Sept. - Ende
Nov. Mi. - Fr. bis 15 Uhr | Eintritt 23 $
www.undergroundgardens.com

»Last Supper« in der Geisterstadt Bodie

OREGON

Fläche: 255 026 km² | **Einwohnerzahl:** 4,2 Mio. | **Hauptstadt:** Salem
Beiname: Beaver State

Oregon ist »Nordkalifornien ohne Rummel«. Tatsächlich resultieren die wildromantische, kaum erschlossene Küste und das nicht minder naturbelassene Binnenland aus der fortschrittlichsten Landnutzungspolitik der Vereinigten Staaten. Denn in Oregon gehören erbitterte Debatten zwischen Umweltschützern und Regierung zum Alltag.

Beaver State

Regenwälder und Vulkane, endlose Sandstrände und nebelverhangene Steilküsten, fruchtbares Agrarland und menschenfeindliche Hochwüsten: Oregon ist alles für jeden. Im Norden bildet der **Columbia River** die Grenze mit Washington, im Osten markiert der **Snake River** die mit Idaho, und im Süden berührt Oregon Kalifornien und Nevada. Zwei Gebirgszüge, die steilen **Coastal Mountains** und die vulkanischen **Cascade Mountains** – höchster Berg ist mit 3426 m der ► Mount Hood – prägen den Beaver State. Dazwischen liegt das landwirtschaftlich intensiv genutzte **Willamette Valley**. Die Great Basin Desert prägt mit trockenen Flussbetten den flachen Südosten Oregons. In der Nordostecke steigt das Land wieder an und färbt sich dabei grün – und weiß: Die bis zu 3000 m hohen **Wallowa Mountains** bleiben bis weit in den Sommer hinein mit Schnee bedeckt.

33. Bundesstaat der USA

Geschichte

Ansteckungskrankheiten, Kriege, Arbeitslosigkeit: Oregons **indigene Bevölkerung** teilt das Schicksal der übrigen Ureinwohner der USA. Rund 80 Stämme lebten einst in Oregon. Die westlich der Cascade Mountains siedelnden Stämme waren sesshafte Fischer und Händler. Die Stämme in den Trockengebieten östlich der Cascades dagegen folgten den Büffelherden. Heute leben nur noch neun verbliebene Stämme in sechs Reservaten.

Bis zum späten 18. Jahrhundert suchten spanische, englische und amerikanische Kapitäne auch an Oregons Küste nach der legendären Nordwestpassage. Am Ende war es der **Pelzhandel**, der das entlegene Territorium in den Blickpunkt rückte. Während kanadische Trap-

per von Norden aus nach Oregon vordrangen, erreichten **Meriwether Lewis** und **William Clark** Ende 1805 die Mündung des Columbia River und begründeten so den Anspruch der USA auf dieses Gebiet. Doch in den folgenden 20 Jahren beherrschte die britische **Hudson's Bay Company** von ihrem (gegenüber dem heutigen Portland gelegenen) Stützpunkt Fort Vancouver aus den Pelzhandel im gesamten Nordwesten. Im Jahr 1829 wurde **Oregon City** gegründet, bis 1851 Hauptstadt des Oregon-Territoriums.
Bis 1850 kamen fast 55 000 Siedler auf dem **Oregon Trail** hierher, die größte Wanderbewegung in der amerikanischen Geschichte. Mit im Gepäck: Land für jeden, gesetzlich verbrieft, insgesamt 640 acres (ca. 2,5 km²) pro Nase. Dies hatte u. a. die schnelle Verdrängung der Ureinwohner zur Folge.
Der Goldrausch in Kalifornien machte Oregon zu einem wichtigen **Holz- und Getreidelieferanten**. Städte schossen quasi über Nacht aus dem Erdboden, und das fruchtbare Willamette Valley avancierte zum Brotkorb Kaliforniens.
Nach dem Goldrausch in der Sierra Nevada setzten **Goldfunde** in Südwest-Oregon den Boom fort, doch zuletzt war es das Nein der Oregonians zur Sklaverei, das die Aufnahme in die Union beschleunigte. 1859 trat Oregon als 33. Staat den USA bei. Während der letzten Jahrzehnte des 19. Jahrhunderts erlebte Oregon blutige Auseinandersetzungen zwischen landhungrigen Farmern und den indigenen Einwohnern. Im Osten des Landes brachen **Weidekriege** zwischen Rinder- und Schafzüchtern aus, in deren Folge viele neu gegründete Städte wieder aufgegeben wurden. Westlich der Cascade Mountains setzte sich der Boom fort. Auch sozial- und umweltpolitisch begründete Oregon seinen Ruf als fortschrittlicher Bundesstaat. So **erhielten die Frauen hier bereits 1912 das Wahlrecht**. Heute demonstrieren Oregonians u. a. für die 30(!)-Stunden-Woche.
Die **Weltwirtschaftskrise** und der **Zweite Weltkrieg** schoben die Entwicklung des Landes weiter voran. Gewaltige Arbeitsbeschaffungsmaßnahmen zu Gunsten von Großprojekten wie den neuen Wasserkraftwerken am Bonneville Dam und den neuen Werften in Portland, die jede Menge Kriegsschiffe vom Stapel laufen lassen sollten, brachten Lohn, Arbeit und Zukunftsperspektiven.
In den 1990er-Jahren entdeckte die kalifornische **Hard- und Software-Branche** den nördlichen Nachbarstaat Oregon als günstigen Standort. So ist der in Portland angesiedelte Halbleiterhersteller **Intel** Oregons größter privater Arbeitgeber.

Industrie, Wein, Tourismus

Wirtschaft

Oregons traditionell rohstoffbasierte Wirtschaft mit den zuletzt stark gebeutelten Sektoren Holzindustrie und Fischfang hat sich in der jüngeren Vergangenheit erfolgreich umorientiert. Die **verarbeitende Industrie** umfasst heute diverse kreative Zukunftsbranchen wie **Biotech-Unternehmen** und Softwarehersteller sowie **Sportartikel-Giganten** wie Nike und Columbia. Zudem ist Oregon mit über 300 Weingütern der fünftgrößte **Weinproduzent der USA** und auch im **Tourismus** erfolgreich.

Bevölkerung

Drei Viertel der Oregonians leben im Willamette Valley. Das **größte Ballungsgebiet ist Portland** mit rund 2,5 Millionen Einwohnern. Mit über 75 Prozent ist Oregon einer der »weißesten« US-Bundesstaaten; ein Viertel der Bevölkerung hat deutsche Vorfahren. 90 Prozent der rund 76 000 indigenen Einwohner leben in Städten, der Rest in Reservaten.

★ ASHLAND

Region: Jackson County (Südwest-Oregon) | **Einwohnerzahl:** 21 500
Höhe: 578 m ü.d.M.

Kunst kann Ashland schon lange. Während der Weltwirtschaftskrise führte ein Englischlehrer hier in einem Zelt Shakespeare auf. Heute genießt man elegante Vernissagen und nippt dabei am Espresso. Das Städtchen zu Füßen der Cascade Mountains ist die kultivierteste Stadt im Umkreis von 400 Kilometern.

Shakespeare-Stadt

Die Anfänge hingegen sahen so hemdsärmelig aus wie die der meisten anderen Städte im Westen. 1852 als Versorgungsstation für die Goldgräber am Jackson Creek gegründet, erhielt Ashland bald einen Bahnanschluss zu den Absatzmärkten Portland und San Francisco. In den 1920er-Jahren begannen die Eisenbahngesellschaften Ashland links liegen zu lassen, dann kam auch noch die Weltwirtschaftskrise. Angus Bowmer ahnte da noch nicht, dass seine Aufführung von »Was Ihr wollt« im Jahr 1935 die Wende für Ashland herbeiführen würde. Shakespeare sei Dank ist der Tourismus heute Ashlands verlässlichste Einnahmequelle. Über 350 000 Besucher kommen alljährlich hierher, um von Februar bis Oktober die im Rahmen des landesweit hoch angesehenen **Oregon Shakespeare Festivals** stattfindenden Aufführungen zu genießen. Natürlich ist der englische Dichterfürst auch am Bohème-Lifestyle im Ort schuld. Boutiquen, Restaurants, Cafés und Musikkneipen konzentrieren sich an der schönen, von viktorianischen Stadthäusern gesäumten Main Street – und hier vor allem an der sogenannten Plaza, einer dreieckigen Fußgängerzone im Westen der Innenstadt. Die Studenten der Southern Oregon University und zahlreiche Weinläden – jenseits der Stadtgrenze werden feine Syrahs

In der Umgebung von Ashland werden vorzügliche Weine angebaut.

und Cabernet Sauvignons angebaut – verstärken das Joie de Vivre-Gefühl. Fastfood-Restaurants und Neonreklame fehlen fast völlig.

Wohin in Ashland?

Ist Entschleunigung angesagt?

Lithia Park

Ein Spaziergang auf den schattigen Wegen dieses schönen Parks mitten in Ashland führt nebenbei auch noch durch ein Kapitel Stadtgeschichte. 1907 fand man unweit von hier eine **lithiumhaltige Quelle**, doch die Hoffnung des Unternehmers Jesse Winburne auf ein luxuriöses Kursanatorium wurde von der Depression zunichte gemacht. Immerhin ließ er das nach Schwefel schmeckende Wasser in den Park leiten und die Springbrunnen der Stadt damit speisen. Heute ist der dem Ashland Creek folgende **Park** mit seinen naturbelassenen Waldstreifen, Teichen, Redwoods und Feigenbäumen ein Muss für jeden Besucher.

Kreativlabor

★ Schneider Museum of Art

Auf zeitgenössische Künstler aus aller Welt spezialisiert, hat dieses hervorragende **Kunstmuseum** bereits des Öfteren mit gewagten Ausstellungen provoziert. Die Grenzen der Kreativität zu testen, auszudehnen und zum Nachdenken anzuregen, haben sich seine Kuratoren auf die Fahne geschrieben.

1250 Siskiyou Blvd. | Di. – Sa. 10 – 16 Uhr | Eintritt frei
https://sma.sou.edu

ASHLAND ERLEBEN

ASHLAND CHAMBER OF COMMERCE

110 East Main Street
Ashland, OR 97520
Tel. 1 541 4 82 34 86
www.ashlandchamber.com

ADVENTURE CENTER OF ASHLAND

Die Flüsse und vor allem Wälder der Umgebung sind ein Mekka für Outdoor-Freunde. Das ACA bietet Mountainbiking aller Schwierigkeitsgrade und atemberaubende Baumwipfel-Wanderungen an.
5 Expo Drive, Tel. 1 877 247 5539
www.ashvilletreetopsadventurepark.com

OREGON SHAKESPEARE FESTIVAL

Jedes Jahr von Mitte Februar bis Ende Oktober
www.osfashland.org

BRICKROOM €€€–€€

Elegant und bezahlbar, bietet dieses hübsche Bistro-Restaurant leichte, kalifornisch angehauchte Küche. Besonders gut sind die Lamm-Gerichte.
35 N Main Street Ashland
Tel. 1 541 7 08 60 30
www.brickroomashland.com

LARKS HOME KITCHEN CUISINE €€€

Gehobene Küche mit saisonalen Produkten aus den Molkereien, Obstgärten und Weingütern der Umgebung.
12 E. Main Street, Tel. 1 541 488 5558, https://larksashland.com

ASHLAND SPRINGS HOTEL €€€

Das elegante, 1925 eröffnete City-Hotel liegt nur ein paar Minuten vom Lithia Park entfernt. Die 70 Gästezimmer sind zeitgemäß ausgestattet, die Gärten und Höfe Oasen der Ruhe.
212 East Main Street
Tel. 1 888 795 4545
www.ashlandspringshotel.com

Oregon Shakespeare Festival

Auf Nummer sicher

Die Zeit war günstig damals: Das »Chautauqua Movement«, eine von der Methodisten-Kirche initierte Bewegung für Erwachsenenbildung, brachte in den 1920er- und 1930er-Jahren auch Kultur ins Land. Davon angesporn, regte 1935 in Ashland der Englischlehrer Angus Bowmer an, den 4. Juli mit der Aufführung der Shakespeare-Komödie »Was ihr wollt« zu feiern – und mit einem Boxkampf, um sich regen Zuspruchs auch völlig sicher zu sein. Der Rest ist Geschichte. Heute gehört das Oregon Shakespeare Festival zu den renommiertesten Events des Landes. Längst wurde das Repertoire um Stücke anderer Dichter erweitert. Gespielt wird auf drei Bühnen, die sich im **Festival Courtyard** am Südostrand des Lithia Park befinden.

15 S. Pioneer St. | Aufführungen Mitte Feb. – Ende Okt., Spielplan und Tickets Tel. 1 800 2 19 81 61 | www.osfashland.org

ASTORIA

Region: Clatsop County (Nordküste) | **Einwohnerzahl:** 10 200
Höhe: 7 m ü.d.M.

Steile Straßen, die meisten viktorianischen Häuser nördlich von ▶San Francisco, eine tolle Lage und ein für Oregon biblisches Alter: Das Städtchen an der Mündung des Columbia River in den Pazifik ist eine sehr unamerikanische Schönheit.

Wasser, wohin man blickt. Der Columbia River ist hier mehrere Kilometer breit, der Pazifik eine blassblaue Wasserwüste. Dort, wo sich die Wassermassen treffen, liegt, die alte Downtown auf schmalem Uferstreifen komprimiert und die Wohnbezirke an Uferhängen aufgeschichtet, Astoria, die riesigen, stromaufwärts ziehenden Containerschiffe aus aller Welt stets im Blick. Die 1966 eröffnete, sechseinhalb Kilometer lange Megler Bridge verbindet die Stadt mit dem nördlich anschließenden Nachbarstaat Washington. Lange ein blühender **Fischer- und Umschlagshafen** mit mehreren Dutzend Fischverarbeitungs- und Holzfabriken, wurde Astoria in den 1960er-Jahren von Portland überflügelt. Für den Handel im Columbia Basin blieb man jedoch bedeutsam, und der Tourismus sowie eine kleine, aber feine **Kunst- und Kulturszene** hauchten der vorübergehend erstarrten Hafenstadt neues Leben ein. Mit leerstehenden Lagerhäusern und Arbeiterkneipen am Wasser präsentiert sich Astoria heute als kunstsinniges Städtchen mit rauen Kanten.
Auch Hollywood mag Astoria: In zahlreichen **Blockbustern**, darunter die »Free-Willy«-Filme und »Into the Wild« (2007), spielte die fotogene historische Stadt amerikanische Kleinstadtidylle.

Älteste amerikanische Stadt westlich der Rocky Mountains

Geschichte

Museen, historische Marker und eine imposante Gedenksäule hoch über der Stadt zeigen, dass sich Astoria seiner historischen Bedeutung wohl bewusst ist. Zunächst war hier ein Handelsplatz der Nordwestküsten-Indianer. **Meriwether Lewis** und **William Clark** erreichten Ende 1805 als erste Weiße die Flussmündung auf dem Landweg. Sechs Jahre später errichtete die Pacific Fur Company des deutsch-amerikanischen Pelzhändlers **Johann Jakob Astor** einen befestigten Handelsposten an der Flussmündung und untermauerte damit amerikanische Besitzansprüche. Im Jahr 1812 fiel

ASTORIA EREBEN

ASTORIA & WARRENTON AREA CHAMBER OF COMMERCE

111 W Marine Drive. P. O. Box 176
Astoria,
OR 97103-0176
Tel. 1 503 3 25 63 11
www.oldoregon.com

SHANGHAIED IN ASTORIA

Der abendliche Bummel durch Downtown Astoria führt früher oder später auch am Haus der berühmten **»Astor Street Opry Company«** vorbei. Die Truppe führt seit 1984 »Shanghaied in Astoria« auf. In dem vaudevilleartig produzierten Melodram geht es um Liebe, Hass und jede Menge Drama, wobei die Zuschauer den Helden beklatschen und den Bösewicht ausbuhen.
129 West Bond St.
Tel. 1 503 3 25 61 04
www.asocplay.com

LIBERTY THEATRE

Unweit davon liegt das altehrwürdige Theater, eine gern genutzte Bühne für Konzerte und Festivals.
1203 Commercial Street
Tel. 1 503 3 25 59 22
https://libertyastoria.org

BRIDGEWATER BISTRO €€

Klasse Frühstück und Brunch, abends leichte kalifornische Küche, Blick auf dem Columbia River inklusive.
20 Basin Street
Tel. 1 503 325 6777

MARY TODD'S WORKERS TAVERN €

Fischer- und Hafenkneipe, in der gern »Yucca«, ein Cocktail aus Wodka und Sirup, getrunken wird.
281 W Marine Drive
Tel. 1 503 3 38 72 91

CANNERY PIER HOTEL €€€€

Boutique-Hotel in alter Fischfabrik; von vielen der 46 Gästezimmer hat man einen tollen Blick auf das Mündungsgebiet des Columbia River.
10 Basin Street
Tel. 1 503 3 25 49 96
www.cannerypierhotel.com

HOTEL ELLIOTT €€€

Das 1924 eröffnete 30-Zimmer-Haus bietet nostalgisches Interieur, viel Mahagoni in der Lobby und Marmorkamine in den 32 Zimmern.
357 12th Street
Tel. 1 503 3 25 22 22
www.hotelelliott.com

Astoria jedoch den Briten zu, und der Pelzhandel in der Region wurde während der nächsten Jahrzehnte von der Hudson's Bay Company kontrolliert. Mit der Konsolidierung des Oregon-Territoriums entwickelte sich Astoria jedoch zu einem Gateway ins Landesinnere. Im Jahr 1876 wurde der erste Bürgermeister eingestellt, um die Jahrhundertwende war Astoria, auch dank der Zuwanderung skandinavischer Fischer, die zweitgrößte Stadt Oregons. Über der Hafengegend mit ihren Kneipen und Bordellen bauten sich wohlhabende Reeder und Schiffskapitäne schöne, aufs Meer blickende Residenzen. Im Jahr 1966 wurde die Megler Bridge eröffnet, wenig später entdeckten Touristen und Künstler die noch immer authentische Hafenstadt. Tagsüber und abends ist auf der parallel zum Wasser verlaufenden **Commercial Street** am meisten los.

Wohin in Astoria?

Schöne Aussichten

★ Astoria Column

Der breite Fluss, die Brücke und der Ozean, die Stadt und das endlose, wellige Hinterland: Von der Spitze der 38 Meter hohen Astoria Column auf dem **Coxcomb Hill** genießen Sie eine herrliche 360-Grad-Aussicht. An der Außenwand der Säule erzählen spiralförmig nach oben ziehende Wandgemälde die Entdeckungsgeschichte des Ortes. In Erinnerung an die hier vollendete West-Expansion der USA bauten 1926 die Astor-Familie und die Great Northern Railroad die Säule, in der 164 Stufen zu einer Plattform hinaufführen. Übrigens: Das **Souvenirgeschäft** am Parkplatz verkauft u. a. zusammensteckbare Balsaholz-Gleiter, die man von der Turmspitze aus auf die Reise schicken darf.

16th St., dann Jerome Ave. u. 15th St. bis Coxcomb Dr. | nur bei Tageslicht zugänglich | Eintritt frei, Parkplatzgebühren 5 $ www.astoriacolumn.org

Dicken Pötten zuwinken

6th Street Riverpark

Dem Columbia River am nächsten kommen Sie am Ende der geradewegs auf den Fluss zusteuernden 6th Street. An **Boutiquen, Galerien** und einer **Kaffeestube** vorbei können Sie auf Holzplanken zu einem zweistöckigen Turm schlendern und von dort die vorbeiziehenden Ozeanriesen beobachten.

Wild und gefährlich

Columbia River Maritime Museum

Das Museum gewährt spannende Einblicke in die **Urgewalten des Colorado River und des Pazifischen Ozeans**. Die Seefahrt erlebte in diesem Mündungsgebiet unzählige Havarien und andere Schiffsunglücke aufgrund von Untiefen, gefährlichen Strömungen und extremen Wetterbedingungen. Auch in der äußeren Form bleibt das Museum dem Thema treu: Das **moderne Gebäude** am Marine Drive wird von einem Wellenkämmen nachempfundenen Dach bekrönt.

1792 Marine Dr. | tgl. 9.30 – 17 Uhr | Eintritt 16 $ | www.crmm.org

Malerisch und gut erhalten

Flavel House

Das 1886 von **Kapitän George Flavel** im verspielten **Queen-Anne-Stil** erbaute Haus ist die vielleicht fotogenste Erinnerung an Astorias goldenes Zeitalter. Das Haus mit dem roten Dach ist ein extravagan-

Wie und wo Lewis und Clark kurz vor ihrem Ziel den Winter verbrachten, zeigt das Fort Clatsop National Memorial.

tes **Ensemble aus Balkonen und Veranden** mit einem Turm darüber. Von dort aus wachte Flavel, der als Lotse auf dem Columbia River begonnen und später sein Vermögen im Transportgeschäft gemacht hatte, über das Kommen und Gehen seiner Ladungen im nahen Hafen. Das Innere besticht durch seine herrlichen **Holzarbeiten**.
441 8th St. | Nov. – April tgl. 10 – 17, sonst tgl. 11 bis 16 Uhr | Eintritt 7 $ | https://astoriamuseums.org/explore/flavel-house-museum/

Fort Clatsop National Memorial

Was würden wohl Lewis und Clark denken …
… würden sie heute den Parkplatz, die Busse, die geteerte Anfahrtsstraße sehen. Am 7. November 1805 hatte das **»Corps of Discovery«** der beiden Forschungsreisenden nach 6400 km sein Ziel, den Pazifik, so gut wie erreicht. Angesichts des schlechten Wetters und des drohenden Winters beschlossen sie, am geschützteren Südufer eine Stelle zum Überwintern zu suchen. Etwas südlich vom heutigen Astoria bauten sie am heutigen Lewis and Clark River das nach dem dort heimischen Indianerstamm benannte **Fort Clatsop**, eine Ansammlung kleiner, von einem Palisadenzaun geschützter Blockhütten. Die heutigen **Rekonstruktionen** vermitteln einen guten Eindruck, wirken aber sehr auber. Lewis und Clark erlebten damals den nassesten Winter seit Menschengedenken. Schlamm, Feuchtigkeit, Kälte, Gestank: In den rekonstruierten **»cabins«** wären die beiden Entdecker sicher länger geblieben.
Mitte Juni – Anf. Sept. tgl. 9 – 18, sonst nur bis 17 Uhr | Eintritt 10 $
www.nps.gov/lewi

Oregons Antwort auf Kaliforniens Carmel
Rund 8 mi/13 km südlich liegt Cannon Beach (1730 Einw.), das Nobel-Resort an der Küste Oregons. Kleine, aber feine **Galerien** locken kaufkräftige Urlauber aus ▶ Portland und ▶ San Francisco (CA), in **angesagten Restaurants** speisen Pärchen in »casual elegant« genannter Freizeitkleidung und gehen danach in den Läden rund um die Kreuzung Hemlock und 2nd Sts. zum Shoppen. Am Strand erhebt sich der vielfotografierte 71 m hohe **Haystack Rock**. Er gilt als drittgrößter Monolith der Welt und ist bei Ebbe zu Fuß zu erreichen.Durch dunkles Dickicht führt etwas nördlich von Cannon Beach die Zufahrtsstraße vom Hwy. 101 zu verschwiegenen, von Felsen geschützten Stränden **Ecola State Park**. Kurze Trails enden an herrlichen, nicht totzufotografierenden Aussichten über den Strand von Cannon Beach, etwas längere u. a. am hufeisenförmigen **Indian Beach**, der bei Surfern beliebt ist.
Der 8,5 mi/14 km südlich von Cannon Beach liegende **Oswald West State Park** bewahrt einen Küstenabschnitt im Urzustand. Mächtige alte Redwood-Bäume streben hier himmelwärts, den steil zum **Short Sands Beach**, einem beliebten Surferstrand, abfallenden Waldboden bedecken Moose, Farne und duftende Waldlilien. Zwei weit in den Pazifik ragende Vorgebirge, **Cape Falcon** und **Neakhanie Mountain**, machen den Strand zu einem dem Alltag wunderbar entrückten Biotop für Surfer und junge Familien.

★ BAKER CITY

Region: Baker County (Nordost-Oregon) | **Einwohnerzahl:** 10 200
Höhe: 1050 m ü.d.M.

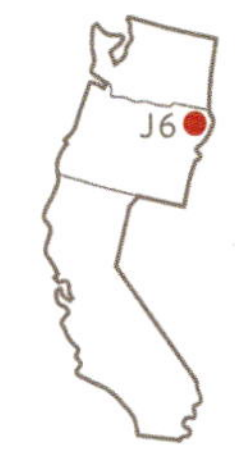

Das von den Wallowas und Elkhorn Mountains umgebene niedlich Städtchen ist »eine Dame mit Vergangenheit«. Damals wimmelte es hier von Goldgräbern, Schafhirten und Freudenmädchen – und den halb verhungerten Pionieren, die hier auf dem »Oregon Trail« durchkamen.

Die beiden größten Ereignisse in der Stadtgeschichte definieren die Stadt bis heute. Straßennamen weisen auf sie hin, das hiesige Branchenverzeichnis listet noch immer viele Unternehmen mit »Pioneer« und »Gold« im Firmennamen. In den Jahren 1840 bis 1870 kamen über 50 000 Siedler auf dem **»Oregon Trail«** hier durch. Ernsthafte Siedlungsversuche gab es erst in den 1860er-Jahren. Ein kurzer **Goldrausch** machte auch Siedler auf die Stelle am Powder

BAKER CITY ERLEBEN

BAKER COUNTY CVB
490 Campbell Street
Baker City, OR 97814
Tel. 1 541 5 23 58 55
www.visitbaker.com

ANGELN
Der Grande Ronde River ist berühmt für seine Regenbogenforellen. Ein hübscher Ort, die Leinen auszuwerfen, ist der **Red Bridge State Park** in den Blue Mountains am OR Hwy. 244 etwas westlich von La Grande.

RAFTING
Den Grande Ronde River charakterisieren tiefe, von lichten Nadelwäldern bestandene Canyons. Outfitter bieten auf ihm und anderen Flüssen ein- und mehrtägige Raftingtouren an, u. a. **»All Star Rafting«**
Tel. 1 541 3 95 22 01
https://www.allstarrafting.com

BARLEY BROWN'S BREW PUB €€
Die einzige Minibrauerei im Ort bietet in ihrer rustikalen Gaststube neben Selbstgebrautem solides »Pub Grub« wie Hamburger, Pasta, Salate und Hühnchen.
2190 Main Street
Tel. 1 541 5 23 42 66

HAINES STEAK HOUSE €€€–€€
Die 15-minütige Autofahrt von Baker City nach Haines lohnt sich: Die Steaks sind die besten der Gegend.
910 Front Street, Haines, OR
Tel. 1 541 8 56 36 39

GEISER GRAND HOTEL €€€€
Das Geiser ist ein historisches 30-Zimmer-Hotel aus der Goldgräberzeit mit dem hervorragenden Restaurant »Geiser Grill«.
1996 Main Street
Tel. 1 541 5 23 18 89
www.geisergrand.com

UNION HOTEL €€€–€€
Schön altmodisch: Das 1921 eröffnete Stadthotel bietet 16 heimelige Zimmer; Frühstück und Dinner gibt es im dazugehörigen hübschen »Fireside Café & Pub«.
326 N Main Street
Union, OR (nördlich von Baker City)
Tel. 1 541 5 62 12 00
www.thehistoricunionhotel.com

River aufmerksam. Viele der schönen **viktorianischen Steinhäuser** in der restaurierten Altstadt stammen aus jener Zeit. Das Besucherzentrum gibt eine **Broschüre mit einer Tour** heraus, auf der neben den schönsten Häusern – über 100 Gebäude stehen im National Register of Historic Places – auch die meisten Cafés, Restaurants und Galerien der Old Town eingezeichnet sind.
Reisende, die den nahen ▶ Hells Canyon im Visier haben, nutzen Baker City gern als **Basislager**.

Wohin in Baker City und Umgebung?

Über zwei Kilogramm pures Gold

US National Bank of Oregon

Für ein »normales« Museum ist er wohl zu kostbar: Der hühnereigroße **Armstrong Nugget**, der 1913 gefunden wurde und an die alten Boomzeiten erinnert, strahlt in der US National Bank gegenüber vom Geiser während der regulären Geschäftszeiten mit anderen Goldfunden um die Wette.

2000 Main St. | Mo. – Fr. 9 – 17 Uhr | www.visitbaker.com

Reise zu den Anfängen von Baker City

Baker Heritage Museum

Das Museum am Geiser Pollman Park ist bekannt für seine **Mineraliensammlung**, die als eine der besten im Nordwesten gilt. Des Weiteren befasst sich die Ausstellung mit der Indianer- und der Pionierzeit. Zum Museum gehört das um 1900 gebaute **Adler House**, das einem beliebten Philanthropen gehörte und zu einer Zeitreise in die »Kindertage« des Städtchens einlädt.

2480 Grove St. | tgl. 9 – 16 Uhr | Eintritt frei, Spenden erbeten
www.bakerheritagemuseum.com

Auf Spurensuche

★ National Historic Oregon Trail Interpretive Center

Ca. 6 mi/10 km östlich von Baker City liegt die größte Attraktion der Gegend. Nicht umsonst wurde der **Flagstaff Hill** für das Informationszentrum gewählt: Genau hier zogen vor 160 Jahren die Planwagen der von Osten kommenden Siedler vorbei – eines der großen amerikanischen Epen. Gut ausgebaute **Trails** führen von hier aus zu schönen Aussichten, historisch relevanten Punkten – und zu Stellen, wo die Wagenspuren der Ochsenkarren noch immer zu sehen sind. **Schlüsselszenen vom Treck**, in lebensgroßen Dioramen präsentiert und von Sound- und Lightshows begleitet, ziehen den Besucher unwiderstehlich in jene gefährlichen Zeiten hinein.

22267 Hwy. 86 | April – Okt. tgl. 9 – 18, sonst nur bis 16 Uhr
Eintritt 8 $ | www.blm.gov/or/oregontrail

Tagesrundfahrt mit Goldrauschfeeling

Elkhorn Drive Scenic Byway

Die 170 km lange Rundfahrt mit dem Etikett »Scenic« führt durch die zu den Wallowas gehörenden **Elkhorn Mountains**. Dazu geht es von Baker City aus zunächst auf dem Hwy. 30 nach Süden, dann auf den Hwys. 7, 24 und 73 durch die Berge. Wegen der vielen schönen Aussichten und goldrauschrelevanten Sehenswürdigkeiten sollten Sie sich einen Tag Zeit nehmen. Besonders eindrucksvoll ist die **Geisterstadt Sumpter**.

Die andere größere Stadt am Oregon Trail

La Grande

Frankokanadische Trapper nannten das obere Ende des Tals »La Grande Ronde«, weil hier die schneebedeckten Berge der Blue und

Wallowa Mountains ein weitläufiges Rund bilden. Die auf dem Oregon Trail nach Nordwesten ziehenden Siedler pflegten hier eine Pause einzulegen, bevor sie sich mit ihren Ochsenkarren auf die schwere Etappe durch die steilen **Blue Mountains** begaben. In La Grande erinnert ein Denkmal an die Unentwegten. Nicht wenige blieben hier, bestellten den fruchtbaren Talboden und machten aus La Grande das landwirtschaftliche Zentrum des Nordostens.
Heute ist das freundliche 13 000-Einwohner-Städtchen am Grande Ronde River ein angenehmer Ort zum Ausruhen und ein idealer Ausgangspunkt für Unternehmungen in den Blue Mountains und im ▶ Hells Canyon.
Oregon-Trail-Fans wird das 13 mi/21 km westlich von La Grande gelegene **Blue Mountain Interpretive Center** interessieren, in dem Schilder auf die bis heute gut erkennbaren Wagenspuren der Pioniere hinweisen (I-84, Exit 248).

DA RUMPELTEN SIE

Ein paar Schritte unterhalb des National Historic Oregon Trail Interpretive Center bei Baker City sind noch gut 10 Kilometer Spurrillen der Planwagen zu sehen, mit denen die ersten weißen Siedler von über 160 Jahren ihrem Neuanfang entgegenzogen. Männer, Frauen, viele davon schwanger, Kinder, Hab und Gut. Beim Spaziergang auf den tief in den Felsgehobelten »wagon tracks« erwachen diese Menschen wieder zum Leben.

▶ S.209

BEND

Region: Deschutes County (Zentral-Oregon)
Einwohnerzahl: 103 000 | **Höhe:** 1104 m ü.d.M.

Die größte Stadt in der dünn besiedelten Mitte des Staates ist die am schnellsten wachsende Oregons. Sie liegt am Rand des Deschutes National Forest und der Cascade Mountains und ist eine gute Basis für Outdoor-Unternehmungen in der Umgebung.

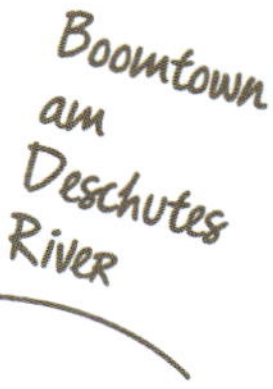

Die Lage macht's! Die in der Übergangszone zwischen den Cascade Mountains und der Great Basin High Desert gelegene Stadt genießt **mehr als 250 Sonnentage im Jahr** und ein angenehm trockenes Klima, das viele junge Familien und Rentner aus Kalifornien anzieht. Während der letzten 30 Jahre hat sich die Einwohnerzahl fast verdoppelt. Das Herz von Bend pulsiert am **Deschutes River**. Am Flussufer gibt es **schöne Parks und gute Restaurants** in alten Häuserblocks aus der Zeit um 1900. Die Stadt selbst ist kaum älter als hundert Jahre. Die ersten Weißen an der Biegung des Deschutes River waren von Peter Skene Ogden geführte amerikanische Trapper. Heute unterhalten zahlreiche nationale und internationale Firmen Niederlassungen in Bend. Größter Arbeitgeber ist aber der **Tourismus**. Allein die nahen Cascade Mountains haben sich in kürzester Zeit zu einem beliebten Vier-Jahreszeiten-Spielplatz entwickelt.

Wohin in Bend?

Oregon's Heimatmuseen ...

Museen

... sind immer eine spannende Angelegenheit. Das **Deschutes Historical Center and Museum** am Ostrand der Downtown erinnert an die Pionierzeit im 19. Jh., als frankokanadische und amerikanische Trapper in den Cascades Pelztiere jagten. Andere Räume widmen sich den Holzfällern und Eisenbahn-Baronen des frühen 20. Jahrhunderts.

Ein paar Blocks weiter südlich liegt das **High Desert Museum** zur Kultur, Geschichte und Natur der Region. In tierfreundlichen Gehegen werden Wildtiere aus den Cascades und der Wüste, u. a. Wildkatzen, Reptilien, Otter und Stachelschweine, gehalten. Ein schöner **Spazierweg** führt durch einen lichten Kiefernwald.

Deschutes Historical Center and Museum: 129 NW Idaho Ave. Di.–Sa. 10 – 16.30 Uhr | Eintritt 5 $ | www.deschuteshistory.org
High Desert Museum: 59800 South Hwy. 97 | April – Okt. tgl. 9 – 17, Nov. – März tgl. 10 – 16 Uhr | Eintritt 20 $
www.highdesertmuseum.org

BEND ERLEBEN

VISIT BEND
750 N. Lava Rd., Suite 160
Bend, OR 97701
Tel. 1 541 3 82 80 48
www.visitbend.com

WANDERN
In den **National Forests Deschutes und Ochoco** westlich und östlich von Bend gibt es viele Wanderwege. Einer der schönsten ist der 7 km lange »Mt. Bachelor Trail« hinauf zum 2755 m hohen Mt. Bachelor.
ab Sunshine Lodge, Hwy. 46/
Cascades Lakes Hwy.

MOUNTAINBIKING
Mountainbiker aus allen Ecken der USA toben sich auf den Single Tracks rund um Bend aus. Infos: **Central Oregon Trail Alliance**.
www.cotamtb.com

RAFTING
Piloten dicker Gummiflöße schätzen die wilden Wassern des **Deschutes River** mit seinen von Lavaströmen in den Flusslauf gedrückten Stromschnellen. Andere gute Rafting-Flüsse sind der **Owyhee River** mit seinen tiefen Canyons sowie der **McKenzie River**, der von den Westhängen der Cascades herunterstürzt. Viele Rafting-Veranstalter bieten in Bend ihre Dienste an.

SKILAUFEN
Der **Mt. Bachelor** im Deschutes National Forest ist nicht nur Bends Hausberg, sondern zugleich auch eines der besten Skireviere im Nordwesten.

PINE TAVERN RESTAURANT €€€-€€
Das Lokal ist berühmt für seine Prime Ribs und Scones mit Honigbutter.
967 NW Brooks Street
Tel. 1 541 3 82 55 81

DESCHUTES BREWERY & PUBLIC HOUSE €€
Erstklassiges »Pub Grub« – Steaks, Sandwiches und Burger – in hemdsärmeliger Atmosphäre. Brauerei im Haus, süffiges Pale Ale.
1044 NW Bond Street
Tel. 1 541 3 82 92 42

WAYPOINT HOTEL €€€-€€
Modernes Boutique-Hotel, ideale Basis für die Erkundung der Stadt.
1415 NE 3rd Street, Bend
Tel. 1 541 382 7011
www.waypoint.com

SEVENTH MOUNTAIN RESORT €€€
Modernes Vier-Jahreszeiten-Resort 10 km westlich von Bend im Deschutes National Forest mit 240 Zimmern und einigen Cottages.
18575 SW Century Drive
Tel. 1 541 382 8711
www.seventhmountain.com

MCMENAMINS OLD ST. FRANCIS SCHOOL HOTEL €€€-€€
In der ehemaligen katholischen Schule sind 19 Gästezimmer eingerichtet. Überdies gibt es im »Old St. Francis« eine kleine Brauerei, einen Pub und eine Bäckerei.
700 NW Bond Street
Tel. 1 541 3 82 51 74
www.mcmenamins.com

Nordwestlich von Bend erheben sich die »Three Sisters«

Mit überragendem Sonnenuntergang

Pilot Butte State Scenic Viewpoint

Die größte Attraktion des Parks im Osten der Stadt ist der 150 m hohe Pilot Butte, ein uralter, **allein stehender Aschekegel**. Drei Wege, die das ganze Jahr hindurch zugänglich sind, führen hoch zu seiner Spitze. Oben angekommen, bietet sich ein schöner Blick auf die Cascade Range.

Rund um Bend

Wild und schön

Newberry National Volcanic Monument

Das 11 mi/18 km südlich von Bend gelegene Wildnisgebiet schützt 200 km² Szenerie aus erkalteten Lavaströmen und Seen. Einer der landschaftlichen Höhepunkte ist die **Lava Butte**, ein perfekt geformter, 150 m hoher Aschekegel. Weitere Sehenswürdigkeiten sind **Lava River Cave**, **Lava Cast Forest** und **Newberry Crater**.

Lava Lands Visitor Center: 58201 S Hwy.97 | Mai – Okt. tgl. 9 bis 17 Uhr | Eintritt 5 $ pro Fahrzeug | www.fs.usda.gov

Heldengestalten und fotogene Seen

Cascades Lakes Scenic Highway

Diese 140 km lange Aussichtsstraße führt von Bend als OR-46 längs durch den **Deschutes National Forest** und passiert dabei einige schöne Aussichten auf die schneebedeckten **Cascade Mountains**. Dabei kreuzt sie auch die Wege berühmter Pfadfinder und »mountain men«: Im 19. Jh. erkundeten amerikanische Heldengestalten wie **Kit Carson** und **John C. Fremont** diese Gegend. Namensgeber des Highways sind ein halbes Dutzend fotogener Seen, u. a. Todd Lake, Hosmer Lake und Little Lava Lake.

Natur und Frontier-Atmosphäre erleben

Sisters

Ca. 22 mi/35 km nordwestlich von Bend liegt das hübsche 1600-Seelen-Städtchen Sisters zu Füßen seines Namensgebers, des von ewigem Schnee bedeckten Bergmassivs **Three Sisters**. Einst Station auf der Route der Pioniere Richtung Willamette Valley, atmet Sisters trotz starker Kommerzialisierung dank seiner Westernfassaden und hölzernen Gehwege noch immer Frontier-Atmosphäre. Outdoorfans nutzen Sisters als **Basis für Aktivitäten wie Hiking, Mountainbiking, Angeln und im Winter Skilanglauf**. Am zweiten Wochenende im Juni feiert Sisters seine Frontier-Tradition mit dem »Sisters Rodeo«.

Sisters Rodeo: www.sistersrodeo.com

★★ COLUMBIA RIVER GORGE

Counties: Multnomah, Hood River, Wasco | **Länge:** 130 km

Der Schicksalsstrom des amerikanischen Nordwestens schneidet tief durch die Cascade Range. Verkehrsweg, indigener Supermarkt und Instagrammotiv: Der 130 km lange, besonders schöne Abschnitt des stellenweise bis zu 1300 m tiefen Canyons wurde nicht ohne Grund zur National Scenic Area erhoben.

Einst indigener Supermarkt

Ihr Aussehen verdankt die Felsenschlucht den **Gletschern der letzten Eiszeit**, die sie bis vor rund 12 000 Jahren in die Bergkette der Cascade Range fräste. Seit der Altsteinzeit dient die bis 1,5 km breite Schlucht dem Menschen als Verkehrskorridor und stets wohl gefüllter »Supermarkt«: Die Stämme der Nordwestküste reisten auf dem Columbia River landeinwärts, um sich in The Dalles mit den Stämmen aus dem Innern des Kontinents zum Tauschhandel zu treffen. Lewis und Clark sahen schon 1805 europäische und asiatische Handelsware im Gepäck ihrer einheimischen Gastgeber. Die Ankunft weißer Siedler während der zweiten Hälfte des 19. Jh.s signalisierte den Anfang vom Ende der reichen Stammeskulturen in der Schlucht. Der **Bau von Staudämmen** im frühen 20. Jh. entzog ihnen zudem die Nahrungsgrundlage: Seit Jahrtausenden hatte man vom **Fischfang** gelebt.

Noch vor dem Ersten Weltkrieg begann der **Tourismus** mit Erholung suchenden Familien aus Portland, die auf dem **Columbia River Highway** (US-30) zu Aussichtspunkten und Picknickplätzen rollten. Seit den 1950er-Jahren macht die das Oregon-Ufer begleitende I-84 den Verkehr in der Schlucht schneller. Es gibt Bestrebungen, die alte Uferstaße und viele der alten Tankstellen und Diner zu restaurieren und als **»Historic Columbia River Highway«** zu bewerben. Auch die Erhebung des 130 km langen Abschnitts zwischen Troutdale unweit ▶ Portlands und der Mündung des Deschutes River zur »National Scenic Area« gehört dazu. Denn mit **über 70 Wasserfällen**, von denen viele vom Historic Columbia River Highway aus zu sehen sind, und immer wieder neuen »vistas« auf die schneebedeckten Gipfel der Cascade Range zeigt sich Oregon von seiner besten Seite. Im Übrigen lohnt es sich, die historische Uferstraße in den **Mount Hood** Loop (▶ S. 248) einzubinden.

Wohin am Historic Columbia River Highway?

Schöne Aussichten

Portland Women's Forum State Scenic Viewpoint

Der Portland Women's Forum State Scenic Viewpoint gehört zu den schönsten Aussichten über den Strom hinweg und in die Schlucht hinein. Er liegt ca. 9 mi/15 km östlich von **Troutdale**. Bei guter Sicht zu sehen: Crown Point und Vista House und sogar die Mauern des Bonneville Dam.

Zum Gedenken an Oregons Pioniere

Vista House, Crown Point

15 mi/24 km östlich von ▶ Portland erhebt sich eine **220 m hohe Basaltklippe** über der Schlucht des Columbia River. Das Besucherzentrum Vista House am Aussichtspunkt Crown Point, ein trutziges Art-Noveau-Bauwerk, wurde 1916 bis 1918 zum Gedenken an die Pioniere Oregons errichtet. Heute können Sie sich hier über die geologischen Verhältnisse sowie über Geschichte der Kultivierung der Columbia Gorge informieren.

Vista House: 40700 E. Historic Columbia River Hwy. | tgl. 9 – 18 Uhr
Eintritt frei, Spende erwünscht | www.vistahouse.com

Schöner Start

Latourell Falls

Über eine moosüberwachsene Basaltklippe stürzt im **Guy W. Talbot State Park** das Wasser des Latourell Creek 75 Meter in die Tiefe. Dies ist die schönste Einführung vor allem für all jene, die der Wasserfälle wegen die Columbia Gorge besuchen. Vom Parkplatz ist es ein 1,5 km langer Spaziergang zum Fuß der **Latourell Falls**.

Wege zu den Brautschleierfällen

Bridal Veil Falls

Beim Milepost 28 präsentiert sich im **Bridal Veil Falls State Park** der gleichnamige Wasserfall. Das vom Larch Mountain herunterfließende Wasser schießt über zwei 30 bzw. 9 Meter hohen Stufen aus Basalt. Kurze und **schön angelegte Wege** führen durch eine üppige Vegetation zu verschiedenen Aussichten zum Wasserfall hin.

Sonnenaufgang über der Columbia River Gorge – Outdoorfans können sich über einen neuen Tag in grandioser Natur freuen.

COLUMBIA RIVER GORGE

HOOD RIVER COUNTY COC
202 Cascade Ave, Suite B
Hood River, OR 97031
Tel. 1 541 3 86 20 00
https://visithoodriver.com

THE DALLES AREA COC
404 W. 2nd Street
The Dalles, OR 97058
Tel. 1 541 2 96 22 31
www.thedalleschamber.com

1 BRODER ØST €€€€
Smaklig måltid! Bei Broder Øst im Hood River Hotel bekommen Sie schwedische Köstlichkeiten in gemütlicher skandinavischer Atmosphäre.
102 Oak Avenue, Hood River
Tel. 1 541 4 36 34 44

2 THE BALDWIN SALOON €€
Einst Saloon, Bordell, Sattlerei und Sarglager. Heute gibt's hier die besten Burger und Steaks der Stadt.
205 Court St., The Dalles
Tel. 1 541 2 96 56 66

1 COLUMBIA GORGE HOTEL €€€€–€€€
Das hoch über dem Strom liegende, luxuriöse Waldorf of the West, (1921) mit 40 gemütlichen Zimmer.
4000 Westcliff Drive, Hood River
Tel. 1 541 3 86 55 66
www.columbiagorgehotel.com

2 HOOD RIVER HOTEL €€€
Zentral gelegenes altes Stadthotel mit 41 modern eingerichteten Zimmern und oft Livemusik in der Lobby.
102 Oak Avenue, Hood River
Tel. 1 541 3 86 19 00
www.hoodriverhotel.com

1 Cape Horn Viewpoint
2 Portland Women's Forum State Park
3 Crown Point State Park
4 Waterfall Area: Latourel, Shepperds Dell, Bridal Veil, Wakheena
5 Beacon Rock
6 Multnomah Falls
7 Oneonta Gorge
8 Horsetail Falls Trail
9 Eagle Creek Trail

Multnomah Falls

Die höchsten Wasserfälle der Schlucht

Wenige Autominuten weiter östlich: Gespeist von unterirdischen Quellen auf dem Mount Larch, sind die Multnomah Falls mit fast 200 Metern die **höchsten Fälle in der Columbia Gorge**. Schwindelerregende Blicke auf die zweistufigen Fälle bietet u. a. die **Benson Footbridge**. Jenseits der eleganten, 14 Meter langen Brücke folgt der »Larch Mountain Trail« dem Multnomah Creek bis zum **Larch Mountain Lookout** – und zu unvergesslichen Blicken über die Fälle und die Columbia Gorge.

Hood River

Hotspot für Windsurfer

Die schöne, von alten Backsteinhäusern gesäumte Hauptstraße des 7300-Einwohner-Städtchens läuft geradewegs auf den Columbia River zu. Dort sehen Sie den Grund für die Popularität der Stadt: Dutzende, oft sogar Hunderte **Windsurfer** flitzen mit atemberaubender Geschwindigkeit über die weißbemützten Wellen. Anfang der 1980er-Jahre entdeckte die Windsurfer-Gemeinde die für ihren Sport idealen Windbedingungen in der Columbia Gorge. Hood River, bis dahin ein schläfriges Nest kleiner Farmer und Obstbauern, entwickelte sich über Nacht zum internationalen Hotspot von »boardheads« aus aller Welt. Doch selbst wenn der Wind einmal nicht mitspielt, gibt es genug zu tun in Hood River.

Die schöne Downtown bietet neben zahlreichen Coffeeshops und Outdoor-Geschäften das interessante, der Siedlungsgeschichte gewidmete **Hood River County Historical Museum**. Den besten Eindruck von Stadt und Umgebung vermittelt ein Ausflug mit der **Mount**

Columbia River Gorge National Scenic Area

1 Broder Øst
2 The Baldwin Saloon

1 Columbia Gorge Hotel
2 Hood River Hotel

10 Bonneville Loch and Dam
11 Bridge of Gods
12 Dog Mountain Trail
13 Drano Lake
14 Mosier Twin Tunnels
15 Catherine Creek
16 Tom McCall Nature Preserve
17 Columbia Hills State Park
18 Maryhill Museum
19 Deschutes River State Recreation Area

Hood River ist ein Hotspot der Windsurfer

Hood Railroad. Die vierstündige »Parkdale Excursion« bringt im Sommer die Passagiere bis zum Fuß des allein stehenden, fotogenen Vulkans ▶ Mount Hood. Die in allen Souvenirshops zu findende Postkartenansicht des schneebedeckten Mt. Hood mit tiefblauem See im Vordergrund erleben Sie am besten selbst, und zwar am **Lost Lake**, der von Hood River aus auf der SR-281 erreicht wird.

Hood River County Historical Museum: 300 E. Port Marina Drive
Mo. – Sa. 11–16 Uhr | Eintritt frei | www.hoodriverhistorymuseum.org

Mount Hood Railroad: 110 Railroad St. | Mai – Okt. ab 11 Uhr
Tickets ab 40 $ | www.mthoodrr.com

Hier endete der Oregon Trail

The Dalles

Rund 22 mi/36 km weiter östlich, im bereits sichtbar trockeneren Teil der Schlucht, liegt die um 1800 gegründete 16 000-Einwohner-Stadt. Damals zwangen Stromschnellen die Händler, ihre Fracht über Land an diesem Verkehrshindernis vorbeizuschleppen. Auch der Oregon Trail endete hier: Die Siedler kalfaterten ihre Planwagen und setzten ihre Reise auf dem Columbia River fort. Zwangsläufig wurde der in einer weiten Uferebene liegende Ort ein **Handelsmittelpunkt**, später profitierten auch Farmer und Rancher von seiner Lage. Im 20. Jh. erlebte The Dalles so manchen Tiefschlag wie die Stilllegung seiner Aluminiumfabriken und Sägewerke. Im Zentrum erinnern viele alte Bauten an die wechselvolle Vergangenheit.

Sehenswert ist v. a. das weitläufige **Columbia Gorge Discovery Center**, das in ansprechend inszenierten Ausstellungen alle Aspekte der Schlucht behandelt.
Das **Fort Dalles Museum** im Surgeon's Quarter des früheren Forts, dokumentiert die Pionierzeit: Das längst abgerissene Fort wurde 1850 errichtet, um die Siedler vor Indianerüberfällen zu schützen.
Flussaufwärts von The Dalles werden gute **Weine** angebaut. Die bevorzugten Sorten sind Merlot, Cabernet Sauvignon, Chardonnay, Sauvignon blanc, Riesling, Gewürztraminer, Semillon, Pinot gris, Chenin blanc und Syrah.

Columbia Gorge Discovery Center: 5000 Discovery Drive | tgl. 9 bis 17 Uhr | Eintritt 12 $ | http://gorgediscovery.org
Fort Dalles Museum: 500 W. 15th St. | tgl. 10 – 17 Uhr | Eintritt frei, Spenden erwünscht | www.fortdallesmuseum.org

COOS BAY

Region: Coos County (Südküste) | **Einwohnerzahl:** 16 000
Höhe: 3 m ü.d.M.

Sägewerke, Container-Stapel und eine auch sonst recht nüchterne »What you see is what you get«-Atmosphäre: Das einzige Kunstmuseum an Oregons Küste hat sich ausgerechnet den farblostesten Ort ausgesucht. Einen schönen Kontrast dazu bilden die drei südlich anschließenden State Parks.

Einheimische nennen die Bucht und ihre drei Orte Coos Bay, North Bend und Charleston selbstbewusst »Bay Area«. Mit dem kulturgetränkten Ballungsraum von San Francisco hat diese jedoch kaum etwas zu tun.

Wohin in Coos Bay und Umgebung?

Auf den zweiten Blick

Coos Bay

Wer von Norden her anreist, möchte angesichts der Sägewerke und des Mill Casinos am liebsten gleich durchfahren. Doch halt – Coos Bay, um 1850 gegründet, bietet eine angenehme Überraschung: In dem alten Postamt, seinerzeit ein sehenswertes Art-déco-Gebäude, residiert das **Coos Art Museum**. Klein, aber fein, stellt es junge und etablierte Künstler der Nordwestküste aus und wagt sich hin und wieder auch an umweltpolitische Themen.

COOS BAY ERLEBEN

BAY AREA CHAMBER OF COMMERCE

145 Central Avenue
Coos Bay, OR 97420
Tel. 1 541 2 66 08 68
https://coosbaynorthbendcharlestonchamber.com/

BLUE HERON BISTRO €€

Das »Blue Heron« serviert solide deutsche Küche in urbaner Bistro-Atmosphäre. Richtig lecker sind die »Rouladen with Spaetzle«.
100 Commercial Ave.
Tel. 1 541 2 67 39 33

EDGEWATER INN €€

Von Choice Hotels gemanagtes Motel mit Blick aufs Wasser. Die nüchternen 82 Zimmer sind modern eingerichtet, viele mit Kitchenette.
275 E. Johnson Avenue
Tel. 1 541 2 67 04 23
www.choicehotels.com

Die von Felsklippen duchsetzte Pazifikküste vor Bandon zeigt sich märchenhaft.

Von hier zum **Boardwalk** sind es nur ein paar Minuten zu Fuß. Dort werfen Einheimische und Urlauber ihre Leinen nach Lachs und Heilbutt aus.
235 Anderson Ave. | Di. – Fr. 10 – 16, Sa. 13 – 16 Uhr | Eintritt 5 $
www.coosart.org

Strände, Gärten und schöne Aussichten

Der in Coos Bay vom Hwy. 101 abzweigende Cape Arago Highway führt westlich vom Fischerhafen Charleston zunächst zu dem in einer Felsenbucht liegenden **Sunset Bay State Park.** Dessen geschützte Lage und noch weit draußen nur hüfttiefes Wasser ermöglicht den Gang ins Wasser – an Oregons Küste aber nur etwas für Hartgesottene.
1,5 km südlich vom Sunset Bay State Park taucht mit dem **Shore Acres State Park** ein herrlicher, hoch über dem Pazifik liegender botanischer Garten auf. Einst ein Teil der Sommerfrische des Holzbarons Louis J. Simpson, bietet die Anlage beschauliche Spazierwege durch Rosen-, Tulpen- und Rhododendron-Gärten. Von der 20 m hohen Kante der Klippe wartet ein herrlicher Blick auf den Ozean. Und mit etwas Glück sehen Sie Wale vorbeiziehen.
Am Ende der Straße, 15 mi/24 km südwestlich von Coos Bay, liegt der **Cape Arago State Park** dem wildromantischen, von Nadelwald nur dürftig bedeckten Cape Arago. Angeblich ging der englische **Freibeuter Sir Francis Drake** (1540 – 1596) einmal hier vor Anker. Vom Parkplatz führen zwei schöne Trails zu Stränden, Gezeitenpools und Aussichten auf die Robben- und Seelöwenkolonien auf der vorgelagerten **Shell Island**.

Fotogen und kreativ

Bandon

Das rund 20 mi/32 km südlich von Coos Bay gelegene Städtchen Bandon (3300 Einw.) nennt einen der fotogensten, von Kliffs und Klippen bewachten Strände Oregons sein Eigen. Die im Schachbrettmuster zu Füßen eines kleinen Hügels angelegte **Altstadt** lädt mit hübschen Galerien und netten Cafés und Restaurants zu einem Bummel ein. Einen umfassenden Überblick über das Kunstschaffen an der Nordwestküste bietet die **Second Street Gallery**, die größte Galerie an der Küste Oregons. Hier sind rund 200 einheimische Künstler ausgestellt.
Second Street Gallery: 210 2nd St. SE | tgl. 10 – 17 Uhr | Eintritt frei
http://secondstreet gallery.net

Bandons märchenhafte Visitenkarte

Auf der Beach Loop Road geht's zur Küste. Die hier Spalier stehenden Felsen sind Bandons Visitenkarte: Dunkel, meerumspült und von Seevögeln bewohnt, ähneln viele von ihnen in der Bewegung erstarrten Tieren und Märchengestalten. Den besten Blick auf diese schöne Szenerie haben Sie vom **Coquille Point** am Ende der 11th Street. Dort führt eine Treppe zum Strand hinunter.

EUGENE

Region: Lane County (NW Oregon) | **Einwohnerzahl:** 178 000
Höhe: 131 m ü.d.M.

In den 1960er-Jahren war die Stadt ein Zentrum des Protests gegen den Vietnamkrieg. Bis heute atmet die freundliche Stadt am Südende des Willamette Valley den Geist der Gegenkultur.

Stadt mit liberalem Geist

Dem Besucher fällt dies auf den ersten Blick auf: Die Größe der Stadt – Eugene ist die zweitgrößte Stadt Oregons – geht nicht wie anderswo Hand in Hand mit einer uniform in dunkle Anzüge und Kostüme gekleideten (Büro-)Angestelltenschaft. Selbst in den Chefetagen gibt man sich sehr leger, und wichtige Geschäftsentscheidungen werden nicht nur im Büro, sondern auch im Coffeeshop an der Ecke getroffen – oder auch mal auf einer Bank in einem der vielen schönen Parks.
Als Sitz der liberalen University of Oregon war Eugene in den 1960er-Jahren eine **Bastion der Hippie-Kultur**. Jugendliche aus allen Landesteilen probten hier in Kommunen den zivilen Ungehorsam, Drogenkonsum und Anti-Vietnam-Demonstrationen inklusive. Der Schriftsteller und Gegenkultur-Guru **Ken Kesey** (1935 – 2001), der lange hier lebte, genießt bis heute Ikonen-Status. Nirgendwo im Nordwesten, von ▶ Portland einmal abgesehen, gibt es mehr Bioläden und als Kooperativen betriebene Geschäfte, nirgendwo mehr umweltpolitische Initiativen und rollstuhlfreundliche Fußwege als hier.

Wohin in Eugene und Umgebung?

Hier schlägt das kulturelle Herz der Stadt

Hult Center for the Performing Arts

Ein aus gläsernen Pyramiden und einem mächtigen Klotz bestehendes Gebäude beherbergt das »Hult«. Das Kunstzentrum ist Sitz von sieben auch international renommierten Ensembles, u. a. der **Eugene Ballet Company** und der **Eugene Opera**. In der Silvia Concert Hall finden 2500 Konzertbesucher Platz. Die unter der Lobby liegende **Jacobs Gallery** stellt, programmatisch unbelastet, die Werke junger Künstler aus der Region vor.
1 Eugene Center | Ticket Office Di.–Fr. 12–17, Sa. 12–16 Uhr und 1 Std. vor Veranstaltungsbeginn | http://hultcenter.org

Uni-Luft schnuppern

University of Oregon

Der Campus der Universität liegt ein paar Häuserblocks südöstlich der Downtown. Mit über 17 000 eingeschriebenen Studenten und einem großzügig subventionierten Haushalt ist die University of Oregon (UO) eine der Top-Adressen im US-amerikanischen Lehr- und

EUGENE ERLEBEN

EUGENE, CASCADES & COAST – TRAVEL LANE COUNTY
754 Olive Street, Eugene, OR 97401, Tel. 1 541 4 84 53 07
www.eugenecascadescoast.org

FIFTH STREET PUBLIC MARKET
Lokale und regionale Gärtner und Farmer, Künstler und Handwerker bieten hier ihre Waren und Werke an. Im Atrium spielen lokale Bands auf.
296 E. Fifth Avenue
Mo. – Sa. 10 – 19, So. 11 – 18 Uhr

SATURDAY MARKET
Feine Leckereien, gesundes Obst und Gemüse, schönes Kunsthandwerk und viel handgemachte Musik.
126 8th Street, Oak Street
April – Okt. Sa. 10 – 17 Uhr

OREGON BACH FESTIVAL
Über zwei Dutzend Konzerte von weltberühmten Bach-Interpreten.
Ende Juni – Anfang Juli
www.oregonbachfestival.com

BLACK WOLF SUPPER CLUB €€€–€€
Gumbo, Jambalaya und Barbecue Shrimps wie in Louisian, zubereitet aus frischen Produkten der Umgebung.
454 Willamette St.
Tel. 1 541 687 8226

BEPPE & GIANNI'S TRATTORIA €€
Nach wie vor der beste Italiener der Stadt bietet neben Traditionellem auch neue italo-amerikanische Kreationen. Hübsche Terrasse.
1646 E. 19th Avenue
Tel. 1 541 6 83 66 61

SUNDANCE NATURAL FOODS €
Früher ein kleiner Hippie-Laden, heute einer der größten Biokost-Versorger im Willamette Valley mit tollem Büfett und einer feinen Salatbar.
748 E. 24th Street
Tel. 1 541 3 43 91 42

VALLEY RIVER INN €€€€
257 Zimmer und 12 Suiten, modern eingerichtet, warme Farben; viele mit Blick auf den Willamette River.
1000 Valley River Way
Tel. 1 541 7 43 10 00
www.valleyriverinn.com

TIMBERS INN €
Preiswerte Unterkunft in Downtown mit 55 zwar einfach, aber zweckmäßig ausgestatteten Zimmern.
1015 Pearl Street
Tel. 1 800 6 43 41 67
www.timbersinneugene.com

Forschungsbetrieb, doch auf dem **parkähnlichen Campus** geht es eher beschaulich zu. Die ältesten Gebäude, efeuumrankte **viktorianische Schmuckstücke**, stammen aus dem 19. Jahrhundert. Zu einer Campustour gehört der Bummel durch den Grabsäulenwald des **Pio-**

Gute-Laune-Garantie: Sommerlicher Farmers' Market am City Park

neer Cemetery, auf dem viele Teilnehmer des Bürgerkriegs liegen. Unbedingt lohnend ist der Besuch des **UO Museum of Natural History**. Das dem traditionellen Langhaus der Nordwestküsten-Indianer nachempfundene Museum zeigt die regional besten Sammlungen zu den Kulturen der nordamerikanischen Ureinwohner und hier gefundenen Fossilien.

1680 E 15th Ave, Mi.–Sa. 11 – 17 Uhr | Eintritt 6 $
http://natural-history.uoregon.edu

Lust auf eine Weinprobe?

Silvan Ridge Winery

Seit über 30 Jahren produziert die 15 mi/24 km südwestlich von Eugene am hügeligen **Südrand des Willamette Valley** liegende Silvan Ridge Winery hervorragenden Riesling, besten Pinot Noirs und noch etliche andere Weine. Eine zünftige Weinprobe im rustikalen **»vine tasting room«** sollten Sie nicht versäumen. Mit einem Picknick auf der hübschen Veranda lässt sich der Besuch des Weingutes bestens abrunden.

27012 Briggs Hill Rd. | Weinproben tgl. 12 – 17 Uhr
www.silvanridge.com

FLORENCE

Region: Lane County (Nordküste) | **Einwohnerzahl:** 9000
Höhe: 4 m ü.d.M.

Von der Talfahrt der Fischerei schwer gebeutelt, zieht das schöne Hafenstädtchen an der Mündung des Siuslaw River heute viele Rentner an. Für Outdoorfans ist der Ort außerdem eine gute Basis für die Erkundung der Sanddünen und Steilküsten, die gleich hinter der Stadtgrenze liegen.

Egal, aus welcher Richtung Sie anreisen: Florence hat einen starken Auftritt. Von Norden her kurvt man auf dem Hwy. 101 von hoher Klippen aus dem träge auf breitem Sandstrand liegenden Städtchen entgegen, von Süden her sieht man die gerade 100 Jahre alte »Altstadt« von der **Siuslaw River Bridge** aus, einer eleganten Brücke mit Art-déco-Elementen. Die Nähe zum Willamette Valley – ▶ Eugene liegt nur eine Autostunde entfernt –, das milde Klima und vor allem die fotogene Küste der Stadt haben Florence während der letzten Jahre zu einer beliebten Residenz bei Wochenendurlaubern gemacht.

Wohin in Florence und Umgebung?

In Nostalgie schwelgen

Old Town

Sehenswert ist die Old Town unterhalb der Brücke. Aufmerksam restauriert, erinnert sie mit – etwas zu sauberen – alten Häusern, Molen und Plankenwegen an die »gute alte Zeit«, als Florence noch vom Fischfang und Verladen der Hölzer des Inlands leben konnte. Eine Handvoll netter Restaurants und Coffeeshops sowie günstige Unterkünfte machen das Herz der Stadt jedoch zu einer Basis für Unternehmungen in der Umgebung.

Einen zweiten Blick wert ist das in einem alten Schulhaus residierende **Siuslaw Pioneer Museum**, das sich mit indigenen Artefakten und Exponaten aus der Pionierzeit dem Alltag vor mehr als 150 Jahren widmet.
278 Maple St. | Di. - So. 12 - 16 Uhr | Eintritt 4 $
www.siuslawpioneermuseum.com

Sand und Seen

Jessie M. Honeyman Memorial State Park

3 mi/5 km südlich von Florence zeigt dieses Schutzgebiet bereits die für die Oregon Dunes typische Dünenlandschaft: Berge aus Sand, so weit das Auge reicht, mit dichtem, die Hänge bedeckendem Rhododendrongebüsch. Die beiden Süßwasserseen **Lake Cleawox** und **Lake Woahink** sind beliebte Badeseen.

FLORENCE ERLEBEN

FLORENCE AREA CHAMBER OF COMMERCE
290 Highway 101
Florence, OR 97439
Tel. 1 541 9 97 31 28
www.florencechamber.com

MO'S €
Die Fischrestaurantkette ist eine Institution an der Oregon-Küste: Ihr Markenzeichen: »clam chowder« – mit Kartoffeln zubereitete Muschelsuppe.
1436 Bay Street
Tel. 1 541 9 97 21 85

BLUE HERON INN €€€
Fünf hübsch altmodisch eingerichtete Zimmer in einem alten Haus am Siuslaw River, etwa 5 km landeinwärts.
6563 Highway 126
Tel. 1 541 9 97 40 91
www.blue-heroninn.com

RIVER HOUSE INN €€€–€€
Modernes Motel mit Blick auf den Fluss und die Brücke in der Nähe der Altstadt; 40 zweckmäßig eingerichtete Gästezimmer.
1202 Bay Street
Tel. 1 541 9 97 39 33
www.riverhouseflorence.com

Oregon Dunes National Recreation Area

Mini-Sahara

Die Dünenlandschaft beginnt gleich südlich von Florence und reicht bis zum 80 km entfernten ► Coos Bay. Die Recreation Area reicht bis zu 5 km tief landeinwärts, oft treibt der Wind den Sand auch über den Hwy. 101. Biologen haben zwar über 400 verschiedene Pflanzenarten in dieser Mini-Sahara entdeckt, doch seit die Regierung sie – die größten Dünen sind bis zu 150 m hoch – als »Recreation Area« freigegeben hat, dient die Hälfte der Fläche als Tummelplatz für Dune Buggys und Motocross-Räder. Fans dieser Sportarten können in **Reedsport** und **Winchester** entsprechende Gefährte ausleihen. Den besten Überblick über die Dünenlandschaft haben Sie vom **Oregon Dunes Overlook** südlich von Carter Lake. Ein Trail führt von hier aus zum Pazifik.

Oregon Dunes NRA Visitor Information Center: 855 Highway 101, Reedsport | Mo. – Fr. 8 – 16 Uhr | Eintritt frei
www.fs.usda.gov/recarea/siuslaw/recreation; www.ridetheoregon dunes.com

Sea Lion Caves

Im Wohnzimmer der Seelöwen

Die 10 mi/16 km nördlich von Florence tief unterhalb des Hwy. 101 liegende Grotte ist das 12 Stockwerke hohe »Wohnzimmer« einer **Kolonie von Stellerschen Seelöwen**. Rund 200 dieser beeindruckenden und immer lauten Tiere ziehen in der gischtumbrandeten Höhle ihre Jungen auf. Vom Besucherzentrum führt ein Fahrstuhl 60 m hinunter.

91560 Hwy. 101 N | tgl. 9 – 17.30 Uhr | Eintritt 18 $
www.sealioncaves.com

6X GUTE LAUNE

Das hebt die Stimmung

1. STIMMUNGS-AUFHELLER

Nein, nicht das kühle Blonde in **Ferndales** Kneipen ist gemeint, sondern die urige Lost Coast Bakery. Wer hat sich unterwegs nicht schon mal so richtig über frische Obst- und Sahnetörtchen gefreut? ▶ Ferndale, 543 Main St., CA, Tel. 707 786 4777

2. RUNTER KOMMEN SIE IMMER

Radsportbegeisterte fahren in **Portland** jede Sonntagnacht zur Washington Park Station. Dort schwingen sie sich auf ihre Spaßräder und brettern talwärts. Beim »Zoobombing« kann jeder mitmachen! ▶ bikeportland.org/tag/zoobomb

3. FUN BIS ZUM ABDREHEN

Der Motor knattert, die Spurrillen im Sand lassen den Buggy hin und her schlingen: Mit dem Dune Buggy durch die **Oregon Dunes** (Foto) zu düsen ist ein Heidenspaß! ▶ **S. 228, OR**

4. GESCHMACKS-SACHE

Genial missratene Gemälde von Elvis, Hitler und pokerspielenden Hunden. Prähistorische Nintendospiele, Horrorpuppen. Und dann hört das Official Bad Art Museum of Art im Café Racer in **Seattle** auch noch auf OBAMA. Grandios lächerlich! ▶ 5828 Roosevelt Way NE, Seattle, WA, tgl. 7–14 Uhr

5. NUR FLIEGEN IST SCHÖNER ...

... und zwar in einem Heißluftballon frühmorgens über dem **Lake Tahoe!** Tiefblau liegt der See da, smaragdfarben schimmern seine Ränder und schneeweiß die Berge der High Sierra. ▶ **S. 67, CA**

6. FEUCHT-FRÖHLICH

Der American River kennt kein Erbarmen: Er schüttelt das Raft ordentlich durch und ergießt sein H_2O über die tapferen Paddler. Doch die quieken vor Vergnügen und brüllen nach mehr. Rafting in den Foothills der **Sierra Nevada** macht einfach Spaß! ▶ **S. 407**

Hecata Head Lighthouse

Und ... knips!

Das wenig nördlich der Sea Lion Caves gelegene und zu den schönsten Leuchtfeuern der Pazifikküste zählende Hecata Head Lighthouse kündigt sich schon früh an: Autofahrer auf dem Hwy. 101 halten – verbotenerweise – auf offener Straße zum Fototermin an, sobald eine Kurve eine schöne Aussicht bietet. Der offizielle **»Viewpoint«** befindet sich im **Devil's Elbow State Park**, der an der Mündung des Cape Creek in einer hübschen kleinen Bucht liegt. Von hier aus führt ein kurzer Trail zu dem 1894 in Betrieb genommenen, auf einer Felsenkanzel hoch über dem schäumenden Pazifik thronenden Leuchtturm. Ein Trail zur Nordseite des Heceta Head führt zu phantastischen Aussichten auf das 10 mi/16 km weiter nördlich liegende **Cape Perpetua**.

GOLD BEACH

Region: Curry County (Südküste) | **Einwohnerzahl:** 2300
Höhe: 15 m ü.d.M.

Der Name ist irreführend: kein gelber Strand, kein Gold. Dennoch sollten Sie sich Gold Beach merken. Das Städtchen an der Mündung des Rogue River genießt u. a. bei Jetboat-Fans einen guten Ruf. Und in der Umgebung wartet der wohl schönste Küstenabschnitt Oregons.

Ein Hafen in der Flussmündung, ankernde Lachstrawler, eine Fischfabrik und die überschaubare, schläfrige Hauptstraße **Ellensburg Avenue** mit einem kleinen Wohngebiet dahinter, das sich an die wenige Meter landeinwärts steil ansteigenden Hänge schmiegt: Der Blick von der **Patterson Bridge** auf Ort und Flussmündung ist eine nette Überraschung. Während der 1850er-Jahre fanden Abenteurer ein bisschen Goldstaub in dem hier allgegenwärtigen schwarzen Sand. Die Aktivitäten der immer zahlreicher werdenden Weißen war ein Mitauslöser der sog. **Rogue River Wars** (1855 – 1857), in deren Verlauf hier ansässige Takelma, Shasta und Coquille die landhungrigen Siedler – vergebens – bekämpften. Mehr darüber erfahren Sie im **Curry County Historical Museum**. Um 1900 entdeckten Sportangler den Rogue als Lachsfluss. Heute bieten zahlreiche flussaufwärts liegende River Lodges Anglerferien an. Am Nordufer des Flusses, im Gebäude von »Jerry's Rogue Jets« informiert ein kleines Museum über die Natur des **Rogue River**.

Curry County Historical Museum: 29419 Ellensburg St. | Di. – Fr. 10 bis 16 Uhr | Eintritt 5 $ | www.curryhistory.com

GOLD BEACH ERLEBEN

GOLD BEACH VISITOR CENTER
94080 Shirley Lane
Gold Beach, OR 97444
Tel. 1 541 2 47 75 26
www. visitgoldbeach.com

JERRY'S ROGUE JETS
Tel. 1 800 4 51 36 45
www.roguejets.com
Mai – Mitte Okt. tgl. ab Jetboat Dock am Südufer des Rogue River; Tickets ab 50 $

PORT HOLE CAFÉ €€
Gradlinige Küche in alter Fischfabrik, spezialisiert auf »Ocean Stuff«. Zudem wird ein schöner Blick auf den Hafen geboten.
29975 Harbor Way
unterhalb der Patterson Bridge
Tel. 1 541 2 47 74 11

GOLD BEACH BOOKS BISCUIT COFFEEHOUSE & ART GALLERY €
Nettes Café mit umfangreicher Buchhandlung im Rücken. Serviert werden hier die besten Cappuccinos und Coffee Cakes dieses Küstenabschnitts.
29707 Ellensburg Avenue
Tel. 1 541 2 47 24 95

ROGUE RIVER LODGE AT SNAG PATCH €€€€
Urgemütliches Luxusherge mit acht Gästezimmern, etwas landeinwärts am Nordufer des Rogue River.
94966 North Bank Rogue River Road
Tel. 1 541 247 01 01
www.rogueriverlodge.com

SAND DOLLAR INN €
Angenehme Unterkunft mit 25 Zimmern, nur ein paar Gehminuten vom Strand entfernt.
29399 Ellensburg Avenue
Tel. 1 541 2 47 66 11

Wohin in Gold Beach und Umgebung?

Mit einem Jetboat durch tiefe Schluchten

Rogue River

Der Fluss entspringt 360 km landeinwärts im Crater Lake National Park (► S.244) und stürzt durch die **Cascade Mountains** dem Pazifik entgegen. Die isolierten Siedlungen am unteren Abschnitt versorgt seit über 100 Jahren ein Postschiff von Gold Beach aus. Heute ist es ein PS-starkes **Jetboat**, das auch Touristen mitnimmt. Den rasanten Ritt durch Stromschnellen und 200 Meter tiefe Schluchten bieten **»Jerry's Rogue Jets«** an (► Gold Beach erleben).

Schöne Aussichten

Cape Sebastian

Etwa 7 mi/11 km südlich von Gold Beach liegt dieses nach dem spanischen Seefahrer Sebastián Vizcaíno benannte **Vorgebirge**, der im

WO DER WALDMENSCH HUSTET

Seitdem Waldbrandbekämpfung von Flugzeugen aus geschieht, haben die Feuerwachtürme an der Westküste ausgedient. Heute sind sie Gästezimmer in bester, aber auch einsamster Lage.

Nachts um zwei Uhr knirscht es plötzlich. Das Bett bewegt sich, zugleich verdunkeln dunkle Wolken den Mond. Tiefblaue Schatten legen sich über die Bergkämme, die bis dahin fahles Licht beschien. Mein Bett steht auf dünnen Planken, darunter gähnt der Abgrund: Ich residiere auf der Spitze eines 15 Meter hohen, hölzernen Feuerwachtturms, der mit über 70 Jahren nicht gerade der allerjüngste ist. Die Windböen lassen ihn spürbar schwanken. Hilfe ist hier im unwegsamen Gelände des **Siskiyou National Forest** weit weg: Nach Brookings, dem nächsten Ort am Pazifik, sind es 40 Kilometer.

In luftiger Höhe ...

Der **Quail Prairie Lookout** in der Südwestecke Oregons ist einer von etwa 40 Feuerwachtürmen, die der USDA Forest Service in Oregon noch betreibt. Früher wachten mehr als 200 **»fire towers«** auf Bergkämmen und -gipfeln über die Wälderwildnis. Die einzige Verbindung der Besatzungen zur Außenwelt war das Funkgerät – und kühn durch die Bergwelt getriebene »logging roads«, einspurige Holzabfuhrstraßen, deren gewagter Verlauf einem auch heute die Haare zu Berge stehen lassen kann. Die in luftiger Höhe eingerichteten »Adlernester«, in denen die Wächter früher Dienst schoben, sind **spartanisch eingerichtete Behausungen.** Sie bieten zwei bis vier Personen Platz und sind nur auf steilen Treppen oder Leitern erreichbar. Zu ebener Erde gibt's ein Plumpsklo. Eine Dusche ist in den meisten Fällen Fehlanzeige, und Schlafsack, Wasser und Proviant müssen mitgebracht werden.

... und mitten in der Wildnis

So ungewöhnlich wie die Unterbringung ist die Anfahrt. Die Wegbeschreibung des Forest Service setzt Ortskenntnis voraus, das Wegenetz in der auch **Kalmiopsis Wilderness** genannten Wildnis entsprechend schlecht ausgeschildet. Der Quail Prairie Lookout taucht jedenfalls gerade rechtzeitig auf, bevor ich die Geduld verliere. Auf einer gut 1000 Meter hohen Kuppe ragt er wie ein dünner Zeigefinger noch einmal 15 Meter auf. Während die Sonne im Westen theatralisch in den Pazifik fällt und die ersten Sterne am Himmel funkeln, schleppe ich meine Siebensachen die vier engen Stiegen hinauf und beziehe mein Quartier. Das vom Supermarkt in Brookings mitgebrachte Essen – Bratwürste, Kartoffelsalat, Sandwichs und Bier – schmeckt hier oben besser als im Gourmet-Restaurant.

Die Aussicht über diesen Teil des Siskiyou National Forest ist phantastisch. Bis zu 2000 Meter hohe, teils stark zerklüftete Höhenzüge legen sich kreuz und quer über das Land wie die Linien eines Schnittmusters. Keine Stadt, kein Dorf und kein Mensch sind zu sehen oder zu hören. Bekannt für ihre stark eisenhaltigen Felsen und unfruchtbaren Böden, hat die Kalmiopsis Wilderness eine **einzigartige Flora** hervor-

Auch im Siskiyou National Forest kann plötzlich ein »Bigfoot« auftauchen.

gebracht. So ist die rot blühende Kalmiopsis leachiana ein voreiszeitliches Relikt und das älteste aller Heidekräuter.

Pumas und Waschbären

Eintragungen im zerknitterten Gästebuch schwärmen von Waschbären und Hirschen auf der Lichtung unterhalb des Turms. Ein Gast glaubte, abends vom Balkon aus einen »cougar«, einen Berglöwen, gesehen zu haben, ist sich aber nicht sicher: »Jedenfalls sah der Schatten, der um mein Auto strich, so aus.« Die letzte Stunde vor dem Zubettgehen verbringe ich auf dem umlaufenden Balkon. In der Berglöwenbroschüre von Oregon State Parks steht, was bei einer Begegnung mit dieser gefährlichen Wildkatze zu tun ist: »Bleiben Sie ruhig. Laufen Sie nicht weg, das könnte den Angriffsinstinkt der Katze auslösen. Strecken Sie Ihre Arme in die Höhe, um größer auszusehen.« Prompt dringt vom Waldrand ein langgezogenes, hustenähnliches Geräusch herüber. Steigen Berglöwen Treppen? Ich schließe doch lieber die Bodenluke und ziehe sicherheitshalber noch eine schwere Kiste darüber. Die Ellbogen aufs Geländer gestützt, suche ich anschließend den Waldrand mit dem Fernglas ab. Noch einmal dringt das rauhe Husten herüber, unheimlich klingt das. Vielleicht ist es ja gar kein Berglöwe. Vielleicht ist es **ein Sasquatch, der legendäre Waldmensch?** Der soll hier ja auch schon gesehen worden sein …

Übernachten in einem »fire tower«

Die zu Gästezimmer umfunktionierten Feuerwachtürme tief in den Wäldern Oregons bieten eine der ungewöhnlichsten Erfahrungen an der Westküste. Die »fire towers« des USDA Forest Service sollten **ein halbes Jahr im Voraus** gebucht werden, werden aber nicht als Attraktion vermarktet. Entsprechend subjektiv auslegbar ist die Beschilderung!

Weitere Infos:

USDA Forest Service:
www.fs.usda.gov/main/rogue-siskiyou/home

Quail Prairie Lookout:
www.recreation.gov/camping/campgrounds/234161

Im Samuel H. Boardman State Park bieten sich fantastische Ausblicke auf die wilde Pazifik-Steilküste

Jahr 1602 in diesen Gewässern kreuzte. Über 200 m hoch, ist es das höchste mit dem Pkw erreichbare Kap der Küste und liefert bei klarer Sicht tolle Ausblicke.

Wildromantisch

Pistol River State Park

Vom Cape Sebastian aus sehen Sie sie schon: die endlos scheinenden, von bizarren Felsklötzen und Felsnadeln bewachten Strände des Pistol River State Park. Während der **Rogue River Wars** fand hier ein blutiges Gefecht statt, und der Soldat, der hier seine Pistole verlor, steht für die Namensgebung dieses wildromantischen Küstenabschnitts. Die beiden **Parkplätze entang des Highways 101** teilt man sich mit den verbeulten Vehikeln der Surfergemeinde: Die Windsurfbedingungen sind hier so gut, dass Sie **Windsurfer** vor allem von

Juni bis Anfang September von morgens bis abends beim Spiel in den Wellen beobachten können.

»Banana Belt of Oregon«

Brookings

Der Küstenort an der Grenze zu Kalifornien, ca. 30 mi/48 km südlich von Gold Beach, ist mit seinen grellen Werbetafeln eine eher unansehnliche Angelegenheit. Hübsche **State Parks** in der Umgebung und ein ungewöhnlich warmes Klima machen den durchwachsenen ersten Eindruck jedoch wieder wett. Das milde Klima, das selbst im Winter eine Durchschnittstemperatur von 23 °C schafft, hat Brookings (6500 Einw.) sogar den Titel »Banana Belt of Oregon« eingetragen – Bananen wachsen hier jedoch nicht.
Brookings interessanteste Sehenswürdigkeit liegt 15,5 mi/25 km landeinwärts an den Hängen des **Mount Emily** und erfreut sich ungebrochenen Interesses. Im September 1942 warf ein von einem japanischen U-Boot aufgestiegenes Flugzeug hier zwei schwere Brandbomben ab mit dem Ziel, einen Waldbrand zu entfachen. Das Vorhaben misslang jedoch, und so ging diese Episode lediglich als einziger japanischer Angriff auf das amerikanische Festland in die Geschichtsbücher ein. Heute führt der **Mount Emily Bombsite Trail** zur Einschlagsstelle (via Chetco South Bank Road und Wheeler Creek Road).

Schönster Küstenabschnitt Oregons

Samuel H. Boardman State Park

Der Samuel H. Boardman State Park beginnt wenige Meilen nördlich von Brookings und schützt rund 12 mi/20 km wohl schönsten Küstenabschnitts Oregons. Zahlreiche Abfahrten führen vom Highway 101 zu Picknickplätzen und Aussichten an der grandiosen Steilküste. Herausragende Sehenswürdigkeiten sind der abgeschirmte Strand der **Lone Ranch Picnic Area**, wo man in flachen Gezeitenbecken sogar schwimmen kann, sowie das bei Walbeobachtern als Aussichtspunkt beliebte **Cape Ferrelo** und der **Natural Bridge Viewpoint**, von wo aus sich die Küste von ihrer dramatischsten Seite zeigt.

Einer der höchsten Berge Oregons

Humbug Mountain State Park

22 mi/35 km nördlich von Gold Beach ragt mit 530 m einer der höchsten Berge Oregons so steil aus dem Pazifik, dass die Ingenieure den Hwy. 101 an seinen Rücken verlegen mussten. Woher der Name stammt, weiß niemand. Erlen, Ahornbäume, uralte Douglasien, Myrtlewood – eine lorbeerähnliche, nur in Südwest-Oregon heimische Baumart – und zwölf verschiedene Farnarten wachsen an seinen Hängen. Ein kurzer Trail führt vom Campingplatz am Brush Creek, zu einem verschwiegenen Sandstrand. Der 5 km lange **Humbug Mountain Trail** beginnt ebenfalls hier und führt, vorbei an phantastischen Aussichten auf die Küste, hinauf auf den Gipfel.

GRANTS PASS

Region: Josephine County (Südwest-Oregon)
Einwohnerzahl: 39 000 | **Höhe:** 293 m ü.d.M.

Zwei Aktivposten setzten die erfrischend normale Kleinstadt im Rogue River Valley auf die To-do-Liste der Outdoor-Fans: das milde Klima und der Rogue River, auf den sich das Freizeitangebot von Grants Pass konzentriert.

Von der Holzwirtschaft zum Tourismus

Irgendwann hatten die mächtigen Holzfirmen ein Einsehen. Die Abholzung der umliegenden Berge wurde quotiert oder ganz gestoppt. Viele verloren dadurch ihre Jobs. Inzwischen hat sich jedoch der Tourismus als neuer Wirtschaftszweig etabliert. **Downtown**, der älteste Abschnitt der Main Street wurde aufgehübscht, Bäume und schön altmodische Straßenlaternen inklusive, sodass man erahnen kann, wie Grants Pass früher aussah.
Frankokanadische Trapper im Dienst der Hudson's Bay Company waren um 1820 hier die ersten Weißen. In den 1840er-Jahren folgten amerikanische Siedler, wenig später gab es einen Halt für kalifornische Postkutschen auf dem Weg ins Willamette Valley. 1865 eröffnete das Postamt, kurz zuvor hatte man die Ansammlung von Häusern an der staubigen Main Street Grants Pass genannt – aus Anlass des Sieges von Bürgerkriegsgeneral Ulysses Grant in Vicksburg.

Wohin in Grants Pass und Umgebung?

Stadt, Land, Wein

Grants Pass Museum of Art

Die Kuratoren des Grants Pass Museum of Art konzentrieren sich vor allem auf regionale Künstler und aktuelle Themen wie die Darstellung der Weinkultur Oregons und die Spannungen zwischen Umweltschutz und Urbanisierung .

229 SW G St. | Di. – Sa. 10 – 17 Uhr | Eintritt frei, Spende erbeten
www.gpmuseum.com

Interessanter Besuch bei seltenen Wildtieren

Wildlife Images Rehabilitation and Education Center

13,5 mi/22 km westlich von Grants Pass werden kranke oder im Straßenverkehr zu Schaden gekommene Wildtiere wieder aufgepäppelt und dann wieder in die Freiheit entlassen. Für Besucher mit begrenztem Zeitbudget die wohl einzige Gelegenheit, Schwarzbären, Pumas, Steinadler und andere **Tiere der nahen Kalmiopsis Wilderness** einmal ganz aus der Nähe zu sehen.

11845 Lower River Rd. | Mai – Sept. tgl. 9 – 17, Fr.–Mo. 10–15 Uhr
Eintritt 20 $ | www.wildlifeimages.org

GRANTS PASS ERLEBEN

GRANTS PASS & JOSEPHINE COUNTY CHAMBER OFFICE & VISITOR CENTER

1995 NW Vine Street
Grants Pass, OR 97526
Tel. 1 541 4 76 77 17
www.grantspasschamber.org

GROWER'S MARKET

Hier bieten die **Farmer** und **Bio-Gärtner** zu Livemusik und Straßenkunst ihre Produkte an.
4th Street, F Street
Sa. 9 – 13 Uhr

BRIDGEVIEW VINEYARD

Riesling und Gewürztraminer, Pinot Noir und Muscat: Das von einer deutsch-amerikanischen Familie betriebene Weingut erzeugt beste Tropfen.
4210 Holland Loop Road
(östlich von Cave Junction)
www.bridgeviewwine.com
Weinproben n. V.

RAFTING

Der **Rogue River** gilt mit seinen Klasse-IV-Stromschnellen als einer der besten Wildwasserflüsse Nordamerikas. Viele Outfitter in Grants Pass und Merlin können von den wassersportverrückten Fans aus ganz Amerika hervorragend leben.
Man kann sich einer geführten Tour anschließen und im Team einen Tag auf dem Rogue verbringen oder aber selbst ein Kajak oder Schlauchboot mieten. Der über 60 km lange Wildwasser-Abschnitt beginnt hinter Graves Creek bei Sunny Valley.
Orange Torpedo White Water Rafting Trips ist einer der profiliertesten Anbieter von Rafting-Touren der Region und führt Touren aller Schwierigkeitsklassen durch.
210 Merlin Road, Merlin, OR
Tel. 1 541 4 79 50 61
www.orangetorpedo.com

THE LAUGHING CLAM €€

Im »Laughing Clam« gibt's solide Pub- und Fischgerichte, dazu eine große Auswahl von Bieren aus Mikrobrauereien der Gegend.
121 SW G Street
Tel. 1 541 4 79 11 10

WILD RIVER BREWING & PIZZA COMPANY €€

Der Pub mit eigener Brauerei serviert die besten Pizzen der Stadt.
595 Northeast »E« Street
Tel. 1 541 4 71 74 87

OUT ,N' ABOUT TREEHOUSE €€€€

Schlafen in urgemütlichen Baumhäusern hoch über dem Waldboden in der Nähe von Takilma.
300 Page Creek Road
Cave Junction, OR 97523
Tel. 1 541 5 92 22 08
www.treehouses.com

RIVERSIDE INN RESORT €€€–€€

Schöne Unterkunft am Rogue River mitten in Grants Pass. Alle 63 Zimmer haben Balkons zum Fluss.
986 SW 6th Street
Tel. 1 541 4 76 68 73
www.riverside-inn.com

Bewegende Einblicke

Applegate Trail Interpretive Center

Etwa 13,5 mi/22 km nördlich von Grants Pass erinnert in **Sunny Valley** ein kleines Besucherzentrum an die weniger bekannte **Südroute des Oregon Trail** und die Opfer, die von den Pionieren erbracht wurden. Zu sehen sind einige Gräber, eine alte Blockhütte und regelmäßig stattfindende Reenactments.

500 Sunny Valley Loop | Do. – So. 10.30 – 16.30 Uhr
Eintritt frei, Spende erbeten | www.rogueweb.com/interpretive

Bester Ausgangspunkt für Touren in die Umgebung

Cave Junction

Das schöne Städtchen zu Füßen der bis weit ins Frühjahr schneebedeckten **Siskiyou Mountains** ist der beste Ausgangspunkt für Entdeckungstouren zum nahe gelegenen **Oregon Caves National Monument**. Seit den späten 1960er-Jahren wird rund um Cave Junction Wein angebaut; einige der größten Weingüter Oregons liegen vor den Toren der Stadt.

Der vor Jahren begonnene **Art Walk** (im Sommer an jedem zweiten Freitag) hat einen unaufgeregten Tourismus angekurbelt: In den kleinen Galerien und Kunsthandwerksläden präsentieren die Künstler ihre Werke dann höchstpersönlich.

Drei interessante Sehenswürdigkeiten liegen ein paar Autominuten außerhalb: Der **Great Cats World Park** zeigt einheimische und exotische Großkatzen. Das **Kerbyville Museum**, mit über 60.000 Artefakten prall gefüllt, erinnert an die raue Goldgräber- und Pionierzeit vor 150 Jahren. Ein B & B und eine Sehenswürdigkeit zugleich ist das **Out 'n' About Treehouse Treesort LLC** 16 km südlich von Cave Junction (▶ Grants Pass erleben).

Great Cats World Park: 27919 Redwood Hwy. | Mitte März – Ende Mai tgl. 11 – 16, Ende Mai – Anf. Sept. tgl. 10 – 18, Anf. Sept. – Okt. tgl. 11 – 16, Nov., Feb. Sa., So. 11 – 16 Uhr | Eintritt 18 $
http://greatcatsworldpark.com

Kerbyville Museum: US-199 u. Redwood Hwy., April – Okt. tgl. (außer Mi.) 11 – 15 Uhr | Eintritt 12 $ | https://www.facebook.com/Kerbyville.Museum/

Out 'n' About Treehouse Treesort LLC: https://treehouses.com

In der Unterwelt

Oregon Caves National Monument

Von Cave Junction aus führt die kurvenreiche SR-46 (für Wohnmobile ungeeignet) zu dem 20 mi/32 km in den dicht bewaldeten **Siskiyou Mountains** gelegenen Höhlensystem. Es besteht aus einer knapp 5 km langen Serie miteinander verbundener Kammern. Auch ein unterirdischer Fluss, der **Styx**, rauscht hier durch. Für die stündlich stattfindenden **»Cave Tours«** sollten Sie sich warm anziehen: Die Temperatur liegt ganzjährig bei 7 °C.

Führungen wechselnd, meist 8.30 – 16 Uhr, außer Nov. bis Frühling
Eintritt 10 $ | Tel. 1 541 5 92 21 00 | www.nps.gov/orca

★★ HELLS CANYON

Region: Nordost-Oregon, Idaho | **Fläche:** 2640 km²

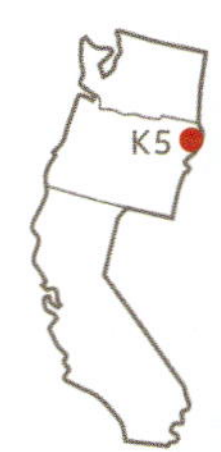

Mit dem Kajak oder Jetboat durch eine Super-Schlucht: Der Hells Canyon ist mit über 2400 Metern Nordamerikas tiefste von einem Fluss geschaffene Schlucht. Im Bereich des Devil Peak beträgt der Höhenunterschied zwischen Berggipfel und dem Grund des Snake River sogar 2863 Meter.

Damit ist er um einiges tiefer als der weltberühmte Grand Canyon in Arizona, bei dem »nur« maximal 1800 Höhenmeter zwischen dem oberen Rand des Canyons und dem Fluss liegen. Beeindruckender als der Grand Canyon ist der Hells Canyon jedoch nicht. Zudem fließt der **Snake River** hier auf der Grenze zu einem Abschnitt der Wallowa Mountains, deren raue Unzugänglichkeit schon so manchen Wanderer strapaziert hat. Trotzdem – oder wohl gerade deswegen – treibt der Snake River jedem ernsthaften Rafter Tränen des Glücks in die Augen. Durchschnittlich rund 1600 m tief, erreicht der Canyon im Abschnitt zwischen **Hells Canyon Dam** und **Dug Bar** nahe der Mündung des Imnaha River seine größte Tiefe.

Für begeisterte Rafter, Kajak- und Jetboat-Piloten beginnen nach dem Staudamm die spannendsten **110 Kilometer Wildwasser** Nordwestamerikas. Von hier bis nach Lewiston in Idaho bewältigt der Snake River einen Höhenunterschied von fast 400 Metern – »Action« in Form von Stromschnellen, Wirbeln und selbst veritablen Wasserfällen ist garantiert.

Dank ihrer extremen Höhenunterschiede präsentiert die »Höllenschlucht« eine besonders facettenreiche **Tier- und Pflanzenwelt.** Sonnenblumen sind ebenso vertreten wie Kakteen, und es gibt hier Bären, **Pumas**, Adler und Fischotter. Auch wimmelt es hier von **Klapperschlangen** und **giftigen Spinnen.**

Bereits im 5. Jahrtausend v. Chr. überwinterten **Paläoindianer** in der Umgebung des Hells Canyon. Nachfolgende Stämme betrachteten die an Wild reiche Gegend als neutrales Gebiet, auf dem auch mehrere Stämme miteinander in Frieden leben konnten. Die **Nez Perce** nannten es **»Wah-Lah-Wah«**, ein Ausdruck, der sich im heutigen Begriff »Wallowa Mountains« wiederfindet.

Wohin im Hells Canyon und Umgebung?

Ab durch die Wildnis

Rund 1500 km Wanderwege führen von trockenen Wüsteneien zu alpinen Wildblumenwiesen. Das Nest **Imnaha** am Rand der Recrea- Wanderwege

tional Area – zu erreichen von Joseph aus auf dem Highway 350 – ist Ausgangspunkt für Wanderungen im schönsten Teil dieser isolierten Wildnis. Dort führt eine 38 km lange, stellenweise recht steile Schotterstraße zum **Hat Point**. Schon unterwegs passieren Sie viele beeindruckende Aussichten. Vom **Hat Point Lookout** (2122 m ü.d.M.) gibt es schließlich einen fantastischen Blick auf den tief unten fließenden Snake River und das Bergmassiv der **Seven Devils Mountains** in Idaho.

Tor zum Hells Canyon

Joseph

In der isolierten Nordostecke Oregons sind Siedlungen vor allem eines: funktional. Eine Ausnahme ist Joseph im Wallowa Valley, das Tor zum Hells Canyon. Das hübsche 1000-Seelen-Städtchen zu Füßen der schneebedeckten Wallowa Mountains schaffte den Übergang vom Holzfällercamp zur blühenden **Künstlerkolonie**. Die in den gut erhaltenen Frontierhäusern untergebrachten Galerien an der Main Street zeigen **»Western Art«**: Pferde in der Koppel, schneebedeckte Berge und ledergesichtige Cowboys und Indianer, gemalt von Künstlern aus der Region. Sieben große Bronzeplastiken an der Main Street weisen auf die Arbeit der vier hiesigen Gießereien hin.
Lohnend ist der Besuch des **Wallowa County Museum**, das sich u. a. mit der Geschichte des Orts beschäftigt: 1877 war das Tal Schauplatz blutiger Auseinandersetzungen zwischen weißen Siedlern und den Nez Percé.
Einen wunderschönen Blick auf Joseph haben Sie an Bord der winzigen Kabinen der **Wallowa Lake Tramway** hinauf auf den 2492 m hohen **Mount Howard**. Von der Gipfelstation führen schöne Trails zu Aussichten auf den Hells Canyon und die Seven Devils im benachbarten Idaho.

Wallowa County Museum: 110 S. Main St. | Ende Mai – Ende Sept. tgl. 10 – 16 Uhr | Eintritt 5 $ | https://www.facebook.com/wallowacountymuseum1/

Wallowa Lake Tramway: 59919 Wallowa Lake Hwy. | Betriebszeiten im Mai an einzelnen Tagen, Juni – Sept. tgl. 10 – 16 Uhr | Tel. 1 541 4 32 53 31 | Tagesticket 45 $ | http://wallowalaketramway.com

Das zweite Tor zum Hells Canyon

Halfway

Das charmante, am Südrand der Wallowa Mountains idyllisch liegende 300-Seelen-Nest Halfway ist das zweite Gateway in den Hells Canyon und verfügt über ein paar **einfache Unterkünfte** und **Restaurants**. Während des Dotcom-Booms sorgte es landesweit für

Der Snake River in Nordamerikas tiefstem Abgrund zieht Rafting-Fans magisch an.

HELLS CANYON ERLEBEN

HELLS CANYON NRA HEADQUARTERS WALLOWA MOUNTAINS VISITOR CENTER

Baker City, OR 97814
Tel. 1 541 5 23 63 91
https://www.fs.usda.gov/detail/wallowa-whitman/recreation/

HELLS CANYON CHAMBER OF COMMERCE

P. O. Box 841, Halfway, OR 97834
Tel. 1 541 7 42 42 22
www.hellscanyonchamber.com

In den umliegenden Ortschaften bieten über einige Outfitter **Wander-, Kajak- und Jetboat-Touren** an.

HELLS CANYON ADVENTURES

4200 Hells Canyon Dam Road
Oxbow, OR 97840
Tel. 1 800 422 35 68
www.hellscanyonadventures.com

CANYON OUTFITTERS

250 E Record Street
Halfway OR 97834
Tel. 1 541 7 42 41 10
www.canyonoutfitters.com

THE BLYTHE CRICKET €€

Frühstück aus eigener Bäckerei und Lunch nach Hausmacherart.
700 Main Street
Tel. 1 541 432 1522, https://www.theblythecricket.com/

STUBBORN MULE SALOON & STEAK €€

Steaks, Ribs und Burger ohne Reue. Am besten im Garten verzehren!
104 Main Street
Tel. 1 541 4326853, www.stubbornmulesaloon.com

WALLOWA LAKE LODGE €€€€

Historische Lodge aus den 1920er-Jahren mit dunklem Holz, dicken Teppichen, viel Gemütlichkeit und 20 Gästezimmern und 8 Cottages.
60060 Wallowa Lake Highway
Joseph, OR
Tel. 1 541 4 32 98 21
www.wallowalake.com

Schlagzeilen, als es seinen Namen für 100 000 Dollar in »Half. com, Oregon« änderte. Zwei Jahre später wurde das Unternehmen **»Half.com«** jedoch von eBay gekauft, und aus den Ankündigungen, für Arbeitsplätze im Ort zu sorgen, wurde nichts.

Gut erhaltene Geisterstadt

Cornucopia

In den 1880er-Jahren erlebte Cornucopia einen kurzen Goldrausch, danach wurde der Ort buchstäblich von allen guten Geistern verlassen. Heute ist Cornucopia in den **Eagle Mountains** nördlich von Halfway eine Geisterstadt mit erstaunlich gut erhaltenen Häusern.

KLAMATH FALLS

Region: Klamath County (Südwest-Oregon) | **Einwohnerzahl:** 22 000
Höhe: 1249 m ü.d.M.

Die Kleinstadt nahe der kalifornischen Grenze liegt zwar in nächster Nähe zu schönen Wildnisgebieten, hat aber selbst als Touristenattraktion nie so recht abgehoben. Eine gute und dazu relativ preiswerte Basis für Unternehmungen in der Umgebung ist »K-Falls« jedoch allemal. Mit dem Crater Lake National Park hat der Ort ein besonderes Highlight in der Umgebung zu bieten.

Wohin in Klamath Falls und Umgebung?

Naturfreunde haben Klamath Falls längst als Basis für Ausflüge in die Wildnisgebiete der Umgebung entdeckt. Beispielsweise gelten die Flüsse, Seen und Feuchtgebiete des Klamath Basin bei Vogelbeobachtern und Petrijüngern zu den besten Revieren Oregons. Auch der Crater Lake ist nicht weit weg. Von dem so in die Stadt gelangten Kapital hat auch die Downtown profitiert. Die hübschen Ziegelhäuser an **Main Street** und **Klamath Avenue** beherbergen interessante Galerien und gemütliche Coffeeshops. Das **Klamath County Museum** zeigt die Geologie, Natur und Geschichte der Region. Die Darstellung des tragischen Modoc-Krieges – das traditionelle Stammesgebiet der Modoc liegt nur wenige Kilometer weiter südlich – ist erfreulich kritisch. Mehr über die Ureinwohner der Region erfahren Sie im hervorragenden **Favell Museum**. Wie es in der Stadt um 1900 aussah, zeigen die von Maud Baldwin angefertigten Fotografien im **Baldwin Hotel Museum**, das von 1908 bis 1977 als Hotel in Betrieb war.

Klamath County Museum: 1451 Main St. | Di.–Sa. 9–17 Uhr
Eintritt 5 $ | https://www.klamathcounty.org/496/Visit-the-Museum
Favell Museum: 125 W. Main St. | Di.–Sa. 10–17 Uhr | Eintritt 10 $
www.favellmuseum.org | **Baldwin Hotel Museum:** 31 Main St.
Ende Mai–Anf. Sept. Mi.–Sa. 10–16 Uhr | Eintritt ab 5 $
https://www.klamathcounty.org/496/Visit-the-Museum

Vogelparadies

Lower Klamath National Wildlife Refuge

Das zu diesem Wildschutzgebiet gehörende Marschgebiet **Klamath Marsh** ist im Frühjahr und Herbst ein wichtiger Rastplatz für Zugvögel auf der **Pacific Flyway** genannten Vogelzugroute. Aber auch während der Sommermonate können Sie neben Seeadlern, Pelikanen und Kranichen 350 weitere Arten leicht beobachten. Das Lower Klamath National Wildlife Refuge liegt etwa 50 mi/80 km nördlich von Klamath Falls und ist über den gut ausgebauten Highway 97 zu erreichen.

KLAMATH FALLS ERLEBEN

DISCOVER KLAMATH

205 Riverside Drive
Klamath Falls, OR 97601
Tel. 1 541 8 82 15 01
www.discoverklamath.com

KLAMATH TRIBES RESTORATION CELEBRATION POW WOW

Das bunte Pow Wow in **Chiloquin** erinnert an das Jahr 1986, als die hiesigen Stämme offiziell als solche anerkannt wurden.
4. Wochenende im August

MIA & PIA'S PIZZERIA & BREWHOUSE €€

Immer gut besucht: Hühnchen, Steaks und Burger, dazu selbstgebraute Biere.
3545 Summers Lane
Tel. 1 541 8 84 48 80

RED'S ROADHOUSE & BBQ €€

Netter Einheimischen-Treff mit üppig portionierten Steaks, Sandwiches und Salaten.
3435 Washburn Way
Tel. 1 543 8 83 21 75

LODGE AT RUNNING Y RANCH €€€€

Elegant-rustikales Resort im Western-Stil mit Lodge, Golfplatz, Restaurant und zahllosen Freizeitmöglichkeiten.
5500 Running Y Road
Tel. 1 541 8 50 55 00
www.runningy.com

Crater Lake National Park

Der tiefste See der USA

7000 Jahre zurück in die Vergangenheit: Gegen das, was hier, 44 mi/71 km nordwestlich von Klamath Falls, passierte, war der Ausbruch des Mount St. Helen 1980 ein Kindertheater. Anhaltende Eruptionen höhlten die Spitze des Vulkans **Mount Mazama** aus, sie stürzte in sich zusammen und hinterließ den heute sichtbaren Kessel. Spätere Ausbrüche bildeten im Krater einen Vulkankegel: **Wizard Island**. Als vor rund 4000 Jahren die vulkanischen Aktivitäten nachließen, blieb ein gigantisches, mit tiefblauem Regen- und Schmelzwasser gefülltes, fast kreisrundes Loch, das alljährlich eine halbe Million Besucher in Entzücken versetzt. Der **Kratersee** ist über einen halben Kilometer tief, hat einen Durchmesser von etwa neun Kilometern und eine 43 km lange Uferlinie. Die Lavaklippen ragen bis zu 610 m in die Höhe.

Heute führt die 55 km lange **Rim Road** auf dem Kraterrand zu vielen schönen Aussichtspunkten. Zahlreiche Trails beginnen am Straßenrand, ein einziger, der **Cleetwood Cove Trail**, reicht bis zum Wasser. Dort starten im Sommer anderthalbstündige Bootstouren, die u. a. auch auf Wizard Island anlegen.

Tel. 1 541 5 94 30 00 | www.nps.gov/crla

★ MCMINNVILLE

Region: Yamhill County (Nordwest-Oregon) | **Einwohnerzahl:** 35 000
Höhe: 48 m ü.d.M.

Über einhundert Weingüter im County machen McMinnville am oberen Ende des Willamette Valley zum Zentrum der Weinproduktion Oregons. Der von hier stammende Pinot Noir verwies die Roten aus Burgund schon öfter auf die Plätze.

Oregons Weinbauzentrum

Wein wird hier schon länger angebaut als in Kalifornien. Nach der Prohibition erinnerte man sich im Süden jedoch schneller an die profitable Branche und baute Napa und Sonoma Valley zu internationalen Markennamen auf. Die Weine aus Oregon hatten das Nachsehen und begannen erst in den späten 1970er-Jahren mit der Aufholjagd, doch das erfolgreich: Weinkenner halten die Rotweine aus dem Yamhill County für komplexer als die aus dem Napa Valley. Und nachdem die hiesigen **Pinot Noirs** bei europäischen Wettbewerben abräumten, nutzen selbst französische Weinbauern das milde Klima und die fruchtbaren Böden rund um McMinnville, um hier ihre Reben anzu-

In den Weingärten des Willamette Valley wachsen erstklassige Trauben.

MCMINNVILLE ERLEBEN

MCMINNVILLE AREA CHAMBER
417 NW Adams Street
McMinnville, OR 97128
Tel. 1 857 01 82
https://visitmcminnville.com/

WEINPROBEN
Einen ersten Überblick über das Angebot verschafft man sich auf der Website der **McMinnville AVA Winegrowers Association**. Es werden acht Weingüter aus der Region vorgestellt und die Unterschiede zwischen den hiesigen Gewächsen und den Weinen aus dem kalifornischen Napa Valley erklärt. Weinprobe i. d. R. 11 bis 17 Uhr, u. a. bei:

BRITTAN VINEYARDS
829 NE 5th Street, Suite 700
McMinnville, OR 97128
Tel. 1 971 2 41 82 28
www.brittanvineyards.com

COEUR DE TERRE VINEYARD
21000 SW Eagle Point Road
McMinnville, OR 97128
Tel. 1 503 8 83 41 11
www.cdtvineyard.com

HYLAND ESTATES WINERY
20890 NE Niederberger Road
Dundee, OR 97115
Tel. 1 503 5 54 42 00
www.hylandestateswinery.com

NW WINE COMPANY
20890 NE Niederberger Road
Dundee, OR 97115
Tel. 1 503 4 76 02 03
www.nwwineco.com

YAMHILL VINEYARDS
16250 SW Oldsville Road
McMinnville, OR 97128
Tel. 1 503 8 43 31 00
www.yamhill.com

YOUNGBERG HILL VINEYARDS & INN
10660 SW Youngberg Hill Road
McMinnville, OR 97128
Tel. 1 503 3 89 81 74
https://youngberghill.com

BISTRO MAISON €€€
Relaxtes Bistro-Restaurant mit wunderbaren »Moules Frites«.
729 NE 3rd Street
Tel. 1 503 4 74 18 88

THE DINER €€€–€€
Klassische Diner-Gerichte mit besonderem Oregon-Kick durch saisonale organische Produkten der Region.
2580 SE Stratus Ave.
Tel. 1 971 261 21 91

MCMENAMIN'S HOTEL OREGON €€€
40 gemütliche Zimmer, beliebter Pub und gut besuchter Bar.
310 NE Evans Street
Tel. 1 503 4 72 84 27
www.mcmenamins.com

bauen – und in Frankreich zu verkaufen. Überzeugen Sie sich am besten selbst von der Qualität der Weine und besuchen Sie die umliegenden Weingüter. Das Chamber of Commerce hält **Broschüren mit Tourenvorschlägen** bereit.

Zweifellos der Star des Evergreen Aviation Museum – aber nur einmal abgehoben – ist die »Spruce Goose« des Milliardärs Howard Hughes.

Wohin in McMinnville?

Schön restauriert

Downtown Historic District

McMinnville, anfangs ein eher gesichtsloser Mittelpunkt der Farmer der Umgebung, hat von den Verschönerungseffekten, die diese edle Industrie mit sich zu bringen pflegt, profitiert. Der Downtown Historic District rund um die **Third Street** gilt als Musterbeispiel einer gelungenen Altstadtrestaurierung. Hier konzentrieren sich die feinen **Restaurants, Cafés und Kunstgalerien**.

Bevor Sie sich zu den umliegenden Weingütern aufmachen ...

Evergreen Aviation Museum

... sollten Sie das Evergreen Aviation Museum. Das hervorragende Museum historischer Flugzeuge wurde praktisch um das einst größte Transportflugzeug der Welt herumgebaut: Hier verbringt das von dem exzentrischen Milliardär Howard Hughes während des Zweiten Weltkriegs entworfene und ganz aus Holz gebaute Wasserflugzeug Hughes

H-4 Hercules, besser bekannt als »Spruce Goose«, seinen »Lebensabend«. Die »Spruce Goose« hätte, wäre sie in Dienst gestellt worden, rund 750 Soldaten transportieren können. Geflogen ist sie nur ein einziges Mal.
500 NE Capt. Michael King Smith Way | tgl. 9 – 17 Uhr | Eintritt 22 $
https://evergreenmuseum.org

★ MOUNT HOOD

E5

Counties: Clackamas, Hood River (NW Oregon)
Höhe: 3426 m ü.d.M.

Oregons höchster Berg ragt schneeweiß und unendlich schön in der Ferne auf. Der spitzkegelige Vulkan ist ein Feuerberg, wie er im Buche steht.

Schöner Gigant im Schlaf

Seismologen bestätigten, dass der Mount Hood keineswegs erloschen ist. Der letzte große Ausbruch ereignete sich kurz vor der Ankunft von Lewis und Clark. Kleinere, noch im 80 km entfernten ▶ Portland sichtbare Eruptionen gab es 1859, 1865 und 1903. Seitdem liegt der Gigant in einem von den Experten des US Geological Survey (USGS) rund um die Uhr überwachten Schlaf. Die Wahrscheinlichkeit eines Ausbruchs innerhalb der nächsten 30 Jahre schätzt die Regierungseinrichtung mit 5 Prozent relativ niedrig ein. Die Entstehungsgeschichte des von den Ureinwohnern »Wy'east« genannten Vulkans reicht ungleich weiter zurück: Er ist Teil einer vom ▶ Mt. Rainier bis zum ▶ Mt. St. Helens reichenden Vulkankette in den Cascade Mountains und entstand vor rund 500 000 Jahren. Wie Japans Fudschijama und Italiens Vesuv ist er ein **Schicht- oder Stratovulkan**: Relativ kaltes Magma und ein hoher Gasanteil bewirken explosionsartige Ausbrüche, bei denen Asche und Lava einander abwechseln. Abgelagert und erkaltet, kommt so die charakteristische Schichtung zustande.
Heute ist der Vulkan die fotogene Visitenkarte des **Mount Hood National Forest**. Skiresorts und Wanderwege durchziehen diese herrliche Wildnis. Doch die meisten Besucher kommen allein des Berges wegen. Kletterer können ihn auf sechs verschiedenen Routen ersteigen; Trails führen zu grandiosen Aussichtspunkten, von wo aus sich herrliche Blick auf einen der zwölf Gletscher eröffnen.
Am bequemsten ist freilich der **Mount Hood Loop**. Die 257 km lange Rundfahrt besteht aus den Highway-Segmenten 26, 35 und 30 (Historic Columbia River Highway, ▶ S. 215) und kann von ▶ Portland aus in einem, besser jedoch in zwei oder drei Tagen unternommen werden.

MOUNT HOOD ERLEBEN

MT. HOOD CHAMBER OF COMMERCE
65000 E. Hwy. 26; P. O. Box 819
Welches, OR 97067
Tel. 1 503 6 22 30 17, https://www.mthoodterritory.com/chambers-and-visitor-centers

Relativ einfache Trails bieten sich im **Zigzag Ranger District** (via Hwy. 26), z. B. der **»Mirror Lake Trail«** (7 km), der zu schönen Ausblicken auf den Mt. Hood und das Zigzag Valley führt. Bei der Timberline Lodge beginnt der anspruchsvollere, 65 km lange **»Timberline Trail«**. Die 3-bis-5-Tage-Wanderung führt u. a. durch hochalpine Wildblumenwiesen.

Am Hwy. 26 **zwischen Sandy und Government Camp** gibt es zahlreiche Restaurants und Imbisse.

ICE AXE GRILL €€
Mit Brie, Tacos und frischem Gemüse aus dem Hood Valley veredeltes Fastfood in rustikalem Hütten-Ambiente. Eigene Brauerei.
87304 E. Government Camp Loop
Tel. 1 503 2 72 31 72

RENDEZVOUS GRILL & TAP ROOM €€
Das Restaurant serviert Fusion Cuisine mit herzhafter Note, z. B. Steak mit Guajillo-Chili-Sauce.
67149 E. Hwy. 26, Welches
Tel. 1 503 6 22 68 37

TIMBERLINE LODGE €€€€
Wildromantisch logieren am Fuße des Mount Hood. Urgemütliche Zimmer, mehrere Restaurants und zahlreiche Freizeitmöglichkeiten.
27500 E Timberline Rd, Government Camp, Tel. 1 503 2 72 33 11
www.timberlinelodge.com

HUCKLEBERRY INN €€€–€€
Auf aktive Gäste zugeschnittene Unterkunft mitten in Government Camp. Ein gutes Restaurant gibt es hier ebenfalls.
88611 E. Government Camp Loop
Tel. 1 503 2 72 33 25

Wohin auf dem Mount Hood Loop?

Zu Fuß den Berg erkunden

Rundwanderwege

In dem winzigen Ort **Zigzag** zweigt die Lolo Pass Rd. vom Hwy. 26 zu einem 11 km langen Abstecher zu den 36 m hohen Ramona Falls ab. Der **Ramona Falls Trail**, ein schöner Rundwanderweg, führt vom Parkplatz zum Sandy River, der am Scheitelpunkt des Trails über fünf, sechs nach unten breiter werdende Terrassen stürzt. Der 7 km lange Rundwanderweg **Old Salmon River Trail** beginnt gleich hinter Zigzag am **Green Canyon Campground** und führt durch alten Waldbestand am Salmon River entlang, wo Sie während der Laichzeit im Spätsommer Lachse im flachen Wasser sehen können.

Ein malerisches Panorama: der schneebedeckte Vulkan Mount Hood wacht über frühlingsbunte Tulpengärten und Obstbaumwiesen.

Unglaublich!

Laurel Hill

Die 8 mi/13 km östlich von Zigzag liegende Steigung überwanden die Siedler, unterwegs auf dem Oregon Trail, 1846 mit Ochsenkarren. Ungefähr fünf Autominuten weiter östlich liegt die **Timberline Lodge**. Das legendäre Berghotel wurde in den 1930er-Jahren während der Depression als Arbeitsbeschaffungsmaßnahme gebaut. Wanderern und Bergsteigern dient es als Ausgangspunkt: **Vier Kletterrouten** auf den Gipfel beginnen hier, dazu zahlreiche **Wanderwege**. Im Sommer transportiert der **Magic-Mile-Skilift** des Hotels fußmüde Besucher zu grandiosen Aussichten auf den Mt. Hood.

NEWPORT

Region: Lincoln County (Nordküste) | **Einwohnerzahl:** 10 400
Höhe: 40 m ü.d.M.

B6

Newport, Heimathafen der größten Fischereiflotte Oregons, ist eine sympathische Melange aus Fischfabriken, Souvenirläden, alten Kneipen und Kantinen.

Authentisches Fischerstädtchen

Zwar hat die überall an der Küste grassierende Verschönerungswut auch vor Newport nicht haltgemacht. Doch im Hafenviertel zu Füßen der Yaquina Bay Bridge, gleich hinter den Dünen von Nye Beach, zeigt das alte Newport standhaft Flagge. In den Kneipen und Kantinen sitzen noch immer knorrige Gestalten in aufgeriebenen Pullovern. Gabelstapler wuchten mit Fisch und Hummer schwer beladene Kisten auf Lastwagen. Die Luft ist erfüllt vom Möwengeschrei und heiseren Gebell der Seelöwen unterhalb der Pier. Tatsächlich lebt Newport vom Meer, seit die nach einem Sturm im Jahr 1852 gestrandete Mannschaft des Seglers »Juliet« sich an diesem Gestade mit süß schmeckenden Austern durchschlug. Die Fischereikrise scheint Newport gut abgefedert zu haben: Mit dem Bau neuer, Fischpaste für den Fernen Osten produzierender Fabriken haben die Stadtväter zeitig auf die Herausforderungen der letzten Jahrzehnte reagiert. Auch der Bau des **Oregon Coast Aquarium**, eines der besten der USA, ist Teil dieser Strategie.
Der Highway 101 ist Newports Hauptverkehrsader. Westlich davor liegt **Nye Beach**, Newports altes Strandviertel. Östlich des von Geschäften gesäumten Highways beginnt das alte Newport mit dem **»Bayfront«** genannten Hafenviertel.

Wohin in Newport?

Unter dem Meer

Keiko, der Killer-Wal aus den **»Free-Willy«**-Filmen, lebte hier, bevor er 1998 zur Auswilderung nach Island geflogen und schließlich 2002 im Atlantik ausgesetzt wurde. Doch auch ohne Keiko ist das am Südufer der Yaquina Bay liegende Aquarium ein Muss. Schwerpunkt ist die **Unterwasserwelt vor der Küste**: Quallen schweben schwerelos in kunstvoll illuminierten Zylindern, ein 60 m langer Glastunnel bietet einen Blick auf Korallen, Klippen und Haie. Draußen tummeln sich unter anderem Seelöwen, und es gibt auch eine große Seevogel-Voliere.
2820 SE Ferry Slip Rd. | Ende Mai – Anf. Sept. tgl. 9 – 18, Anf. Sept. bis Ende Mai tgl. 10 – 17 Uhr | Eintritt 25,95 $ | https://aquarium.org

NEWPORT ERLEBEN

GREATER NEWPORT CHAMBER OF COMMERCE

555 SW Coast Highway
Newport, OR 97365-4934
Tel. 1 541 2 65 88 01
www.newportchamber.org

MARINE DISCOVERY TOURS

Wale, Seelöwen und Delfine kann man an Bord der Discovery beobachten.
345 SW Bay Boulevard
Tel. 1 541 2 65 62 00
www.marinediscovery.com

AGATE BEACH

Surfer und Windsurfer werden den herrlichen Strand etwas nördlich von Newport mögen.

THE WAVES HOTEL

€€€–€€

Modernes 40-Zimmer-Hotel direkt auf dem endlosen Strand. Pool und Sauna.
820 NW Coast St.
Nye Beach
Tel. 1 541 265 46 61

Faulenzen und die Wärme der Sonne genießen – in Newport lassen es sich auch die Seelöwen gut gehen.

ROGUE ALES
PUBLIC HOUSE €€
Pub mit eigener Brauerei. Verdiente Trinker haben an der Theke eigene, markierte Plätze.
748 SW Bay Boulevard
Tel. 1 541 265 31 88

MOOLACK SHORES
MOTEL €€€
Freundliches, familiäres kleines Motel zwischen Newport und Depoe Bay
8835 N. Coast Highway 101
Tel. 1 541 2 65 23 26
www.moolackshores.com

SYLVIA BEACH HOTEL €€€
Bücher überall, zwanzig nach Autoren benannte Zimmer und ein Schlafsaal: Das historische Sylvia Beach in Nye Beach ist Jugendherberge und Luxus-B & B in einem.
267 NW Cliff Street
Tel. 1 541 2 65 54 28
www.sylviabeachhotel.com

Die Geschichte Newports erleben

Museen

Im **Pacific Maritime Heritage Center** wird das Leben der Seefahrer, Walfänger und Fischer vor mehr als hundert Jahren in ansprechender Ausstellungen der Lincoln County Historical Society präsentiert.
Das **Burrows House** wurde 1895 im Queen-Anne-Stil erbaut und enthält auch noch Stücke des gründerzeitlichen Mobiliars. Heute dient es als lokalhistorisches Museum, das sich u.a. mit der Entwicklung von Wirtschaft, Verkehr und Mobilität im Raum Newport beschäftigt.
Pacific Maritime Heritage Center: 333 SE Bay Blvd. | Di. – So. 11 bis 16 Uhr | Eintritt 10 $ | https://oregoncoasthistory.org
Burrows House: 545 SW Ninth St. | Di. – So. 11 – 16 Uhr
Eintritt frei, Spende erbeten | www.oregoncoast.history.museum

Altes, charmantes Herz der Stadt

Bayfront

Der **Bay Boulevard** am Nordufer der Yaquina Bay und zu Füßen der Yaquina Bay Bridge ist das alte Herz der Stadt. Scheinbar unbeeindruckt von Attraktionen wie **»Ripley's Believe it or not«** und dem Wachsfigurenkabinett **»The Wax Works«** (beide Nr. 250) warten hier alte Seemannskantinen und Fischsuppe anbietende **»Chowder Houses«** auf Gäste. Fischfabriken präsentieren Kunst: Ihre Fassaden zieren überdimensionale Wale und maritime Motive. Ein paar **Galerien** stellen Künstler aus der Umgebung aus, und auf den Plankenwegen am Ufer werfen Angler die Leinen aus, während unten auf den schwimmenden Pontons **Seelöwen** dösen. Vor allem abends ist der Bay Boulevard ein reizvolles Pflaster.

Kunst statt Kommerz

Nye Beach

Bereits um 1900 war Newports Strandviertel Nye Beach eine beliebte Sommerfrische. Vor allem wohlhabende Portlander pflegten sich hier zu erholen. Von deren viktorianischen Luxus-Cottages sind allerdings nur wenige übrig geblieben, zweistöckige Strandkondominiums

und leider auch mehrere grässliche, den Strandblick verstellende Hotelkästen traten an ihre Stelle.
Die Eröffnung des **Newport Visual Arts Center**, das vom Leben am Pazifik inspirierte Werke zeigt, dämpfte die drohende Kommerzialisierung, indem es Nye Beach zu einem auch Künstler anziehenden Viertel machte.
777 NW Beach Drive | Di. – So. 11 – 18 Uhr | Eintritt ab 6 $ (je nach Event) | www.coastarts.org

Spuk im Leuchtturm

Yaquina Bay State Park

Am Südrand der Stadt, kurz vor der Yaquina Bay Bridge, warnt das **Yaquina Bay Lighthouse** die Schifffahrt seit 1871. Längst automatisiert, beherbergt sein kleines Leuchtturmwärterhäuschen – angeblich spukt es hier – eine nette **Ausstellung** über den Alltag der Leuchtturmwärter.
Hwy. 101 | Ende Juli – Sept. tgl. 10 – 17, sonst 10 – 16 Uhr
Eintritt frei, Spende erbeten | www.yaquinalights.org

Höchster Leuchttum Oregons

★ Yaquina Head Outstanding Natural Area

Fotogen thront das 1873 gebaute **Yaquina Head Lighthouse** auf dem höchsten Punkt des fünf Kilometer nördlich von Newport in den Pazifik ragenden Yaquina Head. Mit 28 Metern ist es Oregons höchster Leuchtturm; 114 Stufen führen hinauf zu herrlichen Aussichten. Übrigens: Auf dem **Colony Rocky**, einem die Brandung teilenden Monolithen vor Yaquina Head, lebt eine Papageitaucher-Kolonie.
Gesamtes Schutzgebiet: Sa., So. 8 Uhr bis Sonnenuntergang, Mo. bis Fr. 8 – 17.30 Uhr | Parkgebühr 7 $ pro Fahrzeug | www.blm.gov/or/resources/recreation/yaquina
Interpretive Center: Juli – Mitte Sept. 10 – 17 Uhr, sonst 10 – 16 Uhr
Eintritt frei
Yaquina Head Lighthouse: Führungen abhängig vom Wetter und der Verfügbarkeit der Rangers. | Gratis-Pässe im Interpretive Center ab 10 Uhr erhältlich

Rund um Newport

Wale beobachten am kleinsten Hafen der Welt

Depoe Bay

Der Morgennebel hängt ziemlich schwer über den schwarzen Basaltklippen. Durch einen engen Kanal schwappt der Pazifik unter dem Highway 101 hindurch in die kleine Bucht, wo alte Fischkutter neben teuren Yachten ankern. Depoe Bay (1350 Einw.), knapp 15 mi/24 km nördlich von Newport, flirtet mit den Touristen, ohne sich selbst zu verleugnen.
Die Attraktion des Ortes ist das **Whale Watching Center**. Es bietet alles Wissenswerte über die riesigen Meeressäuger und organisiert

»Cape Foulweather« nannte Kapitän Cook den Otter Crest State Scenic Viewpoint. Bei gutem Wetter ist die Aussicht auf die Küste aber alles andere als mies.

auch **Whale-Watching-Touren**. Von der Galerie sehen Sie mit etwas Glück bereits die eine oder andere Rückenflosse: Tausende Grauwale ziehen im Winter und im Frühjahr hier vorbei. Aber auch im Sommer und Herbst haben Sie die Chance, sie zu erspähen (▶ Baedeker Wissen, S. 152).

Der inoffiziell **»Main Street«** genannte Abschnitt des Highway 101 wird von windschiefen Häuschen mit kleinen Tante-Emma-Läden gesäumt – die einfach geschlossen werden, wenn ihre Besitzer lieber zum Fischen gehen. Der Bummel über diese Promenade – den Pazifik zur einen Seite, Depoe Bay zur anderen – ist deshalb ein erholsam untouristisches Vergnügen.

Whale Watching Center: 119 SW Hwy. 101 | Mi. - So. 10 - 16 Uhr
Eintritt frei | www.visitoregoncoast.com

Weitere Aussichten auf die Meeressäuger

Boiler Bay State Scenic Viewpoint

Ein anderer hervorragender Ort, um Wale zu beobachten, ist der Boiler Bay State Scenic Viewpoint unmittelbar nördlich von Depoe Bay. Die heftig umbrandete Felsenbucht bietet zahlreiche lohnende Aussichtspunkte.

Kap des miesen Wetters

★ Otter Crest State Scenic Viewpoint

Selbst bei strahlendem Sonnenschein ahnt man die Naturgewalten, die zu jeder Jahreszeit über dieses fotogene Vorgebirge hereinbrechen können. Kapitän Cook, der es an einem stürmischen Märztag im Jahr 1778 als erster Europäer sichtete, nannte es deshalb **Cape Foul-**

weather. Bei klarem Wetter reicht der Blick von dem 150 Meter hohen, knapp 4 km südlich von Depoe Bay liegenden Kap über 60 Kilometer grandios-wilde Küstenlinie. Der **»Lookout Shop«**, der auf der Felsenkante sitzt wie ein Adlerhorst, ist allein schon wegen seiner dramatischen Fensterblicke einen Besuch wert.

Yachats

»Dunkles Wasser am Fuße des Bergs«
Der 680 Einwohner zählende Ort Yachats – der indigene Name bedeutet »Dunkles Wasser am Fuße des Berges« – liegt 24 mi/39 km südlich von Newport an einer flachen Bucht des Pazifiks. Bereits vor dem Ersten Weltkrieg entdeckten Touristen aus dem Willamette Valley den Erholungswert des kleinen **Fischerhafens**, der sich mit netten **Restaurants und Kaffeehäusern** auf einem handtuchbreiten Küstenstreifen drängt. Der Highway 101 führt um die Bucht herum und ist gleichzeitig die geschäftige, von Läden und Lokalen gesäumte **Main Street**. Kleine Stichstraßen führen in die engen Wohngebiete auf der sandigen Landzunge und landeinwärts die Hänge hinauf.
Die bedeutendste Attraktion Yachats' (gesprochen: Ya-hots) ist im wahrsten Sinne des Wortes überragend: das fast 250 Meter hohe, südlich anschließende **Cape Perpetua**. Etwa 25 mi/40 km Wanderwege, eine tosende Brandung und phantastische Blicke auf – bei gutem Wetter – 200 Kilometer Küstenlinie. Der riesige Klotz vulkanischen Ursprungs, der sich gleich südlich von Yachats dem Hwy. 101 in den Weg legt, fordert eine eingehende Besichtigung geradezu heraus. Unterhalb des Besucherzentrums führen Trails zu Aussichten auf die Brandung. Vis-à-vis des **Visitor Center** biegt die Overlook Road vom Highway 101 ab und führt kurvenreich zum Parkplatz des **Cape Perpetua Viewpoint**.

PACIFIC CITY

Region: Tillamook County (Nordküste) | **Einwohnerzahl:** 1000
Höhe: 4 m ü.d.M.

Das alte Fischernest Pacific City liegt zu Füßen der gewaltigen Cape-Kiwanda-Düne an der Pazifikküste. Der kleine Ort besitzt auch einen herrlichen Strand, der einen Stopover wert ist.

Eine Kreuzung, deren rote Ampel die Einheimischen nicht einmal tagsüber respektieren, weil kaum Verkehr herrscht, ein paar Reihen winziger Holzhäuser aus der Zeit um 1900 und ein schier endloser Strand: Pacific City, südlicher Endpunkt des **Three Capes Scenic Loop**, zeigt sich an vielen Stellen noch so wie vor fünfzig Jahren.

PACIFIC CITY ERLEBEN

PACIFIC CITY – NESTUCCA VALLEY CHAMBER
35170 Brooten Rd, Suite H
Cloverdale, OR 97135
Tel. 1 503 965 36 33
https://pacificcity.com

PELICAN PUB & BREWERY €€
Leckere Fish ,n' Chips, Steaks, Ribs und selbstgebrautes Bier direkt am Strand.
33180 Cape Kiwanda Drive
Tel. 1 503 9 65 70 07

SPORTSMAN BAR €
Schummrige Bastion des alten Oregon mit antiker Jukebox und Livemusik.
34975 Brooten Road
Tel. 1 503 9 65 99 91

INN AT CAPE KIWANDA €€€€
Alle Zimmer dieses schönen und gepflegten Motels haben Strandblick. Für kalte Tage gibt es Kamin und extra dicke Decken.
33105 Cape Kiwanda Drive
Tel. 1 888 9 65 70 01
www.innatcapekiwanda.com

PACIFIC CITY INN €€€–€€
Hübsches, schindelgedecktes Motel in Strandnähe. Die Zimmer sind mit einer Kitchenette ausgestattet.
35280 Brooten Road
Tel. 1 503 9 65 64 64
https://pacificcityinn.com

Damals lebte der Ort vom **Lachsfang**. Seither sind die Lachsbestände dramatisch zurückgegangen, doch wer sich nicht scheut, morgens um 6 Uhr zum Strand hinunterzugehen, wird dem alten Ritual persönlich beiwohnen können: Die letzten Lachsfänger des Orts fahren ihre flachen Fangboote, die **»dories«**, im Trailer auf den Strand und lassen sie dort zu Wasser. Kurz vor Sonnenuntergang kommen sie zurück, wobei sie ihre Boote mit Vollgas so weit wie möglich den Strand hinaufgleiten lassen – ein Spektakel, das sich Einheimische und Touristen nicht entgehen lassen. Ansonsten gibt es nicht allzuviel zu sehen, doch das ist in Pacific City auch nicht weiter schlimm. Denn: Der **Strand** ist das Ziel und »Life's a beach«.

Wohin in Pacific City und Umgebung?

Aufstieg mit Aussicht

Dune of Cape Kiwanda

Die über 50 Meter hohe Nadelbäume auf ihren Gipfeln tragende **Cape-Kiwanda-Düne** liegt zehn Gehminuten nördlich von Pacific City auf dem Strand wie ein auf Grund gelaufener Ozeandampfer. Allein der Anblick ihrer steilen Südflanke reizt zum Aufstieg. Oben erwartet Unverzagte ein herrlicher Blick auf die endlose Küstelinie.

Käse, Kampfflugzeuge und viel Geschichte

Tillamook

Ca. 26 mi/42 km nördlich von Pacific City liegt das Städtchen Tillamook im gleichnamigen Tal. Hier produzieren rund 25 000 Kühe jährlich 70 Mio. Liter Milch, die u. a. für den **Tillamook Cheddar**, die landesweit verkaufte Delikatesse, verwendet werden. So ist auch die **Tillamook Creamery** die Hauptattraktion der kleinen Stadt. Bei einer Besichtigung der Fabrikhalle werden die verschiedenen Etappen der Käseherstellung erläutert, ein **Museum** dokumentiert die Geschichte der Käseproduktion in Tillamook.

Während des Zweiten Weltkriegs errichtete die US-Marine in Tillamook zwei gewaltige Hangars für Luftschiffe, die zur Überwachung der Küste vor japanischen Angriffen eingesetzt wurden. Einer dieser Hangars brannte 1992 nieder, der andere, mit 325 m Länge, 63 m Breite und 58 m Höhe eine der größten Holzkonstruktionen der Welt, beherbergt das **Tillamook Air Museum**. Zu sehen sind historische Kampfflugzeuge, darunter eine P-38 »Lightning« und eine P-51 »Mustang«. Nicht minder beeindruckend ist die Ausstellung zur Rolle der hier einst stationierten Luftschiffe.

Das mit über 35 000 Exponaten vollgestopfte **Tillamook County Pioneer Museum** widmet sich der Natur- und Kulturgeschichte des

Vom Cape Meares Lighthouse bieten sich tolle Küstenblicke.

Countys und bietet ansehnlich inszenierte Ausstellungen u. a. zur Kultur der Ureinwohner und zum harten Alltag der Pioniere.
Tillamook Creamery: 4615 Hwy. 101 | tgl. 10–18 Uhr | Eintritt frei
https://www.tillamook.com/visit-us/creamery
Tillamook Air Museum: 6030 Hangar Rd. | tgl. 10–17 Uhr
Eintritt: 13 $ | www.tillamookair.com
Tillamook County Pioneer Museum: 2106 2nd St. | Di.–So. 10 bis 16 Uhr | Eintritt: 7 $ | www.tcpm.org

Wandern, Muscheln suchen, Aussichten genießen

Die 61 km lange Three Capes Road zweigt in Tillamook vom Highway 101 in Richtung Pazifik ab und führt durch eine ländliche Küstenregion, bis sie in dem Weiler Cloverdale wieder auf den Highway 101 trifft. Unterwegs passiert sie unaufgeregte Nester wie Oceanside, Netarts und Tierra del Mar, in denen auf Gemeindeversammlungen noch per Handzeichen abgestimmt wird und der General Store zugleich als Tankstelle und Postamt fungiert. 10 mi/16 km westlich von Tillamook bietet der **Cape Meares State Scenic Viewpoint** neben herrlichen Blicken auf die Küste das fotogene, in ein reizendes kleines Museum verwandelte **Cape Meares Lighthouse** sowie schöne Trails zu weiteren Aussichtspunkten. Beliebt bei Wanderern, Strandläufern und Muschelsuchern ist der **Cape Lookout State Park** weiter südlich. Er liegt auf einer sandigen, weit in den Pazifik ragenden Landzunge und besteht vor allem aus lichtem Wald und endlosem Strand.
Cape Meares Lighthouse: 3500 Cape Meares Loop | tgl. 7 Uhr bis Sonnenuntergang | Eintritt frei | friendsofcapemeareslighthouse.com

PENDLETON

Region: Umatilla County (Nordost-Oregon) | **Einwohnerzahl:** 17 000
Höhe: 366 m ü.d.M.

In einer Wildwestkulisse steiler Hügel und endloser Weizenfelder, vor der Kulisse der in der Ferne aufragenden Blue Mountains, ist dies die einzige nennenswerte Stadt im Umkreis von 300 Kilometern – der richtige Ort für das berühmte Pendleton Round-Up.

Rodeo-Stadt

Das zu den berühmtesten Rodeos der USA zählende **Pendleton Round-Up** findet an vier Tagen der zweiten Septemberwoche statt und lockt rund 50 000 Schaulustige an. Der sonst eher ruhige, vom Umatilla River zerschnittene Ort zeigt dann sein zweites Gesicht: Pick-ups mit tätowierten Cowboys und Cowgirls paradieren über die Main Street, aus allen Fenstern dudelt Country-Musik, und Touristen tragen stolz ihre nagelneuen Stetsons und Halstücher spazieren. Im Jahr 1843 ließen sich die ersten Siedler im Stammland der Umatilla nieder. 1851 öffnete ein Handelsposten, ein Postamt folgte 1865, drei Jahre später wurden die vier, fünf Häuser in der Wildnis nach einem Senator namens George H. Pendleton benannt. 20 Jahre später war es nicht viel größer, aber dank seiner 32 Saloons und unzähligen Freudenhäuser das Entertainmentzentrum der Gegend. 1910 fand erstmals das Pendleton Round-Up statt. Während der ersten Dekaden pflegte bei den Umzügen die örtliche Abteilung des Ku-Klux-Klan in den weißen Roben mitzureiten. Die rassistische Organisation war so einflussreich, dass Katholiken, Juden, Chinesen und Afroamerikaner bis weit in die 1960er-Jahre hinein kein öffentliches Amt bekleiden konnten. Heute präsentiert sich das Städtchen mit seiner liebevoll restaurierten **Downtown** als so sauber und ordentlich, dass es scheint, als müsse es wenigstens einmal im Jahr Dampf ablassen.

Wohin in Pendleton und Umgebung?

Die Stars des Rodeo

Round-Up Hall of Fame

Die besten »Bull Rider«, »Steer Wrestler«, »Calf Roper« und »Wild Cow Miker«: Hier wird die »königliche« Familie der Rodeowelt Amerikas geehrt. Und zwar mit tollen Actionbildern und interessanten Biografien hiesiger Originale.

1114 SW Court Ave., gegenüber Rodeo-Stadion | Mo. – Sa. 10 bis 16 Uhr, im Winter nur Sa. 10 – 16 Uhr | Eintritt 5 $
https://pendletonhalloffame.com

Kariertes Westernglück

Pendleton Woolen Mills

Gleich in der Nachbarschaft befindet sich jene Wollfabrik, aus der die berühmten Pendleton-Hemden stammen – jene karierten, unverwüstlichen Cowboyhemden, die zum Westen gehören wie Planwagen und Sporenklirren. Während einer Führung durch die aus dem späten 19. Jh. stammende **Pendleton Blanket Mill** erfahren Sie alles über diese Erfolgsgeschichte, die 1909 mit der Herstellung von Wolldecken mit indigen beeinflussten Mustern.

1307 SE.Court Place | Führungen: Mo. – Fr. 9, 11, 13.30 u. 15 Uhr
Eintritt frei | www.pendleton-usa.com

Interessante Zeitreise

Umatilla County Historical Society Museum

Das im alten Eisenbahndepot untergebrachte Museum zeigt wechselnde Ausstellungen zur oft dramatischen Geschichte der Region, auch ein altes **Klassenzimmer** und eine **Siedlerhütte** sind zu sehen.

108 SW Frazer St. | Mo. – Sa. 10 – 16 Uhr | Eintritt 10 $
www.heritagestationmuseum.org

PENDLETON ERLEBEN

PENDLETON CHAMBER OF COMMERCE
501 S. Main Street
Pendleton, OR 97801
Tel. 1 541 2 76 74 11
www.pendletonchamber.com

GREAT PACIFIC €€
Urbane Küche in historischem Freimaurer-Haus: Es gibt Pasta in allen denkbaren Variationen.
403 S. Main Street
Tel. 1 541 2 76 13 50

RAINBOW CAFÉ €€€
Berühmt wegen seiner Steaks und Western-Atmosphäre – und wegen seines kalorienreichen Frühstücks.
209 S. Main Street
Tel. 1 541 2 76 41 20

THE PENDLETON HOUSE €€€
Elegante Villa aus der Zeit um 1900 mit sechs nostalgisch eingerichteten Zimmern und einem schönen englischen Garten.
311 N. Main Street
Tel. 1 541 612 83 11
www.pendletonhousebnb.com

RUGGED COUNTRY LODGE €
Die gemütliche Lodge mit 29 Zimmern bietet viel Unterkunft für wenig Geld.
1807 SE Court Avenue
Tel. 1 541 9 66 68 00
www.ruggedcountrylodge.com

Pendleton Underground Tours

Buntes Leben im dunklen Versteck
Eine der interessantesten Touren Oregons führt unter Tage. In den 1880er-Jahren gruben chinesische Arbeiter – die an der Oberfläche nicht gern gesehen waren – ein **weitläufiges Tunnelsystem**. Später profitierten legale und illegale Geschäfte von den unterirdischen Passagen. Während der Prohibition wurden hier Spirituosen versteckt, fanden wilde Partys statt, trafen sich »ehrenwerte« Herren mit »leichten Mädchen«. Die von kostümierten Guides geführten Touren sind, wenngleich familiengerecht zusammengestellt, interessante Abstecher in ein wenig bekanntes Kapitel der amerikanischen Geschichte.
Start: 31 S.W. Emigrant Ave. | Mo., Mi. - Sa. 10 – 17 Uhr, Führungen n. V. | Tel. 1 541 2 76 07 30 | Tour-Ticket ab 20 $
www.pendletonundergroundtours.org

Tamastslikt Cultural Institute

Aus der Perspektive der Ureinwohner
Dieses etwas östlich von Pendleton unweit des »Wildhorse Resort & Casino« gelegene, vom Stamm der Umatilla betriebene **Kulturzentrum** beschreibt die Geschichte des Oregon Trail aus der Perspektive der Ureinwohner. Ihnen hinterließen die Pioniere leer gefischte Lachsflüsse, Ansteckungskrankheiten und abgeholzte Wälder. Wech-

selnde Ausstellungen dokumentieren eindringlich die traditionellen Kulturen und zeigen den Columbia River vor über 120 Jahren.
47106 Wildhorse Blvd. | Mo. - Sa. 10 - 17 Uhr | Eintritt 12 $
www.tamastslikt.org

★ PORTLAND

Region: Nordwest-Oregon | **Einwohnerzahl:** 635 000
Höhe: 0 - 15 m ü.d.M.

Sie demonstrieren gegen Junkfood-Automaten in den Schulen und begrünen ihre Dächer: Die Einwohner Portlands sind für ihr politisches Engagement bekannt. Entsprechend lebens- und liebenswert ist ihre Stadt, die gleichzeitig das kulturelle und wirtschaftliche Zentrum des Bundesstaats ist.

Man geht kaum hundert Meter, ohne ein Flugblatt in die Hand gedrückt zu bekommen. Resultate des Sich-Einmischens sind zu sehen, vor allem am **Pioneer Courthouse Square**. Den schönen alten Platz trotzten die Bürger dem Big Business ab, das Bürohäuser aufstellen wollte. Die Namen der Streiter von damals wurden in signierten Pflastersteinen verewigt. Dazu passt auch, dass die Stadt ihre **Parks und Gärten** als größte Attraktionen listet und das **Portland Rose Festival** als wichtigstes Fest.
Zunächst ein Handelstreffpunkt der Chinook, ließen sich in den 1820er-Jahren am Zusammenfluss von Willamette und Columbia River frankokanadische Trapper nieder. Zu seinem Namen kam der Ort im Winter 1844/1845, als zwei aus Neuengland stammende Siedler darum würfelten, die Stelle ihres Claims benennen zu dürfen: Der aus Portland (Maine) stammende »Spieler« gewann. Danach ging es mit der bis dahin nur aus einer Sägemühle, einer Schmiede und ein paar Häusern bestehenden Siedlung steil aufwärts. Der Goldrausch im baustoffhungrigen Kalifornien verwandelte das durch seinen Tiefseehafen begünstigte Portland quasi über Nacht in eine boomende, Holz exportierende Großstadt. Das 20. Jh. begann Portland 1905 mit der **»Lewis and Clark Centennial Exposition«**, einer Leistungsschau, die drei Millionen Besucher verzeichnete und die 250 000-Einwohner-Stadt unwiderruflich zur Nummer eins Oregons machte. Die ersten Siedler legten der Stadt am Zusammenfluss von Willamette und Columbia River die Entschlossenheit und den Idealismus der Pioniere in die Wiege. Die von der Ostküste stammende Geschäftswelt steuerte Weltoffenheit bei. Vielleicht

Das kulturelle Zentrum Oregons genießt eine zauberhafte Lage am Willamette River. Und im Hintergrund beeindruckt der Mount Hood.

war Portland deshalb von Anfang an eine menschenfreundliche Stadt. Jedenfalls sind die Entfernungen in ihr gering, strenge Baugesetze schützen alte Gemäuer, das öffentliche Verkehrsnetz gilt an der ohnehin progressiven Westküste als vorbildlich. Und seit den 1980er-Jahren fließt ein Prozent der städtischen Einnahmen in die Finanzierung öffentlicher Kunstwerke. Hinzu kommt die Lage: Portland ist mit Postkartenansichten auf den ▶ **Mount Hood** gesegnet, verfügt über einen Tiefseehafen und ist nur jeweils eine Autostunde vom Pazifik, den Weinanbaugebieten des Willamette Valley und der ▶ Columbia River Gorge entfernt.

Heute ist die »Rose City« das wirtschaftliche und kulturelle Zentrum des Bundesstaats; u. a. haben hier über tausend **Hightech-Firmen** ihren Sitz. Herausragende Sehenswürdigkeiten besitzt die ge-

PORTLAND ERLEBEN

TRAVEL PORTLAND VISITOR INFORMATION CENTER

701 SW 6th Avenue Pioneer
Porthouse Square
Portland, OR 97204
Tel. 1 503 427 13 72
www.travelportland.com
Mo.–Sa. 9–17, So. 10–15 Uhr

FLUGHAFEN

Portland International Airport: 9 mi/15km nordöstlich vom Zentrum; tgl. Direktverbindung nach Frankfurt. Airport-Shuttles verkehren von 5 bis 24 Uhr zwischen Airport und allen großen Hotels im Zentrum. Auch Busse und S-Bahnen der TRI-MET bedienen den Flughafen.

ÖPNV

Den öffentlichen Personennahverkehr regelt die städtische Verkehrsgesellschaft. In Downtown profitieren Sie vom kostenlosen **»Fareless Square«**: Im Bereich zwischen I-405, Willamette River und NW Hoyt Street ist die Benutzung der MAX-Straßenbahnen gratis. Erst Fahrten jenseits dieses Bereichs sind kostenpflichtig.
TRI-MET Transit Agency
www.trimet.org

Alle umfassende Informationen über alle Festivitäten in der Stadt unter http://portlandguide.com/entertainment/festivals

PORTLAND ROSE FESTIVAL

Das »Rosenfestival« ist das mit Abstand größte und populärste Fest der Stadt. Dabei geht es längst nicht mehr nur um die edlen Blumen: Umzüge, Feuerwerke und Drachenbootrennen sorgen für Nonstop-Spektakel.
Juni (3 Wochen)
www.rosefestival.org

An Bord des **Raddampfers »Belle of the Falls«** erleben Sie den Willamette River, die Willamette Falls und die Schleusen aus nächster Nähe.
Abfahrtszeiten: Mai – Sept.
Sa. – So. 11, 13 u. 15 Uhr
Ticket 15 $
www.oregon.com/attractions/willamette-falls

PIONEER COURTHOUSE SQUARE

Portlands **Haupteinkaufszone** breitet sich mit 600 Geschäften und Kaufhäusern rund um diesen Platz aus.

PORTLAND SATURDAY MARKET

Eine charmante und ziemlich wuselige Mischung aus Wochenmarkt, Entertainment und Kunstbasar, ist der größte Markt dieser Art in den USA.
2 SW Naito Parkway
(unter der Burnside Bridge)
März – Dez. Sa. 10 – 17 Uhr

THEATER, KONZERTE

Was wo passiert, steht in der Tageszeitung »Oregonian« und in der gratis ausliegenden »Willamette Week«
www.oregonlive.com/oregonian
www.wweek.com

PORTLAND'5 CENTERS FOR THE ARTS

Theaterstücke, Opern, Musicals und Rockkonzerte auf vier Bühnen.

BAEDEKER ÜBERRASCHENDES

6X TYPISCH

Dafür fährt man an die Westküste der USA

1. VOLKES STIMME IM O-TON

Sie duckt sich unter die mächtige Megler Bridge und ist die Bastion der arbeitenden Klasse, seit Gewerkschaften in **Astoria** Fuß fassten. In Mary Todd's Workers Tavern ist man stolz auf diese Wurzeln. Und immer für ein Schwätzchen offen. ▶ **S. 204, OR**

2. DAS SCHÖNE, LANGSAME LEBEN

Frontierarchitektur, Tante-Emma-Läden und eine Prise Gegenwart: Hätten sie lang genug gelebt, Amerikas Revolverhelden hätten sich in **Winthrop** zur Ruhe gesetzt. ▶ **S. 299, WA**

3. AMERICA PUR

Depoe Bay ist eine Zeitmaschine. Wie vor hundert Jahren an vielen Stellen der Westküste spielt sich das Leben bis heute an der mit Tante-Emma-Läden und Souvenirshops gespickten Main Street ab. Die im Übrigen als Hwy 101 fotogen hoch über der Felsenküste balanciert! ▶ **S. 254, OR**

4. ÖKO UND FAIR

Die Unterstützung kleiner lokaler Unternehmer, Bauern und Handwerker gehört in **Portland** zum Alltag. Auch deshalb ist der Saturday Market (Foto) im Zentrum immer gut besucht! ▶ **S. 264, OR**

5. OREGONS SCHÖNSTER LOOP

Mächtige, weit in den Pazifik ragende Felsvorsprünge mit fantastischen Aussichtspunkten befinden sich entlang des **Three Capes Scenic Loop**. Und State Parks, Priele, Marschen. Typisch Oregon. Weil der Staat seine Küste vom Anfang an geschützt hat. ▶ **S. 259, OR**

6. TRAUMSTRÄNDE

Kalifornien ist bekannt für seine langen, breiten **Sandstrände.** Man findet sie vor allem in der südlichen Hälfte des Bundesstaats. Dort ist auch das Wasser des Pazifiks deutlich wärmer.

Restaurants

1. Ox
2. Higgins
3. Besaw's Café
4. Marco's Café & Espresso Bar

Hotels

1. Hotel Vintage
2. Sentinel Hotel
3. Hotel Lucia
4. Northwest Silver Cloud Inn

Bars

1. McMenamin's Crystal Ballroom
2. North 45
3. Mississippi Studios
4. Teardrop Lounge

Tickets am Portland'5-Schalter (Mo. - Sa. 10 - 17 Uhr) und bei Ticketmaster (Tel. 1 800 8 77 75 75, www.ticketmaster.com)
1111 SW Broadway, Di.–Fr. 10–18 Uhr, www.portland5.com

PORTLAND CENTER STAGE AT THE ARMORY

Das größte Theaterensemble der Stadt spielt zeitgenössische Stücke.
128 NW 11th Avenue
Tel. 1 503 4 45 37 00
www.pcs.org

DO JUMP!

Von den zahlreichen Tanzensembles in Portland ragt das im »Echo Theatre« beheimatete »Do Jump! Extremely Physical Theatre« heraus. Die Tänzer und Tänzerinnen der Truppe kommentieren in einer kreativen Mischung aus Akrobatik, Humor und Tanz das Zeitgeschehen.
1515 SE 37th Avenue
Tel. 1 503 7 08 06 35
www.dojump.org

1 MCMENAMIN'S CRYSTAL BALLROOM

In einem Ballsaal von 1914 mit Disko und Live-Musik. Hier trat schon die Creme des Blues & Soul auf, z. B. Etta James, Marvin Gaye, James Brown.
1332 W. Burnside Street
Tel. 1 503 2 25 00 47

2 NORTH 45

Beliebter Singletreff mit schöner Terrasse zum Draußensitzen und »Leutegucken«. Ab 22 Uhr: Tanzen zu Oldies.
517 NW 21st Avenue
Tel. 1 503 2 48 63 17

3 MISSISSIPPI STUDIOS

Für viele der beste Ort für Live-Musik und spontane Jam Sessions. Große Namen und noch wenig bekannte Independent-Gruppen.
3939 N Mississippi Avenue
Tel. 1 503 2 88 38 95
tgl. 11 - 2 Uhr
www.mississippistudios.com

4 TEARDROP LOUNGE

Das elegante Etablissement im Pearl District rühmt sich der besten Cocktails im Nordwesten.
1015 NW Everett Street
Tel. 1 503 4 45 81 09

1 OX €€€€-€€€

Ein sehr beliebtes Steakhouse mit qualitativ hochwertigen Speisen.
2225 Martin Luther King Jr Blvd
Tel. 1 503 2 84 33 66

2 HIGGINS €€€€-€€€

Küche des pazifischen Nordwestens: Fisch, Muscheln, Krabben, frisches Gemüse! Mit einem Hauch italienischer Aromen.
1239 SW Broadway
Tel. 1 503 222 90 70

3 BESAW'S CAFÉ €€€

Gemütlicher Nachbarschaftstreff. Auf der Karte stehen Burger und fashionable Gerichte wie Lachs in Limonenbutter. Nicht zu verachten auch das Brunch-Angebot.
1545 NW 21st Avenue
Tel. 1 503 2 28 26 19

4 MARCO'S CAFÉ & ESPRESSO BAR €€€

Meisterhafte Fusion Cuisine aus asiatischen, europäischen und eigenen Rezepten.
7910 SW 35th Avenue
Tel. 1 503 2 45 01 99

1 HOTEL VINTAGE €€€€

Traditionsreich und urban zugleich, eine ideale Basis fürs Sightseeing.

422 SW Broadway
Tel. 1 503 2 28 12 12
www.hotelvintage-portland.com

❷ SENTINEL HOTEL €€€€–€€€
Luxuriöses Hotel in einem historischen Gebäude downtown.
614 SW 11th Avenue
Tel. 1 503 2 24 34 00
www.sentinelhotel.com

❸ HOTEL LUCIA €€€
Zentral gelegenes Haus mit 127 freundlichen Gästezimmern.
400 SW Broadway
Tel. 1 503 2 25 17 17
www.hotellucia.com

❹ NORTHWEST SILVER CLOUD INN €€€
Ruhige Unterkunft mit 82 modern eingerichteten Zimmern mitten in Nob Hill.
2426 NW Vaughn Street
Tel. 1 503 2 42 24 00
www.silvercloud.com

drängt gebaute, oft europäisch wirkende Stadt allerdings nicht – stattdessen punktet sie mit Charme und Liebenswürdigkeit.
Bedingt durch die Schleife des Willamette River, ist Portland nicht in vier, sondern in fünf »Quadranten« unterteilt: Northwest, Southwest, Northeast, Southeast und North. Die fußgängerfreundliche **Downtown** mit traditionsreichen Hotels und Kaufhäusern liegt in **Southwest**, besser bekannt auch als auch **Westside**.**Northwest**, einst das etwas feinere Wohngebiet, wimmelt vor Boutiquen, Cafés und Straßenmusikern. Im Osten des Nordwest-Quadranten liegt der **Pearl District**, Portlands Trendviertel, wo Jungunternehmer alte Lagerhäuser in Lofts, Galerien und Zeitgeist-Restaurants verwandelt haben. Das interessanteste Stadtviertel ist **Southeast**; hier wohnen auch die meisten »Portlander«.

Downtown

Pioneer Courthouse Square

Nervenzentrum der Stadt
Der von Yamhill, 6th Avenue, Morrison Street und Broadway umgebene, von hohen Kaufhäusern und Bürogebäuden umrahmte Platz ist eines der soziokulturellen Nervenzentren von Portland – mit über 300 verschiedenen Veranstaltungen im Jahr. Dazwischen verdienen sich hier Straßenkünstler ihr Geld, Musiker zeigen ihr Können im Halbkreis eines kleinen Amphitheaters und Touristen fotografieren ungewöhnliche Skulpturen wie **»Allow me«**, die Statue eines regenschirmbewehrten, ein Taxi rufenden Geschäftsmanns.

Portland Art Museum

Herausragendes Kunstmuseum
Spektakuläre Wanderausstellungen internationaler Künstler und hervorragende Dauerausstellungen, u. a. über die Kulturen der Nord-

westküstenindianer und asiatische Kunst, sichern diesem Museum gegenüber vom Oregon History Center einen vorderen Platz unter den Kunstschreinen im Westen.

1219 SW Park Ave. | Di. – So. 10 –17, Do, Fr. bis 20 Uhr
Eintritt 25 $ | www.portlandartmuseum.org

Umfassende Geschichte Oregons

Oregon History Center

Die Oregon Historical Society hat ein hervorragend komponiertes **Museum** zur Geschichte des Bundesstaats geschaffen. Es umfasst die Zeitspanne von der voreuropäischen Zeit über den Oregon Trail bis zur progressiv orientierten Gegenwart.

1200 SW Park Ave. | Mo. – Sa. 10 – 17, So. 12 – 17 Uhr | Eintritt 10 $
www.ohs.org

Durch Rosen- und japanische Gärten spazieren

Washington Park

Der westlich von Downtown in den West Hills liegende Park beherbergt die beiden Top-Attraktionen von Portland und gilt als Juwel des ausgedehnten Parksystems der Stadt. Der **International Rose Test Garden** (400 SW Kingston Ave.) wurde 1917 von der American Rose Society angelegt, um dort mit neuen Arten zu experimentieren. Heute blühen hier vor allem im Juni über 10 000 Rosen aus rund 400 verschiedenen Arten.

Auf einer Terrasse weiter westlich ist der **Japanese Garden** angelegt. Als einer der schönsten Gärten seiner Art – Teiche, Brücken, Sand- und Steinskulpturen laden zum Meditieren ein –, muss diese wunderschöne Anlage selbst auf ihren »Fudschijama« nicht verzichten: Bei klarem Wetter ist der schneebedeckte ▶ Mount Hood von hier aus zu sehen.

Hwy. 26, Exit 72, dann der Beschilderung folgen, 611 Kingston Ave.
April – Sept. Mo. 12 – 19, Di. – So. 9 – 19, Okt. – März Mo. 12 – 16,
Di. – So. 12 – 16 Uhr | Eintritt 21,95 $ | https://japanesegarden.org

Mit dem Zug in ein Wunderland

Oregon Zoo

Im Sommer geht's mit dem **Zoo Train** vom Rosengarten im Washington Park zum Zoo. Über 1000 Tiere von **etwa 200 verschiedenen Arten** warten hier auf große und kleine Besucher. Im Winter verwandeln die »Zoolights« den Zoo in ein Wunderland mit beleuchteten Bäumen und Tierfiguren. Im Sommer finden auf den Rasenflächen hin und wieder Konzerte statt.

4001 SW Canyon Rd. | 6. Jan – Feb. 10 – 16, März – Ende Mai 9 bis 16,
Ende Mai – Anf. Sept. 9 – 18, Anf. Sept. – 5. Jan 9 – 16 Uhr
Eintritt: 24 $ | www.oregonzoo.org

Wälder aller Kontinente erkunden

World Forestry Center

Alles über Bäume, Wälder und Holz erfährt man gleich nebenan im bereits 1964 gegründeten World Forestry Center. Zu ihm gehören auch ein forstwissenschaftliches Institut, Mehrere Baumschulen und vor allem auch ein hochinteressantes **Museum** im **Washington Park**. Dort können Sie kleine Wälder aller Kontinente aus allen Blickwinkeln erkunden. Außerdem werden tolle Mitmach-Programme geboten.

4033 SW Canyon Rd. | tgl. 8.30 – 16.30 Uhr | Eintritt 8 $
www.worldforestry.org

In anderen Vierteln

Außen rau wie eine Muschel, innen ein Schatz

Pearl District

Es war ein ideenreicher Reisejournalist, der dem alten, aus ungenutzten Lagerhäusern bestehenden Viertel zwischen W. Burnside Street, Willamette River, NW Broadway und 405 Freeway seinen Namen gab. Seitdem jedoch Software-Hersteller, Künstler, Musiker und andere kreative Branchen hier eingezogen sind, ist auch die einst raue Schale restaurierten viktorianischen Fassaden gewichen. Beste Zeit für eine Besichtigungstour: einer der im Sommer stattfindenden **»First Thursday Art Gallery Walks«**, bei dem alle Galerien des Viertels von 18 bis 21 Uhr geöffnet haben.

Ob neu oder gebraucht: Für reichlich Nachschub zum Schmökern sorgt das Powell's City of Books, die größte unabhängige Buchhandlung der Welt.

Powell's City of Books betreibt mittlertweile fünf Filialen in Oregon. Der Flagstore am Südrand des Pearl Districts nimmt einen ganzen Häuserblock ein und bebeherbergt auf drei Etagen bzw. 6500 m² mehrere Millionen Bücher.
Auch die Form stimmt: Das **Oregon Maritime Museum** ist auf dem historischen Schaufelrad-Schlepper »Portland« zu finden, der im Tom McCall Waterfront Park ankert. Das Museum bietet Wissenswertes über die Schifffahrt auf dem Columbia und dem Willamette River.

www.firstthursdayportland.com
1005 W Burnside St. | tgl. 9 – 23 Uhr | Eintritt frei
www.powells.com
115 SW Ash St. | Mi.–So. 11 – 16 Uhr | Eintritt 5 $
www.oregonmaritimemuseum.org

People Watching, Kunst und gutes Essen

Northwest Portland, Nob Hill

In Nob Hill geht Portland essen. Studenten mit etwas mehr Taschengeld, Jungmanager und Yuppies ohnehin. Das Viertel liegt nördlich der Burnside Avenue zwischen der NW 18th und NW 27th Avenue und ist das Resultat eines gelungenen Faceliftings: In viktorianische Ziegelsteinhäuser an schmalen Straßen zogen angesagte **Kunstgalerien, Boutiquen und Restaurants** – so viele, dass NW 21st und NW 23rd Avenues, die Nervenzentren des Viertels, **»Trendyfirst and Trendythird«** genannt werden. Die schönen Stadthäuser in den Seitenstraßen, schattigen Alleen mit Ostküsten-Feeling, sind die heißesten Immobilien Portlands. Besucher schwärmen von den **Straßencafés** in Nob Hill als idealen Orten zum »Leutegucken«.

Wohnquartier

Northeast Portland

Das jenseits des Willamette River liegende Wohnviertel ist am besten über die Steel Bridge, die schöne Blicke auf Portlands Downtown ermöglicht, zu erreichen. Sehenswert ist hier vor allem **The Grotto**, ein katholischer, von einem herrlichen botanischen Garten umgebener Schrein mit einer 1925 aus dem Basalt gehauenen Grotte. **The National Sanctuary of Our Sorrowful Mother** wird alljährlich von Hundertausenden Pilgern besucht.

8840 NE Skidmore St. | tgl. 9 – 18.30 Uhr | Spende erbeten
www.thegrotto.org

Rund um den Hawthorne Boulevard

Southeast Portland

Der Südostsektor der Stadt erstreckt sich vom Ostufer des Willamette River bis zu den historischen Wohnvierteln Hawthorne und Belmont. Ursprünglich war dies eine Arbeitergegend und später bei Hippies, Wehrdienstverweigerern und anderen Vertretern der amerikanischen Gegenkultur beliebt; heute entdecken auch gut Betuchte das etwas preiswertere Leben rund um den Hawthorne Boulevard.

Sehenswert in Southeast ist vor allem das **Oregon Museum of Science and Industry.** In dem interaktiven Museum können Sie in fünf thematisch voneinander abgegrenzten Hallen und acht Laboratorien selbst Hand anlegen – von der Brücke eines Frachtschiffs aus, im U-Boot »SS-58«1 oder im NASA-Kontrollzentrum in Houston während einer Gemini-Mission.

1945 SE Water Ave. | Di. – Fr., So. 9.30 – 17.30, Sa. 9.30 – 19 Uhr
Eintritt 19 $ | www.omsi.edu

Rund um Portland

Stadt mit bewegender Vergangenheit

Oregon City

Als **Endpunkt des Oregon Trails** und erste Hauptstadt des Landes blickt Oregon City (33 000 Einw.), ca. 15 mi/24 km südlich von Portland, auf eine bewegte Geschichte zurück. Wie um ihre historische Bedeutung zu unterstreichen, rauschen mitten in der Stadt die **Willamette Falls** 12 m in die Tiefe.

Alles begann 1829, als **John McLoughlin**, der Bevollmächtigte der Hudson's Bay Company in Fort Vancouver, an dieser Stelle eine Sägemühle baute. 1840 zog er selbst hierher und half den auf dem Oregon Trail ankommenden Siedlern mit Nahrungsmitteln und Baumaterialien. Bald entwickelte sich Oregon City zum Zentrum verschiedener verarbeitender Industrien. Von 1849 bis 1851 war es die Hauptstadt des amerikanischen »Oregon Territory«. Heute bietet die Stadt, in der sich v. a. Hightechfirmen und Versicherungsunternehmen angesiedelt haben, interessante Einblicke in eine Phase der amerikanischen Geschichte, die noch gar nicht so lange her ist.

Das nördlich der Willamette Falls gelegene **Museum of the Oregon Territory** bietet einen tollen Rundumschlag: Die Themen der Ausstellungen reichen von der Ur- über die Pionierzeit bis heute.

Hoch auf einer Basaltklippe über dem Willamette River thront das Wohnhaus von **John McLoughlin**, dem »Vater von Oregon«, der hier bis zu seinem Tod im Jahr 1857 gewohnt hat. Es ist heute als John McLoughlin House National Historic Site ausgewiesen.

Trotz des mitschwingenden Pathos ist das **End of the Oregon Trail Interpretive Center** ein lohnendes Ziel: Wechselnde Ausstellungen und ein 30-minütiger Film liefern Informationen zu allen Aspekten dieser größten Binnenwanderung der amerikanischen Geschichte. Der Platz für dieses Informationszentrum wurde nicht zufällig gewählt. Früher gehörte dieses Land **George Abernethy**, dem ersten Gouverneur Oregons. Der ließ die neu angekommenen Siedler hier campieren, bevor sie zu ihren Claims weiterzogen.

Museum of the Oregon Territory: 211 Tumwater Dr. | Mi. – Sa. 10.30 bis 16.30 Uhr | Eintritt 8 $ | www.clackamashistory.org

John McLoughlin House National Historic Site: 713 Center St.
Fr. bis Sa. 10 – 16 Uhr | Eintritt frei | www.mcloughlinhouse.org
End of the Oregon Trail Interpretive Center: 1726 Washington St.
Mo.–Sa. 9.30 – 17, So. 10.30 – 17 Uhr | Eintritt 13 $
www.historicoregoncity.org

Kunstpause

Südlich von Portland zeigt die renommierte Lawrence Gallery in **Lake Oswego** Werke von rund150 Künstlern der Nordwestküste sowie Arbeiten von Salvador Dali, Picasso und Michelangelo.
540 N.State Street, Lake Oswego | Mi. – So. 11 – 18 Uhr | Eintritt frei
www.lawrencegallery.net

SALEM

Region: Marion County (Nordwest-Oregon)
Einwohnerzahl: 177 000 | **Höhe:** 47 m ü.d.M.

Die im nördlichen Willamette Valley gelegene Hauptstadt konzentriert sich voll und ganz aufs Regieren. Interessante Ecken, schöne Gärten und eine sehenswerte Kunstsammlung können Sie hier dennoch finden.

Meist pflegen Amerikas Städte ihre Besucher mit einem ansehnlichen, liebevoll restaurierten Zentrum für das deprimierende Einerlei aus Malls und Parkplätzen an ihren Peripherien zu entschädigen. Salem bleibt selbst das schuldig, trotz seiner schönen Lage am Willamette River. Es mag an den vielen grauen, über die Innenstadt verstreuten Regierungsgebäuden liegen, die Nüchternheit ausstrahlen und einen gewissen Konservatismus. Es mag auch an den »Genen« dieser Stadt liegen, die ihr Ernsthaftigkeit gewissermaßen in die Wiege legten. Denn an dem Ort, den der Stamm der Kalapuya einst **»Ort der Ruhe«** – ein Zufall? – nannte, gründete der Methodisten-Prediger Jason Lee 1841 eine Mission mit dem Ziel, die – natürlich ungefragten – Ureinwohner zu erziehen und ihnen damit ein »besseres« Leben zu ermöglichen. Da dem hehren Unterfangen kein rechter Erfolg beschieden war, beschloss Lee, eine Stadt zu gründen. Den Erlös aus dem Verkauf des zur Mission gehörenden Grund und Bodens investierte er 1842 in das Oregon Institute, der Keimzelle der **Willamette University** und damit ältesten Lehranstalt westlich des Mississippis.
1844 ist das Gründungsjahr der Stadt, 1851 wurde Salem Hauptstadt. Seither sind Regierung und Lehrbetrieb die größten Arbeitgeber der heute drittgrößten Stadt Oregons. Dabei bietet sie, und das

SALEM ERLEBEN

TRAVEL SALEM
630 Center Street NE
Salem, Oregon 97301
Tel. 1 503 5 81 43 25
www.travelsalem.com

OREGON STATE FAIR
Schaufenster in die Wirtschaft des Bundesstaats. Mit hochklassigem Rahmenprogramm mit landesweit bekannten Entertainern und Popstars.
2. Augusthälfte
www.oregonstatefair.org

AMADEUS **€€€–€€**
Organische Ernte, französisch inspiriert, entspannt serviert.
135 Liberty Street
Tel. 1 503 362 8830

MCMENAMINS BOON'S TREASURY **€€**
Von den bierbrauenden McMenamin-Brüdern betriebener, gemütlicher Pub im alten Schatzamt der Stadt. Hin und wieder gibt's Live-Musik.
888 Liberty St. NE
Tel. 1 503 3 99 90 62

PHOENIX INN SUITES **€€**
Das beste Hotel der Stadt bietet 90 modern eingerichtete Zimmer und Suiten sowie einen Swimming Pool.
4370 Commercial St. SE
Tel. 1 503 5 88 92 20
www.phoenixinn.com

mag den Besucher versöhnen, mit **weitläufigen Parks** und dem Universitätscampus mit dem **Martha Springer Botanical Garden** schöne Oasen, in denen man nach der Stadtbesichtigung gerne relaxt.

Wohin in Salem?

Mit einem Pionier bekrönt

State Capitol

Das auf dem Ostufer liegende, 1938 eingeweihte State Capitol besitzt eine für amerikanische Regierungssitze ungewöhnliche Architektur. Statt der sonst typischen Kuppel sitzt eine Rotunde auf einem schachtelähnlichen Gebäude, errichtet aus weißem Vermont-Marmor und verziert mit Art-déco-Elementen. Eine sieben Meter große, vergoldete **Statue des »Oregon Pioneer«** thront auf der Rotunde. Drinnen führen **große Wandgemälde** das Pionier-Thema mit Schlüsselszenen von der Entdeckung und Erschließung Oregons fort.
900 Court St. NE | Eintritt frei | Führungen Mo. – Fr. 7 – 17.30 Uhr
www.oregonlegislature.gov

Die Pionierzeit ist – wie sollte es anders sein – großes Thema in der Hauptstadt Oregons sowie für deren State Capitol.

Hallie Ford Museum of Art

Ein Schmuckkästchen der Kunst
Untergebracht im früheren, bunkerähnlichen Gebäude einer Telefongesellschaft, beherbergt das »Jewel Box« genannte, zur Uni gehörende Museum einige der besten Kunstsammlungen des Nordwestens. Über fünfzig Künstler aus Oregon und dem benachbarten Washington von 1880 bis heute sind hier ausgestellt. Ferner ist die **»Confederated Tribes of Grande Ronde Gallery«** für ihre herrlichen indigenen Flechtarbeiten landesweit berühmt.
700 State St. | Di.–Sa. 10–17, So. 13–17 Uhr | Eintritt 8 $
https://willamette.edu

Rund um Salem

Enchanted Forest

Verzaubert
Salems sympathischer **Vergnügungspark**, 6 mi/10 km südlich der Stadt, ist das Werk eines einzelnen Mannes – und wohltuend anders als seine größeren, moderneren Konkurrenten. 1971 eröffnete Bill Tofte sein selbst gezimmertes, von Zwergen, Feen und sprechenden

Tieren bewohntes Märchenland. Inzwischen um Attraktionen wie Wasserrutschen und Achterbahnen erweitert, konnte es sich seinen naiven Charmen von gestern bewahren.

8462 Enchanted Way, via I-5, Exit 248 | letzte Märzwoche tgl. 10 bis 17, April – Mitte Mai Sa., So. 10 – 17, Mitte Mai–Aug. tgl. 10–16 bzw. 18, im Hochsommer bis 19, Sept. Sa., So. 10–17 bzw. 18 Uhr
Eintritt 13,50 $ | www.enchantedforest.com

Fotogene Pionierzeit, fotogene Brücken am Fluss

Albany

Das knapp 20 mi/32 km südlich von Salem gelegene Städtchen (52 000 Einw.) am Zusammenfluss von Calapooia und Willamette River ist mit fast **400 viktorianischen Häusern** ein Schaufenster in die Pionierzeit. Sehenswert ist v. a. das 1849 erbaute **Monteith House**. Das älteste Haus der Stadt beherbergt u. a. die Originalküche und ein Klavier, das einst die 3200 km lange Anreise über Land im Ochsenkarren überstand. Im **Monteith District**, zwischen Elm und Ellsworth Streets, stehen weitere fotogene Heime erfolgreicher Pioniere.

Die Ausstellungen im **Albany Regional Museum** werfen informative Schlaglichter auf die Geschichte des Raums Albany. Im Übrigen genießt Albany einen guten Ruf als Dorado für Antiquitäten-Fans.

In der Umgebung warten gut vier Dutzend **Covered Bridges** auf Fotografen und Verliebte. Seit dem Kinoerfolg »Die Brücken am Fluss« (1995) mit Clint Eastwood und Meryl Streep weiß man ja, dass diese Brücken ihre Dächer nicht nur trugen, um das Holz darunter vor den Unbilden des Wetters zu schützen … Fünf überdachte Brücken gibt es bei dem Weiler **Scio** ein paar Autominuten nordöstlich von Albany zu bewundern. Die meisten stammen aus den 1930er-Jahren.

Monteith House: 518 2nd SW | Fr., So. 14 – 16, Sa. 12 – 16 Uhr
Eintritt 3 $, Spende erbeten | www.monteithhouse.org
Albany Regional Museum: 136 Lyon St. SW | Di. – Sa. 10 – 16 Uhr
Eintritt 5 $ | Spende erbeten | www.armuseum.com

Größter State Park Oregon

Silver Falls State Park

Zehn bis zu 55 Meter hohe Wasserfälle in den unteren immergrünen Hängen der Cascade Mountains sind die Hauptattraktion des größten State Park Oregons. 25 mi/40 km nordöstlich von Salem gelegen, bietet er schöne Wanderwege, auf denen auch weniger sportliche Besucher erholsame Spaziergänge unternehmen können.

Hwy. 213 | Nov. – Jan. 8 – 17, Feb. 8 – 18, März 8 – 20, April – Aug. 7 bis 21. Sept. 7 – 20, Okt. 8 – 19 Uhr | Eintritt 5 $, Parkgebühr 7 $ pro Fahrzeug | www.oregonstateparks.org

Einer der wildromantischen Wasserfälle im Silver Falls State Park nordöstlich von Salem

WASHINGTON

Fläche: 184 665 km² | **Einwohnerzahl:** 7,8 Mio.
Hauptstadt: Olympia | **Beiname:** The Evergreen State

Der Bundesstaat in der Nordwestecke der USA führte lange ein Mauerblümchen-Dasein. Doch in Zeiten dicht bevölkerter Städte und immer heißer werdender Sommer ziehen schneebedeckte Vulkane und mysteriös-nebelverhangene Regenwälder immer mehr Besucher an.

Für den Rest der Welt bestand Washington lange nur aus Seattle. Doch das hat sich während der letzten Jahrzehnte grundlegend geändert. Heute steht der Bundesstaat im äußersten Nordwesten der Lower 48 für Vielfalt – in jeder Hinsicht. Kaum sonst wo in den USA sind Klima- und Vegetationszonen so scharf voneinander abgegrenzt wie im »Evergreen State«. So teilt die über 4000 m hohe, von Nord nach Süd streichende **Cascade Range** den Bundesstaat in einen feuchteren, vom Küstengebirge dominierten Westen und einen trockenen Osten. Schnee- und eisbedeckte Vulkankegel, darunter der 4395 m hohe **Mount Rainier**, charakterisieren die Cascades. Manche dieser Vulkane sind hoch aktiv, so etwa der 2549 m hohe **Mount St. Helens**. 1980 ereignete sich hier ein besonders heftiger Ausbruch, bei dem Asche- und Gaswolken 18 km hoch in die Stratosphäre geschleudert wurden und der nördliche, ursprünglich 2950 m hohe Gipfel talwärts rutschte (▶ Das ist die Westküste der USA, S. 12).

Die Cascades teilen den Staat auch soziopolitisch. Während man an der Küste und in den Städten im liberalen Westen traditionell demokratisch wählt, ist der ländlich geprägte Osten konservativ und ein verlässliches Stimmenreservoir der Republikaner. Und so blickt Washington einerseits auf eine lange Tradition sozialliberaler Politik zurück, die stolz auf ihre Gewerkschaftsvergangenheit und Verbraucherschutzgesetze ist. Weit zurück reicht aber auch der latente Rassismus, unter dem die asiatischen und afroamerikanischen Minderheiten zu leiden hatten.

42. Bundesstaat der USA

Geschichte

Dank ihres Reichtums an natürlichen Ressourcen war die Küste bis zur Mündung des Columbia River schon immer besiedelt und zunächst die **Heimat wohlhabender indigener Stämme**. Die bekanntesten der überwiegend sesshaften, große Langhäuser bauenden Nordwestküstenindianer waren die **Chinook, Makah** und **Yakima**. Sie haben differenzierte Wirtschaftsformen und Gesellschaften hervorgebracht, in denen auch Frauen wichtige Ämter übernahmen. Ihre Handelsbeziehungen reichten weit nach Süden und tief ins Landesinnere.

Die **Ankunft der Weißen** Mitte des 19. Jh.s bedeutete das traumatische Ende der jahrtausendealten indigenen Kulturen. Die Nachkommen der durch Waffengewalt und Krankheiten dezimierten Ureinwohner leben heute in rund 20 Reservaten.

Zunächst war es die **Suche nach der Nordwestpassage**, die spanische und englische Seefahrer an die Nordwestküste Amerikas lockte. Doch schon bald erkannte man das wirtschaftliche Potenzial des **Pelzhandels**.

Anno 1775 beanspruchte der Entdecker **Bruno Heceta** diesen Küstenabschnitt für Spanien, 1778 sichtete **James Cook** das am Eingang zur Strait of Juan de Fuca liegende Cape Flattery. 1790 einigten sich England und Spanien auf eine gemeinsame Nutzung der Küste und öffneten diese damit auch den Amerikanern. 1792 erkundete der Engländer **George Vancouver** den Puget Sound. Im gleichen Jahr entdeckte der amerikanische Kapitän **Robert Gray** die Mündung des Columbia River.

Ab 1800 interessierte sich auch die englisch-kanadische **Hudson's Bay Company** für die Gegend. Von ihrem Stützpunkt Fort Vancouver aus beherrschte diese Gesellschaft während der nächsten zwei Jahrzehnte den Pelzhandel im gesamten Nordwesten Amerikas und richtete auch im Gebiet des heutigen Bundesstaates Washington zahlreiche Handelsplätze ein. Doch erst **Lewis und Clark** vermochten die Nordwestküste ins Blickfeld des noch jungen Amerikas zu rücken. Ihre Expedition erreichte das Gebiet im Oktober 1805 auf dem Landweg. 1811 baute der deutschstämmige Pelzhändler **Johann Jakob Astor** an der Mündung des Columbia River den Handelsposten Astoria und – tief im Landesinnern – ein Fort am Zusammenfluss von Columbia und Okanogan River. Weitere Handelsposten folgten, in deren Umgebung auch Siedlungen entstanden. 1846 gaben die Briten ihren Anspruch auf das auch Washington umfassende Oregon auf und zogen sich im Oregon-Vertrag hinter den 49. Breitengrad als neuer Grenze zurück. Größere Siedlungen gab es damals nur im südlichen Teil des Territoriums, in Oregon. Salem war die Hauptstadt des Nordwestens der USA, der 1848 als **»Oregon-Territorium«** offiziell den USA angegliedert wurde und auch Idaho und Teile Montanas umfasste. Erst als bebaubares Land im Willamette Valley in Oregon knapp zu werden begann, überquerten Siedler in größerer Zahl den Columbia-Fluss. **Tumwater**, die erste amerikanische Siedlung in Washington, entstand bereits 1845 am Puget Sound. 1851 folgten Seattle und Port Townsend, beide als **Holzumschlagplätze** für das seit dem Goldrausch boomende Kalifornien.

Doch noch als Washington 1853 von Oregon getrennt wurde, hatte das nunmehr eigenständige Territorium gerade mal 4000 zwischen Pazifik und Rocky Mountains verstreute Einwohner. Der erste Gouverneur des Territoriums, **Isaac I. Stevens**, verlor deshalb keine Zeit und schloss mit den unruhig gewordenen Indianerstämmen Verträge, die eine durchgehende Erschließung ermöglichen sollten. Dennoch kam es bis 1858 zu mehreren blutigen Auseinandersetzungen zwischen Ureinwohnern und weißen Siedlern. Die Besiedlung Washingtons und die Anbindung an die übrigen Vereinigten Staaten sollte sich erheblich verzögern. Erst die **Ankunft der Eisenbahn** gegen Ende des 19. Jh.s brachte den Bundesstaat Washington entscheidend voran, der 1889 als 42. Bundesstaat der Union beigetreten war. Die damit einhergehende politische Stabilität förderte das Wirtschaftswachstum: **Weizenanbau** und **Viehzucht** im Osten, **Holzwirtschaft** und **Fischfang** im Westen. Der Goldrausch am Klondike im kanadischen Yukon-Territorium machte Seattle zum wichtigsten Hafen an der Nordwestküste. Die Bevölkerung des Staates Washington wuchs in dieser Zeit von 75 000 auf 1,2 Mio. Menschen.

Industrie, Software und Kaffee

Wirtschaft

Im 20. Jahrhundert setzte sich der Boom fort, unterstützt durch **Staudamm-Projekte** am Columbia River. Dies ermöglichte den Aufbau einer leistungsstarken **Aluminiumproduktion** und **Flugzeugindustrie**. Die Firma Boeing in Seattle wurde größter Arbeitgeber im Bundesstaat. Nach dem Angriff auf Pearl Harbor im Dezember 1941 wurde Bremerton innerhalb von nur zwei Jahren zum **Schiffsbauzentrum** und Heimathafen der nördlichen Pazifikflotte ausgebaut.

Nach dem Zweiten Weltkrieg entwickelten sich die gesamte Puget Sound Area sowie das Tal des Columbia River zu wirtschaftlichen Zentren mit geradezu explosionsartigem Bevölkerungswachstum. Nicht nur **Boeing** sorgte regelmäßig für gute Nachrichten, sondern auch der aus Seattle gebürtige **Bill Gates** (▶ Interessante Menschen), der 1975 zusammen mit **Paul Allen** das heute weltbekannte Software-Unternehmen **Microsoft** gründete. Profitieren kann Washington außerdem durch die Giganten **Amazon** und **Starbucks**, die ebenfalls in Seattle ansässig sind.

Die stürmische wirtschaftliche Entwicklung forderte aber auch ihren Tribut: Durch die Verbauung des Columbia River mit Staudämmen verschwanden weitgehend die Lachse, die erst seit dem nachträglichen Einbau von Fischtreppen wieder flussaufwärts ziehen können. Prekär ist die Umweltsituation am Puget Sound sowie entlang des Columbia River, wo sich inzwischen zahlreiche Initiativen für eine nachhaltige, umweltfreundliche Produktionssweise einsetzen.

BELLINGHAM

Region: Whatcom County | **Einwohnerzahl:** 94 000
Höhe: 0 – 210 m ü.d.M.

Selten ist eine Stadt auf Anhieb so sympathisch wie die Hafenstadt am nördlichen Puget Sound. Denn außer dem schneebedeckten Mount Baker im Rücken und dem blaugrünen Pazifik vor der Haustür bietet Bellingham auch eine aktive Kulturszene und jede Menge Lebensart.

Die vielen tollen Möglichkeiten zum Wandern, Kajakfahren und Skilaufen locken vor allem junge Familien und qualifizierte Fachkräfte am die Bellingham Bay. Auch die Western Washington University mit ihren mehr als 12 000 Studierenden verjüngt das Straßenbild und nährt die Szene mit **Galerien, Theaterbühnen und Buchläden**.
Anno 1792 benannte der britische Entdecker George Vancouver die hiesige Bucht nach **Sir William Bellingham**, der seine Expedition ausgerüstet hatte. Die ersten Weißen ließen sich 1854 nieder; 1903 erfolgte die Gründung der Stadt.
In den letzten Jahrzehnten hat sich der Tourismus sowohl aus Kanada als auch aus Übersee zu einem wirtschaftlichen Standbein der Stadt entwickelt.

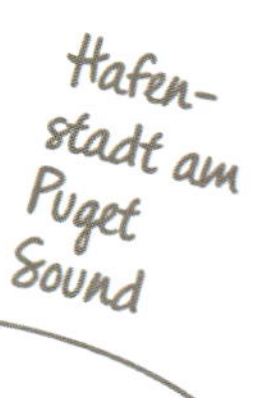

Bellingham bietet viel Lebensqualität – auch für passionierte Freizeitkapitäne.

BELLINGHAM ERLEBEN

BELLINGHAM ·WHATCOM CVB
904 Potter Street
Bellingham, WA 98229
Tel. 1 360 6 71 39 90
www.bellingham.org

SAN JUAN CRUISES
Im Sommer legen Ausflugsboote vom Bellingham Cruise Terminal zu Touren (auch Walbeobachtung) durch die San Juan Islands ab.
355 Harris Ave., Bellingham, WA
Tel. 1 360 7 38 80 99
www.whales.com

BELLINGHAM TRAIL GUIDE
Das gebirgige Hinterland von Bellingham wird von schönen **Wanderwegen** erschlossen. Karten und Infos enthält der Bellingham Trail Guide.
www.cob.org

MOON DANCE SEA KAYAK ADVENTURES
Ein- und mehrtägig geführte **Paddeltrips** zu verschiedenen Inseln inkl. Übernachtung im Zelt
909 Squalicum Way
Tel. 1 360 7 38 76 64
www.moondancekayak.com

ANTHONY'S AT SQUALICUM HARBOR €€€€
Frische Fische und Meeresfrüchte, zubereitet mit Gemüse und Früchten aus der Region. Das Auge isst mit: Der Blick von hier auf die San Juna Islands ist allein den Besuch wert.
25 Bellwether Way
Tel. 1 360 6 47 55 88

OLD TOWN CAFÉ €
So sympathisch wie sein unprätentiöser Name; solide vegetarische Küche; der Klassiker: Tofu Scramble.
316 W. Holly Street
Tel. 1 360 6 71 44 31

CHRYSALIS INN & SPA €€€€
Elegantes Wellness-Hotel an der Bay, mit wunderhübschem Interieur aus Holz und Glas. Alle 43 Zimmer mit Meerblick.
804 10th Street
Tel. 1 360 7 56 10 05
www.thechrysalisinn.com

MORNING GLORY €€
Neues, einrichtungsmäßig eher spartanisch gehaltenes Hotel an der I-5. Die Zimmerpreise machen die unromantische Lage jedoch wett.
3750 Meridian St.
Tel. 1 360 6 71 46 00
www.morninggloryhotel.com

Wohin in Bellingham?

Vom Bootsbau über Holzwirtschaft zur Titanic

Museen

Untergebracht im einstigen Rathaus sowie drei weiteren Gebäuden, beherbergt das **Whatcom Museum of History & Art** interessante Ausstellungen zur Stadtgeschichte und zum Kulturschaffen in der

Umgebung. Besondere Beachtung wird dem Bootsbau geschenkt. Das mit großer Sachkenntnis inszenierte **Spark Museum of Electrical Innovation** verfolgt die Erforschung und Nutzbarmachung der Elektrizität bis zum Siegeszug des Radios in den 1930er-Jahren. Besonders eindrucksvoll ist der nachgebaute **Radioraum der »Titanic«**.
Das **Bellingham Railway Museum** zeichnet die Geschichte des Eisenbahnwesens im Nordwesten der Vereinigten Staaten nach. Besonders interessant sind die Modelle der bulligen **Lumber Trains**, die zeigen, wie man an der Schwelle vom 19. zum 20. Jh. in dieser Gegend Holzwirtschaft betrieben hat.
Whatcom Museum of History & Art: 121 Prospect St.
Mi. – So. 12 – 17 Uhr | Eintritt 10 $ | www.whatcommuseum.org
Spark Museum of Electrical Innovation: 1312 Bay St.
Mi. – So. 11 – 17 Uhr | Eintritt 10 $ | www.sparkmuseum.org

Interaktive Kunst

Mindport Exhibits

Das Konzept dieser ungewöhnlichen Ausstellung im Stadtteil Mindport heißt **»interactive art«**: Kunst, die reagiert, wenn man sie berührt, und mit dem Betrachter kommuniziert. Erreicht wird dies mittels einer Reihe konventionelle Grenzen und Formen sprengender Skulpturen und Gerätschaften, die größtenteils von Künstlern aus dem »Evergreen State« angefertigt wurden.
210 W. Holly St. | Mi. – Fr. 12 – 18, Sa. 10 – 17, So. 12 – 16 Uhr
Spende zw. 5 und 10 $ | www.mindport.org

Leben am und im Wasser

Squalicum Harbor

Die Marina für 1800 Boote liegt am Nordrand der Bellingham Bay bzw. am Westrand des Stadtzentrums. Am mehr als 700 m langen Boardwalk liegen einige der besten **Restaurants und Hotels** der Stadt.
Das **Marine Life Center** zeigt die Unterwasserwelt des nordöstlichen Pazifik.
1801 Roeder Ave. | Juni – Aug. tgl. 10 – 18, sonst 10 – 17 Uhr
Eintritt frei | www.marinelifecenter.org

Rund um Bellingham

Schöne Aus- und Einblicke

Anacortes

Das nach Anna Curtis, der Frau des ersten Siedlers auf der vorgelagerten Insel benannte 15 000-Einwohner-Städtchen fungiert zugleich als Tor zu den ► San Juan Islands. Es liegt am Nordende des hügeligen, mit dem Festland durch eine Brücke verbundenen **Fidalgo Island** und gewährt von den Aussichtspunkten im **Washington Park** schöne Blicke auf die im Puget Sound »schwimmenden« San Juan Islands. Einen Besuch lohnt das orts- und regionalgeschichtlich orientierte **Anacortes History Museum**.

Herrliche Abendstimmung am Mount Baker vom Artist Point aus gesehen

1305 8th St. Di. – Sa. 10 – 16, So. 13 – 16 Uhr | Eintritt: 5 $
http://museum.cityofanacortes.org

Im Blütenmeer

Lower Skagit River Valley

Historische Städtchen, die sich im Wasser spiegeln, Beerenplantagen und Tulpenfelder am Unterlauf des Flusses: Im ländlichen **Mount Vernon** (35 000 Einw.), rund 25 mi/40 km südlich von Bellingham, blühen während des **Tulip Festival«** im April mehr Tulpen als sonstwo in den USA. Auch im einstmals sumpfigen Hinterland werden großflächig Tulpenzwiebel kultiviert.

Wenige Kilometer weiter westlich liegt der schöne Fischerhafen **La Conner**. 1869 kaufte ein gewisser John Conner den Handelsposten im Norden der Skagit Bay, gab ihm seinen Namen und stellte diesem die Initialen seiner Frau Louise Anne voran. Die gut erhaltenen, aus den 1880er-Jahren stammenden Häuserzeilen am Swinomish-Kanal ziehen nicht nur Künstler an, sondern auch Besucher aus den nahen Städten.

Das hiesige, nur »MoNA« genannte **Museum of Northwest Art** (MoNA) zeigt Arbeiten talentierter Künstler von der Nordwestküste. Das **Skagit County Historical Museum** befasst sich u. a. mit der Kultur der indigenen Ureinwohner.
Liebhaber kunstvoll verzierter Patchworkdecken sind im **La Conner Quilt Museum** am Ziel ihrer Wünsche.
Museum of Northwest Art: 121 S. 1st St. | Di. – Sa. 10 – 17, So., Mo. 12 – 17 Uhr | Eintritt frei | www.monamuseum.org
Skagit County Historical Museum: 501 4th St. | Di. – So. 11 – 17 Uhr Eintritt 7 $ | https://www.skagitcounty.net/departments/historical-society/general.htm
La Conner Quilt Museum: 703 S. 2nd St. | Mi. – So. 11 – 17 Uhr Eintritt 7 $ | https://www.qfamuseum.org/plan-your-visit.html

Schlafender Wächter

Ca. 50 km östlich von Bellingham erhebt sich der von indigenen Einwohnern »Großer Weißer Wächter« genannte Mount Baker (3285 m ü.d.M.). Der weithin sichtbare, von Ausbrüchen und der letzten Eiszeit gezeichnete Stratovulkan ist stark vergletschert. Nach einigen kleinen Eruptionen im 19. Jh. zählt der mehrere Gipfel aufweisende Vulkan zu den sog. »Schläfern«. Eisfelder bedecken den Gipfelbereich; größter Gletscher ist der 5 km² umfassende **Coleman Glacier**. 1792 schaffte es der Mount Baker erstmals auf eine Landkarte, als ihn eine britische Expedition unter dem Kommando von Kapitän George Vancouver sichtete und nach ihrem Leutnant Joseph Baker benannte. 1984 wurde die wildromantische Region zwischen dem Highway 20 und der kanadischen Grenze als **Mount Baker Wilderness Area** ausgewiesen.
Zahlreiche **Wanderpfade** führen zu herrlichen Aussichtspunkten auf die Gipfel. Die Basisplätze für Gipfelbesteigungen erreichen Sie von Bellingham aus am besten über den Highway 542. Besonders zu empfehlen sind der rund 10 mi/16 km lange Rundwanderweg zum idyllisch gelegenen **Lake Ann**, der Trail zum 1730 m hoch gelegenen Aussichtspunkt **Excelsior Peak** und der bei **Heather Meadows** beginnende, 10 km lange **Chain Lakes Loop**. Letzterer lohnt sich vor allem im Hochsommer, wenn die Wildblumenwiesen blühen. Zum Greifen nah scheint der Mount Baker am Ende des 7 km langen **Heliotrope Trail**. Dieser Pfad führt über die Baumgrenze bis zum Coleman Glacier.
Obwohl klettertechnisch nicht allzu anspruchsvoll, ist der Mount Baker wegen seiner jähen Wetterumschwünge und auch wegen seiner **vielen Gletscherspalten** berüchtigt. Anfänger sollten diesen Gipfel keinesfalls im Alleingang erklimmen wollen; die beiden meistbegangenen Routen überqueren den **Coleman Glacier** (via Heliotrope Trail) und den **Roosevelt Glacier** (weitere Informationen: Glacier Public Service Center).
Den **Mount Baker Highway** (Highway 542), die vielleicht schönste Panoramastraße im Nordwesten, haben Sie natürlich nicht für sich

allein. Außerdem sind die letzten 7 km nur von Juli bis etwa Anfang Oktober befahrbar. Selbst im Hochsommer müssen Sie hier oben mit Schneefällen rechnen. Dennoch lohnt sich dieser Ausflug sehr.
Gleich hinter dem 100-Seelen-Nest **Glacier** – hier gibt es ein paar einfache Restaurants und Unterkünfte – kurvt die Straße bergan durch dichten Nadelbaum-Urwald. Es geht vorbei an den tosenden **Nooksack Falls**, die über drei Stufen in die Tiefe stürzen. Dann windet sich die Straße in atemberaubenden Serpentinen durch die **Baker Ski Area** bergauf. Ca. 25 mi/40 km hinter Glacier erreichen Sie den absoluten Höhepunkt dieser Fahrt, den **Artist Point**. Der Name könnte nicht besser gewählt sein, denn von hier aus genießt man einen grandiosen Panoramablick auf den majestätischen, wie gemalt daliegenden Mount Baker sowie den Mount Shuksan und die Gipfel in der westkanadischen Provinz British Columbia.

★ COLVILLE NATIONAL FOREST

Region: NE Washington | **Fläche:** 4452 km²

In der abgelegenen Nordostecke Washingtons sagen sich Wölfe und Grizzlybären gute Nacht. Outdoor-Fans erleben hier ein noch wenig gestörtes Naturparadies.

Der 1907 eingerichtete Colville National Forest reicht im Süden bis zur Colville Indian Reservation und im Westen und Osten bis zum Okanogan River bzw. Columbia River. Seine Nordgrenze ist zugleich Staatsgrenze zu Kanada. Seine Landschaft prägen drei Gebirgszüge: die **Okanogan Range**, **Kettle River Range** und **Selkirk Range**. Die drei großen Täler von Columbia River, Pend Oreille River und San Poil-Curlew River wurden von eiszeitlichen Gletschern ausgehobelt. Zum Schutz seltener Pflanzen und Tiere ausgewiesen gibt es sog. **»recovery areas«** – Refugien für Grizzlybären und die letzten Karibus südlich des 48. Breitengrades.

Wohin im Colville National Forest?

Wildromantischer geht es kaum

Republic

Sattgrüne Matten und dunkle Wälder, grauer Fels und leuchtende Schneefelder: Der von der Kettle River Range umrahmte 1000-Seelen-Ort ist von wilder Bergwelt förmlich eingemauert. Seinen Namen

COLVILLE NATIONAL FOREST ERLEBEN

COLVILLE NATIONAL FOREST
765 S. Main Street
Colville, WA 99114
Tel. 1 509 6 84 70 00
https://www.fs.usda.gov/colville

GRAND COULEE DAM AREA CHAMBER OF COMMERCE
306 Midway Avenue
Grand Coulee, WA 99133
Tel. 1 509 6 33 30 74
www.grandcouleedam.org

HUDSON BAY STEAK & SEAFOOD RESTAURANT €€
Einfach, aber herzlich; hier gibt es leckere Steaks und Fischgerichte.
Highway 395 Barneys, Kettle Falls
Tel. 1 509 7 38 61 64

KETTLE FALLS INN HOTEL €
Freundliches Motel mit 24 hellen Zimmern und Suiten, Sauna und Pool.
205 E. 3rd St. (Hwy. 395)
Kettle Falls
Tel. 1 509 7 38 65 14
https://kettlefallsinn.business.site

verdankt er der 1896 eröffneten **Republic Gold Mine**, in der noch heute nach Gold gesucht wird. Belebter Mittelpunkt des Ortes ist die Main Street mit ihrer hübschen Frontier-Architektur.
Im **Stonerose Interpretive Center** können Sie gut erhaltene Versteinerungen von Pflanzen aus dem Eozän (vor ca. 50 Mio. Jahren) bestaunen. Auf der dazugehörigen **Boot Hill Fossil Site** dürfen Sie sogar selbst nach Fossilien suchen.
Hwy. 20 und Clark Ave, Republic | Anfang bis Mitte Mai Mi. - So. 8 - 17, Mitte Mai bis Anf. Sept. tgl. 8 - 12 u. 13 - 17, Anf. Sept. - Okt. Mi. - So. 8 - 17 Uhr | Eintritt 15 $ | https://stonerosefossil.org

Baden und in der Sonne faulenzen

Curlew Lake State Park

Der von Republic aus nordwärts nach Kanada führende Highway 21 schlängelt sich durch den landschaftlich reizvollen Curlew Lake State Park. Im Sommer locken seine schönen **Seen** mit netten Stellen zum Baden und Sonnen.

In der »Old Swimming Hole«

Curlew

Die 20 mi/32 km nördlich von Republic gelegene, um 1900 gegründete Siedlung am Kettle River ist heute fast schon eine Geisterstadt. Obwohl sie in der Vergangenheit mehrfach ins Blickfeld von Eisenbahnern und Spekulanten geriet, hob sie nie so recht ab und ist heute vor allem für sein »Old Swimming Hole« bekannt, wo die Einheimischen seit Generationen baden und picknicken.

Wer beobachtet hier wen? Im Colville National Forest können Ihnen auch mal neugierige Schwarzbären begegnen.

Das restaurierte und mit Mobiliar der vorigen Jahrhundertwende ausgestattete **Ansorge Hotel Museum** erinnert an die Gründerzeit.

Ansorge Hotel Museum: 13 River St. | Führungen Sa., So. 12 – 16 Uhr | Eintritt frei, Spende erbeten
https://okanogancountry.com/poi/ansorge-hotel-museum

Schöne Ausblicke, interessante Einblicke

Der **Sherman Pass National Forest Scenic Byway** (Hwy. 20) führt von Republic in den östlich gelegenen Ort Kettle Falls (1600 Einw.). Nicht weit vom Sherman Pass (1694 m) kreuzt der ca. 50 km lange **Kettle Crest Trail** den Highway. Der Pfad erschließt einige Aussichtspunkte, von denen aus man tolle Panoramablicke über die

Bergwelt genießt. In Kettle Falls erinnert das **Kettle Falls Historical Center** an die Kultur der indigenen Urbevölkerung.
People of the Falls Interpretive Center: 1188 Portage Rd | Mitte Mai – Mitte Sept. Okt. tgl. 11 – 17 Uhr | Eintritt frei, Spende erbeten
www.facebook.com/KettleFallsHistoricalCenter

Seltene Übereinkunft

Colville

Der mit 5000 Einwohnern nach ▸ Spokane größte Ort im Nordosten Washingtons liegt 10 mi/16 km südöstlich von Kettle Falls und lebt von Forstwirtschaft, Bergbau und verarbeitender Industrie. Im **Stevens County Historical Society's Museum** können Sie sich mit einer für hiesige Verhältnisse eher ungewöhnlichen Geschichte vertraut machen, in der sich indigene Einwohner, Pelztierjäger und weiße Siedler miteinander arrangierten.
700 N. Wynne St. | Mai – Sept. tgl. 13 – 16 Uhr | Eintritt 5 $
https://stevenscountyhistoricalsociety.org

Wo die Wölfe heulen

Little Pend Oreille National Wildlife Refuge

Ca. 13 mi/21 km südöstlich von Colville liegt dieses 1939 vor allem zum Schutz von Zugvögeln eingerichtete Gebiet. Hier lockt der **McDowell Lake** Wat- und Wasservögel an. Mit etwas Glück können Sie in der Dämmerung Bartkäuze beobachten und Wölfe heulen hören.
Anfahrt: Highway 20 | Beschilderung beachten

Geschützte Urwälder

Salmo-Priest Wilderness

Dieses gut 166 km² große Schutzgebiet liegt in der äußersten nordöstlichen Ecke des Bundesstaats und besteht aus zwei den **Selkirk Mountains** zugerechneten Höhenzügen. Höchster Berg ist der **Salmo Mountain** (2075 m ü.d.M.). Hier gibt es große »Old Growth«-Bestände. Mächtige Rot-Zedern, Hemlock-Tannen und Douglasien blieben bis heute von Kettensägen verschont. Die Urwälder der Salmo-Priest Wilderness bieten Grizzly- und Schwarzbären, Berglöwen und Karibus einen geschützten Lebensraum.

Eine der größten Talsperren weltweit

Grand Coulee Dam

Südlich von Colville National Forest und der Colville Indian Reservation staut der Grand Coulee Dam den Columbia River auf einer Länge von etwa 250 km zum 337 km² großen **Franklin D. Roosevelt Lake** auf. 168 m hoch und 1592 m breit, bildet die von 1933 bis 1941 errichtete Talsperre die **größte Beton-Staumauer Nordamerikas**. Ihre drei Kraftwerke produzieren rund 6800 Megawatt Strom. Heute ist der Grand Coulee Dam zudem zentraler Bestandteil eines den Columbia River regulierenden Systems aus insgesamt elf Dämmen, das den trockenen Osten des Bundesstaates mit Wasser versorgt. Die in den Columbia gesetzten zehn Millionen Kubikmeter Beton hatten jedoch auch **negative Folgen**. So war die Staumauer zu

hoch, um Lachsleitern anzulegen. Die Folge: Millionen von Lachsen und anderen Süßwasserlaichern verloren ihre Laichplätze. Dies wiederum beendete die traditionelle, auf dem Lachsfang basierende Lebensweise der als Colvilles zusammengefassten Nez-Perce-, Okanogan- und Sanpoil-Stämme. Ihre daraufhin bei der Regierung eingereichten Klagen beantwortete Washington erst in den 1990er-Jahren mit einer pauschalen Abfindung von rund 50 Mio. Dollar.
Die touristische Bedeutung der Talsperre und ihres Stausees wurde bereits 1946 erkannt. Damals wurde die **Lake Roosevelt National Recreation Area** eingerichtet. An Sommerabenden kommen an der Staumauer gut gemachte Licht- und Klangspektakel zur Aufführung. Das Grand Coulee Visitor Center gibt Informationen über den Staudammbau und Führungen zu den 140 m tiefer gelegenen Generatoren.

Grand Coulee Visitor Center: in Dammnähe, am Hwy. 155
Ende Mai – Juli 9 – 23, Aug. 9 bis 22.30, Sept. 9 – 21.30,
Okt. – Ende Mai 9 – 17, Führungen 9–17 Uhr
https://www.usbr.gov/pn/grandcoulee/visit/

GRAYS HARBOR

Region: Grays Harbor County | **Höhe:** Meereshöhe

Nur eine Autostunde südwestlich von den hektischen Ballungsgebieten am Puget Sound öffnet sich diese Bucht zum Pazifik. Lange von der modernen Entwicklung übersehen, erleben hier einst blühende Hafenstädtchen ihren zweiten Frühling.

Florierende Bucht

Namensgeber **Robert Gray** musste noch ums Kap Hoorn segeln, um hierher zu gelangen. Der amerikanische Kapitän ankerte 1792 in der Bucht und etablierte später mit seiner Entdeckung und Benennung des Columbia River den Anspruch der USA auf diese Weltgegend. Hafenstädte wuchsen neben Fischfabriken heran, so auch **Aberdeen** (17 000 Einw.), heute wirtschaftliches Zentrum der Bucht, und **Hoquiam** (9000 Einw.), das zwar mit Aberdeen zusammengewachsen ist, aber noch seinen eigenen Charakter bewahrt hat. In den 1880er-Jahren nahmen die ersten Sägewerke die Arbeit auf, bis zum Ersten Weltkrieg waren es bereits drei Dutzend. Die Weltwirtschaftskrise der 1930er-Jahre sorgte jedoch für ein jähes Ende der Blütezeit am Gray Harbor. Seitdem dümpeln Aberdeen, Hoquiam und die übrigen Fischersiedlungen an der Bucht im Windschatten der boomenden Puget Sound Area einer ungewissen Zukunft entgegen. Gerade aber das langsamere Tempo verhilft Gray Harbor aktuell zu einer kleinen Renaissance. Immer mehr Leute

kommen hierher und erholen sich an den endlosen Pazifikstränden oder lassen sich gleich ganz hier nieder. Der landschaftlich schönere Teil der Bucht ist der **North Beach** genannte, etwas dramatischere nördliche Küstenstreifen. Hier endet die Küstenstraße 109 in **Ocean Shores** (6000 Einw.), der beliebtesten Strandsiedlung in Washington. Wer weiter nach Norden in Richtung ▶ Olympic National Park fährt, wird mit einer grandiosen landschaftlichen Szenerie belohnt.
Die **South Beach** genannte südliche Küste zwischen Westport and Tokeland besteht aus flachen Stränden, an denen es vier State Parks gibt. Der schönste ist der **Twin Harbors State Park**. Hauptort dieses Küstenabschnitts ist **Westport** (2000 Einw.), ein quirliger Sportfischerhafen.

Freizeitvergnügen hoch zu Ross am North Beach von Grays Harbor

GRAYS HARBOR ERLEBEN

GREATER GRAYS HARBOR INC.
506 Duffy St., Aberdeen, WA 98520
Tel. 1 360 5 32 19 24
www.graysharbor.org

BREAKWATER SEAFOOD & CHOWDER HOUSE €€
In der hemdsärmeligen Fischerkneipe am Wasser treffen sich Einheimische und Touristen.
306 S. F St., Aberdeen
Tel. 1 360 5 32 56 93

QUINAULT BEACH RESORT & CASINO €€€
Modernes Strandhotel mit 160 zeitgemäß eingerichteten Zimmern, Restaurant, Bar und Spielkasino.
78 State Route 115, Ocean Shores
Tel. 1 888 4 61 22 14
www.quinaultbeachresort.com

OCEAN AVENUE INN €
11 einfach ausgestattete Zimmer und ein Cottage direkt am Strand.
275 West Ocean Ave., Westport
Tel. 1 360 2 68 94 00
www.oceanavenueinn.com

Wohin am Grays Harbor?

Grays Harbor Historical Seaport

Ausflug mit der »Lady Washington«

Eine Attraktion in **Aberdeen** ist dieser Hafen, in dem man u. a. den eleganten Zweimaster »Lady Washington« sehen kann. Der Nachbau jenes Schiffes, mit dem **Robert Gray** einst vor dieser Küste kreuzte, ist hochseetauglich und steht für Ausflüge zur Verfügung.
Aberdeen, 500 N. Custer St., Aberdeen | Tickets ab 60 $
Tel. 1 800 2 00 52 39 | www.historicalseaport.org

Polson Museum

Vom Holzboom

Dieses in einer repräsentativen Villa von 1924 in **Hoquiam** untergebrachte **lokalhistorische Museum** informiert u. a. mit weit über 2500 alten Fotografien über den Beginn des Holzbooms am Grays Harbor und in dessen Hinterland.
Hoquiam, 1611 Riverside Ave. | April – Dez. Mi. – Sa. 11 – 16, So. 12 – 16 Uhr | Eintritt 5 $ | www.polsonmuseum.org

Ocean Shores Interpretive Center

Maritime Einblicke

Eine Seepferdchen-Plastik am Eingang stimmt auf den Besuch des Zentrums in **Ocean Shores** ein, das die **Naturgeschichte** dieses Küstenabschnitts erläutert. Zu sehen gibt es u. a. das Innenohr eines Wales und Wechselausstellungen zu verschiedenen maritimen Themen.
Ocean Shores, 1033 Catala Ave. SE | tgl. 10 Uhr | Eintritt 5 $
www.interpretivecenter.org

Mit dem höchsten Leuchtturm des Staates
Im alten Haus der U. S. Coastguard wird man über den harten Alltag der Küstenwache und vor allem auch über die gefährliche Arbeit am **South Beach** informiert. Gleich in der Nähe können Sie das 1898 erbaute **Grays Harbor Lighthouse** besteigen. Mit fast 33 Metern Höhe ist er der höchste Leuchtturm in Washington State.

Westport Maritime Museum

Westport Maritime Museum: Westport, 2201 Westhaven Dr.
Juni – Aug. Do. – Mo. 10 – 16, Sept. bis Mai Do. bis Mo. 12 – 16 Uhr
Eintritt 5 $ | www.wsbhs.org
Grays Harbor Lighthouse: Feb. – Mitte Mai Do. – Mo. 11 – 17, Mitte Mai – Aug. tgl. 11 – 17, Fr., Sa bis 19, Sept., Okt. Do. – Mo. 12 – 16 Uhr, Nov. n. V., Dez., Jan. geschlossen | Eintritt 17 $
www.westportmaritimemuseum.com

LONG BEACH PENINSULA

Region: Pacific County | **Bewohner:** 9000 | **Höhe:** Meereshöhe

Über 60 km weißer, breiter Strand: Damit ist das Wichtigste über die sandige Halbinsel nördlich der Columbia-Mündung bereits gesagt. Das Zweitwichtigste: Nicht vom Rummel abschrecken lassen – ruhige Plätze fern der Massen gibt es hier noch immer.

So mancher Europäer schluckt, sobald er am Strand die Tempo-Limit-Schilder sieht: Höchstgeschwindigkeit 25 mph (40 km/h). Die Straßenverkehrsordnung des Bundesstaates Washington stuft den Strand als State Highway ein. Tatsächlich rühmt das hiesige Fremdenverkehrsbüro den vom Pazifik steinhart geklopften Sandstrand von der Ortschaft **Long Beach** bis zum **Leadbetter Point State Park** als den längsten für den Autoverkehr freigegebenen Strand der Welt. Gleichwohl ist das Fahrerlebnis unvergesslich, besonders im Abendlicht. Anders dagegen die Tour auf dem **Pacific Highway** (Hwy. 103). An landschaftlich reizvollen Plätzen sind nette, letztlich aber charakterlose Rentner-Resorts wie Klipsan Beach und Ocean Park entstanden und – vor allem in Long Beach und Seaview – die üblichen Rummelplatz-Attraktionen für Wochenend-Touristen. Aus der Gründerzeit der 1880er-Jahre, als Austern das große Geschäft waren, sind dort nur wenige Gebäude geblieben. Lediglich an der **Wilapa Bay** an der Ostseite der Halbinsel findet das ermüdete Auge etwas Trost. In den Ortschaften **Oysterville** und **Nahcotta** scheinen die Uhren etwas langsamer zu gehen.

Buntes Getümmel unter blauem Himmel: Das International Kite Festival bei Long Beach ist das größte seiner Art in Nordamerika.

Wohin auf der Long Beach Peninsula?

Hier landeten Lewis und Clark

Ilwaco

Das Städtchen an der Mündung des Columbia River liegt im Windschatten eines Vorgebirges. Den Strömungsverhältnissen in der Flussmündung sind schon Hunderte Schiffe zum Opfer gefallen. 1805 zogen hier **Lewis und Clark** ihr Kanu an Land. Diesen und anderen historischen Ereignissen widmet sich das **Columbia Pacific Heritage Museum**. Weiter südwestlich erstreckt sich **Cape Disappointment State Park**, der nach Captain John Meares benannt ist. Der britische Seefahrer war 1788 enttäuscht, hier nicht die Nordwest-Passage gefunden zu haben. Im Park befindet sich auch das **Lewis & Clark Interpretive Center**, das sich dem Aufenthalt der beiden Forscher am Columbia River widmet. Auf einer hohen Klippe über dem Pazifik wartet das **North Head Lighthouse** mit spektakulären Aussichten.

Columbia Pacific Heritage Museum: 115 S.E. Lake St. | Di. – Sa. 10 – 16 Uhr | Eintritt frei | https://columbiapacificheritagemuseum.org

Lewis & Clark Interpretive Center: Cape Disappointment State Park 31 | April – Okt. tgl. 10 – 17, Nov. – März Mi. – So. 10 – 17 Uhr Eintritt 5 $ | www.visitlongbeachpeninsula.com

LONG BEACH PENINSULA ERLEBEN

LONG BEACH PENINSULA VISITORS BUREAU

3914 Pacific Way
Seaview, WA 98644
Tel. 1 360 6 42 24 00, https://www.visitlongbeachpeninsula.com/

WASHINGTON STATE INTERNATIONAL KITE FESTIVAL

Abertausende bunter **Drachen** schmücken am 3. Augustwoche bei Long Beach den Strandhimmel.

Krabbenfischen gehört an dieser Küste zum Alltag. Sie können in jedem Hafen eine »crab pot« genannte Krabbenfalle aus Draht mitsamt Köder mieten und sich zu den Einheimischen auf der Pier gesellen, oder mit einem Krabbenfischer hinausfahren.
CoHo Charters, Ilwaco, 237 Howerton Way SE, Tel. 1 360 642 3333

42ND STREET CAFÉ €€

Typisch amerikanisches Roadside-Restaurant mit Bildern hiesiger Künstler. Es gibt tolle Fischgerichte und eine gute Weinkarte.
4201 Pacific Way, Seaview
Tel. 1 360 6 42 23 23

BOARDWALK COTTAGES €€€

13 individuelle Cottages, einige mit Whirlpool und Terrasse, nicht weit vom Strand von Long Beach.
800 Ocean Beach Boulevard South, Long Beach
Tel. 1 360 6 42 23 05
https://boardwalkcottages.com

North Head Lighthouse: Führungen n. V., Tel. 1 360 6 42 30 78
Eintritt 5 $ | https://parks.wa.gov/find-parks/state-parks/cape-disappointment-state-park/lewis-clark-interpretive-center

Schauplatz des International Kite Festivals

Long Beach

Die heute vom Highway 103 durchschnittene Strandsiedlung begann in den 1880er-Jahren als beschaulicher Ferienort. Heute steht sie ganz im Zeichen eines stark kommerzialisierten Strandtourismus mit den obligatorischen Souvenir- und Beachwear-Läden. Sehenswert ist das **World Kite Museum & Hall of Fame**, in dem Sie die tollsten Windgleiter sehen können, die hier während des jährlichen **International Kite Festivals** bereits in die Lüfte stiegen.
Draußen am Strand können Sie den **Long Beach Dunes Trail** genießen und auf dem knapp 700 m langen Boardwalk die Schilder zur Naturgeschichte dieses Küstenabschnitts studieren.
Oysterville wurde bereits 1854 an der Willapa Bay gegründet. Die einst Wohlstand bescherende Austernfischerei ist längst Geschichte.

Heute lebt Oysterville vor allem von seiner Vergangenheit: In dem **komplett unter Denkmalschutz** stehenden hübschen Ort glaubt man sich in die Zeit von Oma und Opa zurückversetzt.

World Kite Museum & Hall of Fame: 303 Sid Snyder Dr. | April bis Sept. tgl. 11 – 16, sonst Fr. – Di. 11 – 17 Uhr | Eintritt 6 $
https://www.worldkitemuseum.com/visit/hours-fees/

Ursprünglich schön

Leadbetter Point State Park

Dichte, vom unablässig wehenden Wind landeinwärts gebogene **Wälder und endloser Strand**: Wie die Long Beach Peninsula einst überall ausgesehen hat, zeigt dieser schöne, von Spazierwegen durchzogene State Park im äußersten Nordwesten der Halbinsel.

 METHOW VALLEY

Region: Okanogan County | **Einwohnerzahl:** 5000
Höhe: 3 – 650 m ü. d. M.

Winzige Nester wie aus einem Western, mit Kneipen, die »Three-Fingered Jack's Saloon« und »Grubstake & Co.« heißen, und alles in einem wildromantischen Tal, das so weit entfernt von allem ist, wie es sich anfühlt: Das Methow Valley ist eine Zeitmaschine. Und ein Paradies für Outdoor-Enthusiasten.

Landschaft zum Durchatmen

Unübersehbar: Die Ostseite der North Cascades ist trockener als ihre westlich vom Washington Pass liegenden Ausläufer. Berühmt wurde das Tal in den 1940er-Jahren, als man hier den ersten »Lassie«-Film mit der damals noch blutjungen **Elizabeth Taylor** drehte. Die über 2000 m hohen Berge sind bis in den Frühsommer hinein mit Schnee bedeckt, und der Methow River, ein Nebenfluss des großen Columbia River, schimmert türkisblau. Ferienhäuser lugen zwischen Douglasien und Ponderosakiefern hervor, und in den Siedlungen im Tal hat ein unaufdringlicher Tourismus Fuß gefasst. Im Sommer sind Wanderer, Mountainbiker und Wildwasserfahrer unterwegs, im Winter Skilangläufer.

Wohin im Methow Valley?

Adrenalin pur

Harts Pass

Wenn Sie von Westen her das Tal ansteuern, kommen Sie gleich zu Beginn in den Genuss eines der Höhepunkte in der östlichen **Cascade Range**. Es ist der 1883 m hohe Harts Pass, der höchste mit dem Auto

DAS METHOW VALLEY ERLEBEN

WINTHROP CHAMBER
202 Highway 20
Winthrop, WA 98862
Tel. 1 509 9 96 21 25
www.winthropwashington.com

TWISP CHAMBER
201 S. Methow Way
Twisp, WA 98856
Tel. 1 509 9 97 20 20
www.twispinfo.com

METHOW VALLEY SPORT TRAILS ASSOCIATION
309 Riverside Avenue
Withrop, WA
Tel. 1 509 9 96 32 87
www.mvsta.com

REITEN
Mazama ist Ausgangspunkt erlebnisreicher Ausritte in die North Cascades. Vor allem die von Schwarzbären und Bergziegen bewohnte **»Pasayten Wilderness«** steht bei vielen Outfittern auf dem Programm.

SKILANGLAUF
Mit mehr als 200 km herrlichen Loipen ist das Methow Valley im Winter eines der größten **Skilanglauf-Reviere** in den USA.

RAFTING
Mit sicheren und zuverlässigen **Schlauchbooten** durch die Stromschnellen und Strudel des Methow River brausen: ein feucht-fröhlicher Spaß, den gleich mehrere Veranstalter im Methow Valley anbieten.

THREE FINGERED JACK'S SALOON **€€**
Im ältesten Saloon des Bundesstaates Washington – natürlich noch mit Schwingtüren ausgestattet – gibt es riesige Steaks, leckeres Roastbeef, frische Salate und vor allem sehr süffiges Bier.
176 Riverside Avenue
Winthrop, WA
Tel. 1 509 9 96 24 11

BJ'S BRANDING IRON CAFÉ & SALOON **€€–€**
Urig, günstig, echte Typen: BJ's ist der beste lokale Hangout weit und breit. Gutes Grillhühnchen, kaltes Bier. Was will man nach langer Fahrt mehr?
123 N Glover St.,
Twisp, WA
Tel. 1 509 9 97 00 40

THE CHEWUCH INN **€€€**
Vier nette Zimmer und drei sehr gemütliche Hütten mit Wildwest-Atmosphäre.
223 White Avenue
Winthrop, WA
Tel. 1 509 9 96 31 07
www.chewuchinn.com

MAZAMA COUNTRY INN **€€€–€€**
18 gemütliche Zimmer im Haupthaus und mehreren Cabins – eben rustikale Gemütlichkeit am Rand der »Pasayten Wilderness«; im Restaurant speist man gut.
15 Country Road
Mazama, WA
Tel. 1 509 9 96 26 81
www.mazamacountryinn.com

BAEDEKER ÜBERRASCHENDES

6X ERSTAUNLICHES

Hätten Sie das gewusst?

1. BRONZE, HOLZ UND ÖL

Mit den vom Wilden Westen inspirierten Bronzeskulpturen von Austin Barton fing es an. Heute ist das kleine Nest **Joseph** ein Hub für bekannte Kreative.
▶ S. 241, OR

2. MIT MILLION-DOLLAR-BLICK

Solche Rest-Stops gibt es selbst in den USA selten: Das **Vista House**, ein tempelähnliches Gebäude im Art-Noveau-Stil, thront 220 m über dem Columbia River. Lage und Aussicht sind so spektakulär, dass man den eigentlichen Grund des Stopovers leicht vergessen könnte.
▶ S. 215, OR

3. SELTENE SCHMÖKER-STUBE

Tin Can Mailman in **Arcata** ist nicht nur der einzige (unabhängige) Buchladen im – gefühlten – Umkreis von 5000 km, sondern hostet auch Konzerte, Lesungen und Ausstellungen lokaler Künstler. Hier geht's sozial zu.
▶ S. 62, CA

4. DEATH-VALLEY-SUPERLATIVE

Das »Tal des Todes« an der Grenze zu Nevada ist nicht nur der größte Nationalpark, sein **Badwater Basin** ist mit 85,95 Metern unter dem Meeresspiegel gleichzeitig der tiefste Punkt in den USA. ▶ S. 56, CA

5. IN LUFTIGER HÖHE

Sie sieht elegant aus, fast zierlich, und dennoch: Die **Space Needle**, Seattles weltberühmtes Wahrzeichen, ist darauf ausgelegt, selbst Erdbeben der Stärke 9 auf der Richterskala zu widerstehen! ▶ S. 336, WA

6. KURVENREICH, EINSPURIG, UNBEFESTIGT

Der **Harts Pass** (Foto) ist nur etwas für Adrenalin-Junkies! Und er führt zum kahlen, von einem Fire Tower gekrönten Slate Peak. Der Blick von dort über die Cascades ist unbeschreiblich!
▶ S. 296, WA

befahrbare Pass weit und breit. Dieser bietet Ihnen nicht nur kräftige Adrenalinstöße auf unbefestigten, oft haarsträubend schmalen Pisten, sondern auch fantastische Ausblicke über die Gipfel der Cascade Range bis weit in die kanadische Provinz British Columbia hinein. Die Abzweigung vom Highway 20 im Weiler **Mazama** ist nicht ausgeschildert, und das ist gut so: Allzu viele Touristen verirren sich nicht auf diese knapp 20 mi/32 km lange Strecke.

Vom Meer in die Berge und zurück

Cascade Loop

Der spektakuläre, 400 mi/640 km lange »Cascade Loop« ist **eine der schönsten Panoramastrecken** an der Nordwestküste der USA. Er beginnt nördlich von ► Seattle in Everett und führt durch die Cascade Range sowie das Methow Valley zum Columbia River.

www.cascadeloop.com

Wildwest-Siedlung

Winthrop

Am Südeingang zum Methow Valley liegt das von Espenwäldern umgebene Winthrop, in dem die Zeit seit 1870 stillzustehen scheint. Hohe hölzerne Bürgersteige, Häuser mit »falschen« Fassaden, Wellblechdächern und handgemalten Anzeigen für Werkzeug und Kopfschmerztabletten: Willkommen in der guten alten Zeit. Hier stört es auch nicht weiter, dass diese Westernkulisse erst mit dem Highway 20 in den 1970er-Jahren nach Winthrop kam und eine Idee findiger Geschäftsleute war.

Das **Shafer Museum** ist in einem alten Blockhaus (»The Castle«) untergebracht. Hier informiert man sich über die Ortsgeschichte, die mit einem 1891 eröffneten General Store für die in der Umgebung lebenden Goldsucher und Farmer begann.

In den 1930er-Jahren wurde in Winthrop die Idee geboren, bei Waldbränden Fallschirmspringer, sog. **Smokejumper**, als Feuerwehrleute einzusetzen. Die **Smoke Jumpers Base** liegt auf dem Weg nach Twisp und informiert in einem Museum über den gefährlichen Beruf.

Shafer Museum: 285 Castle Ave. | Mai – Sept. tgl. 10 – 17 Uhr
Eintritt frei, Spenden ab 5 $ sind empfohlen | www.shafermuseum.com
Smokejumper Base: 23 Intercity Airport Road | Juni – Okt. tgl. 10 bis 17 Uhr | Eintritt frei | https://winthropwashington.com/business-directory/north-cascades-smoke-jumper-base/

Kreativer Künstlerort

Twisp

An der Mündung des Twisp in den Methow River liegt dieser sympathische Ort mit einer erstaunlich aktiven Kunstszene und einigen hervorragende Galerien. Im **Confluence Gallery & Art Center**, einem äußerst kreativen Zentrum, zeigen Künstler aus der Region ihre Arbeiten.

104 Glover St. |Di. – Sa. 10 – 17 Uhr | Eintritt frei
www.confluencegallery.com

 MOUNT ADAMS

Region: Yakima County | **Höhe:** 3751 m ü.d.M.

Unübersehbar steht er da, ein nicht ganz kegelförmiger Stratovulkan, und wacht über die südlichen Ausläufer der Cascade Range. Doch die zauberhafte Stille trügt: Auch dieser Gigant schläft nur ...

Dritthöchster Vulkan der Cascade Range

Der 3743 m hohe Mount Adams ist nach dem Mount Rainier und dem ▶ Mount Shasta der dritthöchste Vulkan der Cascade Range. Jünger als die übrigen Kaskaden-Vulkane, entstand er erst im mittleren Pleistozän vor rund 275 000 Jahren. Die letzten Eruptionen ereigneten sich vor 2500 bis 3500 Jahren. Als erste Weiße sahen den Vulkan wohl die Mitglieder der Lewis & Clark-Expedition im Jahr 1805. Erst zu Beginn des 20. Jh.s wurden die 16 km² umfassenden Gletscher im Gipfelbereich benannt. Der Mount Adams kann auch von Anfängern bestiegen werden. Seine Ostflanke ist Teil der **Yakama Indian Reservation** und für die Öffentlichkeit nicht zugänglich.

Wohin am Mount Adams und Umgebung?

Spektakuläre Aussichten

Mount Adams Wilderness Area

Die rund 100 km² große Mount Adams Wilderness Area auf der Westseite des Vulkans bietet **Bergpfade** aller Schwierigkeitsgrade. Sie erschließen grandiose Ausblicke auf den Vulkan und seine Gletscher, auf Wildbäche und erkaltete Lavaströme. Der längste der insgesamt 14 Trails über die Süd- und Westflanke des Vulkans ist ein 80 km langer Abschnitt des **Pacific Crest National Scenic Trail**, der kürzeste ist der lediglich 1,1 km lange **High Camp Trail**. Der wegen seiner grandiosen Ausblicke beliebteste Wanderweg ist der 13,2 km lange **Around-the-Mountain Trail**. Der leichteste **Klettersteig** hinauf zum Gipfel ist die **South Climb Route**; es gibt auch anspruchsvolle Routen für erfahrene Alpinisten. Man sollte auch die leichteren Trails mit Umsicht begehen. Jähe Wetterstürze können unvermittelt lebensgefährliche Situationen heraufbeschwören.
Wer über die 2100-m-Höhenmarke wandern will, muss einen sog. **Cascades Volcano Pass** erwerben, den man bei der Mount Adams Ranger Station in Trout Lake bekommt. Hier erhalten Sie auch detaillierte Wanderkarten.

Ausgangspunkt für Wander- und Klettertouren

Trout Lake

Nur wenige Besucher finden den Weg in diese abgelegene Region: Trout Lake (600 Einw.), die einzige nennenswerte Siedlung weit und

MOUNT ADAMS ERLEBEN

MT. ADAMS RANGER DISTRICT
2455 Highway 141
Trout Lake, WA
Tel. 1 509 3 95 34 00
www.fs.fed.us/gpnf/recreation/mount-adams

TROUT LAKE VALLEY INN €€–€
Viel solides Holz, viele nette, für Motels unübliche Details in zünftiger Trapper-Atmosphäre. Eine gute Basis für Tagestouren in die Wildnis am Mount Adams.
2300 Highway 141
Trout Lake, WA
Tel. 1 509 3 95 23 00
www.troutlakevalleyinn.com

THE FARM €
Gemütliche Unterkunft mit Familienanschluss auf einer idyllischen Farm mit Blick auf den Mount Adams.
490 Sunnyside Road
Trout Lake, WA
Tel. 1 800 6 55 69 88
www.troutlakefarm.com

breit, liegt südlich des Mount Adams und kann vom Columbia River aus auf dem Highway 141 erreicht werden oder – aber nur im Sommer – vom nordwestlich gelegenen Randle aus auf der schmalen US 23. Trout Lake ist Ausgangspunkt für Wander- und Klettertouren am Mount Adams und bietet einfache Übernachtungsmöglichkeiten (▶ Mount Adams erleben).

★★ MOUNT RAINIER

Region: Pierce und Lewis Counties | **Höhe:** 1000 – 4392 m ü.d.M.
Fläche: 953 km²

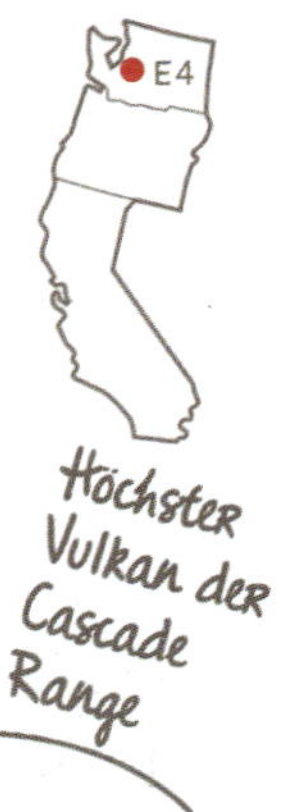

Schlicht »the mountain« nennt man ihn im drei Autostunden nordwestlich gelegenen ▶Seattle. Selbst von dort aus ist er noch gewaltig, unübersehbar und schrecklich schön. Der Vulkan Mount Rainier ist der höchste Berg der Cascade Range – und der Nationalpark um ihn herum ein einzigartiges Outdoor-Paradies.

Der Mount Rainier ist ein Stratovulkan mit »Gardemaß«: 4392 m vom »Scheitel« bis zur »Sohle«. Und auch sonst geizt er nicht mit Superlativen. Er ist auch der am stärksten vergletscherte Vulkan der Cascade Range. Fast 100 km² des von zwei Hauptkratern geprägten Feuerberges liegen unter Ewigem Eis. Entstanden ist der Mount Rainier vor etwa 1 Mio. Jahren. Die letzten größeren Ausbrüche wurden im 19. Jh. registriert. Seither herrscht relative Ruhe, der Vulkan wird als »schlafend« eingestuft.

Artenreiches Wanderparadies

Nationalpark

1792 erblickte Kapitän **George Vancouver** den Berg vom Puget Sound aus und benannte ihn nach einem befreundeten Admiral. Im Jahr 1870 wurde der Mount Rainier erstmals bestiegen. Die Gründung des Mt. Rainier National Park erfolgte 1899.

Von Nadelhölzern dominierter **Mischwald** bedeckt die Hänge bis auf eine Höhe von 1500 m ü. d. M. Die Baumgrenze verläuft etwa bei 1900 m ü. d. M., wo nur noch Zirbelkiefern und Krummhölzer gedeihen. Im Sommer leuchten über 40 verschiedene Arten von Blütenpflanzen auf den Bergwiesen. Artenreich ist auch die **Fauna**. Die größten Säugetiere sind Schwarzbären, Berglöwen, Wapitihirsche und Bergziegen. Vogelkundler können hier tagsüber u. a. Adler und Falken und in der Dämmerung Eulen und Käuzchen beobachten.

Wohin im Mt. Rainier National Park?

Wege in den Park

Zugänge

Die vier Parkeingänge – **Nisqually** (Südwestecke; Hwy. 706), **Carbon River** (Nordwestecke; Carbon River Rd., via Hwy. 165), **Ohanapecosh** (Südostecke, Hwy. 123) und **White River** (Nordosteingang; Mather Memorial Parkway, Hwy. 410) – ermöglichen den Zugang aus allen vier Himmelsrichtungen. Am stärksten frequentiert wird der Nisqually-Eingang, über den Sie auch die einzigen Hotels innerhalb des Parks in Longmire und Paradise erreichen. Die **Nisqually Paradise Road** ist die einzige das ganze Jahr über geöffnete Straße im Nationalpark. Die übrigen Straßen sind oft schon ab Anfang Oktober bis in den Frühsommer geschlossen.

Meistbesuchter Abschnitt des Schutzgebiets

Nisqually Entrance

In der von ▶ Seattle aus leicht zu erreichende Südwestecke ist die landschaftliche Szenerie besonders vielgestaltig. Auf dem Weg nach

Wanderwege im Mount Rainier National Park eröffnen grandiose Ausblicke auf den höchsten Vulkan der Cascade Range.

★★ MOUNT RAINIER

Südöstlich von Seattle erhebt sich dieser aktive Feuerberg mit seiner dicken Mütze aus ewigem Eis und Schnee 4392 Meter hoch. Er ist über 2000 Meter höher als die Berge in seiner Umgebung. Der Schichtvulkan ruht derzeit. Mit einem neuerlichen Ausbruch ist jederzeit zu rechnen.

1 Magmakammer
Heiße Gesteinsschmelze steigt in Schloten an die Erdoberfläche.

2 Riss, Spalte
Durch Risse und Spalten dringen heiße vulkanische Gase nach oben.

3 Krater
Gesteinsbrocken, Fetzen geschmolzenen Gesteins, Lava, Aschen und Gase werden aus dem Krater ausgestoßen.

4 Eruptionssäule
Vulkanisches Material wird mehrere Kilometer hoch in die Atmosphäre geschleudert.

5 Bombe
Gesteinsbrocken und Glutfetzen werden als »vulkanische Bomben« aus dem Krater ausgeworfen.

6 Ascheregen, Saurer Regen
Aus der Eruptionswolke fallen Ascheregen und saure Niederschläge auf die Erde.

7 Lavaströme
Glühende Gesteinsschmelze wälzt sich bergab.

8 Lahar
Eine heiße Schlammlawine aus Schmelzwasser, Geröll, Erde und vulkanischem Material fließt rasch zu Tal.

9 Lavadom
An einem Nebenschlot wächst ein Lavadom heran.

10 Erdrutsch
Die rasche Gletscherschmelze bewirkt großflächige Erdrutsche.

11 Fumarolen
Heiße vulkanische Gase und Wasserdampf treten aus.

12 Grundwasser

Abflussrinne einer Schlammlawine aus geschmolzenem Gletschereis, Schutt, Geröll und vulkanischem Auswurf

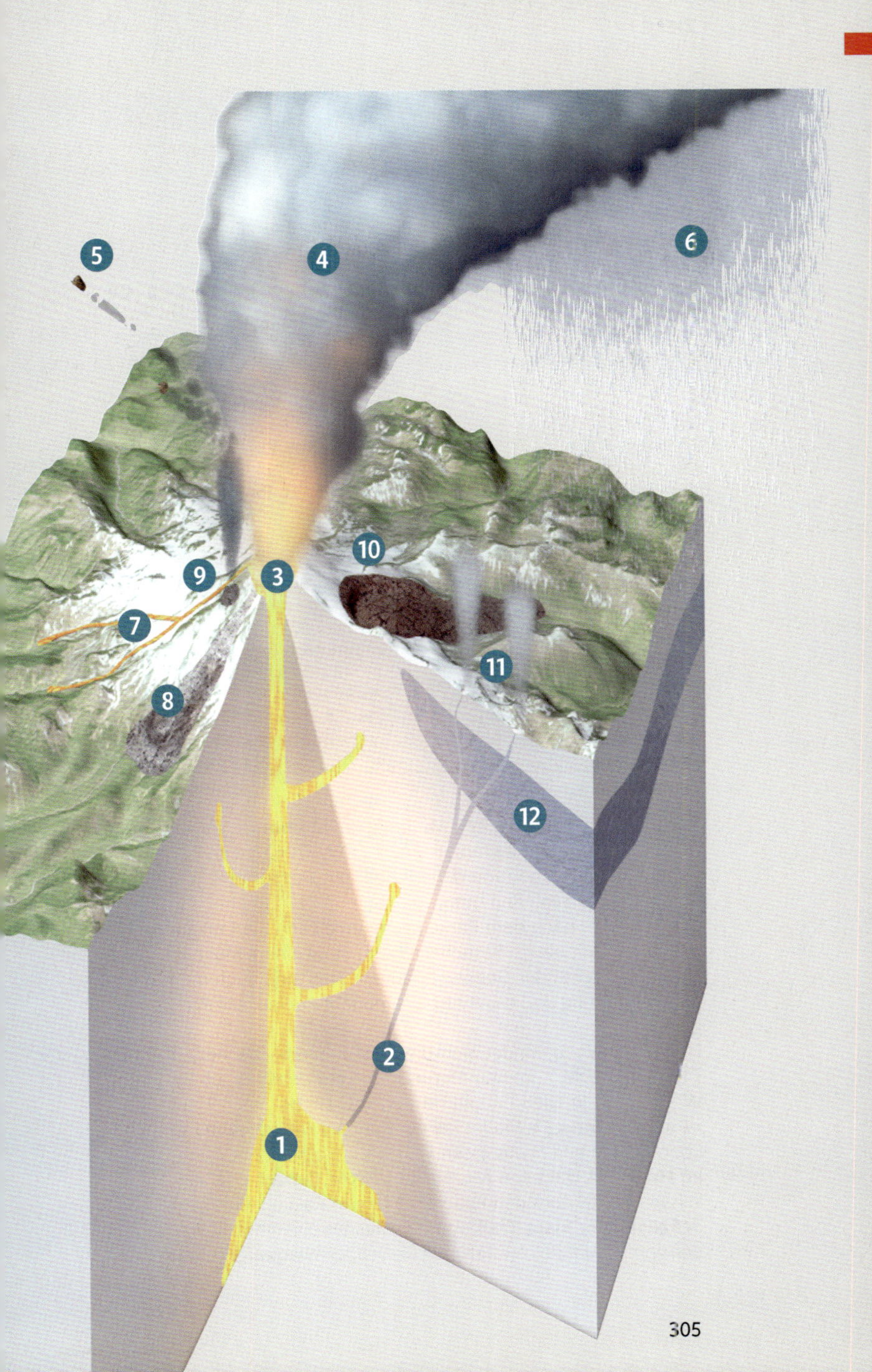
5
4
6
10
9
3
7
11
8
12
2
1

MOUNT RAINIER NATIONAL PARK ERLEBEN

MOUNT RAINIER NATIONAL PARK
55210 238th Avenue East
Ashford, WA 98304
Tel. 1 360 5 69 22 11
www.nps.gov/mora

HENRY M. JACKSON MEMORIAL VISITOR CENTER
Paradise, WA
Tel. 1 360 5 69 65 71
www.nps.gov/mora
Mai – Mitte Juni tgl. 10 – 17,
Mitte Juni – Sept. 10 – 19 Uhr

PARADISE INN €€€€–€€€
Tolle Lodge mit 121 gemütlichen Zimmern. Im Dining Room wird amerikanische und internationale Küche serviert.
55106 Kernahan Road East
Ashford
Tel. 1 360 5 69 22 75
www.mtrainierguestservices.com

NATIONAL PARK INN €€€–€€
Die Herberge ist von lichtem Nadelwald umgeben. Es gibt 25 einfache Zimmer, ein Restaurant und eine gemütliche Lounge mit Kamin.
Mt. Rainier Reservations
55106 Kernahan Road
East Ashford
Tel. 1 360 5 69 22 75
www.mtrainierguestservices.com

PACKWOOD INN €€
Im »Packwood Inn« sind 34 mit viel Kiefernholz ausgestattete Gästezimmer und ein Wellnessbereich eingerichtet.
13032 Highway 12
Packwood, WA
Tel. 1 360 4 94 55 00
https://packwoodinn.com

Paradise bzw. zum **Henry M. Jackson Memorial Visitor Center** führt die **Nisqually-Paradise Road** (Hwy. 706) an mehreren Aussichtspunkten vorbei, von denen man tolle Postkartenblicke auf den Mount Rainier genießen kann.

Ca. 3 mi/5 km nach dem Parkeingang erreichen Sie **Longmire** (840 m ü. d. M.) mit einem Besucherzentrum und einem Museum, das die Naturgeschichte der Gegend erläutert. Hier sind auch die Nationalparkverwaltung und das meist ausgebuchte »National Park Inn« angesiedelt.

Hinter Longmire windet sich die Straße bergan bis nach **Paradise** (1600 m ü. d. M.). Im Sommer leuchten auf den hiesigen Bergwiesen Wildblumen in allen Farben. In der altehrwürdigen, 1916 eröffnete **»Paradise Inn«** (▶ Mount Rainier National Park erleben) können Sie übernachten und etwas essen.

Im **Henry M. Jackson Memorial Visitor Center** erfahren Sie alles Wissenswerte über den Feuerberg Mount Rainier. Hier beginnt auch der **Nisqually Vista Trail**, von dem aus Sie einen herrlichen Blick auf den vom Mount Rainier herunterfließenden **Nisqually Glacier** haben.

Der Weg in den Regenwald

Carbon River Entrance

Die **Carbon River Road** führt durch diesen Eingang in den entlegenen Nordwesten des Nationalparks. Die dunkelgrünen Urwälder konnten bis zur Stunde vor Kahlschlägen bewahrt werden. Vor lauter Bäumen sieht man hier aber kaum den Berg. Dafür erschließt der **Rain Forest Loop Trail** den am weitesten im Landesinneren gelegenen kühl-gemäßigten Regenwald der USA mit seinen moosbehangenen Baum-Methusalems.

Lohnend ist auch der 7 mi/11 km lange **Carbon Glacier Trail**, der zum rund 1000 m ü. d. M. gelegenen unteren Ende des Carbon Glacier führt.

Uralte Bäume und eine heiße Quelle

Ohanapecosh Entrance

Der Highway 123 führt durch den Südosteingang über die Osthänge des Vulkans nordwärts und trifft am 1431 m hohen **Cayuse Pass** auf den Highway 410. Unterwegs eröffnen sich immer wieder herrliche Blicke auf den Mt. Rainier und Governors Ridge. Hinter dem Eingang beginnen am Ohanapecosh Visitor Centre der ca. 1,5 mi/2,4 km lange Trail in den **Grove of the Patriarchs** mit uralten Douglasien, Hemlocktannen und Rotzedern und der knapp 1 km lange **Hot Springs Nature Trail** zu einer kleinen Thermalquelle.

Zum höchsten Punkt des Parks

White River Entrance

Der **Mather Memorial Highway** und die anschließende **White River/Sunrise Road** führen von der Nordostecke des Nationalparks zum Sunrise-Abschnitt an der Nordostflanke des Mt. Rainier und bieten am **Sunrise Point** einen grandiosen Panoramablick, der vom ▶ Mt. Baker bis zum ▶ Mt. Hood reicht. Am **Sunrise Visitor Center** beginnen etliche Trails durch hochalpine Kulisse zu Aussichtspunkten auf die Gletscher des Mount Rainier.

Durch alle Vegetationszonen wandern

Wonderland Trail

Sozusagen die »Mutter aller Wanderwege« am Mount Rainier ist der knapp 150 km lange, ganz um den Vulkan herumführende »Wonderland Trail«. Zu Beginn des 20. Jh.s zur Förderung des Bergtourismus angelegt, führt der Wonderland Trail durch alle Vegetationszonen des Bergs.

Nicht für Anfänger geeignet

Gipfeltouren

Für eine erfolgreiche Gipfelbesteigung ist **Erfahrung im Bergsteigen und Eisklettern** unbedingt erforderlich. Die Besteigung nimmt, je nach Tempo, zwei bis drei Tage in Anspruch. Dabei überwinden die Trails einen Höhenunterschied von mehr als 2700 Metern. Die beliebteste Bergsteiger-Route beginnt in Paradise; nähere Informationen gibt’s bei der Nationalparkverwaltung.

★ MOUNT ST. HELENS

Region: Skamania, Cowlitz & Lewis Counties | **Fläche:** 445 km²
Höhe: 950 – 2550 m ü. d. M.

D4

Die Bilder vom Ausbruch dieses Vulkans gingen um die Welt: Am 18. Mai 1980 explodierte er und zerstörte mit Schlammlawinen und Druckwellen eine Fläche von ca. 600 Quadratkilometern. Derzeit »schläft« der als National Volcanic Monument ausgewiesene Mount St. Helens – und darf sogar bestiegen werden.

»Amerikas Fujiyama«

Dass in dieser entlegenen, nur dünn besiedelten Region im Südwesten Washingtons 57 Menschen starben sowie 250 Häuser, 27 Brücken und rund 300 km Straßen zerstört wurden, verdeutlicht das Ausmaß der Katastrophe von 1980 (▶ Das ist die Westküste der USA, S. 12). Nicht auszudenken, was passiert wäre, hätte sich eine Großstadt wie Seattle in seiner Nähe befunden! Unmittelbar nach dem Ausbruch raste der größte je von Menschen beobachtete **pyroklastische Strom** aus heißem Gesteinsmaterial, Staub, Asche und Gasen zu Tal: Noch in 11 km Entfernung fegte die heiße Lawine über das Toutle Valley hinweg und staute die dem Columbia River zufließenden Cowlitz und Toutle River. Die **Druckwelle** bewegte sich knapp unter Schallgeschwindigkeit nach Norden und mähte dort Hunderte Quadratkilometer Wald nieder. Dann stieg eine Gas- und Aschewolke in den Himmel, wie man sie zumindest in den USA bislang nicht gesehen hatte: Eine halbe Stunde nach dem Ausbruch erreichte sie eine Höhe von 18 km und eine Ausdehnung von 64 x 48 Kilometern. Einen ganzen Tag dauerte das Inferno. Als der Staubvorhang zusammenfiel, präsentierte sich die einstmals makellose Schönheit von »Amerikas Fujiyama« nunmehr von tiefen Rissen und Narben entstellt. Der Mount St. Helens war jetzt mit 2549 Metern um 400 Meter niedriger als zuvor und an der Nordseite klafft seither ein mehrere Hundert Meter breiter Riss.

Der Mount St. Helens ist der jüngste und aktivste Vulkan der Cascade Range. Die ältesten Ascheablagerungen wurden auf 40 000 v. Chr. datiert, seitdem konnten nicht weniger als neun große Eruptionsphasen identifiziert werden. Seit 1980 werden immer wieder Erdbeben am Gipfel registriert. Ein kleinerer Ausbruch, in dessen Folge sich im Krater ein neuer Lavadom heraushob, ereignete sich 2004.

1792 benannte George Vancouver den Vulkan nach dem britischen Diplomaten **Baron St. Helens**. 1982 wurden der Vulkan und sein unmittelbares, gut 1500 m tiefer liegendes Umland zum Schutzgebiet erklärt. Hier sind heute schöne Wanderwege angelegt, auf denen Sie die erstaunlich schnelle Regenerierung der Natur beobachten können. Auf der Südseite führen mehrere Trails bis zum Kraterrand.

DEN NATURGEWALTEN AM NÄCHSTEN

Mount Rainier, Mt. Baker, Mt. Hood, Mt. Adams: Der Blick auf weitere, schlafende Vulkane vom Gipfel des Mt. St. Helens aus lässt niemanden kalt. Alle fünf – dazu mehrere Dutzend weiterer Vulkane bis hinab nach Kalifornien – gehören zum Ring of Fire genannten Vulkangürtel, der den Pazifik auf drei Seiten umgibt. Nirgends sonst fühlt man sich den Naturgewalten näher als hier oben!

Wohin am Mount St. Helens?

Am meisten frequentiert ...

Anfahrt

... ist die Anfahrt von Westen her. Der **Spirit Lake Memorial Highway** (Hwy. 504), die einzige ganzjährig befahrbare Straße, führt von Castle Rock aus durch das Toutle Valley bis zum ca. 50 mi/80 km entfernten **Johnston Ridge Observatory**. Von dort blickt man durch den Riss im Kraterrand direkt auf den Schlot.

Von Pfadfindern entdeckt

Ape Caves

Mit rund 4 km Gesamtlänge gehören diese Höhlen, **Lavatunnel** an der Südwestflanke des Mount St. Helens, zu den weltweit Längsten ihrer Art. Sie sind während einer Eruption vor ca. 2000 Jahren entstanden. Damals floss ein Lavastrom hangabwärts, dessen Oberfläche rasch erstarrte. Nach dem Abfluss des noch glutflüssigen inneren Materials blieben Hohlräume übrig. Die Tunnel wurde 1946 von einer Pfadfindergruppe namens »St. Helens Apes« entdeckt.

FS Road 83/ 8303, unweit Cougar | Führungen Juni – Sept. tgl. 10 – 17.30 Uhr | Parkgebühr 5 $ pro Fahrzeug | https://www.fs.usda gov/recarea/giffordpinchot/recarea/?recid=40393

MOUNT ST. HELENS ERLEBEN

MT. ST. HELENS NATIONAL VOLCANIC MONUMENT HEADQUARTERS
42218 N.E. Yale Bridge Road
Amboy, WA, Tel. 1 360 4 49 78 00
https://www.fs.usda.gov/visit/destination/mount-st-helens-national-volcanic-monument-0

PARKER'S RESTAURANT & BREWERY €€
Steaks vom Holzkohlegrill, mächtige Hamburger und Käsekuchen – perfekt für Wanderer am Mt. St. Helens
1300 Mt. St. Helens Way N.E.
Castle Rock, WA
Tel. 1 360 9 67 23 33

FIRE MOUNTAIN GRILL €
Nettes, kleines Lokal mitten im Ort; hier gibt es schmackhafte Burger und hausgemachte Kuchen mit Vanilleeis.
9440 Spirit Lake Highway
Toutle, WA
Tel. 1 360 957 08 13

TIMBERLAND INN & SUITES €€
24 einfache Motelzimmer im Stil der 1950er-Jahre.
1271 Mt. St. Helens Way
Castle Rock, WA
Tel. 1 866 238 42 18, https://www.guestreservations.com/timberland-inn-suites/booking

Mit dem Heli über die Vulkanlandschaft

Toutle

Im Städtchen Toutle am Hwy. 504 starten Hubschauber zu Rundflügen zum gut 50 km entfernten Mt. St. Helens. Der 25-minütige Flug über die noch immer von der Verwüstung gezeichnete Landschaft bietet nicht nur für Vulkan-Fans ein unvergessliches Erlebnis.
Hillsboro Aviation | Tickets ab 249 $ | Tel. 1 503 648 2831 | https://www.hillsboroaviation.com/contract-charter/tours-excursions/

Wie der Wald zurückkehrt

Forest Learning Center

Wie Mutter Natur aller Unbill zum Trotz ein Comeback feiert, wird in diesem interessanten **Forest Learning Center** gezeigt.
Hwy. Milepost 33 | Juni – Aug. tgl. 10 – 18, Mai, Sept., Okt. tgl. 10 – 16 Uhr | Eintritt frei | https://www.visitmtsthelens.com/business-directory/forest-learning-center/

»Vancouver, Vancouver, this is it!«

Johnston Ridge Observatory

Die letzten Worte des jungen Geologen **David A. Johnston**, die er am 18. Mai 1980 seiner Zentrale funkte, gingen um die Welt. Im Dienst des United States Geological Survey (USGS) hatte er schon wochenlang auf dem Coldwater Ridge kampiert und den 11 km weiter südlich gelegenen Mount St. Helens aus vermeintlich sicherer Entfernung beobachtet. Dann wurde er von einer pyroklastischen Wolke mitgerissen.

Das Johnston Ridge Observatory liegt unweit seines damaligen Camps. Eine **Multi-Media-Präsentation** dokumentiert die spannende, mit Augenzeugenberichten und preisgekrönten Filmen angereicherte Vorgeschichte der extrem dramatischen Eruption und deren Folgen.
Hwy. 504, Milepost 53 | Mitte Mai – Ende Okt. tgl. 10 – 18 Uhr
Eintritt 8 $ | https://www.fs.usda.gov/recarea/giffordpinchot/recarea/?recid=31562

Vorraussetzung: eine gute Kondition

Wanderungen, Gipfeltouren

An der **Coldwater Ridge** und der **Johnston Ridge** beginnen mehrere kurze Trails zu Aussichtspunkten und Stellen von geologischem Interesse. Alle Trails finden Sie auf der Homepage der Parkverwaltung. Für eine Besteigung des Vulkans sind gute Kondition und Übung im Klettern erforderlich. Die beliebteste Route ist die **Monitor Ridge Route** an der Südflanke. Sie beginnt beim Trailhead Campers Bivouac unweit der Ortschaft Cougar an der Route 8303 und endet unmittelbar am Kraterrand. Der Auf- und Abstieg dauert im Sommer 10 bis 12 Stunden; von Mai bis Oktober wird die Zahl der Gipfelstürmer auf 100 pro Tag begrenzt. Vor einer Gipfeltour sollte man sich allerdings bei der Parkverwaltung erkundigen, ob der Vulkan zur Besteigung freigegeben ist, da sämtliche Trails im Falle erhöhter seismischer Aktivitäten umgehend geschlossen werden.

★ NORTH CASCADES NATIONAL PARK

Region: Whatcom County | **Fläche:** 2020 km²
Höhe: 270 – 2781 m ü.d.M.

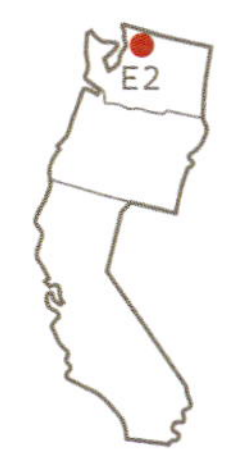

Die North Cascades, oft auch die »Alpen der USA« genannt, gehören zu den am wenigsten berührten Gegenden der Vereinigten Staaten. Für Wanderer und Angler ist diese Wildnis kurz vor der kanadischen Grenze ein Paradies.

Tatsächlich ist der Vergleich mit den europäischen Alpen nicht weit hergeholt: Von ewigem Eis und Schnee bedeckte Gipfel mit eiszeitlich geformten Tälern, Schluchten und Wasserfällen wachen über tiefgrüne, wilde Täler. **Über 300 Gletscher** – insgesamt rund 160 km² Eis – und zahllose Seen verschönern das Bild. Zeichen menschlicher Zivilisation sind nur sporadisch zu sehen. So einsam und unberührt ist der nördliche Teil der Cascade Range, dass hier Grizzly- und

Quasi mit der Tür ins Wasser fallen können Sie im Ross Lake Resort im North Cascades Nationalpark. Hier übernachtet man direkt am Ross Lake.

Schwarzbären, Berglöwen, Luchse, Vielfraße, Elche und Steinadler einen kaum gestörten Rückzugsraum gefunden haben.

Der North Cascades National Park besteht aus einem noch weitgehend unberührten Nordteil, einem bereits besser erschlossenen Südteil und der **Lake Chelan National Recreation Area**. Hinzu kommen mehrere als »Wilderness« ausgewiesene Gebiete. Straßen und befahrbare Wege gibt es hier kaum. Nicht zuletzt deshalb – und wohl auch wegen des ziemlich launischen Wetters – erkunden pro Jahr gerade einmal 20 000 Besucher das große Naturschutzgebiet. Die meisten durchqueren es auf dem North Cascades Highway (Hwy. 20; Mitte Nov. – Mitte April geschlossen) von Marblemount bis Mazama. Von Süden her ist er nur per Boot auf dem Lake Chelan nach Stehekin zu erreichen.

Abenteuerwanderungen nur mit Genehmigung! Am Highway 20 beginnen etliche Trails. Für mehrtägige Expeditionen in die Bergwelt wird ein **»backcountry permit«** benötigt. Diese Genehmigung ist nebst detaillierten Wanderkarten und aktuellen Wettervorhersagen im **Wilderness Information Center** in Marblemount erhältlich.

tgl. 9 – 17 Uhr, im Winter geschlossen | Eintritt frei
Tel. 1 360 8 54 72 00 | www.nps.gov/noca

Wohin im North Cascades National Park?

Wildromantische Aussichten

Ross & Diablo Lakes

Fast 30 mi/50 km lang begleitet der Highway 20 den Skagit River auf seinem Weg durch dichte Nadelwälder, durch die sich hin und wieder ein schneebedeckter Gipfel sehen lässt. Etwas östlich von Newhalem staut der fast 120 m hohe **Diablo Dam** den türkisfarbenen **Lake Diablo**. Dieser ist Teil des den Ballungsraum ▶ Seattle mit elektrischem Strom versorgenden und aus insgesamt drei Staudämmen bestehenden »Skagit River Hydroelectric Project«. Der nördlich der Straße gelegene **Ross Lake** ist von der Straße aus nur zu Fuß (ca. 1 Std.) auf einem Wanderpfad zu erreichen. 37 km lang und bis zu 3 km breit, verläuft der See in Nord-Süd-Richtung beiderseits der US-amerikanisch-kanadischen Grenze. Die über dem schönen See aufragenden Bergriesen mit abenteuerlichen Namen wie **Desolation Peak** und **Hozomeen Mountain** sorgen für eine wildromantische Kulisse. Im Sommer ist der See ein beliebtes Ziel von Campern und Freizeitkapitänen.
Einer der schönsten Wanderwege durch diese Wildnis ist der etwas über 3 mi/5 km lange **Cascades Pass Trail**. Stetig zum Pass hinaufsteigend, bietet er herrliche Aussichten auf Eldorado, Johannesburg, Mixup, Magic und McGregor Mountain.

Wildes »Tiefes Wasser«

Lake Chelan

Der fjordähnliche, etwa 90 km lange, 2 km breite und bis zu 500 m tiefe Lake Chelan im Südosten des Nationalparks, den die Salish einst **»Tsi Laan«** (»Tiefes Wasser«) nannten, wird im Norden von den schneebedeckten Zweieinhalbtausendern der North Cascades bewacht. Nur die südliche Hälfte des Sees ist durch Uferstraßen erschlossen. Danach beginnt straßenlose Wildnis.
Vor den Toren des vielbesuchten Touristenortes **Chelan** (4000 Einw.) am Südende des Sees dreht sich alles um Spaß und Sport auf dem blauen Gewässer.

Nur per Boot, Flugzeug oder zu Fuß zu erreichen

Stehekin

Allein, dass es so etwas noch gibt im Autofahrerland USA, ist den Besuch wert: Um in den völlig isoliert am Nordufer des Lake Chelan gelegenen Ort Stehekin zu gelangen, braucht man ein Boot oder ein Wasserflugzeug. Oder man wandert durch die **grandiose Wildnis** des North Cascades National Park. Bis heute hat das **Ensemble aus weit verstreuten Häusern und kleinen Farmen** gerade mal rund 100 Einwohner: Park Ranger und ihre Familien, Outfitter und ein paar Lebenskünstler. Im Sommer vervielfacht sich diese Zahl jedoch, wenn die Schneeschmelze die zahllosen Trails rund um den Ort wieder freigelegt hat.
Anreise: Die Boote »Lady of the Lake II« und die »Lady Express« verkehren in den Sommermonaten zwischen Chelan und Stehekin.

NORTH CASCADES NATIONAL PARK ERLEBEN

LAKE CHELAN CHAMBER

216 E Woodin Ave
Chelan, WA 98816
Tel. 1 509 6 82 35 03
www.lakechelan.com

NORTH CASCADES NATIONAL PARK

Park Superintendent's Office
810 State Road 20
Sedro-Woolley, WA 98284
Tel. 1 360 8 54 72 00
www.nps.gov/noca

STEHEKIN HERITAGE

P. O. Box 1, Stehekin, WA 98852
www.stehekinheritage.com

LADY OF THE LAKE

Von Mai bis Oktober verkehren zwei kleine **Ausflugsschiffchen** täglich auf dem Lake Chelan.
1418 W. Woodin Avenue
Chelan, WA
Tel. 1 509 6 82 45 84
www.ladyofthelake.com

UPRIVER GRILL & TAPROOM €€

Es gibt Büffelfleisch als Burger, Chili oder Steak, und zwar aus dem eigenen Gehege.
60084 Hwy. 20
Marblemount, WA
Tel. 1 360 8 73 42 21

WATSON'S ALPENHORN CAFE €

Seit über einem halben Jahrhundert eine feste Größe: die besten Hamburger und Sandwiches am See. Keine leere Floskel!
7600 S Lakeshore Road
Chelan, WA
Tel 1 509 6 87 99 99

NORTH CASCADES LODGE AT STEHEKIN €€€

Rustikale Herberge mit 28 geräumigen und gemütlichen Zimmern, Restaurant sowie umfangreichem Freizeitangebot.
P. O. Box 3
Stehekin, WA
Tel. 1 855 6 85 41 67
https://lodgeatstehekin.com/

ROSS LAKE RESORT €€€€

15 gemütliche Hütten an einem See. Urig: Das Anwesen ist nur zu Fuß oder per Wassertaxi zu erreichen. Da es dort kein Restaurant gibt, muss die Verpflegung mitgebracht werden.
503 Diablo Street
Highway 20 (Nähe Diablo Dam)
Tel. 1 206 4 86 37 51
www.rosslakeresort.com

Die Fahrt dauert ca. 3 – 4 Stunden. Schneller geht es mit dem **Wasserflugzeug**. Ganze 30 Minuten braucht der Trip mit einer »Beaver« oder »Cessna« von Chelan Seaplanes. Ein Hotel, mehrere Bed-&-Breakfast-Unterkünfte und Campingplätze bieten **Übernachtungsmöglichkeiten**, müssen allerdings rechtzeitig im Vorfeld gebucht werden.

Lady of the Lake: 1418 W Woodin Ave, Chelan, WA 98816 | Mai – Okt. tgl 8.30 – 18 Uhr, Nov. – April unregelmäßig, meist Mo., Mi. und Fr. 10 – 16 Uhr | Einfache Fahrt ab 40 $, Roundtrip (hin und zurück) ab 65 $ | Tel. 1 509 6 82 54 84 | www.ladyofthelake.com
Chelan Helicopters: Vier verschiedene, halb- bis mehrstündige Rundflüge über den Lake Chelan. Tel. 1 509 201 4195 https://lakechelanhelicopters.com

OLYMPIA

Region: Thurston County | **Einwohnerzahl:** 56 000
Höhe: 29 m ü.d.M.

D3

Dass Matt Groening gerade hier mit der Zeichentrickfigur Homer Simpson den typischen Durchschnittsamerikaner erfand, ist wohl kaum ein Zufall. Doch die kleine Hauptstadt des US-Bundesstaates Washington ist nicht nur nett und sauber, sondern auch progressiv und hin und wieder sogar selbstkritisch.

An Olympia führt kein Weg vorbei. Zwischen dem Feuerberg Mount Rainier und dem oft nebelverhangenen Olympic National Park gelegen,ist die Stadt am Südende des Puget Sound ein hervorragender Ausgangspunkt für tolle Ausflüge. Und dank des 1971 gegründeten Evergreen State College herrscht auf den Straßen eine angenehme Kaffeehaus-Atmosphäre.

Die ersten Siedler erreichten den Budd Inlet bereits in den 1840er-Jahren und verdrängten die hier lebenden Stämme der Nisqually, Chehalis und Duwamish. Schon 1853 wurde Olympia zur **Hauptstadt des Territoriums** erklärt. Danach blühten der Handel und die Austernfischerei auf.

Wohin in Olympia?

Das Kapitol des Bundesstaates Washington ...

Washington State Capitol

... thront unübersehbar inmitten schöner Grünanlagen auf einem Hügel im Süden der Innenstadt. Es wurde bis 1928 nach Plänen der New Yorker Architekten Walter Wilder und Harry White erbaut. Mit 87,47 Metern Höhe gehört dieser Kuppelbau zu den höchsten seiner Art auf der Welt.

Im nördlichen Bereich der Parkanlage um das Washington State Capitol nehmen im **Capitol Conservatory** wunderschöne Gartenanla-

OLYMPIA ERLEBEN

OLYMPIA CVB
103 Sid Snyder Ave. SW
Olympia, WA 98507
Tel. 1 360 763 56 56
https://www.experience olympia.com/

Über 100 Geschäfte, Galerien und Restaurants, meist in historischen Mauern, machen einen Einkaufsbummel durch die übersichtliche **Downtown** zu einem angenehmen Erlebnis.

FARMERS MARKET
Obst, Gemüse und Molkereiprodukte aus der Region, Bäckereien und hübsche Restaurants. Zudem Livemusik und Kunsthandwerk von über 40 Künstlern aus der Region.
700 Capitol Way North
April - Okt. Do. - So. 10 - 15,
Nov. ____bis März Sa. 10 - 15 Uhr
https://www.olympiafarmers market.com/

Olympia mit dem Mt. Rainier im Hintergrund ist ein äußerst beliebtes Fotomotiv, das am besten während einer **Hafenrundfahrt** zu erhaschen ist.
Port of Olympia
Touren ab 626 Columbia Street NW STE 1-B
Tel. 1 360 5 28 80 00
www.portolympia.com

Diverse Theater-Ensembles treten im historischen **State Theater** auf. Infos, Programme und Tickets gibt es bei Harlequin Productions.
202 4th Ave. E
Tel. 1 360 7 86 01 51
www.harlequinproductions.org

GARDNER'S RESTAURANT €€€€–€€€
Seit Jahren die Nr. 1 in der Stadt bei Steaks und Ribs. Lecker auch die Pasta.
111 W. Thurston Avenue
Tel. 1 360 7 86 84 66

BUDD BAY CAFE €€
Leckere Fischgerichte und einen schönen Blick aufs Wasser und die Stadt.
525 N. Columbia Street
Percival Landing
Tel. 1 360 3 57 69 63

PHOENIX INN SUITES €€€
Modernes Haus mit 102 freundlichen Zimmern, Pool und Fitnessraum.
415 Capitol Way N., Tel. 1 360 5 70 05 55, https://hotel-phoenix-inn-suites-olympia.vivehotels.com

GOLDEN GAVEL MOTEL €
Nette Herberge mit 27 gemütlichen Zimmern mitten in der Downtown.
909 Capitol Way S.
Tel. 1 360 3 52 85 33

gen mit tropischen und subtropischen Blütenpflanzen das Tempo aus dem Schritt. Ein steiler Zickzackweg führt vom Justizpalast durch den **Heritage Park** hinunter zum **Capitol Lake**.

416 Sid Snyder Avenue SW, Capitol Campus | Mo. - Fr. 7 - 17.30, Sa., So. 11 - 16, Fei. (außer Thanksgiving, Weihnachten und Neujahr) 11 - 16, Führungen tgl. 11 - 15 Uhr | Eintritt frei | www.des.wa.gov

Nur für den Übergang

Old State Capitol

Während die Politiker auf ihr neues Kapitol warteten, tagten sie in diesem klobigen, im Jahre 1892 im neoromanischen Stil errichteten Gebäude, dem Old State Capitol. Da die Wartezeit immerhin 24 Jahre betragen hat, ranken sich zahllose Geschichten und Anekdoten um die Räumlichkeiten, die man am besten im Rahmen einer **Führung** besichtigt.

600 Washington St. | Führungen Mo. - Fr. 8 - 17 Uhr | Eintritt 5 $ https://olympiahistory.org/old-state-capitol/

Flugzeug-Fan?

Olympic Flight Museum

In den alten Hangars des Olympia Regional Airport warten sie auf Liebhaber: **Jagdflugzeuge** aus dem Zweiten Weltkrieg (u.a. BAC-167 Strikemaster, FG1D Corsair) sowie **Jets und Helikopter** aus der jüngeren Vergangenheit.

7637-A Old Hwy. 99 SE, Tumwater, WA | Di. - Sa. 11 - 17 Uhr Eintritt 7 $ | www.olympicflightmuseum.com

Olympias schönster Park

Yashiro Japanese Garden

Von den vielen Parks der Stadt ist der **Japanische Garten** der schönste. Entstanden nach 7-jähriger Planung und 2-jähriger Ausführung, symboliert er doch die japanisch-amerikanische Völkerfreundschaft.

1010 Plum St. SE | tgl. 10 - 22 Uhr | Eintritt frei | olympiawa.gov

Rund um Olympia

Grizzlybären, Pumas, Wölfe, Elche ...

Northwest Trek Wildlife Park

... und viele andere typische Tiere aus dem Nordwesten der USA leben in diesem großen Wildpark. Er liegt etwa eine halbe Autostunde östlich von Olympia. Während einer Fahrt mit dem Parkbähnchen (ca. 1 Std.) können Sie viele dieser Tiere in naturnaher Umgebung beobachten.

11610 Trek Dr. E., Eatonville, WA | 6. Jan. - Mitte März Fr. - So. 9.30 - 15, Mitte März - Ende Juni Mo. - Fr. 9.30 - 16, Sa., So. 9.30 - 17, Ende Juni - Anf. Sept. tgl. 9.30 - 18, Anf. Sept. - Anf. Okt. Mo. - Fr. 9.30 - 16, Sa., So. 9.30 - 17, Anf. Okt. - 23. Dez. Fr. - So. 9.30 - 15, 26. Dez. - 4. Jan. tgl. 9.30 - 15 Uhr
Eintritt 22 $ | www.nwtrek.org

★★ OLYMPIC NATIONAL PARK

Region: Clallam & Jefferson Counties | **Fläche:** 3678 km²
Höhe: 0 – 2428 m ü.d.M.

Jurassic Park ohne Dinosaurier: Nahezu isoliert vom Rest des Kontinents konnte sich hier eine einzigartige Flora und Fauna entwickeln. Die vom Pazifik umspülte Olympic Peninsula beherbergt den schönsten gemäßigten Regenwald der Lower 48.

Eindrucksvolle Wildnis

Der westlich von ▸ Seattle gelegene Nationalpark ist deswegen **UNESCO-Weltnaturerbe**. Während und nach der letzten Eiszeit erhielt die Halbinsel ihren letzten Schliff. Steile Täler, Moränen, nackter Granit und U-förmige Täler zeugen von einer extremen Vergletscherung während der letzten Eiszeit. Die isolierte Lage der Halbinsel während der Eiszeit führte auch zur Entstehung **endemischer Pflanzen- und Tierarten**. Dazu zählen zum Beispiel die rot blühende Olympic-Kastillea, das Olympic-Murmeltier und die Beardslee-Forelle.

Heute ist der Olympic National Park mit rund 3,5 Mio. Besuchern pro Jahr eines der beliebtesten Wildnisgebiete im Westen. Dabei sind weite Teile des Nationalparks nur schwer zugänglich: Besucher bleiben meist auf den Aussichtsstraßen. Doch wer genug Zeit hat, sollte unbedingt einen der vielen **Trails** begehen und so die höchst abwechslungsreiche Bergwelt zwischen der felsigen Pazifikküste und dem 2428 m hohen **Mount Olympus** selbst erforschen.

Wohin auf der Olympic Peninsula?

Die schönsten Trails

Wanderungen

Trails unterschiedlicher Länge und Schwierigkeitsgrade durchziehen den gesamten Nationalpark. Die meisten beginnen bereits an den vom US 101 abzweigenden Straßen. Die schönsten Trails, die an der Hurricane Ridge Road beginnen, sind der **Hurricane Hill Trail** mit herrlichen Ausblicken auf den Mt. Olympus und die Strait of Juan de Fuca und der **Grand Ridge Trail**, der die Hurricane Ridge mit dem Obstruction Point verbindet. 14 km westlich von Port Angeles zweigt die Elwha River Road ab. An dieser beginnt unter anderem der 45 km lange **Elwha Trail**, der quer durch den Nationalpark führt. Die schönsten Trails im Westen beginnen beim **Hoh Rain Forest Visitor Center**, das Sie über die Hoh River Road erreichen.

OBEN: Wilde Romantik: Üppiger Regenwald auf der Olympic-Halbinsel, dessen Bäume mit Flechten und Moosen behangen sind.

UNTEN: Urtümlich präsentiert sich auch die von Wind und Wellen zerzauste Küste der Halbinsel.

Neah Bay
Makah Museum
MAKAH INDIAN RESERVATION
OLYMPIC COAST NATIONAL MARINE SANCTUARY
Sekiu
Clallam Bay Country Park
Clallam Bay
Strait of
Pillar Point Country Park
Pysht
OZETTE INDIAN RESERVATION
Hoko River
Ozette
Swan Bay
Ozette Lake
Dickey Lake
Lake Pleasant
Sappho
Klahowya
Lake Pleasant Country Park
Beaver
Bear Creek
101
Sol Duc River
Dickey River
SOL DUC VALLEY
Klahanie
Forks
NPS/ USFS Information Center
Rialto Beach
Mora
La Push
Bogachiel River
Bogachiel State Park
QUILEUTE INDIAN RESERVATION
Hoh Rain Forest Visitor Center
Willoughby Creek
Minnie Peterson
Hoh Oxbow
South Fork
OLYMPIC NATIONAL PARK
Hoh River
Cottonwood
HOH INDIAN RESERVATION
Ruby Beach
1 Downriggers on the Water
2 Quileute Rivers Edge Restaurant
1 Lake Crescent Lodge
2 Quileute Oceanside Resort
3 Traveler's Motel
Upper Clearwater
Yahoo Lake
Clearwater River
Copper Mine Bottom
Kalaloch
Kalaloch Lodge
Kalaloch Information Station
Queets
South Beach
PACIFIC OCEAN
Raft River

OLYMPIC NATIONAL PARK
Ranger Station
Ranger Station (nur im Sommer)
Campground
Campground (nur im Sommer)
Lodge
Rastplatz
10 km
5 mi
©BAEDEKER
Juan de Fuca
Victoria/ Canada
Lyre River
Salt Creek Country Park
Freshwater Bay Country Park
LOWER ELWHA KLALLAM INDIAN RESERVATION
Dungeness Recreation Area
Joyce
Log Cabin Resort
Port Angeles
Fairholme
North Shore
East Beach
Lake Crescent
Lake Sutherland
101
Park Headquarters
Olympic Nat. Park Visitor Center
Sequim
Storm King Information Station
Madison Falls
Heart O' the Hills
Dungeness River
La Poel
Salmon Cascades
Elwha
Eagle
Lake Mills
Dungeness Forks
Sol Duc
Observation Point
Hurrican Ridge Visitor Center
Sol Duc Hot Springs Resort
Sol Ducs Falls
Mt. Appleton 1824m/ 6000ft
Obstruction Point
Dear Park
Mt. Carrie 2132m/ 6995ft
Olympus
Elwha River
Elkhorn
Hoh River
Mc Cartney Peak 2051m/ 6728ft
OLYMPIC
MOUNT OLYMPUS West Peak 2432m/ 7980ft
Mt. Claywood 2084m/ 6836ft
Mt. Deception 2374m/ 7788ft
Mt. Dana 1893m/ 6209ft
Sentinel Peak 2009m/ 6592ft
Mt. Queets 2132m/ 6460ft
Mt. Wilder 1807m/ 5928ft
Dosewallips
Mt. Seattle 1904m/ 6246ft
Low Divide
Pelton Peak 1616m/ 5301ft
Elkhorn
Kimta Peak 1646m/ 5399ft
Mt. Christie 1883m/ 6177ft
Chimney Peak 2016m/ 6911ft
White Mtn. 1951m/ 6400ft
Queets River
Enchanted Valley
Duckabush River
NATIONAL
Quinault River
Lena Creek
North Fork
Hamma Hamma
Graves Creek
PARK
Staircase
Quinault Rain Forest
July Creek
Big Creek
Lake Quinault
Gatton Creek
Falls Creek
Lake Cushman
Lilliwaup
Amanda Park
Willaby
USFS/ NPS Information Station
Le Bar Horse Camp
Brown Creek
Hood Canal

OLYMPIC NATIONAL PARK ERLEBEN

OLYMPIC NATIONAL PARK
600 East Park Avenue
Port Angeles, WA 98362-6798
Tel. 1 360 5 65 31 30
www.nps.gov/olym

PORT ANGELES VISITOR INFORMATION
121 E. Railroad Avenue
Port Angeles, WA 98362
Tel. 1 360 4 52 23 63
www.portangeles.org

PORT TOWNSEND VISITOR INFORMATION
2409 Jefferson St.
Port Townsend, WA 98368
Tel. 1 360 3 85 27 22
www.enjoypt.com

PUGET SOUND EXPRESS
227 Jackson Street
Port Townsend, WA
Tel. 1 360 3 85 52 88
www.pugetsoundexpress.com

1 DOWNRIGGERS ON THE WATER €€
Mit schönem Hafenblick, den besten Fish 'n Chips im County und hervorragendem Seafood.
115 E. Railroad Ave., Port Angeles, Tel. 1 360 452 27 00

2 QUILEUTE RIVERS EDGE RESTAURANT €€€
Fisch und Meeresfrüchte mit schönem Blick auf den Quillayute River.
41 Main Street, La Push, WA
Tel. 1 360 3 74 07 77

1 LAKE CRESCENT LODGE €€€€–€€€
Eine der schönsten alten Lodges auf der Halbinsel mit 52 einfach eingerichteten Zimmern und tollem Blick auf den See.
416 Lake Crescent Road
Port Angeles, WA
Tel. 1 360 374 52 67, https://www.nationalparkreservations.com

2 QUILEUTE OCEANSIDE RESORT €€€
72 Zimmer, davon 42 in gemütlichen Hütten; direkt am Strand gelegen, bietet das Resort Erholung abseits des Massenbetriebs.
330 Ocean Drive
La Push, WA
Tel. 1 800 4 87 12 67
www.quileuteoceanside.com

3 TRAVELER'S MOTEL €
Einfaches Motel mit 11 gemütlichen Zimmern aus der guten alten Zeit.
1133 E. 1st Street
Port Angeles, WA
Tel. 1 360 4 52 23 03
www.travelersmotel.net

Olympic Peninsula Drive (US 101)

Von der Küste in die Berge
Die 450 km lange Panoramastraße beginnt in ► Olympia und folgt über weite Strecken der Küste der Halbinsel durch **farn- und moosbedeckte Regenwälder** zu entlegenen, von den Wogen des Pazifischen Ozeans hartgehämmerten **Sandstränden** hinauf zu **alpinen Matten**.

Als Tor zum Nationalpark ...

Port Angeles

... gilt das an der Nordküste gelegene Hafenstädtchen Port Angeles (20 000 Einw.), wo es auch zahlreiche Unterkünfte für Touristen gibt. Historisch und kulturell lohnenswert sind die geführten Port Angeles **Underground Tours**, auf denen Sie die vor hundert Jahren angelegte Unterwelt der Stadt erforschen können. Unten am Wasser informiert das **Olympic Coast Discovery Center** über die Flora und Fauna des vorgelagerten **Olympic Coast National Marine Sanctuary**. Die alternativ gesprenkelte Kunstszene der Halbinsel konzentriert sich in avantgardistisch-provozierenden Ausstellungen des **Port Angeles Fine Arts Center**.

Port Angeles Underground Heritage Tours: 121 E. Railroad Ave.
Juni–Okt. 10 u. 14 Uhr | 20$ | www.portangelesheritagetours.com
Olympic Coast Discovery Center: 115 Railroad Ave. E. | Mai – Sept.
tgl. 10 - 17 Uhr | Eintritt frei | http://olympiccoast.noaa.gov
Port Angeles Fine Arts Center: 1203 E. Lauridsen Blvd.
Do. -So. 11 -17 Uhr | Eintritt frei | www.pafac.org

Wildromantisch

Lake Crescent

Von der Route 101 führen Stichstraßen ins gebirgige Innere des Nationalparks und auch zu einsamen, wildromantischen Stränden. Höhepunkte an der Strecke sind der fotogene Bergsee Lake Crescent, ca. 20 mi/32 km westlich von Port Angeles. Gleich in der Nähe finden Sie die zauberhaften 27 Meter hohen **Marymere Falls**.

Wandern und die Aussicht genießen

Hurricane Ridge Lodge

Von Port Angeles führt eine 20 mi/32 km lange Panoramastraße hinauf zur 1585 m ü.d.M. gelegenen Hurricane Ridge Lodge. Hiereröffnet sich ein **grandioser Blick über die vergletscherte Bergwelt** der Olympics und über die Juan-de-Fuca-Straße. Beim Visitor Center beginnen **Wanderwege**, die tolle Aussichtspunkte erschließen.

Schönster Regenwald des Nationalparks

Hoh Rain Forest

Der Hoh Rain Forest, zu erreichen von Port Angeles aus über den Highway 101, bedeckt die Hänge einiger in den Pazifik mündender Flusstäler. Über 5000 mm Niederschlag pro Jahr lassen hier eine üppige, tiefgrüne Vegetation gedeihen mit bis zu 100 m hohen Bäumen, v. a. **Douglasien**, **Sitka-Fichten** und **Hemlocktannen**. Am Boden wuchern dicke Moosteppiche und dichtes Farngebüsch. In dem Urwaldgebiet gibt es zahlreiche Wanderpfade, darunter der 14 mi/22 km lange **Queets River Trail**.

Wildromantisch und den Grauwalen so nah

Pazifikküste

Einsame, von Treibholz übersäte **Sandstrände** prägen die Pazifikküste der Olympic Peninsula ebenso wie scharfe Klippen, Felsenbögen und jäh aus dem Meer ragende Felsen. Der nördliche Küstenabschnitt

ist durch Stichstraßen erschlossen, am südlichen führt ein **Scenic Drive** von Ruby Beach bis nach Queets. Am **Ruby Beach** kommen Naturfreunde voll auf ihre Kosten, denn sie können hoch in den Lüften kreisende **Weißkopf-Seeadler** beobachten, ebenso diverse Robben, die sich am Strand ausruhen, und Grauwale, die draußen auf dem Meer vorbeiziehen.
In dem Ort **La Push** an der Pazifikküste werben die Herbergen damit, keine Fernseher in den Zimmern zu haben. Ruhe und Erholung ist also angesagt in dieser winzigen Strandgemeinde am Ende der vom Hwy. 101 zum Pazifik abzweigenden Stichstraße. La Push ist eine Fischersiedlung inmitten der **Quileute Indian Reservation**. Hier gibt es einige Geschäfte, ein Restaurant und – am schönsten Strand des Reservats – das moderne »Oceanside Resort«. Ein Abendspaziergang auf dem von Felsnadeln in der Brandung bewachten **First Beach** gehört zu den romantischen Höhepunkten dieses Küstenabschnitts. Ein weiteres Highlight sind die **Grauwale**, die während ihrer Wanderungen im Frühjahr und im Herbst (▶ Baedeker Wissen S. 152) so dicht am Strand von La Push vorbeiziehen, dass man sie sogar beim Ausstoßen ihrer Atemfontäne hören kann. Näher geht's nicht!

Ziel für Twilight-Fans

Forks

Lange lebte das sich mitten im Nationalpark an den Highway 101 klammernde 3000-Einwohner-Städtchen Forks von der Holzwirtschaft. Das **Timber Museum** erinnert mit der kleinen Dampflok namens »Steam Donkey« und historischen Fotos an alte Zeiten. Die zahlreichen in der Umgebung von Forks in den Pazifik mündenden Flüsse und Bäche sind beste **Lachs- und Forellenreviere**. Nähere Infos gibt es bei der Forks Chamber of Commerce.
Der Grund, warum Tausende Touristen ins Städtchen pilgern, ist jedoch ein anderer: Forks ist Schauplatz der Bestseller-Reihe **»Twilight«**, auch die Filme wurden hier gedreht. Jährlich im September veranstaltet die Stadt ein Festival für Fans.

https://forkswa.com

Timber Museum: 1421 S. Forks Ave., Mai – Sept. Mo. – Sa. 10 – 17, So. 11 – 16, Okt. – April Mo. – Sa. 10 – 16, So. 11 – 16 Uhr | Eintritt 3 $
www.forkstimbermuseum.org

Einer der wenigen Häfen aus viktorianischer Zeit

Port Townsend

Das hübsche 9200-Einwohner-Städtchen im Nordosten der Olympic-Halbinsel lebt vor allem vom Tourismus und vom Bootsbau. Im denkmalgeschützten **Historic District** gibt es prächtige Häuser aus viktorianischer Zeit. Am meisten los ist auf der von Geschäften, Restaurants und Cafés gesäumten **Water Street**. Hier informiert auch das **Jefferson County Historical Society Museum** über die bewegte Geschichte von Port Townsend.

540 Water St. | tgl. 11 – 16 Uhr | Eintritt 9 $ | www.jchsmuseum.org

★ SAN JUAN ISLANDS

Region: San Juan County | **Bewohnerzahl:** 15 000
Höhe: 0 – 735 m ü.d.M.

Was für ein Blick! Welch ein Hochgefühl von Weltferne und -nähe zugleich! Der schneebedeckte Mount Baker kontrolliert den Horizont, geheimnisvoll lockt ein Insellabyrinth, in dem jede Kayak-Tour die Begegnung mit den schönen Orcas verspricht.

»247 Tage Sonnenschein und nur halb so viel Regen wie in Seattle« – mit solchen Slogans lockt das hiesige Fremdenverkehrsamt allerdings nicht nur Urlauber aus dem regnerischen Seattle: Zu verlockend ist der Gedanke an Inselromantik und das kleine B & B in der einsamen Bucht. In der Tat hat der Tourismus die San Juan Islands fest im Griff. Doch ebenso schnell dünnt er abseits der drei, vier belebten Zentren auch wieder aus.

Wildes Synchronschwimmen: Orcas können Sie vor den San Juan Islands mit bloßem Auge ausmachen.

SAN JUAN ISLANDS ERLEBEN

SAN JUAN ISLANDS VISITORS BUREAU
Friday Harbor, WA 98250
Tel. 1 888 4 68 37 01
www.visitsanjuans.com

ANREISE

WASHINGTON FERRIES
Von Anacortes mehrmals tgl. Fähren nach Lopez Is., Orcas Is. u. San Juan Is.
Tel. 1 888 8 08 79 77
www.wsdot.wa.gov/ferries

RADFAHREN

ISLAND BICYCLES
Roche Harbor, WA
Tel. 1 360 2 98 24 72
www.islandbicycles.com

KAJAKTOUREN

LOPEZ ISLAND SEA KAYAK AND BICYCLE WORKS
2845 Fisherman's Bay Road
Lopez Island, WA
Tel. 1 360 4 68 28 47
www.lopezkayaks.com

ORCAS OUTDOOR KAYAKING
8292 Orcas Rd.
Orcas Island, WA
Tel. 1 360 3 76 46 11
www.orcasoutdoors.com

WHALE WATCHING

ORCAS ISLAND ECLIPSE CHARTERS
Deep Harbor,Orcas Island
Tel. 1 360 3 76 65 66
https://www.visitsanjuans.com/what-to-do-orcas-island

OUTER ISLAND EXCURSIONS WHALE WATCHING
Orcas Island, Tel. 1 360 376 3711
https://www.visitsanjuans.com/what-to-do-orcas-island

COHO RESTAURANT €€€
Nur organische Produkte von den Inseln und dem nahen Festland werden verwendet für die frische, mediterran inspirierte Nordwestküsten-Cuisine.
120 Nichols St.
Friday Harbor
Tel. 1 360 3 78 63 30

VINNY'S RISTORANTE €€€–€€€€
Italienisches Genussfutter mit zeitgemäßem Twist! Die Pastagerichte sind zum Sichvergessen, Geflügel und Fleisch kommen mit gerade angesagten Ingredienzien und Gewürzen auf den Tisch.
165 West St.
Friday Harbor
Tel. 1 360 3 78 19 34

ORCAS HOTEL €€€€
12 sehr gemütliche Zimmer und 2 Suiten mit Jacuzzi.
18 Orcas Hill Road
Eastsound Orcas Island
Tel. 1 360 3 76 43 00
www.orcashotel.com

THE EDENWILD €€€
Viktorianische Residenz mit 8 hübsch ausgestatteten Zimmern.
Lopez Village
Lopez Island, WA
Tel. 1 360 967 53 30
https://theedenwild.com

Der San-Juan-Archipel besteht aus mehr als **450 Inseln und Inselchen**. Die meisten davon liegen als »Gulf Islands« bereits in kanadischen Gewässern. Die USA nennen immerhin 172 ihr Eigen, davon werden ganze vier von Anacortes aus angelaufen: **Lopez**, **San Juan**, **Orcas** und **Shaw Island**.
Hügelig, mit felsigen Küsten sowie Sand- und Kieselstränden, bedeckt von immergrünen, an den Küsten windzerzausten Nadelwäldern, sind die San Juan Islands eine für diesen Küstenabschnitt typische Insel- und Schärenwelt. Jede der Hauptinseln hat ihren eigenen Charakter. Die beliebtesten Aktivitäten sind Kayaking, Radfahren und Walbeobachtung. Vor allem die zwischen den Inseln schwimmenden Orcas stehen auf dem Programm der Besucher ganz oben. Auch Grauwale, Seelöwen und Seeelefanten sowie die größte Seeadler-Population südlich des 49. Breitengrads locken viele Naturfreunde an.

Wohin auf den San Juan Islands?

Inselidylle

Lopez Island

Auf der mit 77 km² drittgrößten Insel des Archipels leben gut 2200 Menschen. Hinter schroffen, schönen Felsenküsten breitet sich relativ flaches und landwirtschaftlich genutztes Land aus, das stille Landstraßen kreuz und quer durchmessen. Tourismus hat hier noch nicht groß Fuß gefasst. Hauptort der Insel ist ein Ensemble aus Häuschen, Tankstelle, Bank und Galerien namens **Lopez Village** an der Fisherman's Bay im Nordwesten der Insel. Das **Lopez Island Historical Society Museum** dokumentiert mit alten Fotos die Geschichte der Insel.
Weeks Rd. | Mai – Sept. Mi. – So. 12 – 16 Uhr | Eintritt frei, Spenden erbeten | http://lopezmuseum.org

Größte der San-Juan-Inseln

Orcas Island

Auf der mit knapp 150 km² größten Insel des San-Juan-Archipels leben etwa 4500 Menschen. Die reizende Insel ist Ziel vieler Städter, die hier exklusive Wochenendhäuser auf Felsklippen über dem Meer gesetzt haben. Hauptort ist **Eastsound** am Ende der gleichnamiger Bucht im Norden der Insel. Hier informiert das **Orcas Island Historical Museum** mit alten Pioniershütten und indigenen Kulturzeugnissen ausführlich über die Inselgeschichte.
181 N. Beach Rd. | Di. – Sa. 11 – 16, So. 12 – 15 Uhr | Eintritt frei, Spenden erbeten | www.orcasmuseum.org

Ein Muss für jeden Inselbesucher ...

... ist die 5 mi/8 km lange Fahrt auf den **Mount Constitution**. Der Blick vom Aussichtsturm über Orcas Island und auf die im diesigen Blau liegende Inselwelt ist fantastisch. Der Berg ist Teil des wildromantischen **Moran State Park**, der Wanderfreunden ein 30 mi/52 km umfassendes Trailnetz bietet. Ein Postkartenmotiv ist der 30 Meter hohe **Cascade Fall** zwischen Cascade und Moraine Lake. Sie erreichen ihn leicht von der Bergstraße aus.

San Juan Island

Rau, geschichtsträchtig, fotogen

San Juan Island ist die westlichste der großen San Juan Islands, mit 142 km² die zweitgrößte und mit knapp 7000 Einwohnern die bevölkerungsreichste Insel. Den Ostteil ist eine sanfte, landwirtschaftlich genutzte Hügellandschaft mit hübschen kleinen Farmen und dichten Wäldern. Über dem raueren Westen erhebt sich der 330 m hohe **Mount Dallas**.

Friday Harbor (2400 Einw.) an der Ostküste ist die einzige Stadt im Archipel. Der zweitgrößte Ort ist **Roche Harbor** im Nordwesten; an der **Haro Strait** gelegen, gilt die windgeschützte Felsenbucht als einer der besten Häfen im Archipel.

Der sich auf beiden Inselhälften ausbreitende **San Juan Island National Historical Park** widmet sich dem **Pig War**. Auf dem Höhepunkt dieses tragikomischen Konfliktes um ein totes Schwein – im Grunde ging es um Grenzstreitigkeiten zwischen den USA und Kanada – standen sich Mitte des 19. Jh. s britische und amerikanische Truppen gegenüber. Heute zeigen das **English Camp** (im Nordwesten) und das **American Camp** (im Süden) restaurierte Gebäude, in denen die englischen bzw. amerikanischen Soldaten während des Konfliktes untergebracht waren. Informationszentren dokumentieren den Verlauf der Ereignisse. Noch mehr Lokalgeschichte wartet im **San Juan Historical Museum.**

Alles über Orcas erfahren Sie im **Whale Museum**. Das in einem der ältesten Gebäude der Inseln untergebrachte Museum engagiert sich auch für den Schutz der interessanten Meeressäuger.

Das hier erworbene Wissen findet sicherlich Anwendung im **Lime Kiln Point State Park** an der Westküste. Die fotogene Steilküste des Schutzgebiets besitzt die besten Aussichtspunkte zur Beobachtung der Orcas.

San Juan Island National Historical Park: American Camp Visitor Center Ende April - Nov. tgl. 8.30 - 17, sonst Mi. - So. 8.30 bis 16.30 Uhr | Eintritt frei | English Camp Visitor Center Ende Mai - Anf. Sept. tgl. 9 - 17 Uhr, sonst geschl. | Eintritt frei<<<<
www.nps.gov/sajh/

San Juan Historical Museum: 405 Price St., Friday Harbor
Mai - Sept. Di. - Sa. 10 - 14, Okt. - Apr. n. V. | Eintritt 10 $
Tel. 1 360 3 78 39 49 | http://sjmuseum.org

Whale Museum: 62 1st St., Friday Harbor | tgl. 10 - 16 Uhr
Eintritt 10 $ | http://whalemuseum.org

Lime Kiln Point State Park: tgl. 8 Uhr bis Sonnenuntergang, Parkgebühr 10$ pro Fahrzeug | www.parks.wa.gov

★★ SEATTLE

Region: King County | **Einwohnerzahl:** 750 000 (Metropolitan Area: 4 Mio.) | **Höhe:** 0 – 158 m ü. d. M.

Microsoft, Boeing, Starbucks: Alles aus Seattle, Amerikas Perle der Nordwestküste! Ihre Beinamen sind nicht minder aussagekräftig: »Emerald City« für viel Grün im Stadtbild und »Rain City« für die vielen Regentage. Seit den 1990er-Jahren gilt Seattle, der hier entstandenen Grungeszene sei Dank, auch noch als »Hip City«.

Zwar wird zunächst die grandiose Lage der Stadt zu Füßen des mächtigen Mount Rainier genannt, doch **Microsoft** pflegt stets im gleichen Atemzug genannt zu werden. Der Software-Gigant hat in Redmond unweit der Stadt sein Hauptquartier; Bill Gates und Paul Allen, die beiden Gründer, sind hier zu Hause. Der Hightech-Boom der 1980er-Jahre und später das Internet lockten weitere Software-Entwickler und Zubringer-Industrien in die Stadt. Die vormals konservative »Emerald City« mutierte zur progressiven, neue Trends definierenden Stadt.

In aller Welt wurde Seattle Ende der 1980er-Jahre als **Heimat der Rockbands »Nirvana« und »Pearl Jam«** sowie als Wiege **des Grunge Rock** bekannt, mitbegründet durch **Kurt Cobain**, der sich 1994 das Leben nahm.

Und nicht nur dies: 1999 erlebte sie während der Welthandelskonferenz schwere, als **Battle of Seattle** in die Geschichte Amerikas eingegangene Blockaden und Straßenschlachten zwischen 40 000 Globalisierungsgegnern, Polizei und Nationalgarde.

Den Höhenflug der schnell wachsenden Stadt im pazifischen Nordwesten der USA konnte dieses Ereignis jedoch ebenso wenig aufhalten wie ein schweres Erdbeben zwei Jahre später und die Verlegung der Hauptverwaltung des Flugzeugbauers **Boeing**, des anderen großen Arbeitgebers der Stadt, nach Chicago.

Nach einem Häuptling benannt

Geschichte

Seattle ist kaum mehr als 150 Jahre alt. Vor der Ankunft der Weißen siedelten Mitglieder des Duwamish-Stamms in der Elliott Bay. Unter der Führung ihres Häuptlings **Noah Seattle** (1786 – 1866; ► Interessante Menschen) empfingen sie die ersten weißen Siedler freundlich und hielten sich aus Konfrontationen zwischen diesen und Nachbarstämmen heraus. Im Gegenzug benannten die Weißen ihre 1852 an der Elliott Bay gegründete Siedlung nach dem Häuptling. Den nächsten Wachstumsschub machte Seattle mit dem Wiederaufbau nach dem Stadtbrand von 1889 und der Ankunft der **Northern Pacific**

Railroad im Jahre 1893. Einen entscheidenden Impuls erhielt die Stadtentwicklung 1897, als das Segelschiff »Portland« in Seattle Anker warf mit einer Fracht, die die ganze Welt aufhorchen ließ: **Gold aus dem Klondike River**, im Yukon, hoch im kanadischen Norden! Binnen weniger Wochen wurde Seattle für Zehntausende von Glücksrittern das Tor zu den Goldvorkommen am Klondike. Seattle rüstete sie aus und brachte es dank Yukon-Gold zum Banken- und Vergnügungszentrum. Bis 1910 versechsfachte sich die Bevölkerung. Die Stadt erlebte einen Bauboom sondergleichen und veranstaltete 1909 ihre erste Weltausstellung. Die Eröffnung des Hafens im Jahre 1911, die Inbetriebnahme der Boeing-Flugzeugwerke 1916 sowie die beiden Weltkriege machten Seattle zu einem bedeutenden Handels- und Industriestandort. Kurz nach dem Zweiten Weltkrieg zählte man in der Stadt bereits eine halbe Million Einwohner.
Das nächste Schlüsselereignis war die **Weltausstellung 1962**. Damals wurde die bis heute das Stadtbild prägende Space Needle errichtet und eine futuristische Einschienenbahn (Monorail) als Nahverkehrsmittel gebaut. Gerald Baldwin, Gordon Bowker und Zev Siegl beglücken seit 1971 von Seattle aus die Welt mit **Starbucks** und machten sich vor allem um die US-Kaffeekultur verdient. In den 1980er-Jahren erkor Bill Gates (▶ Interessante Menschen) das vor den Toren liegende Redmond zum Sitz von Microsoft. **IT und Bio-Tech** sowie die **Luft- und Raumfahrtindustrie** sind noch heute die Schrittmacher.

Downtown

Gut zu Fuß?

Lage

Seattles Downtown liegt auf einer schmalen Landenge zwischen **Puget Sound und Lake Washington**. Die meisten Attraktionen sind per pedes oder per Monorail erreichbar. Gut zu Fuß sollten Sie auf jeden Fall sein: Die Innenstadt ist ziemlich hügelig.

Reise in die Zeit des Goldrauschs

Pioneer Square Historic District

Der aus 20 Blocks viktorianischer Backsteinhäuser bestehende **historische Stadtkern** gruppiert sich rund um den Pioneer Square. Die ältesten Gebäude haben noch die Abenteurer auf ihrem Weg zum Klondike gesehen. Das Viertel präsentiert sich heute sehr touristisch mit vielen Restaurants, Souvenirgeschäften und Kunstgalerien.
Die Geschichte des Goldrausches am Klondike und seine Auswirkungen für die Entwicklung der Stadt Seattle erzählt die Ausstellung »Klondike Gold Rush – Seattle Unit« in einem historischen Gebäude.
319 2nd Ave. S. | Ende Mai – Anf. Sept. tgl. 9 – 17, Anf. Sept. – Ende Mai tgl. 10 – 17 Uhr | Eintritt frei | www.nps.gov/klse

Mit der allerersten Starbucks-Filiale

Pike Place Market

Über 100 **Farmer und Fischhändler** verkaufen hier zwischen Pike Street, Pine Street und First Street auf zwei Etagen ihre Waren. Hinzu kommen rund 150 **Künstler und Kunsthandwerker**, die ihre Ar-

Imposant: die Skyline von Seattle mit der »Space Needle« und dem schneebedeckten Mount Rainier im Hintergrund

Museum of Science and Industry, Future of Flight
Asian Art Museum, Volunteer Park
Bill & Melinda Gates Foundation
Seattle Center
Olympic Sculpture Park
Denny Park
Denny Playfield
Cascade Playground
Westlake Station
Pacific Place
Convention Center
Pike Place Market
Seattle Aquarium
Waterfront Park
Seattle Art Museum
Freeway Park
Boren Pike Pine Park
CAPITOL HILL
Seattle University
Swedish/ First Hill Medical Center
Harborview Park
Kobe Terrace Park
Klondike Goldrush NHP
CenturyLink Field
T-Mobile Park
Wing Luke Asian Museum
Victoria
Bremerton, Bainbridge Island
Pier 69
Pier 66
Pier 58
Pier 57
Pier 56
Pier 55
Pier 52-53
Pier 50
Pier 48
Pier 46
300 m
0,1 mi
©BAEDEKER
1 Repertory Theatre
2 Intiman Theatre
3 Pacific Northwest Ballet
4 Marion Oliver McCaw Hall
5 Memorial Stadium
6 Experience Music Project Museum of Pop Culture
7 Monorail
8 Center House Children Museum
9 International Fountain
10 Key Arena
11 Space Needle
12 Pacific Science Center
1 Canlis
2 Japonessa
3 Matt's in the Market
4 Onibaba
5 Ludi's
6 Le Pichet
1 Graduate Seattle
2 Inn at the Market
3 Ace Hotel
1 Pike Pub
2 Alibi Room
3 Showbox at the Market
4 Central Saloon
5 Century Ballroom

SEATTLE ERLEBEN

VISIT SEATTLE

701 Pike Street, Suite 800
Seattle, WA 98101
Tel. 1 206 4 61 58 00
www.visitseattle.org

METRO TRANSIT

Das Unternehmen betreibt die Buslinien in Seattle und King County.
http://metro.kingcounty.gov

MONORAIL

Sie verbindet Downtown mit dem Seattle Center.
http://seattlemonorail.com

ARGOSY CRUISES

Die **Hafenrundfahrten** führen zu den Werften und an den aus dem Film »Schlaflos in Seattle« bekannten Hausbooten vorbei durch die Hiram Chittenden Locks zum Lake Union.
ab Pier 55/56, Seneca Street
Tel. 1 206 6 23 14 45
www.argosycruises.com

ALKI KAYAK TOURS

Auch vom Kajak aus kann man die Skyline Seattles genießen.
1660 Harbor Avenue
Tel. 1 206 935 76 69
www.kayakalki.com

Seattle ist geradezu ein Paradies für Shopper. Das Angebot reicht von Karl-Marx-Schriften und Zauberer-Zubehör auf dem **Pike Place Market** bis zu hochwertiger Trendware in den Konsumpalästen im **Rechteck zwischen 1st und 6th Avenue**. Hier befinden sich neben vielen Spezialgeschäften die Kaufhäuser Nordstrom, Macy's und Pacific Place.

Seattle ist ein kulturelles Zentrum der Westküste und ein Mekka für Nachtschwärmer. Was geht, steht u. a. in der Stadtzeitung **Seattle Weekly** und im tgl. Veranstaltungskalender der **Seattle Times**.
www.seattleweekly.com
www.seattletimes.com

SEATTLE OPERA, SEATTLE CENTER

Die Seattle Opera genießt internationales Renommee. Im Seattle Center bringt die Seattle Opera Klassiker und auch junge amerikanische Künstler auf die Bühne.
Spielplan/Tickets: Tel.
1 800 4 26 16 19
www.seattleopera.org

PACIFIC NORTHWEST BALLET

Das ebenfalls hier angesiedelte, hoch dekorierte Pacific Northwest Ballet bietet mit Musicals und Schwanensee ein höchst niveauvolles Programm.
Spielplan/Tickets: Tel.
1 206 4 41 24 24
www.pnb.org

ROCK UND POP

Die Geburtsstadt von Jimi Hendrix ist auch ein Hotspot der Rock- und Popmusik. Blues Bars, Lounges, Irish Pubs und angesagte Diskotheken: Selbst die verwöhnten Kalifornier loben das hiesige Nachtleben, das sich in **Capitol Hill** (muntere Schwulenszene), rund um den **Pioneer Square** (junges, partyfreudiges Publikum) und in weiteren Vierteln wie **Belltown** und **Ballard** (klassische Musik-Kneipen) konzentriert.

❶ PIKE PUB
Traditionsreiche Trinkstube für Einheimische und Touristen mit den besten vor Ort gebrauten Bieren.
1415 1st Ave, Tel. 1 206 6 22 60 44

❷ ALIBI ROOM
Hippe Bar unter dem gleichnamigen Restaurant, mit exotischen Cocktails und Disco-Gewummer.
85 Pike Street
Tel. 1 206 6 23 31 80

❸ SHOWBOX AT THE MARKET
Mehrere Bühnen vor Art-Déco-Kulisse, große Tanzfläche – einer der besten Plätze der Stadt für Live-Musik.
1426 1st Avenue
Tel. 1 888 9 29 78 49

❹ CENTRAL SALOON
Seit über 100 Jahren im Geschäft, ist der kantige Central Saloon bis heute ein Epizentrum der Livemusik-Szene.
207 First Avenue South
Tel. 1 206 6 22 02 09

❺ CENTURY BALLROOM
Gesellschaftstanz ist angesagt in Seattle, Standard ebenso wie Modetänze.
915 Pine St, Tel. 1 206 3 24 72 63

❶ CANLIS €€€€
Eine Institution in Sachen Fisch und Meeresfrüchte.
2576 Aurora Avenue North
Tel. 1 206 2 83 33 13

❷ JAPONESSA €€€€
Traditionelle Sushi ebenso wie japanische Tapas und weitere Kreuzungen zwischen Fernost und Lateinamerika.
1400 – 1st Avenue
Tel. 1 206 9 71 79 79

❸ MATT'S IN THE MARKET €€
Diese Seafood-Kantine bietet leckere »daily specials« frisch aus dem Pazifik.
94 Pike Street
(Pike Place Market)
Tel. 1 206 4 67 79 09

❹ ONIBABA €€–€€€
Mittags beim angesagtesten Japaner im Zentrum. Auf gewürzte Klöße (Onigiri) mit ideenreichen Füllungen wie Garnelen-Temora mit Honig-Mayo-Mischung spezialisiert.
515 S. Main St, Tel. 206 467 40 04

❺ LUDI'S €€
Legendärer Frühstück-Diner. Außer den leuchtend violetten Pancakes zaubern die philippinischstämmigen Besitzer leckere Reisegerichte und beste amerikanische Frühstücksklassiker.
120 Stewart St, Tel. 206 239 27 28

❻ LE PICHET €€–€€€
Französisches Lokal unweit vom Pike Place Market. Bistro-Klassiker wie Rinderfilet mit Pommes, Entenbrust und Grillhühnchen mit Calvados.
1933 1st Ave., Tel. 206 256 14 99

❶ GRADUATE SEATTLE €€€€
Hübsches Art-Déco-Hotel hoch über der Downtown. Gemütliche Lobby mit Kamin, 158 freundliche Zimmer mit schönem Blick auf die Stadt.
4507 Brooklyn Avenue NE
(University District)
Tel. 1 206 6 34 20 00, https://graduatehotels.com/seattle/

❷ INN AT THE MARKET €€€€
Boutique-Hotel (40 Z.), von dem aus alle wichtigen Sehenswürdigkeiten der Stadt leicht zu Fuß erreichbar sind.
86 Pine St, Tel. 1 206 4 43 36 00
www.innatthemarket.com

❸ ACE HOTEL €€€
Viel Stil für relativ wenig Geld: schicke Herberge (28 Z.) mit jungem Flair.
2423 1st Ave, Tel. 1 206 4 48 47 21
www.acehotel.com

beiten ausstellen. Imbissbuden mit exotischen Köstlichkeiten und hübsche Restaurants lassen einen hier leicht den ganzen Tag verbummeln. Dabei nicht achtlos an der **Starbucks-Filiale** vorbeigehen: Es ist das erste Starbucks-Café überhaupt, eröffnet 1971.
Mehr über die manchmal dramatische Geschichte und einige schillernde Charaktere des Marktes erfährt man während der spannenden **Seattle Free Walking Tours** (www.seattlefreewalkingtours.com).

Unter dem Meer

Seattle Aquarium

Im **Seattle Aquarium** an Pier 59 können Sie die Unterwasserflora und -fauna des Puget Sound genießen, am anschaulichsten und lebendigsten im »Underwater Dome« und im Großbecken »Window on Washington Waters«, wo auch Taucher zur Fütterung unterwegs sind. Publikumslieblinge sind die Seehunde und Seelöwen.
1483 Alaskan Way | tgl. 9.30 – 18 Uhr | Eintritt ab 24 $
www.seattleaquarium.org

Buntes Potpourri der Kunst

Seattle Art Museum

Vor dem Seattle Art Museum (SAM) schwingt Jonathan Borofskys »Hammering Man« sein Werkzeug. Das Museum zeigt **Kunst und Kunsthandwerk aus aller Welt und allen Epochen**, darunter bemerkenswerte Sammlungen von Totempfählen, Langhäusern und Masken der Nordwestküstenindianer, ein »Urteil des Paris« von Lucas Cranach d. Ä. bis hin zu zeitgenössischer amerikanischer Kunst.
1300 1st Ave. | Mi. – So. 10 – 17 Uhr | Eintritt 33 $
www.seattleartmuseum.org

Kunst, Natur, Mensch und ein schöner Ausblick

Olympic Sculpture Park

Der Park verschönert ein altes Industriegelände am Ufer der Elliott Bay am Nordrand von Downtown Richtung Seattle Center. Zelebriert wird die Koexistenz von Kunst, Natur und Mensch. Etwa zwei Dutzend moderne **Skulpturen** sowie ein herrlicher Blick auf den Puget Sound und hinüber zu den Olympic Mountains erwarten Sie hier.
2901 Western Ave. | tgl. Sonnenauf- bis Sonnenuntergang
Eintritt frei | www.seattleartmuseum.org

Seattle Center

Einst zukunftsweisend

Futuristische Strukturen

Als Seattle zum Gastgeber der **Weltausstellung 1962** gekürt wurde, verfiel es in einen Baurausch. Es entstanden riesige Ausstellungshallen, die Themenparks mit damals üblichen Namen wie »The World of Science« und »The World of Tomorrow«. Einige haben, restauriert, erweitert oder völlig neu erbaut, bis heute überdauert und beherbergen einige von Seattles bedeutendsten Kulturinstitutionen, darunter die Seattle Opera, das Pacific Northwest Ballet und diverse renommierte Theater.

Space Needle

Charmante Weltraumnadel

Die 184 Meter hohe »Weltraumnadel« – das Wahrzeichen der Stadt und Hingucker der Weltausstellung – verleiht der Skyline bis heute ihren Wiedererkennungswert. Damals ein Symbol für den Aufbruch in die Zukunft, wirkt der filigrane Turm im postmodernen Informationszeitalter auf charmante Weise vintage.

Vom **Aussichtsrestaurant** haben Sie abends einen grandiosen Blick über die Stadt auf den im Abendlicht schimmernden, weiß bemützten Gipfel des Mount Rainier.

400 Broad St. | Mo. – So. 8 – 24 Uhr | Eintritt ab 35 $ | Dinner im Restaurant: tgl. 17 – 21.45 Uhr | www.spaceneedle.com

Museum of Pop Culture

Rockmusik- oder SciFi-Fan?

Jimi-Hendrix-Fan und Microsoft-Mitbegründer **Paul Allen** wollte zunächst dem berühmten Sohn der Stadt **Jimi Hendrix** (▶ Interessante Menschen) ein architektonisch höchst bemerkenswertes Denkmal setzen. Daraus wurde ein multimedialer, mit Tonstudios, Bildschirmen und Fotogalerien die Entwicklung der Rock- und Pop-Musik dokumentierender Tempel vom Reißbrett des Stararchitekten **Frank O. Gehry**. Die Ausstellungen zeigen heute auch vieles andere rund um das Thema Popkultur.

Das mit Memorabilia amerikanischer Science-Fiction-Filme vollgestopfte **Science Fiction Museum & Hall of Fame** innerhalb des Museum of Pop Culture enthält vom Raumschiff Enterprise bis zum bissigen Ungeheuer aus »Alien« alles, was die Herzen eingefleischter Science-Fiction-Fans höher schlagen lässt.

325 5th Ave. | tgl. 10 – 17 Uhr | Eintritt 35 $ | https://www.mopop.org

Pacific Science Center

Im besten Sinne »amerikanisch« ...

... gibt sich diese populärwissenschaftliche Einrichtung: selbst erfahren, viel »hands on«, vor allem für Kinder. Themen sind Dinosaurier, Insekten und andere Tiere, aber auch die Frage, wie der eigene Körper funktioniert oder wie ein 3D-Film entsteht, wird geklärt. Ein **Planetarium** und der **Laser Dome** runden das spannende Erlebnis ab.

200 2nd Ave. N. | Mi. – So. 10–17 Uhr,
im Winterhalbjahr Di. geschlossen | Eintritt ab 23,95 $
www.pacificsciencecenter.org

Ein Blickfang: das Gitarren-Arrangement
im Museum of Pop Culture von Frank O. Gehry

Capitol Hill

Geburtsort der Grunge-Music

Szeneviertel

Das östlich von Downtown liegende Capitol Hill ist das Schwulen- und Künstlerviertel der Stadt. Einst das »Biotop der Oberschicht«, erinnern prächtige viktorianische Stadthäuser an Straßen wie der **»Millionaire's Row«** 14th Avenue East an die ersten Millionäre der Stadt. Heute dagegen hat Capitol Hill dank seines fröhlichen Bevölkerungsmixes aus Alt-Hippies, Künstlern, Musikern und allerlei Lebenskünstlern ein Flair wie das legendäre Haight-Ashbury im kalifornischen ▶ San Francisco. People Watching ist daher ein überaus lohnender Zeitvertreib hier. Urbane Legenden wollen wissen, dass die **Grunge Music** Anfang der 1980er-Jahre in den hiesigen Kellern geboren wurde. Beweisbar dagegen ist, dass 1999 die Globalisierungsgegner von Capitol Hill aus weiter protestierten, nachdem Polizei und Nationalgarde eine gut vierzig Häuserblocks tiefe Sicherheitszone um die im Washington **State Convention & Trade Center** stattfindende WTO-Ministerkonferenz gebildet hatte.

Für Nachtschwärmer

Angesagte Plätze

Sich ziellos treiben lassen ist wohl die beste Art und Weise, Capitol Hill näherzukommen. Besonders lebhaft geht es an der **E. John Street** und auf dem **Broadway** zu – beide bieten zahllose Cafés, Geschäfte und Tante-Emma-Läden.

Am trendigsten ist Capitol Hill am Südende des Broadways, am **Pike/Pine Corridor** zwischen 12th und 9th Avenue. Hier finden Sie die coolsten Bars und Musikkneipen der Stadt, ein Paradies also für Nachtschwärmer.

Vom Friedhof zum Naherholungsgebiet

Volunteer Park

Am Nordrand des Viertels liegt, hoch über der Stadt, der gepflegte Volunteer Park. Einst der erste Friedhof Seattles, wurde er bald in einen Park umgewidmet. Heute ist er ein beliebtes Naherholungsgebiet, dessen alter Wasserturm von 1906 schöne Blicke auf Stadt und Bay bietet. Seinen Namen erhielt der Park 1901 zu Ehren der Freiwilligen im Spanisch-Amerikanischen Krieg.

Das in Sichtweite stehende, in einem schönen Art-déco-Gebäude untergebrachte **Seattle Asian Art Museum** zeigt ausgesuchte Sammlungen japanischer, chinesischer und koreanischer Kunst.

1400 E. Prospect St. | Do. – So. 10 – 17 Uhr | Eintritt 18 $
www.seattleartmuseum.org

Hier ruhen ein berühmer Häuptling und ein Karate-Star

Lakeview Cemetery

Auf dem nördlich anschließenden Friedhof sind unter anderem der berühmte **Chief Seattle** (▶ Interessante Menschen) und Karate-Star **Bruce Lee** begraben.

R.I.P., JIMI

Wer kennt nicht »Purple Haze«, »Hey Joe« und »The Wind Cries Mary«? James Marshall Hendrix (1942 – 1970), genannt Jimi, verschmolz Blues, Jazz, Rock und Soul mit britischem Avantgarde Rock wie kein anderer nach ihm. Seattle's berühmtester Musiker fand im Vorort Renton seine Ruhestätte – im Greenwood Memorial Park, in einem schönen Marmor-Gazebo. Ein Muss für alle Jimi-Fans! ▶ www.jimihendrixmemorial.com

Weitere Sehenswürdigkeiten

Über Tragödien und Heldenmut

Museum of History & Industry

Das Museum of History & Industry (MOHAI) in **McCurdy Park** nördlich von Capitol Hill beschäftigt sich in erster Linie mit den Einwohnern von Seattle und ihren Geschichten: Tragödien und Heldenmut während des »Great Fire« von 1889, die erste in Seattle gebaute **Boeing**, die ersten **Wasserflugzeuge** und ihre waghalsigen Piloten.

860 Terry Ave. N | tgl. 10 - 17, Do. bis 20 Uhr | Eintritt 22 $
www.mohai.org

Mit Respekt vor den Tieren

Woodland Zoo Park

Der schöne Zoo im Norden der Stadt gilt als einer der Pioniere für artgerechte Tierhaltung. Primaten aus Afrika, Eisbären aus Alaska, ein Lachsfluss und Braunbären in einem weitläufigen Gehege sind nur einige der vielen Attraktionen.

601 N. 59th St. | Mai - Sept. tgl. 9.30 - 18 Uhr | Eintritt 19,95 $
Okt. - April tgl. 9.30 - 16 Uhr | www.zoo.org

Kunst, Kultur und Geschichte

Wing Luke Asian Art Museum

Das zur Smithsonian Institution gehörende Museum südlich von Downtown ist das führende Museum des Landes zum Thema **asiatisch-pazifische Kulturen** in den USA.

719 S. King St. | tgl. außer Di. 10 – 17 Uhr | Tickets ab 17 $
www.wingluke.org

Mit der ersten Boeing 747

Museum of Flight

William Boeing (▶ Interessante Menschen) konstruierte seine ersten Flugzeuge in einer alten Werft am Duwamish River, der **»Red Barn«**. Sie wurde vor dem Abriss gerettet, in den Süden der Stadt verfrachtet und bildet heute das Zentrum des beim King County International Airport liegenden Museums. Hier geht es allerdings nicht nur um Boeing, sondern um die Geschichte der zivilen und militärischen Luftfahrt überhaupt. Am beeindruckendsten sind die **über 50 Originalflugzeuge** in zwei riesigen Hallen und auf dem Freigelände, darunter eine SR-71 Blackbird, eine Concorde, die allererste Boeing 747, die erste strahlgetriebene Air Force One und über zwei Dutzend Kampfflugzeuge aus dem Ersten und Zweiten Weltkrieg.

9404 East Marginal Way S | tgl. 10 – 17 Uhr | Eintritt 26 $, erster Do. im Monat 17 – 21 Uhr Eintritt frei | www.museumofflight.org

Rund um Seattle

Größte Flugzeug-Montagehalle der Welt

Future of Flight Aviation Center & Boeing Tour

Wie werden Verkehrsflugzeuge gebaut? Wie groß müssen die Montagehallen sein? Wie viele Techniker sind dazu nötig? Antworten bekommen Sie während einer Führung durch die größte Flugzeug-Montagehalle der Welt. Sie liegt 32 mi/48 km nördlich in der Vorstadt Mukilteo.

8415 Paine Field Blvd., Führungen: Aviation Cente Do. – Mo. 8.30 – 17 Uhr, versch. Touren | Ticket 23 $ | Reservierungen Tel. 1 800 464 14 76 oder https://www.boeingfutureofflight.com

Interessante Einblicke in das Leben der Ureinwohner

Tillicum Village

Einen ersten Eindruck vom Reichtum der uralten Kulturen der Nordwestküstenindianer können Sie gleich vor den Toren der Stadt gewinnen. Auf der südwestlich von der Elliott Bay im Puget Sound gelegenen Blake Island hat man in Gestalt des Tillicum Village ein **Indianerdorf** nachgebaut mit Langhaus, Kulturzentrum und sonstigen Einrichtungen. Während einer 4-stündigen Tour genießen Sie traditionell zubereiteten Lachs mit wildem Reis und Tanzvorführungen der Duwamish.

Abfahrt: Pier 54, 1101 Alaskan Way | Tickets ab 92 $ | Reservierungen Tel. 1 206 6 23 14 45 | https://www.argosycruises.com/category/tillicum-excursion/n. Seit dem Ende der Pandemie noch nicht wieder eingesetzt.

Mit geschichtsträchtigem Museumsschiff

Bremerton

Auf der gegenüber von Seattle gelegenen Kitsap Peninsula befindet sich der Marinestützpunkt Bremerton (41 000 Einw.), dessen Attraktion das **Puget Sound Museum of Natural History** ist. Dieses dokumentiert die Geschichte des nahen Puget Sound Naval Shipyard, die bis heute Schiffe für die US-Pazifikflotte überholt und modernisiert und sich auch auf das Abwracken atomgetriebener Schiffe spezialisiert hat. Gleich neben dem Fähranleger ankert die **USS Turner Joy**. Der 1959 in Dienst gestellte Zerstörer (heute Museumsschiff) war am Tonkin-Zwischenfall beteiligt, der den Vietnamkrieg ausgelöst hat.

Puget Sound Museum of Natural History: 251 1st St. | derzeit nur nach Vereinb. | Eintritt frei | www.pugetsound.edu

USS Turner Joy: 300 Washington Beach Ave. | März – Okt. tgl. 10 bis 17, sonst Mi. – So. 10 – 16 Uhr | Eintritt 18 $
http://ussturnerjoy.org

SPOKANE

Region: Spokane County | **Einwohner:** 230 000 | **Höhe:** 721 m ü.d.M

Der Pazifik ist weit, weit weg, die Rockies dagegen sind so nah: Spokane orientiert sich landeinwärts. Im Frühling blühen die Fliederhaine in zartem Lila. Mit ihren Parks, ihrer Altstadt und den guten Restaurants ist »Lilac City« ein sympathischer Stopp.

Dass man die Mitte des Nordwestens erreicht hat, fällt schon bei der Überquerung der Stadtgrenzen ins Auge: Schilder heißen den Besucher im »Metropolitan Center of the Inland Northwest« willkommen, von der Stadt herausgegebene Broschüren preisen sie als wirtschaftliches und medizinisches Zentrum einer Region an, die den Osten Washingtons, Oregon, Idaho, Montana und den Süden der kanadischen Provinzen Alberta und British Columbia umfasst.

Lebensader der Stadt ist der **Spokane River**. Parkanlagen sowie Rad- und Spazierwege begleiten den Fluss auf seinem Weg. Mitten in der Stadt stürzt er heftig tosend – und Strom erzeugend – über zwei Felsenstufen. Bereits wenige Kilometer außerhalb der Stadt gebärdet er sich wieder so wild und ungezähmt wie vor der Ankunft des weißen Mannes.

Widerstand zwecklos

Geschichte

Bis die ersten weißen Siedler Anfang des 19. Jh.s auftauchten, lebten **Salish** sprechende Einwohner an den Ufern des Spokane River vom Lachsfang und Beerensammeln. 1810 errichtete die Northwest Com-

SPOKANE ERLEBEN

SPOKANE REGIONAL CVB

801 W. Riverside Ave., Suite 301
Spokane, WA 99201
Tel. 1 888 776 52 63
www.visitspokane.com

Ein besonderes Shopping-Erlebnis bietet die in einem alten Kraftwerk untergebrachte Steam Plant Square mit diversen Lokalen.
159 Lincoln Street

BLOOMSDAY RUN

Im Mai treffen sich bis zu 50 000 sportlich Ambitionierte zu einem Volkslauf über 12 Kilometer.
www.bloomsdayrun.org

❶ Mizuna Restaurant & Wine Bar
❷ Steam Plant Grill

❶ The Historic Davenport Hotel
❷ Hotel Lusso

❶ MIZUNA RESTAURANT & WINE BAR €€€€
Das Mizuna ist ein elegantes vegetarisches Restaurant und liegt in der Downtown von Spokane.
214 N. Howard Street
Tel. 1 509 7 47 20 04

❷ STEAM PLANT GRILL €€€
Originelles Lokal in einem ehemaligen Kraftwerk, das geschmackvoll zube-rei-tete Gerichte aus aller Welt in großzügigen Portionen bietet.
159 S. Lincoln Street
Tel. 1 509 7 77 39 00

❶ THE HISTORIC DAVENPORT HOTEL€€€€
Das Luxushotel mit 283 eleganten Gästezimmern wurde 1914 im Davenport Arts District eröffnet.
10 S. Post St, Tel. 1 509 4 55 88 88
https://www.davenporthotelcollection.com/the-historic-davenport-hotel/

❷ HOTEL LUSSO €€€
Diese freundliche Herberge im italienischen Renaissance-Stil bietet über 48 nett eingerichtete Gästezimmer.
808 W. Sprague Avenue
Tel. 1 509 7 47 97 50

---

pany aus dem kanadischen Montréal bei den hiesigen Wasserfällen einen **Pelzhandelsposten**, der später von der Hudson's Bay Company übernommen wurde. Den Pelzhändlern folgten Missionare, doch bis weit in die 1870er-Jahre wurde die Besiedlung der Region durch Indianerkriege verzögert, so auch durch den Plateau Indian War (1855 – 1858), der von vereinten Stämmen gegen die US-Armee ausgefochten wurde. Erst die Goldfunde bei Coeur d'Alene in Idaho und die Ankunft der Eisenbahn im Jahre 1883 brachten die Entwicklung der Siedlung an den Spokane-Wasserfällen entscheidend voran. Nach dem Feuer von 1889 wurde die Stadt wiederaufgebaut – jetzt ganz in Stein. Ihre Bedeutung als **Marktplatz und regionale Verkehrsdrehscheibe** ließ die Stadt im 20. Jh. langsam aber stetig wachsen. 1974 erlebte Spokane als Gastgeber einer Weltausstellung ein Facelifting, das vor allem die Innenstadt verschönerte und mittendrin den Riverfront Park als markanteste Erinnerung hinterließ.

Wohin in Spokane und Umgebung?

Vom Industriegebiet zur Freizeitanlage

Riverfront Park

Die **Expo '74** machte aus dem hässlichen Industriegebiet am Spokane River eine echte Attraktion: Hübsche **Spazierwege** durchziehen gepflegte Gartenanlagen, es gibt etliche Spielplätze, einen **Eispalast** und unaufdringliches **Amüsement** wie das bereits im Jahr 1909 in Dienst gestellte »Looff Carrousel«, mehrere Zuckerwatte-Stände und sogar eine **Gondelbahn** namens »Skyride«, die dicht über die tosenden, 23 Meter hohen **Spokane Falls** schwebt.

Riverfront Park: 507 N. Howard St. | tgl. 5 - 24 Uhr | Eintritt grundsätzlich frei, aber gebührenpflichtige Tickets für einzelne Attraktionen, Tagespass für die Nutzung mehrerer Attraktionen 33 $
https://my.spokanecity.org/riverfrontspokane/attractions/
Numerica SkyRide: Frühling Fr., Sa., So. 11 - 17, Sommer tgl. 10 - 18, Herbst/Winter Sa., So. 11 - 16 Uhr | Ticket 12,95 $
Looff Carousel: Frühling Fr., Sa., So. 11 - 17, Sommer tgl. 11 - 19, Herbst Fr., Sa., So. 11 - 17 Uhr | Winter geschlossen | Ticket 3,25 $

Charmante Altstadt

Old Town

Gleich südlich schließt sich die kontinuierlich restaurierte, aus roten Ziegeln erbaute Altstadt an. Ihr kulturelles Herz ist mit seinen vielen Galerien, Restaurants und einem nennenswerten Nachtleben der **Davenport Arts District**. Tagsüber machen dutzende kleiner Geschäfte, Galerien und Restaurants, historische Hotels und in altem Glanz wieder auferstandene Theater und Bühnen wie das **Fox Theatre**, das heute die Spokane Symphony beherbergt, den Charme des Viertels aus.

Mit dem »SkyRide« über die Spokane Falls

Spannend und informativ

Die in einem modernen Gebäude aus Holz und Glas westlich von Downtown Spokane untergebrachte Ausstellung gilt als eine der besten ihrer Art hinsichtlich des Themas der **Nordwestküstenindianer**. Weitere Ausstellungen beschäftigen sich mit der Geschichte der gesamten Region.

★ Northwest Museum of Arts & Culture

2316 W. First Ave. | Di. – So. 10 – 17 Uhr, dritter Do. im Monat 10 bis 20 Uhr | Eintritt 20 $ | http://northwestmuseum.org

Wie ein Land erkundet wird

Dieses landschaftlich reizvolle Schutzgebiet liegt rund 10 mi/16 km nordwestlich von Downtown am Spokane River. Hier überspannt eine Hängebrücke eine spektakuläre Schlucht, stille Spazierwege führen rund um das **Spokane House Interpretive Center**. Dieses steht auf den Fundamenten des 1810 von **David Thompson** gebauten Handelspostens. Thompson arbeitete als Pelzhändler und Landerkunder für die Northwest Company in Montréal. Im Alleingang kartografierte er den gesamten Nordwesten Amerikas. Eine kleine Ausstellung zeigt Haushalts- und sonstige Gegenstände aus dem frühen 19. Jahrhundert. Schautafeln schildern die ersten Kontakte zwischen dem Roten und dem Weißen Mann.

Riverside State Park

Hwy. 291 | Sommer tgl. 6.30 Uhr bis Sonnenuntergang, Winter tgl. 8 bis Sonnenuntergang | Tagespass 10 $ | www.parks.wa.gov

TACOMA

Region: Pierce County | **Einwohner:** 222 000 | **Höhe:** 0 – 74 m ü.d.M.

Die drittgrößte Stadt von Washington State ist ein Stehaufmännchen. Noch vor drei Jahrzehnten als hässliche Industriestadt von Touristen gemieden, hat sie sich inzwischen runderneuert und ist heute ein lohnender Stopover zwischen Seattle und Portland.

Stadt im Aufbruch

Tacoma liegt eine halbe Autostunde südlich von ▶ Seattle auf einer Halbinsel zwischen Commencement Bay und dem südlichen Ende des Puget Sound. Die meiste Zeit im 20. Jh. hatte Tacoma unter seinem schlechten Ruf als übel riechende Hafen- und Industriestadt zu leiden: Containerhalden, so weit das Auge reichte, über den Papierfabriken und Holzverarbeitungsbetrieben Wälder aus Schornsteinen, aus denen Tag und Nacht der Gestank der Zellstoffproduktion quoll.

Und heute? Die allmählich verödende Innenstadt wurde geliftet, Künstler und Musiker zogen zu, die Kriminalität wurde erfolgreich bekämpft, die **Museen** entstaubt, und ein neues **Theaterviertel** entstand.

TACOMA ERLEBEN

VISITOR INFORMATION CENTER

1516 Commerce
Tacoma, WA 98402
Tel. 1 253 2 84 32 54
www.traveltacoma.com

Gut einkaufen kann man in der Altstadt an der **McCarver Street** und am **Ruston Way**. Als **»Antique Row«** bezeichnet man eine Reihe von Antiquitätenläden an Broadway und St. Helens Avenue (zw. S. 7th und S. 9th Street). Von Juni bis Okt. findet donnerstags ein **Farmers' Market** auf dem Broadway zwischen 9th und 11th Street statt.

OVER THE MOON CAFÉ €€€€

Feine »Northwest Cuisine«: saftige Steaks und Tranchen vom wilden Lachs, raffinierte Salate und leckere Desserts.
709 Opera Alley
Tel. 1 253 2 84 37 22

THE LOBSTER SHOP €€€

Hummer und Chowder satt; schöne Terrasse am Wasser.
4015 Ruston Way
Tel. 1 253 7 59 21 65

Die meisten Herbergen in Tacoma sind Kettenhotels und liegen am Pacific Highway im Stadtteil Fife im Osten der Stadt.

SILVER CLOUD INN TACOMA €€€€

Das einzige am Wasser gelegene Hotel der ist auch eines der besten: Alle 90 elegant eingerichteten Zimmer haben Meerblick.
2317 Ruston Way
Tel. 1 253 2 72 13 00
www.silvercloud.com

DAYS INN BY WYNDHAM LAKEWOOD SOUTH TACOMA €€–€

Preiswertes Mittelklassehotel mit 190 zweckmäßig eingerichteten Zimmern.
9325 S Tacoma Way Lakewood
Tel. 1 253 2 92 28 72
www.wyndhamhotels.com

Noch vor wenig mehr als 150 Jahren war Tacoma (Salish-Begriff für »Mutter der Wasser«) Heimat des Stammes der **Puyallup**. Ihr heutiges Reservat, die von einer modernen Vorstadt kaum zu unterscheidende Puyallup Indian Reservation, liegt an der Peripherie von Tacoma. Im Jahre 1792 sichtete der mit George Vancouver segelnde **Peter Puget** als erster Weißer den heute nördlich von Downtown gelegenen **Point Defiance**. 1852 bauten schwedische Einwanderer an der Commencement Bay ein erstes Sägewerk. Die Ankunft der Northern Pacific Railroad 1873 löste ein boomartiges Wachstum aus. Weitere Sägewerke schossen aus dem Boden, hinzu kamen Getreidemühlen, Hochöfen und weiter landeinwärts Kohlebergwerke.
Im November 1885 ereignete sich ein **Chinesen-Pogrom.** Damals wurden mehrere Tausend Chinesen von einem weißen Mob gewalt-

sam aus ihren Wohnungen entfernt und in Züge Richtung Süden gesetzt. Ihre Quartiere wurden tags darauf niedergebrannt, ein Vorgehen, das als »Tacoma-Methode« berühmt-berüchtigt werden sollte. Bis heute ist Tacoma die einzige Großstadt der Westküste ohne Chinesen-Viertel.

Wohin in Tacoma?

Einer der größten Container-Umschlagplätze weltweit

Port of Tacoma

Tacoma liegt an einem von Point Defiance geschützten **Naturhafen** mit einem der größten Container-Umschlagplätze der Welt. Die vor allem aus China, Japan und Malaysia importierten Waren werden dann per Bahn weiter in den Mittleren Westen und an die Ostküste transportiert. Umgekehrt werden in Tacoma große Mengen Getreide verschifft, die per Bahn aus den großen US-amerikanischen Anbaugebieten kommen. Der Hafenbetrieb sorgt für mehr als 113 000 Arbeitsplätze.

Gratis-Hafentouren per Bus: an diversen Terminen ab Fabulich Center, 3600 Port of Tacoma Rd. | Reservierungen Tel. 1 253 3 83 94 63 oder https://www.portoftacoma.com/community/tours-events/bus-tours

Erlebnisreich

Downtown, Museum District

Südlich an den Hafen schließt Downtown Tacoma mit der Commerce Street und dem Broadway als Hauptverkehrsachsen und der historischen, sich rund um die North 30th Street konzentrierenden Altstadt. Jeweils nur einen Katzensprung voneinander enfernt, bilden drei im Herzen von Downtown gelegene und teilweise miteinander verbundene Museen den Museum District.

An der Wiederauferstehung Tacomas im letzten Viertel des 20. Jahrhunderts waren diese Museen wesentlich beteiligt, allen voran das höchst eindrucksvolle **Museum of Glass**. Dieses hypermoderne Bauwerk mit seiner markanten, fast 30 Meter hohen und schräg gestellten Rotunde ist Museum und Erlebnis zugleich, denn hier können Sie nicht nur Glasbläsern bei der Arbeit zuschauen, sondern auch viele hervorragende Glaskunstwerke bestaunen, darunter natürlich auch Arbeiten des bekannten in Tacoma lebenden Künstlers **Dale Chihuly**

Die **Chihuly Bridge of Glass**, eine 152 m lange Fußgängerbrücke mit farbenprächtigen Schöpfungen von Dale Chihuly überspannt den Interstate 705 und verbindet das Glasmuseum mit Downtown.

Ein wichtiges Ziel in Downtown ist das **Washington State History Museum** mit einer umfassenden und sehr ansprechenden Präsentation der wichtigsten Themen der Natur- und Kulturgeschichte des Bundesstaates Washington. Von hier aus ist es nicht weit bis zum ebenfalls an der Pacific Avenue gelegenen **Tacoma Art Museum**. Hier sind Meisterwerke amerikanischer und europäischer Künstler ebenso zu

Auf der Chihuly Bridge of Glass tauchen Sie ab in eine gläserne Unterwasserwelt.

sehen wie ein eindrucksvoller Querschnitt durch das künstlerische Schaffen im pazifischen Nordwesten.

Glass Museum: 1801 E. Doch St., Mo. - Sa. 10 - 17, So. 12 - 17 Uhr Eintritt 10 $, jeden dritten Do. im Monat 17 - 20 Uhr http://museumofglass.org

Washington State History Museum: 1911 Pacific Ave. | Di. - So. 10 bis 17, Do. bis 20 Uhr | Eintritt 14 $, jeden dritten So. im Monat von 15 - 20 Eintritt frei | www.washingtonhistory.org

Tacoma Art Museum: 1701 Pacific Ave. | Fr.–Mi. 10–17, Do. 10–20 Uhr | Eintritt 18 $ | www.tacomaartmuseum.org

Etwas für Geschichtsfans

Job Carr Cabin Museum

Die rekonstruierte Blockhütte mitten in der Altstadt ist die **Wiege Tacomas**. Der Siedler Job Carr baute sie 1864 in der Hoffnung auf die Ankunft der Northern Pacific Railroad. Wie einfach der spätere Bürgermeister Tacomas hier lebte, zeigen das Mobiliar und die alten Fotos in dem Holzhaus.

2350 N. 30th St. | Okt. - Mai Mi. - Sa. 13 - 16, Juni - Sept. Mi. - Fr. 11 bis 16, Sa. 12 - 16 Uhr und nach Vereinbarung | Tel. 1 253 6 27 54 05 Eintritt frei | www.jobcarrmuseum.org

Zu Besuch bei Eisbären, Haien und einem riesigen Oktopus

Point Defiance Park

Der auf Point Defiance zulaufende Park nördlich von Downtown Tacoma hat schöne Spazierwege, Gartenanlagen, Wälder und Strände zu bieten. Eine besondere Attraktion ist **Point Defiance Zoo & Aquarium**, in dem Sie Tiere aus aller Welt sehen können wie Leoparden, Eisbären, Wölfe, Seeotter usw. Im North Pacific Aquarium leben nicht nur Lachse, sondern u. a. auch ein riesiger Oktopus. Im South Pacific Aquarium lassen sich Haie aus nächster Nähe beobachten.

6. Jan – Feb. tgl. ab 9.30 – 16, wechselnd bis 17 Uhr, an Feiertagen und im Nov., Dez. Di. Mi. geschlossen | ZOOLIGHTS Ende Nov. – Anf. Jan. tgl. 17 – 21 Uhr | Eintritt 22 $ | www.pdza.org

Lebendige Geschichte

Fort Nisqually

Nicht weit von hier erinnert das mehrfach restaurierte Fort Nisqually an die Zeit des Pelzhandels: Anno 1833 errichtete die Hudson's Bay Company diesen mit Wachturm und Palisaden bewehrten Posten, in dem heute **»living history«** mit Trappern, indigenen Einwohnern und Angestellten der Company geboten wird. Man kann auch zusehen, wie früher Hausarbeiten wie Kochen, Nähen usw. bewältigt wurden. Und das ganze Jahr über gibt es festliche Ereignisse mit viel Musik, so etwa »Queen Victoria's Birthday«.

Okt. – April Mi. – So 11 – 16, Mai – Sept. tgl. 11 – 17 Uhr | Eintritt 8,50 $ | www.metroparkstacoma.org/fort-nisqually-living-history-museum

★ WALLA WALLA

Region: Walla Walla County | **Einwohner:** 33 500
Höhe: 287 m ü.d.M.

Viele denken bei Walla Walla an Hinterwäldlertum. Dabei ist die Stadt im äußersten Südosten Washingtons mit ihren viktorianischen Beauties und über hundert Weingütern und -stuben eine überaus kultivierte Schönheit.

Insel des guten Lebens

Schon bei der Anreise glaubt man, eine Insel des guten Lebens anzulaufen: Spargelbeete und riesige Zwiebelfelder, dazu Apfelplantagen und große Rebflächen bis zum Horizont! Mehrere Flüsse und Bäche streben dem Walla Walla River zu. Nicht umsonst bedeutet der Ortsname »viele Flüsse«. Etliche Weinhandlungen, gute Restaurants und hübsche Cafés – Espresso-Maschinen gehören in diesem Teil der Welt sonst keineswegs zum Alltag – säumen vor allem

WALLA WALLA ERLEBEN

WALLA WALLA VISITOR KIOSK
26 E Main Street
Walla Walla, WA99362
Tel. 1 509 5 25 87 99
www.wallawalla.org

WALLA WALLA VALLEY WINE
Winzer aus der Gegend um Walla Walla präsentieren ihre Erzeugnisse, darunter auch den noblen Syrah.
3. Juli-Wochenende
www.wallawallawine.com/events

HOLIDAY BARREL TASTING
Weinverkostung direkt vom Fass in vorweihnachtlicher Atmosphäre
1. Dez.-Wochenende
www.wallawallawine.com/events

THE MARC €€€€
Das Restaurant im Marcus Whitman Hotel ist wohl die beste Adresse der gesamten Region in Sachen »Northwest Cuisine«. Produkte aus dem Umland werden raffiniert zubereitet.
6 W. Rose Street
Tel. 1 866 826 94 22

CAPRI MOTEL €€
Schönes, sauberes Motel mit 35 funktional eingerichteten Zimmern und Pool. Restaurants, Bowlingbahn und Spazierwege fußläufig.
2003 Melrose Street
Tel. 1 509 525 11 30
https://wallawallamotel.com

Rose und Main Street. Hinzu kommen nette **Galerien** und viele junge Leute im Straßenbild, denn auch zwei feine Colleges sind hier angesiedelt. Auch noch charakteristisch: die vielen zu Alleen zusammengewachsenen und für diese Gegend untypischen Bäume, die die ersten Siedler aus dem Osten mitbrachten, um sich in der neuen Heimat wohler zu fühlen.

Die Stadtgeschichte beginnt allerdings mit einem **Gemetzel**. Elf Jahre nach ihrer Ankunft im Jahre 1836 wurde das Missionarehepaar Marcus und Narcissa Whitman samt seinen Helfern von einheimischen Cayuse ermordet. Danach dauerte es noch einmal mehr als zehn Jahre bis zur Stadtgründung. Das war 1856, sechs Jahre später war der offizielle Gründungstermin. Die junge Siedlung wurde Etappenziel von Einwanderern auf ihrem Weg nach Westen sowie von Abenteurern, die von einem kurzlebigen Goldrausch ins benachbarte Idaho gelockt wurden.

Der **Weizenanbau** im Valley begann in den 1870er-Jahren. Bis heute ist das Walla Walla Valley eines der landwirtschaftlich produktivsten Gebiete im Nordwesten der USA. Mit dem **Weinbau** begann man in den 1970er-Jahren. Heute produzieren rund 60 Weingüter gute Tropfen, vor allem Syrah, Sangiovese, Merlot und Cabernet Sauvignon.

Zeit für die Lese in Walla Walla, einem Weinzentrum Washingtons.

Wohin in Walla Walla und Umgebung?

Historisch und repräsentativ

Das alte **Stadtzentrum** mit zahlreichen repräsentativen Bauten aus den 1890er-Jahren breitet sich um den Kreuzungsbereich von Second Avenue und Main Street aus.

Historic Downtown

Wie der »Wilde Westen« gezähmt wurde

Wo früher einmal das Fort Walla Walla stand, befindet sich heute ein weitläufiger historischer Themenpark zur Stadt- und Regionalgeschichte. In fünf großen Ausstellungshallen zeigt hier das **Fort Walla Walla Museum** Zeugnisse aus der Pionierzeit, u. a. komplette Ochsenkarren. 17 zu einem Dorf zusammengestellte Hütten und Häuschen machen die schwierigen Anfänge Walla Wallas erfahrbar. Selbstverständlich wird auch viel »living history« geboten.

Museen

Korinthische Säulen und griechische Knabenköpfe über den Fenstern: Die repräsentative Residenz, die sich Rancher William Kirkman in den 1870er-Jahren erbauen ließ, ist eines der schönsten Häuser der Region und heute als **Kirkman House Museum** zu besichtgen.

Von der Familie wurde es bis 1919 bewohnt, das originale Mobiliar blieb erhalten. Hier werden Sie in die Zeit zurückversetzt, als der Wilde Westen allmählich ruhiger wurde.

Fort Walla Walla Museum: 755 Myra Rd. | März – Okt. tgl. 10 – 17, Nov. – Feb. 10 – 16 Uhr | Eintritt 10 $
www.fortwallawallamuseum.org

Kirkman House Museum: 214 N. Colville St. | Sommer Mi. – Sa. 10 – 16, So. 10 – 13 Uhr | Eintritt 10 $
www.kirkmanhousemuseum.org

Entrechtet, dezimiert, entwurzelt

Whitman Mission National Historic Site

7 mi/11 km westlich von Walla Walla erinnert diese historische Stätte an die Missionare Marcus und Narcissa Whitman. 1847 wurden sie ermordet, was den **Cayuse War** auslöste, eine blutige Auseinandersetzung zwischen weißen Siedlern und Ureinwohnern, die bis 1855 währen und den Siedleralltag auf dem Columbia-Plateau noch Jahrzehnte später prägen sollte. Ausgelöst wurden die Feindseligkeiten zum einen durch interkulturelle Missverständnisse, zum anderen durch den Ausbruch einer Masernepidemie, der viele rund um die Missionsstation lebende Cayuse zum Opfer fielen. Die Cayuse warfen den Missionaren vor, ihren Stamm zu vergiften. Sie brachten die Whitmans und einige ihrer Helfer um. Die folgende kriegerische Auseinandersetzung endete wie andere auch: Entrechtet, dezimiert und entwurzelt, wurden die indigenen Einwohner in die **Umatilla Indian Reservation** in der Nähe von Pendleton (▶ Oregon) abgeschoben. Ein **Besucherzentrum** informiert über diese schrecklichen Vorkommnisse und ein **Lehrpfad** führt zu den inzwischen ausgegrabenen Fundamenten und Obstplantagen der damals zerstörten Missionsstation und dem Massengrab, in dem auch die Missionare bestattet sind.

328 Whitman Mission Rd | Juli – Aug. tgl. 9 – 16, sonst Mi. – So. 9 bis 16 Uhr | Eintritt frei, Spende erwünscht | www.nps.gov/whmi

WENATCHEE RIVER VALLEY

Region: Chelan County | **Höhe:** 200 – 2500 m ü.d.M.

Die Kontraste könnten kaum größer sein: Hier eine hochalpine Wildnis mit den zerklüfteten Bergriesen des zentralen Kaskadengebirges, dort ein fast schon mediterranes Klima, allerhand Obst gedeiht hier prima. Und mitten drin: eine bayerische Connection.

Der Übergang ist bemerkenswert. Folgen Sie der US 2 von den Bergen hinunter nach Wenatchee, so wird es fast im Minutentakt wärmer. Fast ebenso schnell ändert sich das Landschaftsbild. Die dunklen Nadelwälder der zentralen Cascades bleiben zurück, vor der Haube öffnet sich ein immer breiter werdendes, von lichtem Mischwald bedecktes Tal. Man folgt dem über Felsblöcke springenden Wenatchee River in die grau-gelb flimmernde Ebene des Columbia Plateau. Von Douglasien und Hemlocktannen im Hochgebirge über Ahorn- und Eichenbäume im klimatisch begünstigten Wenatchee-Tal bis zu typischen Wüstenpflanzen wie dem blassgrünem Salbei auf dem Columbia Plateau – und all das in nur wenigen Stunden.

Landschaft der Kontraste

Einst war der Wenatchi River (Salish-Begriff für »der Fluss, der aus den Canyons kommt«) für die hier lebende indigene Bevölkerung eine wichtige Lebensader, zumal es auch reichlich **Lachse** gab. Als erste Weiße drangen 1811 **Pelzhändler** der kanadischen Northwest Company ins Wenatchee-Tal vor. Ein halbes Jahrhundert später kamen **Missionare**, **Holzfäller** und **Bergarbeiter**, noch vor der Jahrhundertwende auch die Great Northern Railway. Doch bis zur Gründung der ersten Orte dauerte es noch einmal zwei Jahrzehnte. Inzwischen gibt es kaum noch Bergbau in der Gegend und auch mit den Wäldern geht man sorgsamer um. Dafür hat der **Tourismus** stark an Bedeutung gewonnen, vor allem seit 1964, als Geschäftsleute die marode Bergwerks- und Holzfällersiedlung Leavenworth zu einem Stück Oberbayern in der Neuen Welt machten.

Wohin im Wenatchee River Valley?

»Willkommen to your Bavarian Getaway«

Dieser Gruß steht auf dem Ortsschild Leavenworth (2000 Ew.) – nicht ohne Grund: Im **Nussknacker Haus** (735 Front St.) können Sie handgefertigte Nussknacker erstehen. Einige Schritte weiter gibt es Kuckucksuhren und süddeutsches Volksliedgut auf CD gebrannt sowie solide »Steins« (Bierkrüge aus Steingut). Es gibt sogar eine **Alpenhof Mall** und einen **Tannenbaum Shoppe**. Man sieht Gamsbärte, Dirndl und Sepplhosen.

Dabei fing Leavenworth 1890 als Holzfällercamp und Bergwerkssiedlung an. Eine Weile ging es dem Ort ganz gut, doch dann zog sich die Eisenbahn zurück, Leavenworth drohte zur Geisterstadt zu werden. 1964 hatte ein findiger Geschäftsmann eine Idee: Er nahm sich die dänische Kunststadt Solvang in Kalifornien zum Vorbild und ließ mehrere Häuser mit alpenländischen Fassaden versehen. Diese Strategie erwies sich als höchst erfolgreich: »Washington's Bavarian Village« wurde zum angesagten Touristenziel, das inzwischen jährlich über 2,5 Mio. Besucher anzieht, die in rustikalen, holzvertäfelten Restaurants Schweinshaxn, Sauerkraut, »Pretzel« und »Wuerstel« genießen, beim

DAS WENATCHEE RIVER VALLEY ENTDECKEN

VISIT WENATCHEE

137 North Wenatchee Ave.
Wenatchee, WA 98801
Tel. 1 800 5 72 77 53
https://visitwenatchee.org

WENATCHEE RIVER SALMON FESTIVAL

Auf dem Gelände der Leavenworth National Fish Hatchery wird die Rückkehr der Lachse gefeiert.
Ende September
www.salmonfest.org

WANDERN

Rund um Leavenworth beginnen zahlreiche Trails, die allerdings nur gut trainierten Hikern zu empfehlen sind. Besonders beliebte **Wanderpfade** in der alpin anmutenden Bergwelt sind:

DIRTY FACE TRAIL

10 mi/16 km, Hwy. 207 bis zur Lake Wenatchee Ranger Station

EIGHTMILE & TROUT LAKE LOOP

18 mi/28 km, via Icicle Creek Road und Forest Service Road 7601

ENCHANTMENT LAKES TRAIL

Der tollste der Trails führt in die **Alpine Lakes Wilderness**. Für die Tour durch eine hochalpine Postkarten-Idylle müssen drei bis vier nicht ganz unanstrengende Tage eingeplant werden.
30 mi/48 km, via Icicle Creek Road

WILDWASSERFAHREN

Der **Wenatchee River** ist ein Paradies für Wildwasserfahrer, vor allem sein 36 km langer Oberlauf vom Lake Wenatchee bis fast nach Leavenworth. Outfitter in Leavenworth bieten Touren an, so auch **Osprey Rafting Company.**
9342 Icicle Rd Leavenworth
Tel. 1 509 5 48 68 00
www.ospreyrafting.com

WINTERSPORT

Leavenworth, der Ort, der gelegentlich schon als »amerikanisches Garmisch« betitelt wurde, verfügt über zwei ausgezeichnete Skigebiete in den hier bis zu 2500 m hohen und schneesicheren Cascades und über eine 90-m-Skisprungschanze.

ANDREAS KELLER RESTAURANT €€€

Schweinshaxen, Jägerschnitzel, Hendl vom Grill, Spätzle und Sauerkraut im Wilden Westen – Herz, was begehrst du mehr?
829 Front St.
Leavenworth, WA
Tel. 1 509 5 48 60 00

VISCONTI'S RISTORANTE ITALIANO €€

Bester Italiener im Tal. Traditionelle Gerichte, Gemüse und Obst aus organischem Anbau.
737 N. Wenatchee Ave.
Wenatchee
Tel. 1 509 6 62 50 13

GUSTAV'S €€–€

Der Berg ruft: hübsches Schnellrestaurant mit Blick auf die Berge. Spezialitäten sind »Gustav Burger« und »German Sausages«.
617 US Highway 2
Leavenworth, WA
Tel. 1 509 5 48 45 09

RUN OF THE RIVER INN & REFUGE €€€€
Rustikal und gemütlich mit Holz eingerichtet sind die 7 Gästezimmer. Von der Lodge bietet sich ein schöner Blick auf die Berge und den Icicle Creek.
9308 E. Leavenworth Road
Leavenworth, Tel. 1 509 5 48 71 71
https://run-of-the-river-inn-and-refuge.washington-state.net/en/

CEDARS INN €€€
Moderne Lodge mit 92 freundlich eingerichteten Zimmern; es bietet sich ein toller Ausblick auf die Berge und den Columbia River.
80 9th Street NE
East Wenatchee, WA
Tel. 1 888 847 67 19
www.eastwenatcheecedarsinn.com

HOTEL PENSION ANNA €€
Freundliche Herberge im »Faux«-Bayern-Stil, mit 16 urigen, »Pfaffenwinkl« usw. genannten Zimmern.
926 Commercial Street
Leavenworth
Tel. 1 509 5 48 62 73
www.pensionanna.com

»Oktoberfest« das Bier in Strömen fließen lassen und auf dem »Christkindlmarkt« typisch bayerische Souvenirs erstehen. Doch Leavenworth kann auch anders. Der den Wenatchee River begleitende **Waterfront Park** bietet herrliche Spazierwege durch erfrischende Wäldchen und zu sandigen Ufern, an denen man im Sommer baden kann.
Südlich der Stadt werden in der **Leavenworth National Fish Hatchery** jährlich 1,5 Mio. Lachse gezüchtet, die im Frühjahr im nahen Icicle Creek ausgesetzt werden, um ihre Wanderung zum Pazifik anzutreten. Im Juni und Juli kehren die erwachsenen Lachse wieder hierher zurück zum Laichen. Diese Fischzucht ist Teil des Grand Coulée Dam Project (▶ Colville National Forest): Die durch den Dammbau stark reduzierten Lachsbestände sollen durch Fischzuchten an den Nebenflüssen wieder vergrößert werden.
12790 Fish Hatchery Rd. | Mai – Sept Mo. – Fr. 8 – 16, Sa., So. 8 – 14.30 Uhr, sonst n. V. | Tel. 1 509 5 48 76 41 | Eintritt frei
https://www.fws.gov/fish-hatchery/leavenworth

Into the wild

Die sich südlich und westlich von Leavenworth ausbreitende Alpine Lakes Wilderness ist eine grandiose, von der letzten Eiszeit geformte Bergwelt mit Trogtälern, heute von Seen erfüllten Karen und Gletscherzungenbecken und tiefen Schluchten. Von dicht bewaldeten Tälern blicken Sie hinauf zu rauen Felsenkämmen und zerklüfteten Bergspitzen, die über Schnee- und Eisfeldern ragen. In dieser Bergwildnis gibt es Hunderte Kilometer meist schwerer Trails für konditionsstarke Hiker.

Wilder Norden, touristischer Süden

Lake Wenatchee State Park

Ca. 20 mi/32 km nördlich von Leavenworth (Anfahrt via Route 207) liegt der Lake Wenatchee State Park. Der See, aus dem der Wenat-

Nicht nur in den Alpen wird ins Horn geblasen, sondern auch – täglich – im Wenatchee River Valley in Leavenworth, dem selbsternannten »Bavarian Getaway«.

chee River fließt, wird von den Gletschern der umliegenden Bergriesen gespeist. Der Fluss teilt das Schutzgebiet in einen weniger entwickelten Nordteil mit lichten Wäldern und schönen Wanderwegen und einen mit touristischer Infrastruktur (u. a. Campingplatz, Badeplätze, Spazierwege) versehenen Südteil.

Im Zeichen des Apfels

Wenatchee

Folgt man dem Wenatchee River weiter talabwärts, ändert sich das Landschaftsbild massiv. Aus den rauen Central Cascade Mountains werden runde Foothills, die steilen, inzwischen kaum noch bewaldeten Berghänge treten zurück und geben die Sicht frei auf endlose Apfelbaumreihen. Trotz fruchtbarer Erde konnte man mit der Kultivierung wegen des trockenen Klimas erst nach der Eröffnung des **Highland Canal** (1903) beginnen. Seither ist Wenatchee ein Synonym für Äpfel und alles, was mit diesen zubereitet werden kann: Gut die **Hälfte der Apfelernte von Washington State** stammt aus dem Wenatchee River Valley. Viele Sorten, u. a. Granny Smith, Gala, Braeburn und Golden Delicious, sind auch in Deutschland beliebt. Wenatchee präsentiert sich heute als geschäftige 36 000-Einwohner-Stadt am Zusammenfluss von Wenatchee und Columbia

River. Dank seiner Nähe zur alpinen Bergwelt, der »Apfel-Connection« und der preiswerten Hotels und guten Restaurants ist Wenatchee eine ideale Basis für Unternehmungen in der Umgebung, in der auch Wein angebaut wird.
Im **Wenatchee Valley Museum & Cultural Center** erfahren Sie viel Interessantes über die Kulturen der Ureinwohner der Region, über den hiesigen Obstbau und den ersten Trans-Pazifik-Flug.
Alles über den modernen Apfelanbau erfahren Sie im **Washington Apple Commission Visitors Center** nördlich vom Wenatchee River am Nordrand der Stadt.
Ein Fest für die Sinne ist **Ohme Gardens County Park.** Auf einer aussichtsreichen Felsenkanzel hoch über Wenatchee sind wunderschöne Gärten mit kleinen Wasserfällen, moosüberwachsenen Felsen, uralten Zedern und Fichten zu finden.

Wenatchee Valley Museum & Cultural Center: 127 Mission St.
Di. – Sa. 10 – 16 Uhr | Eintritt 5 $ | www.wenatcheevalleymuseum.org
Washington Apple Commission Visitors Center: 2900 Euclid Ave.
Mo. – Fr. 9 – 17 Uhr | Eintritt frei | https://waapple.org
Ohme Gardens County Park: 3327 Ohme Rd. (Nähe Kreuzung US 2/US 97A) | Mitte April – Mitte Okt. tgl. 9 – 18, im Sommer bis 19 Uhr
Eintritt 8 $ | www.ohmegardens.com

H

HINTER-GRUND

Direkt, erstaunlich, fundiert

Unsere Hintergrundinformationen beantworten (fast) alle Ihre Fragen zur Westküste der USA.

Das Badwater Basin ist mit 85,95 m u. d. M. der tiefste Punkt in den USA. ►

DAS LAND UND SEINE MENSCHEN

Lange war es doch so: Wer Westküste sagte, meinte Kalifornien oder, genauer, die Küste zwischen Los Angeles und San Francisco. Westküste hieß das Gelobte Land des USA-Reisenden. Man kam zurück mit Bildern vom Highway No. 1, den Cable Cars in San Francisco und dem Hollywood-Schriftzug hoch über der Traumwerkstatt.

Ein Bild von einer Landschaft

Der Reiz der Leere

Doch die Westküste der USA hat noch so viel mehr zu bieten. Nördlich von San Francisco beginnt das andere, weniger bekannte Kalifornien. Hier und in den weiter nördlich liegenden Staaten Oregon und Washington finden Sie schneebedeckte Berge, bizarre Vulkanlandschaften, gischtumtoste Steilküsten, weites Grasland und endlose Wälder. Und vor allem: Ruhe und Einsamkeit. Wer das **unverfälschte Naturerlebnis** sucht, wird an der nördlichen Westküste sein Glück finden. Oregon und Washington sind ziemlich leer, sieht man von Seattle und Portland als den einzigen Ballungszentren im Norden ab. Noch eine Handvoll weiterer Städte verdient diese Bezeichnung – zumindest machen sie mit ihren 50 000 oder 60 000 Einwohnern nach Stunden oder Tagen unterwegs in dieser Leere einen solchen Eindruck. Ansonsten ist man **relativ allein** auf den Straßen.

Im Outdoor-Paradies

Ein wahres Füllhorn unterschiedlicher Landschaften wartet an der Westküste der USA. Der Pazifik donnert an Oregons unbebaute Küste. Klippen und Vorgebirge, oft nebelverhangen und von November bis März sturmumtost, prägen sie bis zur Olympic Peninsula. Dort wuchern Nordamerikas letzte Regenwälder. Den Westen vom Osten Oregons und von Washington trennend, ragt die Cascade Range auf. Als Teil des pazifischen »Ring of Fire« wird sie von einigen der aktivsten Vulkane des Kontinents überragt: Mt. St. Helens, Mt. Rainier, Mt. Hood, Mt. Baker, Mt. Adam, Mt. Shasta – jeder von ihnen wunderschön und dunkel mahnend. Diese herrlichen Landschaften sind natürlich nicht nur zum Fotografieren da.

Das Zauberwort der Westküste heißt also Outdoor. Die National Forests, Berge und Vulkane, Plateaus und Canyons, sie alle können auf **Wanderwegen** für einen Tag, eine Woche oder noch länger erkundet werden. Die reißenden Gebirgsflüsse zählen zu den **besten Paddel- und Raftingrevieren Nordamerikas**, der mächtige Columbia River ist ein Paradies für Windsurfer. Und natürlich die **Strände** – im

Steil und schroff ragt der El Capitan auf, ein Granitfelsen am Merced River im Yosemite National Park, dem Liebling unter den National Parks der Westküste.

Norden laden sie zu ausgedehnten Spaziergängen ein, auf denen man der Brandung bei der Arbeit zuschauen kann. Einige sind bei Surfern beliebt, weil dort die Wellen gleichmäßig brechen. Hier sollte man aber nicht ohne Neoprenanzug ins Wasser – zum Baden ist der Pazifik hier noch zu kalt. Erst in Kalifornien ab Santa Barbara südwärts, werden die Wassertemperaturen angenehmer. Beachvolleyball spielen, surfen, schnorcheln, Rad fahren – im Süden können Sie sich auf entspannte Strandtage freuen.

Großlandschaften

Geografische Lage

Das im vorliegenden Band beschriebene Gebiet der drei Westküstenstaaten Washington, Oregon und Kalifornien nimmt eine Fläche von insgesamt rund 854 440 km² ein. Von Nord nach Süd erstreckt es sich auf einer Länge von über 1875 km, von Ost nach West auf einer Breite von über 985 km. In den drei Staaten leben heute knapp 51 Mio. Menschen (USA gesamt: 328,2 Mio.).

Pazifikküste und Küstengebirge Über weite Strecken wildromantisch präsentiert sich die Pazifikküste, hinter der recht abrupt die teils noch von dichten Nebelwäldern bestandene **Coast Range** (Küstengebirge) bis zu 1500 m ü. d. M. aufragt. Meist ist der Küstensaum recht schmal, an dem die starken Brecher einer oftmals sturmgepeitschten See nagen. Zwischen schroffen und stark erodierten Steilküstenabschnitten weiten sich immer wieder von Treibholz übersäte Sand- und Kiesstrände. An einigen Stellen öffnen sich auch siedlungsfreundliche Küstenhöfe. Dies gilt insbesondere für den Ästuar des Columbia River, der nordwestlich von Portland in den Pazifik mündet. Entlang der Küste schlängelt sich der **US Highway 101** als traumhafte Panoramastraße (▶ Das ist die Westküste der USA, S. 8). Ebenfalls sehr eindrucksvoll ist die kurvenreiche Fahrt auf dem **US Highway No. 1** entlang der kalifornischen Küste durch die Landschaft der Coast Ranges von Big Sur südlich von Monterey (▶ Das ist die Westküste der USA, S. 20).

Längstäler Zwischen dem Küstengebirge und dem weiter landeinwärts ebenfalls in Nord-Süd-Richtung verlaufenden, vulkanisch geprägten Kaskadengebirge erstreckt sich eine Senkungszone, beginnend im **Puget Sound** im Bundesstaat Washington über das **Willamette Valley** im Bundesstaat Oregon bis zum **Kalifornischen Längstal**. In diesen Talschaften mit ihren fruchtbaren Böden kann eine höchst lukrative Landwirtschaft betrieben werden. Auf weiten Flächen werden Wein, Obst und Gemüse angebaut. Durch die Längstäler verläuft der Interstate 5 als wichtigste Nord-Süd-Verkehrsachse.

Kaskadengebirge Östlich der Längstäler erhebt sich die vulkanisch geprägte **Cascade Range** (Kaskadengebirge) mit ihren bis 4395 m ü. d. M. aufragenden und oftmals von Gletscherhauben bedeckten Vulkankegeln. Diese ebenfalls küstenparallel in Nord-Süd-Richtung verlaufende, ca. 1100 km lange Gebirgskette ist Teil des vulkanisch sehr aktiven und den gesamten Pazifischen Ozean umspannenden **Ring of Fire**. Die Feuerberge der Cascade Range, darunter der Mount Rainier, der Mount St. Helens, Mount Shasta und Lassen Peak, machen von Zeit zu Zeit durch spektakuläre Ausbrüche von sich reden. Noch nicht vergessen ist der **Ausbruch des Mount St. Helens** vom 18. Mai 1980, als dieser seinen Gipfel absprengte und Asche und Gaswolken 18 km hoch in die Stratosphäre schoss (▶ Das ist die Westküste der USA, S.12). Die heute noch stark bewaldete Gebirgskette ist auch die Hauptwetterscheide zwischen dem feuchten Westen und dem trockenen Osten des hier beschriebenen Großraums.

Sierra Nevada Das Kaskadengebirge geht im Süden in die Sierra Nevada über, ein bewaldetes Hochgebirge, in dem der **Yosemite National Park** sowie die **Sequoia & Kings Canyon National Parks** spektakuläre Landschaften schützen. An den sanft ansteigenden Westhängen des

Gebirgszugs wachsen gewaltige Riesenmammutbäume mit einem Stammumfang bis zu 30 m. Der 4418 m hohe **Mount Whitney** ist nicht nur der höchste Gipfel der Sierra Nevada, sondern der gesamten kontinentalen USA südlich von Alaska.

Great Basin

Im Südosten Kaliforniens fallen die Berge steiler ab und gehen an der Grenze zu Nevada in die **Halbwüste** des Great Basin über. Als die Gletscher der Sierra Nevada gegen Ende der letzten Eiszeit schmolzen, sammelte sich ihr Wasser in einer Reihe von Seen im nördlichen Kalifornien. Der Lake Almanor, der Honey Lake oder der Eagle Lake entstanden in dieser Zeit. Den 1900 m hoch gelegenen **Lake Tahoe**, einen der wasserreichsten Seen des Bundesstaates, teilen sich Kalifornien und Nevada. Der ständig seines Wassers beraubte und erst langsam wieder ansteigende **Mono Lake** auf der Ostseite der Sierra Nevada ist der südlichste dieser Seen.

Wüsten

Den Süden Kaliforniens prägen große Wüstengebiete. Es sind jedoch überwiegend keine Sand-, sondern Felswüsten, die – teils im Verborgenen – ein überraschend reiches Tier- und Pflanzenleben beherbergen. Die Wüsten wie das **Mojave Desert** und das **Sonora Desert** nehmen mehr als ein Viertel der Bodenfläche Kaliforniens ein. Zahlreiche kleinere Gebirge teilen die trockene und einsame Landschaft. Die Wüste des **Death Valley** ganz im Osten von Kalifornien liegt zwischen zweien dieser Höhenzüge. Hier wurden mit –86 m der tiefste und mit knapp 57 °C im Schatten auch der heißeste Punkt der USA gemessen.

Columbia Plateau

Innerhalb der nordamerikanischen Kettengebirge sind auch einige Plateaus ausgebildet, so das 300 – 1800 m hohe Columbia Plateau, der **Kernraum des Nordwestens**. Es erstreckt sich größtenteils von Oregon bis Washington, ist weithin ziemlich eben und wird vom Columbia River und vom Snake River strukturiert. Am Ostrand des Columbia-Plateaus hat der Snake River den Hells Canyon, den mit 2438 m tiefsten Canyon Nordamerikas, geschaffen.

Ein Blick in die Erdgeschichte

Plattentektonik, Vulkanismus, Erdbeben

Noch vor rund 200 Mio. Jahren war Nordamerika Teil des Urkontinents **Pangäa**, zu dem seinerzeit auch die heutigen Landmassen von Eurasien, Südamerika und Afrika gehörten. Den Sockel der **Nordamerikanischen Landmasse** bildete bereits damals der Laurentische (Kanadische) Schild mit seinen bis zu 4 Mrd. Jahre alten Graniten und Gneisen. Pangäa breitete sich in Äquatornähe aus und driftete langsam nach Norden. Infolge eines klimatisch bedingten Meeresspiegelanstiegs bildeten sich im Norden des Urkontients Flachmeere, in denen in mehreren Perioden mächtige Sedimentschichten abgelagert wurden. Schon damals wurden die Grundzüge für das heutige Landschaftsbild festgelegt, wie man heute in den ausgedehnten Sedimentschichten der Great Plains nachvollziehen kann. Vor rund 180 Mio. teilte sich der Super-Ur-Kontinent Pangäa in einen Nordkontinent namens **Laurasia**, zu dem auch die Nordamerikanische Landmasse gehörte, und einen Südkontinent namens **Gondwanaland**.

Im Verlauf der nachfolgenden 120 Mio. Jahre öffnete sich der Nordatlantik, der nunmehr die Nordamerikanische von der Eurasischen Landmasse trennte. Die Nordamerikanische Platte driftet seither mit einer Geschwindigkeit von bis zu 3 cm pro Jahr westwärts. Während sich östlich der Nordamerikanischen Platte der Nordatlantik ständig verbreiterte und neuer Meeresboden entstand und entsteht, schob und schiebt sich bis heute die physisch leichtere kontinentale **Nordamerikanische Platte** über die physisch schwerere ozeanische **Pazifische Platte** und drückt deren östlichen Rand in die Tiefe. Bei dieser **Subduktion** wird ursprünglich festes Gestein in die Tiefe gedrückt und aufgeschmolzen. Im Laufe der Zeit kam es auch zur Kollision mit vulkanischen Inselbögen bzw. »Hot Spots« genannten ortsfesten Durchschlagsröhren von heißer Magma aus dem Erdinnern, die sich heute beispielsweise im Vulkanismus des Kaskadengebirges bemerkbar machen. Zudem entstanden an den Plattenrändern tektonische Brüche und Risse in der Erdkruste, im Rahmen derer sich Plattenbruchstücke bildeten, die in der Folgezeit mit der Nordamerikanischen Landmasse verschmolzen.

Eine besonders dramatische Folge der Kollision von Nordamerikanischer und Pazifischer Platte war die Entstehung von Hochgebirgen, die vor ca. 70 Mio. Jahren einsetzte. Nach mehr oder weniger langen Ruhephasen und der weiteren Westdrift der Nordamerikanischen Platte wurden die **Sierra Nevada** im heutigen Kalifornien, dann das **Kaskadengebirge** (Cascade Range) und zuletzt das **Küstengebirge** (Coast Range) an der Pazifikküste herausgehoben, begleitet von bis heute anhaltendem Vulkanismus und häufigen Erd- bzw. Seebeben.

Pflanzen

Küstengebirge

In den nebelreichen Küstengebieten Washingtons, Oregons und Nordkaliforniens gedeihen üppige kühl-gemäßigte **Nebel- und Regenwälder** mit Mammutbäumen und mehreren hohen Tannen- und Fichtenarten (unter anderem Pazifische Weißtanne, Douglasie, Westliche Hemlockstanne), deren Wetterseiten mit dichten Moospolstern und Flechten bewachsen sind. Am Boden wuchern Moose und Farne. Typisch für diese Wälder sind auch ganze Vorhänge von **Epiphyten**, die sich an die hohen Bäume heften, um möglichst viel Licht und Feuchtigkeit zu erhalten.

PIEKSIGE TEDDYBÄREN

»Tree hugger« aufgepasst: Der »Teddy Bear Cholla« hat zwar einen niedlichen Namen, umarmen sollte man das überaus pieksige Wesen aber nicht. Seine bis zu 18 cm langen Stacheln haben winzige Widerhaken und sind sehr anhänglich. Die Kakteen blühen in den Wüsten von Südkalifornien zwischen März und Mai in gelblichen und rötlichen Farbtönen. Dann sehen die kleinen Kakteenwäldchen im Gegenlicht entzückend und besonders unschuldig aus.

An der Küste Nordkaliforniens und Süd-Oregons gibt es noch größere Bestände bis zu 100 Meter hoher und sehr widerstandsfähiger **Redwoods** (Sequoia sempervirens), deren rötliches und kaum schädlingsanfälliges Holz sehr begehrt ist.
Ebenfalls entlang der Küste wachsen örtlich dicht an dicht **Lodgepole Pines** (Drehkiefern) mit bis zu 25 Meter hohen, an Ästen armen Stämmen und tief zerforchten Borken. Im Gegensatz zu den sehr robusten Mammutbäumen sind diese Nadelbäume stark brandgefährdet.

Kaskadengebirge, Sierra Nevada

Eine besonders bunte Palette vor allem von Nadelbäumen gedeiht an den Westhängen des Kaskadengebirges. Die Bestände variieren jedoch nach Höhenlage und Niederschlagsmengen. Weit verbreitet sind **Tannen** (bes. Rottanne/Red Fir und Edeltanne/Noble fir), Douglasien, Engelmannfichten und Gebirgshemlock.
An den Hängen der Sierra Nevada wachsen bis zu 90 Meter hohe **Riesensequoien**, die mächtigsten Bäume der Erde, die über 3500 Jahre alt werden können und denen auch schlimmste Waldbrände kaum

schaden. An den trockenen Leeseiten der Gebirge trifft man in erster Linie auf große Bestände von genügsamen **Ponderosa Pines** (Gelbkiefern). Auch die Western White Pine (Pinus Monticola) mit ihreren charakteristischen bis zu 30 cm langen Zapfen ist hier gut vertreten.

Intermontane Becken und Plateaus

Hier bestimmen Temperaturen und Niederschläge in besonderem Maße das Bild der Vegetation. Während in den kühleren und niederschlagsreicheren höheren Lagen nicht nur dichte **Nadel-, sondern auch bunte Laubmischwälder** anzutreffen sind, ist das Pflanzenkleid in den tieferen Lagen eher eintönig und vergleichsweise arm an Arten. Typische Gewächse sind hier **Ponderosa Pine** (Gelbkiefer) und **Western Larch** (Westliche Lärche).

Wüsten

Etwa ein Viertel Kaliforniens wird von den im Süden gelegenen Wüsten eingenommen. In den Trockenwüsten des Südens gedeihen Hartlaubsträucher (Chaparral), Kakteen und Palmen unter schwierigen Bedingungen. Vor allem die **Mammutbäume** (▶ Baedeker Wissen, S. 132) machten Kalifornien berühmt. Die ausschließlich im Süden des Staates wachsende **Fächerpalme** (Washingtonia filifera) ist eine von 1200 Palmenarten, die es auf der Welt gibt. Im Death Valley und vielen anderen Landstrichen gedeihen streckenweise nur **Kreosotbüsche**, deren giftige Wurzeln alle umliegenden Pflanzen absterben lassen, die ihnen überlebenswichtige Feuchtigkeit streitig machen könnten.

In den Wüstengebieten beheimatet sind zahlreiche Kakteen, die in ihren Stämmen und Blättern Wasser speichern können, darunter neun verschiedene **Cholla-Kakteen** (Cylindropuntia cholla) und 14 Arten der stacheligen Prickly Pear, einer Opuntienart (Opuntia ficus indica), die nach einem regenreichen Winter im Frühling in vielen Farben blüht, und deren Früchte als Delikatessen gelten.

Tiere

Hirsche, Elche und Bergziegen

Ähnlich vielfältig wie die Pflanzenwelt präsentiert sich die Tierwelt an der Westküste. Wer durchs Gebirge reist, wird mit einiger Sicherheit die zur Familie der Rothirsche gehörenden **Weißwedelhirsche** (Elk) und Großohr- bzw. **Maultierhirsche** (Mule Deer) sehen. Auch **Elche** (Moose) tauchen mit etwas Glück vor der Kameralinse auf. In höheren Berglagen bekommt man auch **Schneeziegen** und **Dickhornschafe** zu Gesicht.

Bären und Pumas

Wer gerne Wanderungen in wenig berührter Natur unternimmt, sollte sich vor **Schwarzbären** (Ursus americanus) und – in abgelegeneren Gebieten in der nördlichen Cascade Range – auch vor **Grizzlybären** (Amerikanischer Braunbär, Ursus horibilis) in Acht nehmen, der über 2 m groß und über 350 kg schwer werden kann. Die Parkverwaltungen halten aktuelle Bulletins und Hinweise zum Verhalten bei Bärenkontakt bereit. Praktisch allgegenwärtig, vor allem im Umfeld von Abfallkörben, sind **Waschbären**. In einigen sehr abseits gelegenen Gebieten gibt es noch Wölfe. In wärmeren Regionen streifen noch zahlreiche Kojoten und Füchse umher. Obwohl sehr selten geworden, kommt es immer wieder zu Zwischenfällen mit amerikanischen **Berglöwen** (Puma, Cougar), die nicht nur für Bergwanderer in abgelegenen Bergregionen eine Gefahr sind, sondern die gelegentlich auch in bewohntes Gebiet vordringen.

Nagetiere

Während einer Wanderung sieht man höchstwahrscheinlich Streifen- und Backenhörnchen oder hört in höheren Berglagen Murmeltiere und Pfeifhasen (Pikas) pfeifen. An einigen Flüssen und Seen sind noch **Biber** heimisch, die dort ihre Dämme und Burgen bauen.

Vögel

Weit verbreitet sind Wasservögel wie Reiher, Enten, Gänse, Kraniche, Pelikane und Austernfischer sowie Greifvögel wie Eulen, Falken und natürlich Adler. Der wahre »König der Lüfte« an der Pazifikküste ist der **Weißkopf-Seeadler** (Bald Eagle), der es zum Wappentier Washingtons geschafft hat. In den Wäldern hört man Tannenhäher, Raben und Elstern kreischen. Weit verbreitete Singvögel sind Stärlinge mit auffälliger Zeichnung sowie Waldsänger mit buntem Gefieder. Der in Kalifornien beinahe ausgestorbene **Kalifornische Kondor** (Gymnogyps californianus) konnte vor einigen Jahren im Gebiet von Big Sur erfolgreich ausgewildert werden.

Reptilien

Weit über 200 Reptilienarten kann man in den Westküstenstaaten beobachten. Dazu gehören etliche Schildkrötenarten, Kleinechsen, Leguane und Kröten. Sehr in Acht nehmen sollte man sich besonders in den trockeneren Gebieten vor giftigen **Klapperschlangen** und Krustenechsen.

Fische

Eine Vielzahl von Fischen bevölkert nicht nur die Gewässer vor der Pazifikküste, sondern auch die Flüsse und Seen im Binnenland. Im **Pazifik** tummeln sich u. a. Heilbutt, Kabeljau, Makrele, Barsch, Thunfisch und Hai. Das Meer birgt auch andere Schätze wie Austern oder die Kalifornische Languste im Süden. In den **Binnengewässern** leben Bach- und Seeforellen, Hechte und verschiedene andere Süßwasserfische. Hier haben es Angler besonders auf **Pazifiklachse** und **Forellen** abgesehen. Die bis zu 1,5 m langen und bis zu 35 kg schwere Lachse steigen bei ihrer Laichwanderung vom Pazifik in die Oberläufe der Flüsse, wo sie im Herbst in kiesigem Grund jeweils bis zu 30 000 Eier ablegen. Die meisten von ihnen sterben dann vor Erschöpfung. Die jungen Pazifiklachse halten sich etwa ein bis fünf Jahre im Süßwasser auf und wandern dann flussabwärts ins Meer.

Kaliforniens Küste ist ein großartiger Ort, um Buckelwale zu beobachten.

Meeressäuger

An der Pazifikküste fühlen sich viele **Robbenarten** wohl, darunter vor allem Seehunde und Seelöwen sowie Seeotter. Im Pazifik tummeln sich **Wale**, darunter auch Grau- und Buckelwale. Bei Whalewatchern und Naturfotografen besonders beliebt sind der **Schwertwal** (Orca) mit seiner typischen schwarz-weißen Zeichnung und seiner hohen Fluke sowie der **Grauwal**, der sich jährlich im Herbst von Alaska aus auf den Weg macht in den wärmeren Süden bis nach Baja California. Im Frühjahr geht es dann wieder zurück in den kalten Norden (▶ Baedeker Wissen, S. 152).

Staat und Gesellschaft

Bevölkerungsverteilung

Der mit fast 40 Mio. Einwohnern bevölkerungsreichste Bundesstaat an der Westküste – und der gesamten USA –, in dem 12 % aller US-Bürger leben, ist **Kalifornien**. Der »Golden State« ist zudem Sam-

melbecken vieler Ethnien und Nationalitäten. Mehr als ein Viertel seiner heutigen Bevölkerung (fast 11 Mio.) wurden in einem anderen Land geboren, doppelt so viele wie im US-Durchschnitt. Die Gruppe der weißen Bevölkerung ohne Hispanic- bzw. Latino-Hintergrund schrumpfte in den letzten Jahren auf etwa 37 %, womit erstmals die **Hispano-Latino-Amerikaner** (39,3 %) auf Platz 1 der bevölkerungsreichsten Gruppe Kaliforniens liegen. In Los Angeles leben bereits mehr Mexikaner als in jeder mexikanischen Großstadt, ausgenommen Mexiko-Stadt und Guadalajara. Platz 3 und 4 belegen Asiaten (15,3 %) und Afroamerikaner (6,5 %).
Wo Kalifornien im Schnitt fast 93 Menschen auf einem Quadratkilometer leben, kommt der Bundesstaat **Washington** nur auf 36 Einwohner pro Quadratkilometer. In **Oregon** trifft man auf noch weniger Menschen, pro Quadratkilometer sind es nur 15 Einwohner (Deutschland: 229 Einw. / km²). Der Anteil der weißen Bevölkerung ist in Washington und Oregon im Vergleich zu Kalifornien zudem wesentlich höher als der der übrigen Bevölkerungsgruppen. Die zweitstärkste Gruppe sind aber auch hier die Hispano-Latino-Amerikaner (12,9 % in Washington, 13,3 % in Oregon).

Politische und Verwaltungsstruktur

Die Kompetenzen der US-Bundesstaaten reichen erheblich weiter als die der deutschen Bundesländer. So gibt es z. B. von Staat zu Staat verschiedene Verkehrsvorschriften, Steuergesetzgebungen und Regelungen zum Alkoholgenuss. Ähnlich wie auf Bundesebene gibt es einen aus Senat und Abgeordnetenhaus bestehenden Kongress als gesetzgebende Gewalt. An der Spitze eines jeden Bundesstaats steht ein direkt von der Bevölkerung gewählter **Gouverneur**. Er ist den Beschlüssen seines Kongresses verpflichtet. Untere Verwaltungsebene sind die den deutschen Landkreisen vergleichbaren **Counties**.

Wirtschaft

Wirtschaftsstarke Westküste

Mit **Apple** (Kalifornien), **Microsoft** und **Amazon** (Washington) können die Westküstenstaaten von drei der größten Unternehmen weltweit profitieren. Der Golden State Kalifornien trägt sogar mit rund 2746 Mrd. $ etwa 14,6 % zum Bruttoinlandsprodukt (BIP) der gesamten Vereinigten Staaten bei. Ein von den USA losgelöstes Kalifornien wäre somit die **fünftstärkste Wirtschaftsmacht der Welt**.

Elektronik und Industrie

Die IT-Industrie sowie **Software-** und **Social-Media-Unternehmen** konzentrieren sich in Kalifornien im Silicon Valley zwischen Palo Alto und San José. Neben Global Players wie Apple, Adobe, Hewlett-Packard oder Oracle sowie Google, Twitter, Facebook, Mozilla

DREI BUNDESSTAATEN AN DER WESTKÜSTE DER USA

WASHINGTON
Olympia
Salem
OREGON
Sacramento
CALIFORNIA

BAEDEKER WISSEN

Lage und Ausdehnung
48° bis 32° nördlicher Breite
112° bis 117° westlicher Länge

Nord-Süd-Ausdehnung
1875 km
(Sumas/WA–San Diego/CA)

West-Ost-Ausdehnung
1007 km
(Cape Alava/WA–Parker Dam/CA)

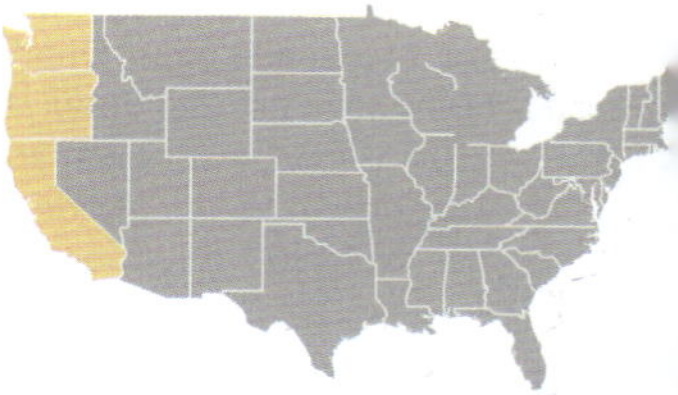

	California	Oregon	Washington
Fläche in km²	403 466	248 625	172 117
Bevölkerung in Mio.	39,03	4,24	7,78
Einwohner pro km²	97	15	39,6
Unter 18 Jahren in %	21,8	19,7	21,1
65 Jahre und älter in %	15,8	19,2	16.8
Bevölkerungswachstum % (2010–2020)	6,1	10,6	14,6
Durchschn. Jahreseinkommen/ Haushalt in $ (2017–2021)	84 097	70 085	82 400
Menschen unterhalb der Armutsgrenze (2017–2021)	12,0 %	10 %	12,1 %

Bevölkerungsgruppen in %	California	Oregon	Washington
Weiße	60,1	75,0	55,2
Hispanics/ Latinos	18,2	8,1	19,5
Afroamerikaner	12,2	10,9	14,8
Indigene	0,8	0,2	0,7
Asiaten	5,9	3,9	9,6
Sonstige	2,8	1,9	0,2

Wirtschaft

California
Hightech-Industrie, Wissenschaft und Forschung im Silicon Valley, Landwirtschaft, Tourismus

Oregon
Hightech-Industrie, Konsumgüterindustrie, Forstwirtschaft, Ackerbau, Fischerei, Tourismus

Washington
Hightech-Industrie (Microsoft), Flugzeugbau (Boeing), Versandhandel (Amazon), Energiegewinnung, Fischzucht, Maschinenbau, Schiffbau, Landwirtschaft , Holz- und Papierindustrie, Tourismus

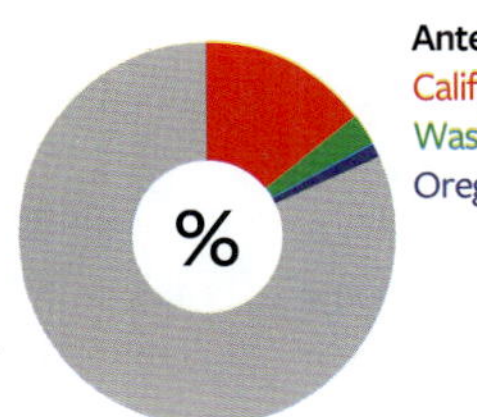

Anteil am BIP USA
California 14,6
Washington 2,8
Oregon 1,2

Klimastation Seattle

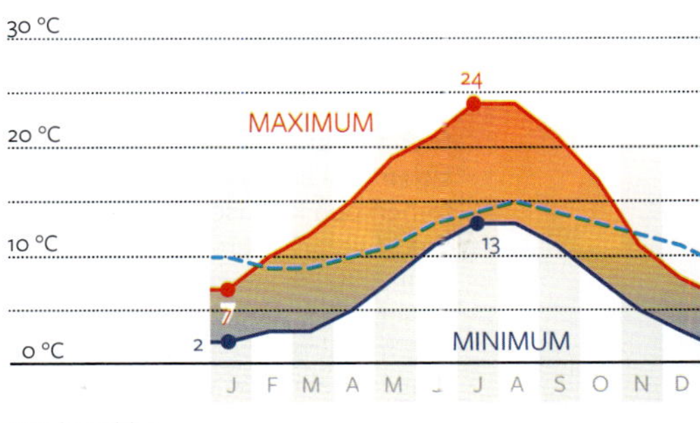

Niederschlag

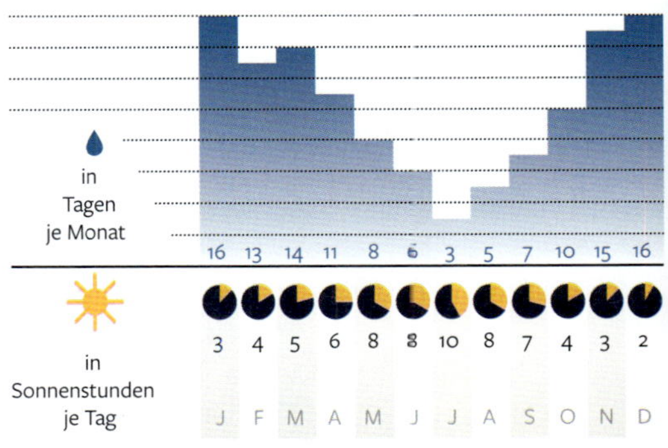

Columbia River

Der 1953 km lange Columbia River ist als wasserreichster Fluss Nordwestamerikas prädestiniert für den Bau von Wasserkraftwerken. An ihm und seinen Zuflüssen sind bereits über 400 Energielieferanten installiert.
Die größten sechs Wasserkraftwerke im Nordwesten der USA:

1. **Grand Coulee Dam**
   Fertiggestellt: **1942**
   Kapazität: **6495 Megawatt (MW)**
2. **Chief Joseph Dam**
   1961 und 1979, 2614 MW
3. **Rocky Reach Dam**
   1961 und 1971, 1374 MW
4. **John Day Dam**
   1971, 2485 MW
5. **The Dallas Dam**
   1960 und 1973, 1779,8 MW
6. **Bonneville Dam**
   1938 und 1982, 1050 MW

(Firefox), Linkedin gibt es zahlreiche kleinere Unternehmen, die forschen und produzieren. Daneben konnte sich auch der Bereich **Biotechnologie** etablieren. Gut ein Viertel aller US-Unternehmen, die sich mit »Life Sciences« beschäftigen, sind in Kalifornien ansässig. Neben den klassischen Industrien, die **Holz** und andere **Naturprodukte** verarbeiten, stellen auch in Washington und Oregon die neuen Industrien international bekannte und wirtschaftsstarke Produkte her. Allen voran zu nennen sind die **Boeing Corp.** in Seattle, die sich mit Airbus den Weltmarkt in der Produktion von Passagierflugzeugen mehr oder weniger teilt und dazu einer der größten Hersteller von Militärflugzeugen und Waffensystemen weltweit ist; Computer auf der ganzen Erde benutzen Software von **Microsoft** aus Redmond bei Seattle. In Seattle ansässig sind außerdem **Amazon** und **Starbucks**.

BAEDEKER ✦ MAGISCHE MOMENTE

BALLETT DER WINDFLÜGEL

Selbst wer in der Norddeutschen Tiefebene zu Hause ist, muss bei Cabazon in Kalifornien erst einmal nach Luft schnappen. Der San Gorgonio Pass zwischen San Bernardino und den San Jacinto Mountains wirkt wie ein gewaltiger Windkanal, in dem Tausende Windräder die Luft zum Surren bringen. Ein einmaliger Anblick. Gut zu sehen auch von der Palm Springs Aerial Tramway oder im Rahmen einer »Windmill Tour«.

▶ www.windmilltours.com

Landwirtschaft

Besonders in weiten Teilen Kaliforniens ermöglichen fruchtbare Böden und günstige Klimabedingungen eine hoch produktive Landwirtschaft. 40–70 % des Gesamtbedarfs der USA an Obst und Gemüse kommen aus Kalifornien. Und jedes fünfte Glas Milch, das in den USA getrunken wird, stammt aus dem Bundesstaat. Auch in Washington und Oregon ist die Landwirtschaft noch immer sehr produktiv. Washington steht für **Obst** (vor allem Äpfel und Apfelprodukte, Kirschen) und **Wein**, Oregon für **Käse, Wein** und **Haselnüsse** (95 % der US-Produktion). Etwa 85 % aller amerikanischen **Weine** und **Trauben** kommen aus Kalifornien. Führende Anbaugebiete sind Napa Valley und Sonoma Valley nördlich von San Francisco. Im Ranking auf Platz zwei der größten Weinproduzenten liegt Washington State. Das warme Klima macht Kalifornien zudem zu Nordamerikas wichtigstem Lieferanten für **Blumen**. Zentren sind die Counties Monterey und Santa Clara und die Täler nördlich von Santa Barbara.
Ein riesiges Problem für die Landwirtschaft im Süden Kaliforniens ist die **Bewässerung**, denn sie benötigt mehr als 80 % des aufbereiteten Wassers, das von weit her herbeigeschafft werden muss. Durch den 130 km langen All-American Canal werden das Imperial Valley und das Coachella Valley ganz im Süden aus dem Colorado bewässert; auch Sacramento, Joaquin, McCloud, Pit, Feather oder Stanislaus River werden angezapft. Hunderte von Dämmen und Reservoirs sind entstanden, und immer neue Wasserprojekte werden erwogen, um den Durst Südkaliforniens zu stillen.

Erneuerbare Energie

Wasserknappheit herrscht in **Washington State** nicht: Der Bundesstaat erzeugt 68 % seines Stroms durch **Wasserkraft** – so viel wie kein anderer US-Bundesstaat. Mit dem Grand Coulee Dam beispielsweise besitzt Washington das größte Wasserkraftwerk der USA und das drittgrößte weltweit. An der riesigen Betonstaumauer sind vier Kraftwerke mit insgesamt 33 Generatoren installiert, die 6400 Megewatt Strom erzeugen – ausreichend für etwa 16 Mio. Haushalte pro Jahr.
Mit viel Sonne kann der **Süden Kaliforniens** arbeiten: In der Mojave-Wüste stehen einige der weltweit größten **Solarkraftanlagen**. Eindrucksvolle Wachstumsraten verzeichnet im Golden State auch die Erzeugung von Elektrizität aus **Windkraft**.
Bis 2045 wollen Washington State und Kalifornien ihren Stromverbrauch zu **100 %** durch erneuerbare Energien decken, Oregon plant, mit mindestes 50 % mitzuziehen.

Tourismus

Der Tourismus ist in allen drei Staaten eine wichtige Einnahmequelle. Vor allem wegen ihrer Naturwunder ist die Westküste ein beliebtes Ziel. Allein die **Nationalparks** ziehen jährlich Millionen von Touristen an. Besuchermagnet ist neben den anderen **Westküsten-Metropolen** vor allem Los Angeles als Ort der berühmten **Hollywood**-Filmproduktionen (▶ Das ist die Westküste der USA, S. 24).

GESCHICHTE

Bis in den Beginn des 19. Jahrhunderts hinein war die Westküste der USA für die Europäer überwiegend Terra incognita. Heute ist sie eine der fortschrittlichsten Regionen der Vereinigten Staaten von Amerika. Wie es dazu kam und wer dafür bluten musste, erfahren Sie in diesem Kapitel.

Vor der Ankunft der Europäer

Frühe Spuren menschlicher Besiedlung

Archäologische Funde belegen die Anwesenheit von Menschen an der Westküste der USA bereits für den Zeitraum ab 15 000 v. Chr. Der Norden kam eine wichtige Rolle bei der **paläoindianischen Landnahme** zu: Für die asiatischen Vorfahren der heutigen indigenen Einwohner, die von Sibirien aus über die seinerzeit landfeste Beringstraße auf den nordamerikanischen Halbkontinent kamen, war sie eine **Hauptmigrationsroute**. In der Zeit ab 8000 v. Chr. verdrängte eine zweite Welle von Einwanderern aus Nordostasien die vorhandene Bevölkerung. Der Reichtum der Westküste an Holz, Wild und vor allem Fisch bildete die ideale Voraussetzung für die Entstehung sesshafter, kulturell hochstehender Stammesgesellschaften, die über weitreichende Handelsbeziehungen nach Süden und landeinwärts verfügten.

Kontakt und Erforschung

Erste Erkundungen

Seit den 1540er-Jahren segelten spanische Schiffe von Mexiko aus an der Pazifikküste entlang nach Norden. Der Spanier Garci Ordóñez de Montalvo benutzte erstmals in seinem Roman »Las sergas de Esplandián« den Namen »California« für eine mythische Insel mit reichen Goldschätzen, bewohnt von schwarzen Amazonen. Fortún Jiménez entdeckte 1533 im Auftrag des spanischen Konquistadors Hernán Cortéz die Halbinsel Baja California, **Hernando de Alarcón** 1540 den Colorado. Er setzte als erster Weißer seinen Fuß auf Alta California, den heutigen US-Bundesstaat Kalifornien. Juan Rodríguez Cabrillo segelte 1542 in die San Diego Bay und entdeckte die vorgelagerten Inseln.

Die Engländer hatten 1579 den königlichen Freibeuter **Sir Francis Drake** geschickt, der mit der »Golden Hind« an der Nordwestküste entlangsegelte und wahrscheinlich nördlich des heutigen San Francisco das Land als »Nova Albion« (»Neuengland«) für die englische Königin Elisabeth I. in Besitz nahm. **Juan de Fuca** entdeckte 1592 die heute nach ihm benannte Wasserstraße zwischen Vancouver Island und der Olympic-Halbinsel.

EPOCHEN

VOR DER ANKUNFT DER EUROPÄER

um 15 000 v. Chr.	Erste Spuren menschlicher Besiedlung
um 8000 v. Chr.	Neue Einwanderungswelle aus Nordostasien

KONTAKT UND ERFORSCHUNG

Ende 16. Jh.	Europäische Seefahrer erscheinen an der Küste.
1579	Sir Francis Drake beansprucht die Region bei Point Reyes für die englische Krone.
1592	Juan de Fuca entdeckt die Passage zwischen Vancouver Island und der Olympic-Halbinsel.
1776	San Francisco wird als Missionsstation gegründet.
1781	Los Angeles wird als Missionsstation gegründet.
1786–1798	Gründung weiterer Missionsstaionen in Kalifornien wie Santa Barbara (1786) und Santa Cruz (1791)
1792	George Vancouver segelt im Puget Sound.

LEWIS & CLARK UND DIE FOLGEN

1803	Louisiana Purchase
1804 – 1806	Expedition von Lewis und Clark
bis 1840	Große Zeit des Pelzhandels

AMERIKANISCHE EXPANSION

1818	Londoner Vertrag
1839	Der erste Siedlertreck erreicht Oregon.
1848	Oregon-Vertrag
1848	Goldrausch in Kalifornien
1850	Kalifornien wird 31. Bundesstaat der USA.
1859	Oregon wird 33. Bundesstaat der USA.

DIE INDIANERKRIEGE

ab 1850	Zwangsumsiedlung der Ureinwohner in Reservate
1877	Nez Perce War

DER WEG INS 21. JAHRHUNDERT

ab 1860er-Jahre	Erschließung durch die Eisenbahn
1889	Washington wird 42. Bundesstaat der USA.
1999	»Battle of Seattle«
2007 – 2011	Finanz- und Wirtschaftskrise
2011 – 2017	Extreme Dürre in Kalifornien, die verheerende Wald- und Buschbrände zur Folge hat.
seit 2018	Auch US-Präsident Biden lässt die von seinem Vorgänger Trump forcierte Mauer nach Mexiko weiterbauen.
2023	Im Februar 2023 proklamiert Kaliforniens Gouverneur Gary Newsom das Ende des Corona-Notstands.

Spanier, Briten und US-Amerikaner

Folgen hatte jedoch erst die 150 Jahre später einsetzende Kolonisierung, die von der Errichtung zahlreicher Missionsstationen im heutigen Kalifornien entlang des von San Diego nach Sonoma führenden **Camino Real** ausging. 1776 wurde so auch San Francisco gegründet. Los Angeles wude 1781 von Felipe de Neva als »El Pueblo de Nuestra Señora La Reina de Los Angeles de Porciuncula« mit 44 Siedlern gegründet. 1786–1798 folgten weitere Missionsstationen wie Santa Barbara im gleichnamigen Ort (1786) und Santa Cruz (1791). Ein Großteil der **indigenen Bevölkerung** im Umkreis der Missionen sollte an Krankheiten wie Windpocken oder Masern, die von den Europäern eingeschleppt wurden, sterben. Ihre sozialen Strukturen lösten sich auf.
Neben Spanien entsandten im späten 18. Jh. auch Großbritannien wieder Schiffe an die nebelverhangenen Gestade. **James Cook** segelte 1778 die Küste bis hinauf nach Alaska und ankerte einen Monat im Nootka Sound. Der englische Kapitän **George Vancouver** kam 1791 auf der ersten von vier Reisen nach Kalifornien, um eine Karte der Küste zu erstellen und entdeckte 1792 schließlich den Puget Sound im heutigen Bundesstaat Washington.

Lewis & Clark und die Folgen

Griff nach Westen

1801 wurde Thomas Jefferson Präsident der Vereinigten Staaten. Sein lange gehegter Traum von der West-Expansion nahm Gestalt an, als Napoleon Bonaparte dem amerikanischen Gesandten in Paris das damals zu Frankreich gehörende Louisiana Territory für 15 Millionen Dollar zum Kauf anbot. Mit 3 Cents pro Acre (1 Acre = 4047 m²) war dies **der beste Immobiliendeal aller Zeiten**: Neben dem heutigen Bundesstaat Louisiana umfasste das Territory auch alles Land westlich des Mississippi. Um Oregon und Washington, das Großbritannien als Columbia District, die USA jedoch als Oregon Country bezeichneten, wurde noch gestritten. Am 30. April 1803 unterzeichnete Jefferson den **Louisiana Purchase** und verdoppelte so das amerikanische Staatsgebiet mit einem einzigen Federstrich.

Aufbruch ins Unbekannte

Wie es jedoch in der Neuerwerbung aussah, wer dort lebte und was dort wuchs, davon hatten weder Jefferson noch seine Zeitgenossen eine Vorstellung. Noch im gleichen Sommer brachte der Präsident deshalb eine Expedition auf den Weg, »intelligente Offiziere mit zehn oder zwölf Männern [...] um [das Land] bis zum westlichen Ozean zu erkunden«. Die von Meriwether Lewis und William Clark (beide ▶ Interessante Menschen) geführte Expedition, die als **»Corps of Discovery«** in die US-Geschichte einging, bestand aus 33 Mitgliedern, darunter zwei frankokanadischen, als Dolmetscher angeheuerten Trappern. Ihr Auftrag: Kontakt zu unbekannten Stämmen aufnehmen, die Pflanzen- und Tierwelt sowie die Geologie studieren, Handelsmöglichkeiten ausloten und einen schiffbaren Wasserweg zur Pazifikküste finden. Im Frühjahr 1804 brachen Lewis und Clark auf, folgten von St. Louis zunächst dem Missouri flussaufwärts und erreichten im Herbst 1804 die Plains von South Dakota. Nach einem Winter bei den Mandan-Indianern in der Nähe des heutigen Bismarck (North Dakota) ging es im folgenden Frühjahr auf dem Missouri weiter bis nach dem heutigen Great Falls (Montana). Die von hier aus bereits sichtbaren Rocky Mountains wurden im Sommer 1805 erreicht und am 26. August mit letzter Kraft über den Lemhi Pass überquert. Bei der Durchquerung Idahos folgten Lewis und Clark dem in westlicher Richtung fließenden Clearwater River. Dort trafen sie erstmals auf Indianer vom Stamm der Nez Perce, die ihnen den Weg zum Snake und Columbia River wiesen. Am 7. November erreichte die Expedition, erschöpft und halb verhungert auf dem Columbia River flussabwärts reisend, den Pazifik. **Clarks Tagebuchnotiz** kennt in Oregon und Washington jedes Schulkind:

»
Ocean in view. Oh! The Joy.
«

Eine neue Blickrichtung

Was Lewis und Clark im Herbst 1806 zurück nach St. Louis brachten, konnte sich sehen lassen. Mehrere Hundert bislang **unbekannter Tier- und Pflanzenarten** waren entdeckt worden, zu fast 50 Stämmen, u. a. den Nez Perce, Walla Walla, Tillamook und Chinook hatte man Kontakt aufgenommen. Auch die Verläufe der wichtigsten Flüsse und Gebirge waren nun in etwa bekannt. Die **Kunde vom pelzreichen Nordwesten** sprach sich in Windeseile herum. Die erfolgreiche Expedition lenkte die Aufmerksamkeit Amerikas, das sich zuvor fast nur auf den Osten und Süden konzentrierte, nun endgültig auf den Westen. Der gnadenlose Wettstreit mit der Pelzhandelskonkurrenz, allen voran der Montréaler Northwest Company und der Hudson Bay Company, und das Ende der Pelzhutmode in Europa bereitete dem Pelzhandel um 1840 jedoch ein Ende.

Amerikanische Expansion

Einigung mit Großbritannien

Sowohl Großbritannien als auch die USA beanspruchten den Columbia District bzw. das Oregon Country, also das heutige Washington und Oregon sowie Teile von Idaho, Montana und Wyoming, für sich. Im **Londoner Vertrag** von 1818 einigte man sich zunächst auf die gemeinschaftliche Nutzung des Territoriums. Nutznießer war jedoch hauptsächlich die **Hudson Bay Company**, die von ihrem Hauptquartier in Fort Vancouver am Nordufer des Columbia River den Pelzhandel im gesamten Nordwesten kontrollierte und aggressiv gegen die US-Konkurrenz vorging.

GO WEST!

Nachdem die US-Regierung 1803 im sog. Louisiana Purchase ein riesiges Territorium zwischen dem Golf von Mexiko und der kanadischen Grenze von Frankreich erworben hatte, erforschten Meriwether Lewis und William Clark von 1804 bis 1806 die neuen Gebiete im Nordwesten. Ab den 1840er-Jahren rollten die Wagentrecks nach Kalifornien und Oregon. Mit der Vollendung der transkontinentalen Eisenbahnstrecke 1869 war auch das Ende der Siedlertrecks gekommen.

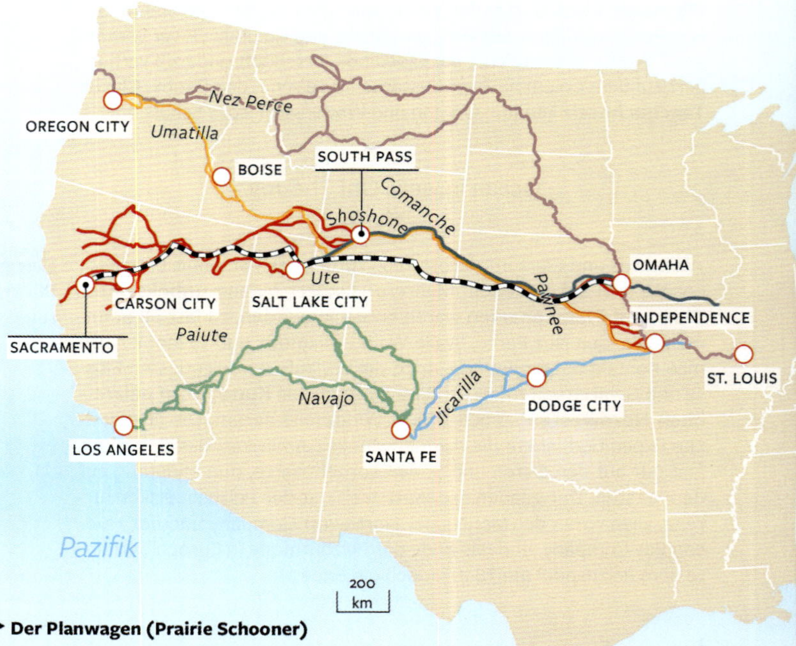

OREGON CITY
Nez Perce
Umatilla
BOISE
SOUTH PASS
Comanche
Shoshone
OMAHA
Ute
Pawnee
CARSON CITY
SALT LAKE CITY
INDEPENDENCE
SACRAMENTO
Paiute
ST. LOUIS
Jicarilla
DODGE CITY
Navajo
LOS ANGELES
SANTA FE
Pazifik
200 km
Golf von Mexiko

▶ Der Planwagen (Prairie Schooner)

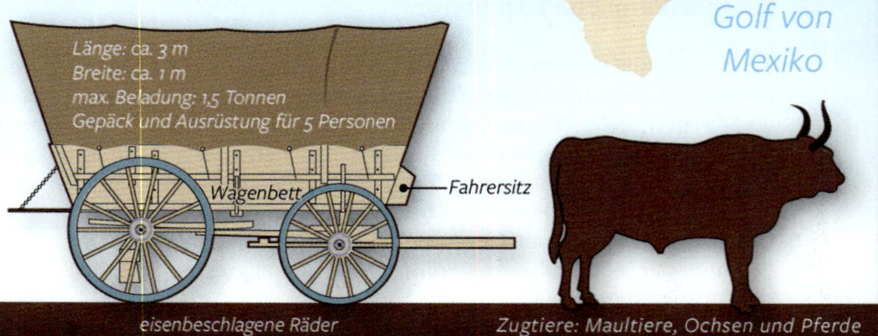

Länge: ca. 3 m
Breite: ca. 1 m
max. Beladung: 1,5 Tonnen
Gepäck und Ausrüstung für 5 Personen
Wagenbett
Fahrersitz
eisenbeschlagene Räder
Zugtiere: Maultiere, Ochsen und Pferde

▶ Die großen Trails

	Trail	»in Benutzung«	Durchschnittliche Reisedauer
	Oregon Trail	1843 – ca.1869	4–6 Monate
	California Trail	um 1840 – Ende 1860er	4–6 Monate
	Mormon Pioneer Trail	1847 – 1849	4–5 Monate
	Santa Fe Trail	1821 – 1880	2 Monate (nur im Winter möglich)
	Old Spanish Trail	1829 – 1848	2 Monate

Expeditionsroute von Lewis und Clark

Transkontinentale Eisenbahn 1869

Navajo etc.
Indianerstämme entlang der Trails

Atlantik

Der Mythos im Film

▶ Westernfilme mit dem Thema Siedlertreck

Film	Darsteller	Jahr
Santa Fe Trail	Errol Flynn, Ronald Reagan	1940
Karawane der Frauen	Robert Taylor	1951
Der letzte Wagen	Richard Widmark	1956
Das war der Wilde Westen	Henry Fonda, James Stewart, John Wayne	1961
40 Wagen westwärts	Burt Lancaster	1965
Der Weg nach Westen	Robert Mitchum, Kirk Douglas, Richard Widmark	1967
Into the West	Steven Spielberg Mini-TV-Serie	2005

Ein Planwagentreck auf dem Weg nach Kalifornien (Children Of The Dust, Fernsehserie, USA 1995)

Doch der immer stärkere Einwandererstrom in den 1840er-Jahren sowie ein expansionslüsterner US-Senat, der die Annektierung forderte, notfalls auch mit Gewalt, führte zu einer Neuverhandlung des Vertrags. 1846 einigte man sich im **Oregon-Vertrag** auf den 49. Breitengrad als neue Grenze verbunden mit dem Rückzug der Hudson Bay Company. 1848 wurden Oregon und Washington zum **Oregon Territory** erhoben, auch Idaho, Montana und Wyoming gehörten bis zu ihrer Ernennung ebenfalls dazu. Auch in Kalifornien löste ein langsam anschwellender Strom amerikanischer Siedler aus dem Osten eine Entwicklung aus, an dessen Ende Mexiko nach dem Mexikanisch-Amerikanischem Krieg 1846 – 1848 Kalifornien an die USA abgab. 1850 trat Kalifornien der Union als 31. Bundesstaat bei.

Go West!
(▶Baedeker Wissen S. 378)

Die Pelzhändler gingen, die Siedler kamen: Die Pionierzeit begann. Auf mehreren von indigenen Stämmen, Forschern und Trappern geebneten Überlandrouten zogen zwischen 1842 und 1869 mehrere Hunderttausend Menschen gen Westen. Der **Oregon Trail** war eine von drei Hauptrouten. Bereits 1839 erreichte auf dieser Strecke die erste, als Peoria Party in die Geschichte eingegangene Planwagen-Kolonne Oregon. 3200 km lang, begann sie in Independence (Missouri), folgte zunächst dem Platte River durch Nebraska nach Fort Laramie (Wyoming), dann dem North Platte und Sweetwater River zum South Pass in der zu den Rocky Mountains gehörenden Wind River Range. Über Fort Bridger (Wyoming) ging es dann nach Fort Hall (Idaho) und am Snake River entlang nach Boise (Idaho). Wenig später berührte der Trail erstmals Oregon, passierte das Grand Ronde Valley, überquerte die Blue Mountains und erreichte den Columbia River. Offizieller Endpunkt war das flussabwärts liegende, bereits 1829 von Pelzhändlern gegründete **Oregon City**.

Die Reise dauerte in der Regel vier bis sechs Monate. Die Männer, Frauen und Kinder in ihren von Ochsen gezogenen Planwagen trotzten unterwegs Staub- und Schneestürmen, Krankheiten, wilden Tieren und Überfällen indigener Stämme. 1843 schafften es dennoch fast 1000 Auswanderer und 3000 Stück Vieh auf dem Trail bis nach Oregon. Der **Goldrausch** von 1848/1849 in Kalifornien ließ diese Zahl um ein Mehrfaches steigen. Allein auf dem **California Trail**, der in Fort Hall vom Oregon Trail abzweigte, gelangten zwischen 1848 und 1868 eine Viertelmillion Menschen nach Kalifornien. Die Ankunft der Eisenbahn aber beendete diese heute mythisch verklärte, den Stoff für unzählige Filme liefernde »Go West«-Phase.

Die Indianerkriege

Expansion schafft Unfrieden

Das Verhältnis zwischen den neuen Siedlern und der indigenen Bevölkerung war in den ersten Jahren der Begegnung noch von einem gewissen Gleichgewicht geprägt. Die Expeditionen engagierten ortskundige Ureinwohner als gutbezahlte Kundschafter, indigene Jäger waren gleichberechtigte Partner im Pelzhandel und ohne das Einverständnis eines Stammes konnten weiße Trapper auf dessen Territorium ihrem Handwerk nicht nachgehen. Das änderte sich dramatisch mit dem Vorrücken der Frontier, der Siedlungsgrenze.

Die Goldfunde von Kalifornien und Oregon und die in den 1840er-Jahren für Siedler eröffneten Überlandtrails lockten Weiße in von den Stämmen nie zuvor gesehener Zahl herbei. Immer häufiger entzündeten sich **Reibereien vor allem um Land- und Nutzungsrechte**. Zwischen den Stämmen und der Bundesregierung im fernen Washington geschlossene Verträge, die den Siedlungsdruck entschärfen und die Integrität traditioneller Territorien schützen sollten, schafften nur vorübergehend Frieden oder wurden oft noch während der Unterzeichnung von Abenteurern und Siedlern, die illegal auf Stammesterritorium nach Edelmetall suchten oder sich dort niederließen, unterlaufen. Der Umstand, dass die Bleichgesichter dort gefährlich lebten, diente der Regierung wiederum als Vorwand für die Errichtung von **Forts** und von **Reservaten**, in die die indigene Bevölkerung von etwa 1850 an mehr oder weniger freiwillig umgesiedelt wurden – wie zuvor schon Stämme aus dem Osten.

Aus Reibereien wird Krieg

Bis 1877 erlebten die Westküstenstaaten daher eine endlos scheinende Serie von Gefechten, Hinterhalten, Massakern und Schlachten, bei denen es immer wieder um Land, gebrochene Verträge und Unzufriedenheit mit den Lebensbedingungen in den Reservaten ging. Trotz vieler Siege waren **die indigene Bevökerung am Ende die Verlierer**: Entwurzelt und entrechtet, nahmen sie ihren Platz am Rand der sich unaufhaltsam ausbreitenden US-Gesellschaft ein. In Nordkalifornien und Süd-Oregon endeten die Indianerkriege mit dem Modoc War (1872/1873). Im Oregon Country/Territory konnten der Cayuse War (1848–1855), der Rogue River War (1855/1856) und der Yakima War (1855–1858) die Erschließung ebensowenig aufhalten wie der Puget Sound War (1855/1856) in Washington. Der Nez Perce War (1877), der zum Teil auch in Oregon ausgetragen wurde, wurde symbolhaft für den Freiheitswillen der indigenen Völker.

Der Weg ins 21. Jahrhundert

Endgültige Erschließung

Nach der Abschiebung der indigenen Einwohner in Reservate konnten auch die letzten Landstriche zur Erschließung freigegeben werden. Die **Eisenbahn** sorgte für die Anbindung des Westens an die Märkte im Osten. In den 1920er-Jahren trat das Automobil seinen Siegezug an und rollte bald auch durch die entlegensten Winkel der Region.

Aufschwung und Fortschritt

Den größten Sprung nach vorn machte **Kalifornien**. Mit der Entdeckung von **Erdöl** 1891 in Los Angeles beginnt der wirtschaftliche Aufschwung des Staats. Bis 1970 stieg die Bevölkerung auf 20 Millionen, dabei blieb der rauere, dünn besiedelte Norden lange im Schatten des vom warmen Klima begünstigten Südens. 1906 wird in Los Angeles das erste Filmatelier in Betrieb genommen, 1908 in **Hollywood** der erste Stummfilm produziert. Drei Jahre später öffnet **das erste Filmstudio**. Zum ersten Mal wird 1929 der **Oscar** verliehen. Mit 17,3 Mio. Einwohnern übertrifft Kalifornien 1963 den Bundesstaat New York und wird **bevölkerungsreichster Staat** der USA. 1967 feiern Hippies mit dem **»Summer of Love«** in San Francisco den Höhepunkt der Flower-Power-Bewegung (▶ Baedeker Wissen, S. 168). Erst in den 1990er-Jahren stieg der Norden Kaliforniens aus dem Schatten des Südens: Bei Südkaliforniern wurde der saubere Norden als Wohnort mehr und mehr beliebt, Touristen entdeckten die weitgehend intakte Natur seiner grandiosen Nationalparks.
Auch in **Oregon** und **Washington** stellte sich eine unberührte Natur als Tourismusmagnet heraus. Beide Staaten boomten, teils dank massiver Regierungsprojekte in Zeiten des New Deal wie dem Bau des Bonneville Dam (1937) und des Grand Coulee Dam (1941) am

Columbia River, teils dank einer florierenden Holz- und Fischereiwirtschaft. In Oregon wurde jedoch dem drohenden Kahlschlag mittels der damals progressivsten Landnutzungsgesetze rechtzeitig ein Riegel vorgeschoben und damit beispielsweise auch die Küste vor einer Bebauung ähnlich der in Kalifornien bewahrt. Ein Lieblingsthema der Oregonians ist die **Begrünung öffentlicher Plätze**. So unterstützt die Stadt Portland entsprechende Initiativen großzügig und unbürokratisch (▶ Das ist die Westküste der USA, S. 16). Fortschrittlich ist die Stadt sowie der restliche Bundesstaat, dessen Gewerkschaften auf eine lange Tradition zurückblicken, auch in der **Sozial- und Gesundheitspolitik**. Soziale Reformen werden hier weiter voran getrieben als in den meisten anderen Bundesstaaten der USA, und die **Globalisierung** ist hier wie auch beim Nachbarn Washington ein heiß diskutiertes Thema. Nicht umsonst erlebte Seattle während der Konferenz der Wirtschaftsminister der WTO 1999 die bislang heftigsten Krawalle von Globalisierungsgegnern überhaupt: Mehr als 40 000 Demonstranten konnten damals nur mit Mühe von Polizei und Nationalgarde davon abgehalten werden, während den weltweit als **»Battle of Seattle«** bekannt gewordenen Auseinandersetzungen das Konferenzzentrum zu stürmen.

Wirtschafts- und Finanzkrise 2007 – 2011

Ab 2007 litt auch die Westküste unter den Folgen der globalen Finanz- und Wirtschaftskrise. Der Einbruch des Immobilien- und Finanzsektors wurde begleitet von einer hohen Verschuldung der einzelnen Bundesstaaten. Allein Kalifornien hatte 2009 mit einem Finanzloch von 42 Milliarden US-Dollar zu kämpfen. **Ausgabenkürzungen** gingen vor allem zu Lasten von Bildung, Gesundheit und sozialen Sicherungssystemen.

Dürre in Kalifornien 2011–2017

In den Jahren 2011 bis 2017 herrschte in Kalifornien eine katastrophale Trockenheit. Immer wieder wüten verheerende Wald- und Buschbrände, denen auch zahlreiche Wohnhäuser zum Opfer fallen.

Mauer zu Mexiko

Auch US-Präsident Biden baut 2023 weiter an der Mauer, die sein Vorgänger Trump seit 2018 forciert hatte, gegen große Widerstände und mit vielen Milliarden Dollar aus dem Staatshaushalt. Die Mauer soll die Südgrenze zu Mexiko abriegeln und zu einer von Flüchtlingen aus Lateinamerika kaum zu überwindenden **Mauer** ausgebaut werden.

Corona-Krise 2020 bis 2023

Der Ausbruch der **Corona-Pandemie** legt ab 2020 weltweit die Wirtschaft, den Verkehr sowie das soziokulturelle Leben nahezu lahm. Unzählige Menschen stehen vor massiven beruflichen, finanziellen und privaten Herausforderungen, Unternehmen und Selbstständige bangen um ihre Existenz. In den USA steigt die Arbeitslosenquote auf ein Rekordhoch. 2022/23 erklären die Bundesstaaten der Westküste die Corona-Pandemie für beendet. Der Binnentourismus erreicht wieder Vor-Corona-Niveau, während der Tourismus aus Übersee noch hinterher hinkt.

KUNST UND KULTUR

Die Kunstfertigkeiten indigener Einwohner, die Einflüsse der britischen Wurzeln im Norden und der spanisch geprägten Mission im 18. und 19. Jh. im Süden bieten ein vielfältiges Kulturleben. Vor allem aber ist es der liberale Geist, der die Kulturszene des Westens prägt, hier ist man neugierig und experimentierfreudig.

Bildende und Darstellende Kunst

Indigene Kunst

Masken, Skulpturen, Totempfähle, dekorierte Zeremonialkanus: Die Kunst der Ureinwohner an der Westküste gilt als die höchstentwickelte unter den indigenen Völkern Nordamerikas. Eine neue Generation von Künstlern indigener Abstammung, u. a. **Stan Greene** (Salish) und **Marie Watt** (Seneca), integriert die alten Ausdrucksformen wie geometrische Ornamente und stilisierte Orcas und Raben in ihre mit zeitgenössischen Materialien geschaffenen Arbeiten. Kräftige Farben dominieren die von alten Mythen und Legenden inspirierten Themen.

Kunstpioniere

Anders als in vielen anderen Regionen der USA, wo man während der ersten zwei, drei Generationen vor allem damit beschäftigt war, am Leben zu bleiben, kümmerten sich die Pioniere im Westen um Kunst, sobald sie von ihren Planwagen geklettert waren. Schon 1847 gab **Nancy M. Thornton** in Oregon City Kunstkurse und 1856 finanzierte die Washington County Agricultural Society die erste Kunstausstellung der Region. 1859 wurden erstmals Preise für Künstler ausgeschrieben und 1867 eröffnete William T. Shanahan in Portland die erste Kunstgalerie im Nordwesten. Die erste Künstlervereinigung fand sich 1885 im Portland Art Club. Und 1915 präsentierten Maler aus dem Nordwesten sich erstmals gemeinsam auf der Panama-Pacific International Exhibition in San Francisco. Während der nächsten Jahrzehnte schlossen sich auch in kleineren Städten wie Eugene und Salem Künstler zusammen.

Washington, Oregon

Heute gibt es florierende Kunstszenen in Seattle, Portland, Ashland, Spokane und entlang der Küste Oregons. Identifizierbare Trends aber gibt es nicht. Als einer der Wegbereiter der Kunst im Nordwesten gilt der Impressionist **Carl Morris** (1911 – 1993), der während der Depression das Spokane Art Center eröffnete. Morris gehörte zu der jungen Kunstszene, die sich in den 1950er-Jahren in

»La Lucha Continua« – »Der Kampf geht weiter« ist dieses Mural in der Mission Street in San Francisco betitelt.

Sitting Bull
Malcolm X

Portland u. a. um die Porträtmalerin **Sally Haley** (1908 – 2007) entwickelte. Aus der gegenwärtigen Szene ragt **Tom Cramer** heraus. Berühmt für seine komplizierten, detailreich geschnitzten Holz- und Wandreliefs, hängen seine Werke an vielen öffentlichen Plätzen in Portland. **Dan Attoe** (geb. 1975) verarbeitet die Schattenseiten des Lebens in der Stadt und auf dem Land zu einem düsteren Surrealismus. **Laura Fritz** ist bekannt für ihre laborartigen Installationen und gilt als die vielversprechendste Video-Künstlerin des Landes. Ganz der Kunst des Glasblasens und -formens hat sich **Dale Chihuly** (geb. 1941) verschrieben, der mit seinen Objekten und Installationen als einer der wichtigsten Glaskünstler weltweit gilt. Sein Atelier »The Boathouse« steht am Lake Union in Seattle.

Musikalisch weltweit bekannt wurde der Nordwesten in den 1980er-Jahren durch Bands wie **Nirvana** und **Pearl Jam**, die mit einer dröhnenden Punk-Heavy Metal-Mischung namens **Grunge** internationale Erfolge feierten. Dabei waren Nirvana-Leadsänger Kurt Cobain & Co. nur die Spitze des Eisbergs. Der relativen Isolation des Nordwestens wegen ging die hiesige Musikszene einen interessanten Sonderweg. Beispielsweise spielte der afro-amerikanische Einfluss von Jazz, Blues und Rhythm&Blues lange Zeit nur eine untergeordnete Rolle. Seit den 1960er-Jahren erlebte die Region den ungebürstet aufspielenden **Garage Rock** (The Kingsmen), den wüsten Punkrock (The Wipers, The Lewd), Grunge und eine feministische Variante namens Riot Grrrl (u. a. Bikini Kill, Huggy Bear) und schließlich den ausschließlich von kleinen, unabhängigen Labels produzierten und höchst kreativen **Indie Rock** (The Shins, Stephen Malkmus). Zentren dieser vom Stil- und Sounddiktat der großen Produktionsgesellschaften unbehelligten Musikszene sind Portland und Seattle und in, weit geringerem Maß, auch Eugene und Spokane.

Kalifornien

Im 19. Jh. lebte eine ganze Reihe von Malern in Kalifornien. Sie waren entweder eingewanderte Europäer wie der Deutsche **Albert Bierstadt** (1830–1902) und der Engländer Thomas Hill (1829–1908) oder hatten in Europa eine akademische Ausbildung absolviert. Erst nach dem Zweiten Weltkrieg machten sich in Kalifornien gebürtige oder hier arbeitende Künstler einen Namen, darunter Richard Diebenkorn (1922–1993), Robert Motherwell (1922–1993), Sam Francis (1923–1994) oder David Hockney (geb. 1937).

Wandgemälde **(Murals)** entstanden besonders in Mexiko, wo nach der Revolution politisch engagierte Künstler, beeinflusst von Diego Rivera, David Alfaro Siqueiros oder José Clemente Orozco, Murales mit politischen Motiven schufen. Einige von ihnen waren auch in Kalifornien tätig, wo sie die lokale Kunst beeinflussten. Ausdrucksstarke Wandgemälde finden Sie heute u. a in San Diego (▶ Magischer Moment, S. 149), besonders jedoch in San Francisco – im Coit Tower oder im Mission District.

Anfang der 1960er-Jahre betrat mit den **Beach Boys** eine Musikgruppe die Bühne, die mit Songs wie »Good Vibrations« oder »Surfin' USA« dem Lebensgefühl der jungen Generation Ausdruck verlieh. Ihnen folgten in den 1970er- und 1980er-Jahren Formationen wie die Doors, Grateful Dead oder Jefferson Airplane, die einen neuen, kritischen Zeitgeist verkörperten. Dann trafen Gruppen wie Guns n' Roses und Metallica den Nerv der Jugend, später war es vor allem die in L. A. blühende Rapper-Szene, die in den 1980er- und 1990er-Jahren mit radikalen Texten und Interpreten wie Tupac Shakur, Snoop Dogg oder Dr. Dre weltweit Resonanz fanden, was Kendrick Lamar und The Game erfolgreich fortsetzen. Platz 1 jedoch hat sich inzwischen wieder der Rock zurückerobert.

Architektur

Washington, Oregon

Lange ist es her: Die Pioniere an der Nordwestküste verkrochen sich unter ihren umgestürzten, zu Hütten umfunktionierten Planwagen. Auch die im Jahr darauf gebauten Behausungen sahen nicht viel besser aus – die Fotos in den kleinen Stadtmuseen zeigen trotzig die Arme vor der Brust verschränkende Männer vor wenig Vertrauen erweckenden Hütten, daneben Frau, Kind, Kuh und Hühner. Es dauerte jedoch nicht lange, bis man sich eingerichtet hatte, Geld verdient wurde und die Ansprüche stiegen. Nun wurde gebaut, wie man es noch aus dem Osten kannte. Dort herrschte zu jener Zeit eine bunte Stilvielfalt: Formensprachen wie der verspielte **Queen Ann Style**, der strenge **Gothic Revival** und der herrschaftliche **Beaux Arts Style** kamen so auch an die Westküste und mit ihnen, meist um das Kap Hoorn geschifft, Möbel, Tapeten und Accessoires.
In **Seattle und Portland** sind alle Baustile vertreten, denen man im Nordwesten begegnen kann. Doch über die Stränge geschlagen haben die Architekten selten. Während Chicago, New York und selbst Milwaukee Architekturgeschichte schrieben, blieb vor allem Seattle merkwürdig zurückhaltend. Lediglich der **Smith Tower** (506 2nd Ave.) von 1914, der mit seiner Dachpyramide zumindest andeutungsweise etwas Schrulligkeit zeigt, und die extravagante **Space Needle** von 1962 fallen etwas aus der Rolle. In der jüngeren Vergangenheit fielen allerdings doch zwei Gebäude auf: Frank Gehrys **MoPOP** (Museum of Pop Culture, vorher: Experience Music Project) von 2002, eine wellenförmige, entfernt an Gehrys Guggenheim Museum in Bilbao erinnernde Hausskulptur, und Rem Kolhaas' 2004 neu eröffnete **Central Library**, eine Art gläserner Rubik-Würfel mit ungleichen Seiten. Ob es, wie Kritiker spötteln, die häufig graue Wolkendecke ist, die den Verantwortlichen die Lust am Risiko nimmt? Oder die mit zunehmender Bedeutung wachsende Furcht vor Experimenten?

Mit der Walt Disney Concert Hall erhielt L. A. nicht nur ein erstklassiges Konzerthaus, sondern auch erstklassige Architektur von Frank O. Gehry.

Für den Nordwesten mehr oder weniger typische Architektur findet man deshalb – und dies gilt auch für die übrigen Städte der Region – eher **in den Wohnvierteln Seattles**. Deren über 120-jährige Baugeschichte reicht von eleganten, im Queen Anne Style errichteten Villen (u. a. William H. Thompson House, 3119 S Day St.) in Capitol Hill bis zu postmodernen und neomodernistischen Strukturen an den Hängen der Außenbezirke. Um 1900 populär und zahlreich in Capitol Hill vertreten war die **»Seattle Box«**, ein gedrungenes, zweistöckiges Haus mit großen Eckfenstern, einer großen Veranda und elegantem, an der Seite emporstrebenden Schornstein. Um 1910 erreichte die aus England stammende **Arts-and-Crafts-Architektur** die Stadt: Schwere Säulen stützten nun die Veranden, weit vorkragende Dachvorsprünge spendeten Schatten und auf Ornamentik wurde weitgehend verzichtet. In den 1930er-Jahren waren lichtdurchflutete, dem neogotisch inspirierten Tudor-Stil angelehnte Backsteinhäuser in Mode, in den 1940er-Jahren waren es die Platz für Vorgärten lassenden, schindelgedeckten Cape-Cod-Häuschen. In den 1950er- und 1960er-Jahren kamen Flachdachbungalows mit großzügigen Fensterfronten und dem obligatorischen Sandsteinkamin auf. Ende der 1970er-Jahre schälte sich ein experimentierfreudigerer Stil heraus, der mit Namen wie »Northwest Contemporary«, »Westcoast Contemporary« oder

»Northwest Regionalism« belegt wird. Anfänglich war ein sparsames, minimalistisches Äußeres typisch und ein in mehrere Wohnebenen unterteiltes Interieur. Mittlerweile suchen die Häuser, die aus umweltfreundlichen Materialien gebaut sind mit riesigen Fensterfronten und viel hellem Holz im Innenleben, mit ihrer Umgebung zu verschmelzen und so naturnahes wie komfortables Wohnen zu ermöglichen. Auch öffentliche Gebäude werden zunehmend im »Northwest Regionalism Style« gebaut. Bestes Beispiel: die 2005 eröffnete **Ballard Library** (5614 22nd Ave. NW) in Seattle, deren nach Norden aufgestelltes Dach nicht nur Licht in alle Räume lässt, sondern auch noch mit Gras und rund 18 000 wenig Wasser benötigenden Blumen bepflanzt ist.

Kalifornien

Die spanischen Franziskaner des 18. Jh.s passten sich beim Bau ihrer **Missionsstationen** in Kalifornien der mexikanisch-indigenen Pueblo-Bauweise an. Als Material diente ihnen dabei neben Baumstämmen vor allem **Adobe** aus luftgetrocknetem Lehmmörtel, der mit Pflanzenfasern vermischt wird. Die in der zweiten Hälfte des 18. Jh.s entstandenen Missionsbauten waren die ersten Gebäude Kaliforniens, die nicht reinen Wohnzwecken dienten.
Nach Eintreffen der US-Amerikaner von der Ostküste entstand eine Mischung aus neuenglischen Architekturformen und spanisch-mexikanischen Elementen, die als Monterey-Stil bezeichnet wird.
Mit der Errichtung von Sägewerken wurden zunehmend **Holzschindelhäuser** gebaut und verschiedene Hölzer als Baustoff verwendet. Wegen deren Brandanfälligkeit wurden Geschäfts- und Bürohäuser zunehmend aus Ziegel oder anderen Steinen errichtet, doch für den Privatgebrauch wird noch heute viel mit Holz oder Spanplatten gebaut.
Eklektizismus war Trumpf in der kalifornischen Bauweise: So findet man in den Städten, vor allem in San Francisco, Stilelemente aus Neoklassizismus, Romantik oder Renaissance.
Ganze Stadtteile San Franciscos waren von 1870 bis zum Erdbeben von 1906 durch **viktorianische Häuser** aus Holz geprägt. Los Angeles stand lange im Abseits, doch mit dem gewaltigen Wachstum der Stadt stieg auch die Zahl das Stadtbild prägender Architekten. Um die Wende zum 20. Jh. hatten Henry und Charles Green den **»California Bungalow«** mit klaren, rechteckigen Formen, Flachdach und zum Garten hin offener Terrasse entwickelt, ein kostengünstiges Privathaus und jahrzehntelang Exportschlager.
Die Entwürfe heutiger Architekten werden immer gewagter, ihre geistige Nähe zu den Kulissenbauern Hollywoods lassen sich kaum verleugnen. So hat sich eine Art »L. A. Freestyle« herausgebildet, eine Denkschule, deren bekanntester Vertreter **Frank O. Gehry** exzentrische Gebäude mit dekonstruktivistischen Formen aus Stahl und Glas in der Stadt selbst mit der Walt Disney Concert Hall und über die ganze Welt verstreut hinterließ (z. B. mit dem Guggenheim Bilbao in Nordspanien).

INTERESSANTE MENSCHEN

Von Flugzeugen zu Rennpferden: William Edward Boeing

1881 – 1956
Flugzeugkonstrukteur

William Edward Boeing, geboren am 1. Oktober 1881 in Detroit als Sohn des aus dem Sauerland eingewanderten Wilhelm Böing, machte aus einem kleinen Hangar **die größte Flugzeugfirma der Welt**. Auf Geschäftsreise für die Firma seines Vaters sah er 1909 in Seattle zum ersten Mal ein Flugzeug; am 4. Juli 1915 flog er zum ersten Mal selbst mit, im Dezember 1915 begann er zusammen mit George C. Westervelt mit dem Bau des B & W-Wasserflugzeugs, das am 15. Juni 1916 zum Jungfernflug startete. Westervelt schied bald aus, Boeing gründete noch im Juli 1916 die Pacific Aero Products Co., die er 1917, nach dem Eintritt der USA in den Ersten Weltkrieg, zur Boeing Airplane Co. umtaufte. Aufträge der Armee legten den Grundstein für den Ausbau der Firma. In der Folgezeit baute Boeing (seit 1929 United Aircraft and Transportation Corp.) nicht nur Flugzeuge, sondern richtete auch einen Luftpost- und Passagierdienst ein, was 1934 schließlich die US-Regierung auf den Plan rief: Boeing musste nach den Antitrust-Gesetzen seine Firma teilen (in die Boeing Airplane Co., die United Aircraft Corporation und die United Airlines) und vom Vorstandsposten zurücktreten, worauf er sich auf das Züchten von Rennpferden verlegte. Er starb am 27. September 1956 an einem Herzinfarkt auf seiner Yacht im Yachtclub von Seattle.

Dreaming of a white Christmas: Bing Crosby

1903 – 1977
Sänger und Schauspieler

Wahrscheinlich ist sein Weihnachtslied »I'm dreaming of a white Christmas« mittlerweile mindestens so populär wie »Stille Nacht, Heilige Nacht«. Geschrieben von Irving Berlin, wurde es durch den samtweichen Bariton von Bing Crosby zum Welterfolg. Der kam am 3. Mai 1903 als Harry Lillis Crosby in Tacoma (WA) zur Welt. Als er drei Jahre alt war, zog die Familie nach Spokane. Schon während des Studiums dort spielte und sang er so erfolgreich in einer Band, dass er auf den Abschluss verzichtete und ins Showbusiness ging. 1926 entdeckte der Bandleader Paul Whiteman ihn und seinen Partner Al Rinker. Innerhalb weniger Jahre schaffte er es zum **populärsten Sänger der USA**. Nicht minder erfolgreich war Bing Crosby als Schauspieler, was ihm 1944 einen Oscar (für »Going My Way«) ein-

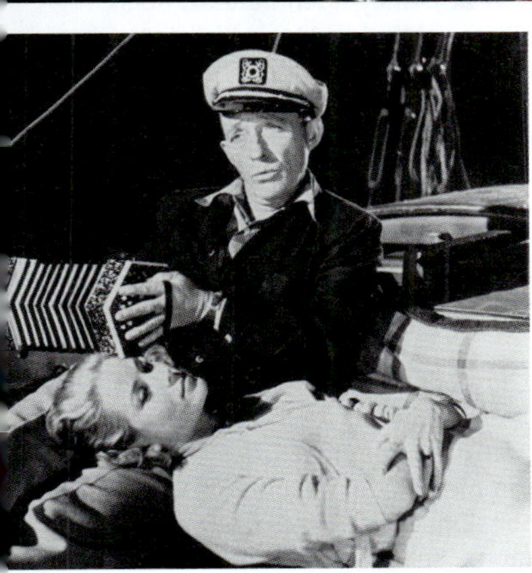

OBEN: Der Gitarrengott aus Seattle: Jimi Hendrix

UNTEN: Bing Crosby schwor Grace Kelly »True Love«.

brachte – doch den meisten Kinogängern fällt eher das wunderbare Duett »True Love« mit Grace Kelly ein. Crosby, dessen großes Vorbild Al Jolson war, hob als einer der ersten US-Sänger die Trennline zwischen klassischem Gesang und Vaudeville auf. Mit seinem phrasierenden Gesangsstil, seiner vermeintlichen Leichtigkeit und seiner Intonationskunst beeinflusste er maßgeblich Sänger wie Frank Sinatra oder Dean Martin. Er war zudem ein außergewöhnlich guter Golfspieler – so ereilte ihn der Tod fast »standesgemäß«: Er starb am 14. Oktober 1977 in der Nähe von Madrid an einer Herzattacke nach einer Golfpartie.

Vater der Mickey Maus: Walt Disney

1901–1966
Trickfilmzeichner und Filmproduzent

Walter Elias Disney wurde am 5. Dezember 1901 in Chicago geboren. Seine Jugend verbrachte er in Illinois, Missouri und Kansas. Der Versuch, eine eigene Firma mit der Produktion von Cartoons zu starten, endete mit einer Pleite. Mit 21 Jahren machte sich Disney auf an die Westküste. Mit Bruder Roy gründete er das **»Disney Brothers Studio«**, das erfolgreich Comicstrips an Zeitungen verkaufte. In dem Comicfilm »Steamboat Willie« (1928) hatte eine Maus namens **Mickey** ihren ersten großen Auftritt. Die meisten rieten ihm ab, einen abendfüllenden Zeichentrickfilm zu produzieren, doch »Schneewittchen« (1937) wurde zum Kassenschlager. Mit weiteren Filmen fürs Kino und TV-Produktionen blieb Walt Disney auf Erfolgskurs.

Sein nächstes Projekt, ein »Magisches Königreich«, einen nie gesehenen Vergnügungspark für Kinder und Erwachsene, zu schaffen, erschien riskant. Doch **Disneyland** in Anaheim war vom ersten Tag an ein riesiger Erfolg. Mit dem Projekt, in Florida einen noch größeren Vergnügungspark zu errichten, war Walt Disney noch befasst, doch er konnte die Eröffnung von »Walt Disney World's Magic Kingdom« in Orlando 1971 nicht mehr erleben. Am 15. Dezember 1966 starb er an Lungenkrebs.

Von einigen Kollegen aus dem Filmbusiness wurde Disney seine Kooperation mit dem **McCarthy-Ausschuss** für »Unamerikanische Aktivitäten« in der Zeit nach dem Zweiten Weltkrieg vorgeworfen.

Lebende Legende: Clint Eastwood

geb. 1930
Schauspieler, Regisseur, Filmproduzent

Der Schauspieler, Regisseur, Filmproduzent und Lokalpolitiker erblickte am 31. Mai 1930 in San Francisco das Licht der Welt. Er besuchte ein knappes Dutzend Schulen, da sich sein in der Zeit der Großen Depression Arbeit suchender Vater immer wieder an anderen Orten niederließ. Eastwood war Gelegenheitsjobber und Soldat, ehe er mit kleineren Rollen in Hollywood Fuß fasste. Seinen Durchbruch erlebte

er in den 1960er-Jahren mit **»Für eine Handvoll Dollar«** (1964) und »Zwei glorreiche Halunken« (1966) von Sergio Leone. Seine Verkörperung des abgebrühten Inspektor Callahan in den »Dirty Harry«-Filmen (ab 1971) brachte ihm auch kritische Diskussionen über die offene Propagierung von Gewalt. Mit dem Spätwestern »Erbarmungslos« (»Unforgiven«, 1992), in dem er selbst die Hauptrolle spielte, erhielt Eastwood seinen ersten Regie-Oscar. Gleich zwei Auszeichnungen (bester Film, beste Regie) gab es für **»Million Dollar Baby«** (2004). Die Liste seiner Filme reicht von dem melodramatischen düsteren Thriller »Mystic River« (2003) und ambitionierten Kriegsfilmen wie »Letters from Iwo jima« (2006) bis zu einer Episode aus dem Leben Nelson Mandelas (»Invictus«, 2009).
Bislang spielte Eastwood in 45 größeren Produktionen die Hauptrolle, führte in mehr als 30 Filmen Regie und produzierte zwei Dutzend Streifen. Schon 1996 wurde vom American Film Institute (AFI) für sein Lebenswerk geehrt. Und 1986 wurde der Republikaner Eastwood für zwei Jahre zum **Bürgermeister** seines Wohnorts Carmel gewählt.

Enfant terrible: Frances Farmer

1913 – 1970
Schauspielerin

Jessica Lange spielte sie in »Frances« (1982) und machte ihr Schicksal auch außerhalb Amerikas bekannt. Frances Farmer, in Seattle am 19. September 1913 geboren und dort zur Schauspielerin ausgebildet, war Hollywoods tragisches Enfant terrible. 1935 unterzeichnete sie bei Paramount, doch schon bald rebellierte die ebenso talentierte wie temperamentvolle Schauspielerin, die schon mit Tyrone Power und Bing Crosby vor der Kamera gestanden hatte, gegen die ihr zugewiesenen stereotypen Rollen, das glamouröse Partyleben in Hollywood und eine sensationsgierige Presse. Ihre Dauerfehde mit den allmächtigen Studios hinterließ immer tiefere Spuren – Beziehungen gingen in die Brüche, ihr Alkoholkonsum zerstörte Ruf und Karriere. Nach Aufenthalten in mehreren Nervenkliniken fing sie in den 1950er-Jahren als Wäscherin in Seattle ganz von vorne an. Während eines Mini-Comebacks bei einer lokalen Fernehstation in Indiana starb sie am 1. August 1970 im Alter von 56 Jahren.

Menschen, Computer und viel Geld: Bill Gates

geb. 1955
Gründer von Microsoft

Er ist **einer der einflussreichsten Männer der Welt** und Prototyp des visionären Computer-Freaks: Bill Gates. So gut wie jeder Computer benutzt wenigstens eines der Software-Progamme von Microsoft, was ihn mit einem Gesamtvermögen von 78 Milliarden Dollar auch zum (derzeit) reichsten Mann der Welt macht. Am 28. Oktober 1955 in Seattle geboren, brach Gates sein Harvard-Studium vorzeitig ab und gründete mit Paul Allen die Firma Microsoft. Mit Software wie MS-DOS machte Gates den Computer der Allgemeinheit zugänglich. Indem er das Lizenzgeschäft aggressiv gegen Piraterie schützte, sicherte er Microsoft einen beispiellosen wirtschaftlichen Erfolg. 2008 zog sich Gates aus dem Tagesgeschäft zurück, um sich seinen philantropischen Aktivitäten zu widmen. Er gründete zusammen mit seiner Frau die größte Privatstiftung der Welt, die **Bill and Melinda Gates Foundation**, die sich auf die Bereiche der Bildung innerhalb der USA sowie der Entwicklung und Gesundheit der Menschen weltweit konzentriert.

Schöpfer der Simpsons: Matt Groening

geb. 1954
Comic-Zeichner

Comics zeichnen, hat der in Portland (Oregon) geborene Groening einmal gesagt, ist für Menschen, die weder vernünftig schreiben noch malen können. Kombiniere man diese beiden Semi-Talente jedoch, kommt zumindest eine Karriere dabei heraus. In Groenings Fall eine ganz hervorragende: Ende der 1970er-Jahre zog er nach Los Angeles und schuf dort eine Comic-Serie namens »Life in Hell«. Darin diskutierten Figuren mit Hasenköpfen die Fallgruben des Alltags, v. a. Sex, Tod und Entfremdung. Mitte der 1980er-Jahre landete er mit **»The Simpsons«** seinen größten Coup. Die 1987 erstmals als Zeichentrickfilm auf Sendung gegangene Comicreihe gilt heute als – selten schmeichelhafter – Spiegel der amerikanischen Gesellschaft. Familienoberhaupt Homer ist faul, übergewichtig und ordinär, seine Familie liebt er jedoch über alles. Zusammen mit seiner Frau Marge und den Kindern Bart, Lisa und Maggie beißt er sich durch die Tücken des Alltags in Suburbia – zur Freude eines inzwischen weltweiten Publikums.

Im Rausch der Sixties: Jimi Hendrix

1942–1970
Gitarrist

Was wären die Sixties ohne ihn gewesen? Jimi Hendrix, in Seattle geboren, zündete 1967 im London Astoria zum ersten Mal seine Gitarre an, seine Version des »Star Spangled Banner« auf dem Woodstock Festival zwei Jahre später ist Legende, endete sie doch im per E-Gitarre erzeugten Heulen der Granaten des Vietnamkriegs. Nach Gigs als Session-Musiker für Little Richard und Sam Cooke ging er 1966 nach London, wo er mit Noel Redding und Mitch Mitchell die **Jimi Hendrix Experience** gründete. London verfiel dem virtuosem, noch nie zuvor gehörten Gitarrenspiel des Linkshänders – gerne auch hinter dem Rücken, mit der Zunge und mit den Zähnen und kreischenden Rückkopplungen. Stücke wie »Hey Joe«, »Purple Haze« und

»The Wind Cries Mary« von seinem erstem Album »Are you experienced?« wurden Rock-Klassiker. Tourneen durch Europa und die USA folgten. Der Erfolg mit seiner im Herbst 1969 gegründeten »Band of Gypsys« hielt sich jedoch in Grenzen und Hendrix schloss sich mit Billy Cox und Mitch Mitchell zusammen, aber das Album »First Rays of the Rising Sun« wurde jedoch nie fertig.
Am 18. September 1970 starb der drogensüchtige Hendrix in London an zu viel Alkohol und Schlaftabletten – er erstickte an seinem Erbrochenen. Er ist auf dem Greenwood Cemetery von Renton (südöstlich von Seattle) begraben; eine Erinnerungsplakette ist auf der 5th Ave. in Seattle ins Pflaster eingelassen.

Computer-Visionär: Steve Jobs

1955–2011
Unternehmer

Der kleine Steve, am 24. Februar 1955 in San Francisco geboren, wurde von Clara und Paul Jobs adoptiert und wuchs in Mountain View auf, heute ein wichtiger Ort im Silicon Valley. Nach seinem High-School-Abschluss 1972 und Studienabbruch jobbte er beim damals führenden Computer- und Spielekonsolenhersteller Atari. Wenig später gründete er mit Steve Wozniak und Ronald Wayne eine eigene Firma. Sie brachten 1976 einen Computer auf den Markt, den sie in Steve Jobs Garage in Palo Alto zusammenbastelten und »**Apple I**« nannten. Der »**Macintosh**« (Mac), erster PC mit grafischer Benutzeroberfläche, wurde 1984 ein riesiger kommerzieller Erfolg.
Nach internen Auseinandersetzungen verließ Jobs 1985 die Firma und gründete das Computerunternehmen NeXT. Parallel stieg er 1986 bei **Pixar** ein, einem auf Computeranimationen spezialisierten Unternehmen. Der Börsengang von Pixar machte Jobs zum Milliardär. Als Disney 2006 Pixar kaufte und Jobs mit Disney-Aktien bezahlte, wurde er zum größten Einzelaktionär des Konzerns.
1996 kehrte Steve Jobs an die Spitze seines alten Unternehmens zurück und brachte es mit spektakulären, perfekt inszenierten Neuerungen wieder auf die Erfolgsspur. Zwei Jahre später erblickte der »iMac« das Licht der Öffentlichkeit, es folgte der »iPod« mit der eigenen Software »iTunes«, bald darauf das revolutionäre Mobiltelefon **»iPhone«**. 2010 kam das **»iPad«** auf den Markt. Als 2009 publik wurde, dass Jobs länger an Krebs erkrankt war, zog er sich zeitweise aus dem operativen Geschäft zurück. Am 5. Oktober 2011 starb er im Kreis seiner Familie.

Tragischer Abenteurer: Jack London

1876–1916
Schriftsteller

Der uneheliche Sohn eines Wanderastrologen und einer wenig liebevollen Mutter kam am 12. Januar 1876 in San Francisco zur Welt.

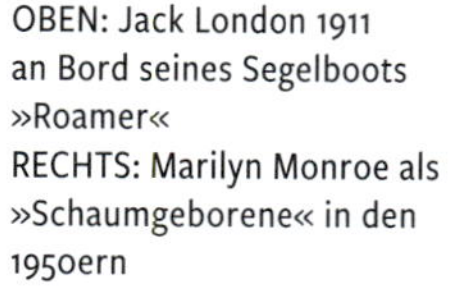

OBEN: Jack London 1911
an Bord seines Segelboots
»Roamer«
RECHTS: Marilyn Monroe als
»Schaumgeborene« in den
1950ern

Mit 14 verließ er die Schule und schlug sich als Fischer, Hafenpolizist und Seemann durch. Als Obdachloser wurde er zum ersten Mal verhaftet, ein zweites Mal wegen einer sozialistischen Brandrede. 1897 ging er am kanadischen Fluss Klondike auf **Goldsuche**.
London begann seine schriftstellerische Arbeit mit Kurzgeschichten, die er in Magazinen und 1900 gesammelt als Buch unter dem Titel »The Son of the Wolf« herausbrachte. Im Verlauf der nächsten anderthalb Jahrzehnte schrieb er 40 Romane, darunter »Ruf der Wildnis« (1903), **»Wolfsblut«** (1906) und der politische Thriller »Die eiserne Ferse« (1907). In **Glen Ellen** ließ sich er ein Haus bauen, das unmittelbar nach seiner Fertigstellung im Jahr 1913 abbrannte (Jack London State Historic Park, ► S. 119). Im Alter von nur 40 Jahren verstarb er aus nicht geklärten Gründen am 22. November 1916 in Glen Ellen.

Opfer der Idol-Fabrik: Marilyn Monroe

1926–1962
Schauspielerin

Als **Norma Jean Baker** oder Mortenson am 1. Juni 1926 in Los Angeles geboren, begann Marilyn Monroe ihre steile Laufbahn als Artischocken-Schönheitskönigin und Fotomodell, wurde dann in Hollywood als Sexbombe entdeckt und als solche in fast dreißig Filmen vermarktet. Nachdem sie 1948–1952 größtenteils kleinere Rollen gespielt hatte, wurde sie durch den Film »Niagara« (1953) über Nacht berühmt. »Blondinen bevorzugt« (1953), »Der Prinz und die Tänzerin« (1957), vor allem jedoch **»Manche mögen's heiß«** (1959) in der Regie von Billy Wilder – teilweise gedreht im legendären »Hotel del Coronado« bei San Diego (► S. 143) – waren einige ihrer bekanntesten Filme.
Die begabte Schauspielerin wurde ein tragisches Opfer der Idol-Fabrik Hollywood. Erwiesen sind ihre Affären mit den Brüdern John F. und Robert Kennedy. In dritter und letzter Ehe war sie mit dem Schriftsteller Arthur Miller (1915–2005) verheiratet. Ihr letzter Film »Misfits – nicht gesellschaftsfähig« zeigt sie 1961 an der Seite von Clark Gable. Die Umstände ihres Todes am 5. August 1962 in einem Alter von nur 36 Jahren bleiben unklar. Sicher ist nur, dass ein Mix verschiedener Medikamente zu Herzversagen führte.

»
Hollywood ist der Ort,
an dem man dir 1000 Dollar
für einen Kuss bezahlt
und 50 Cents für deine Seele.
«

Marilyn Monroe

Gone West: Meriwether Lewis und William Clark

Expeditionsreisende

Mit ihrer von 1804 bis 1806 durchgeführten Expedition haben Lewis und Clark nicht nur ersten Kontakt zu bis dato vielen unbekannten indigenen Stämmen hergestellt, sondern auch maßgeblich die Erschließung des Nordwestens der USA für Siedler vorbereitet. **Meriwether Lewis**, 1774 in Virginia geboren, kam 1801 als Privatsekretär zu Präsident Thomas Jefferson. Dieser beauftragte den erfahrenen Soldaten mit Planung und Ausführung der Expedition. Nach deren erfolgreichem Abschluss ernannte Jefferson ihn zum Gouverneur des Lousiana-Territoriums mit Sitz in St. Louis. Beschwerden über seine Amtsführung wollte er persönlich in Washington erwidern. Auf dem Weg dorthin übernachtete er in der Taverne Grinder's Stand südlich von Nashville / Tennessee, wo er am 11. Oktober 1809 unter bis heute ungeklärten Umständen erschossen wurde.

Ganz anders verlief das Leben des 1770 ebenfalls in Virginia geborenen **William Clark**. Er wurde von Lewis in die Expedition berufen und stellte sich als der tatkräftige Co-Leiter heraus, während Lewis abwägender agierte. Jefferson machte ihn nach der Expedition zum General der Miliz des Louisiana-Territoriums. 1813 ernannte ihn Präsident Madison zum Gouverneur des Missouri-Territoriums, doch als Missouri 1820 der Union beitrat, scheiterte Clark bei den Gouverneurswahlen. Präsident Monroe ernannte ihn daraufhin zum Superintendenten für Indianer-Angelegenheiten. Dieses Amt – seit 1829 zum Leiter des Bureau of Indian Affairs umgewidmet – behielt Clark bis zu seinem Tod am 1. September 1838.

Trickser im Weißen Haus: Richard M. Nixon

1913–1994
US-Präsident

Richard Milhous Nixon wurde am 9. Januar 1913 in Yorba Linda östlich von Anaheim in Kalifornien geboren. Obwohl er aus bescheidenen Verhältnissen stammte, konnte er ein College besuchen und Jura studieren. Er ließ sich als Anwalt nieder, diente im Zweiten Weltkrieg in der Marine und wurde 1946 zum Abgeordneten gewählt. Vier Jahre später erfolgte seine Wahl zum Senator und 1952 zum Vizepräsidenten unter Dwight D. Eisenhower. Machenschaften bei der Senatswahl brachten ihm den Spitznamen **»Tricky Dicky«** ein. 1960 verlor er die Präsidentschaftswahl gegen John F. Kennedy und unterlag 1962 auch in der Gouverneurswahl von Kalifornien. 1968 wurde Nixon zum Präsidenten der USA gewählt und vier Jahre später bestätigt.

Er betrieb eine Politik der Entspannung zwischen den beiden Weltmächten, der Anerkennung der Volksrepublik China und der Einlei-

tung des Waffenstillstands im Vietnam-Krieg. Sein zunehmend autoritärer Regierungsstil und die Verwicklung in die **Watergate-Affäre** zwangen ihn als bisher einzigen der 45 US-Präsidenten am 8. August 1974 zum Rücktritt.
Richard Nixon starb am 22. April 1994 in New York und liegt in **Yorba Linda** bei Anaheim begraben, wo sein Geburtshaus und die Presidential Library über sein Leben und seine Amtszeit informieren.

»Wie kann man Land kaufen und verkaufen?«: Noah Seattle

1786 – 1866
Häuptling, Redner

Im Namen der Stadt Seattle hat der zum Stamm der Duwamish gehörende **Häuptling Sealth** (auch: Seattle) die Zeiten überlebt. Richtig berühmt aber machte ihn die Ökologie-Bewegung der 1970er- und 1980er-Jahre, indem sie eine von ihm gehaltene Rede (»Wie kann man Land kaufen und verkaufen?«) zu einem Manifest der Ökologie erhob. Allein – der Text ist umstritten: Sicher ist, dass Seattle 1854 dem Gouverneur des Washington-Territoriums in einer halbstündigen Rede auf dessen Ansinnen, Land von den Ureinwohnern zu kaufen, antwortete.
Die erste Aufzeichnung allerdings nahm 30 Jahre später der Ohrenzeuge und Amateurschriftsteller Dr. Henry A. Smith vor, der jedoch Seattles Sprache nicht sprach und den Text sehr blumig ausstaffierte. Die heutige populär gewordene Version schrieb der texanische Professor **Ted Perry** als Skript für einen Film über Ökologie.

Vom Segeltuch zur weltberühmten Levi’s Jeans: Levi Strauss

1829 – 1902
Textilproduzent

Der aus dem fränkischen Buttenheim stammende Levi Strauss (eigentlich: Löb Strauss) kam als 14-Jähriger nach Amerika. Vor Antritt einer dreimonatigen Schiffsreise um das Kap Hoorn hatte er sich in der brüderlichen Textilhandlung in New York mit Stoffen und einigen Ballen Segeltuch für die Planwagen eingedeckt. Noch ehe er in San Francisco ankam, war er seine Ware losgeworden – mit Ausnahme des Segeltuchs. Eines Tages beschwerte sich ein Goldgräber, dass bei der anstrengenden Arbeit die Hosen so leicht zerrissen. Strauss ließ nun aus seinem bislang nutzlosen Segeltuch Hosen anfertigen, die sofort ein Verkaufsschlager wurden.
1853 gründete er mit seinen Brüdern die heute noch bestehende Firma **Levi’s**. Die Idee, die Hosentaschen mit Kupfernieten zu verstärken, kam allerdings von dem ortsansässigen Schneider Jacob Davis, der sie zusammen mit Strauss 1873 patentieren ließ. Statt des Segeltuchs wurde später widerstandsfähiger Drillich benutzt,

nach seinem französischen Herkunftsort **»serge de Nîmes«** genannt, woraus »denim« wurde.

»Kaiser von Kalifornien«: Johann August Sutter

1803 – 1880
Kaufmann

Angesichts einer unglücklichen Ehe und dem Konkurs seines Kurzwarengeschäfts entschloss sich der in der Schweiz aufgewachsene, im badischen Kandern geborene Sutter, nach Amerika auszuwandern. 1839 kam er in Kalifornien an. Er wurde mexikanischer Staatsbürger und erhielt vom Vizekönig ein riesiges Stück Land im Sacramento-Tal, das er nach Vertreibung der indigenen Einwohner als **»Nueva Helvetia«** in sein Reich verwandelte und ihm den Namen »Kaiser von Kalifornien« eintrug, erst recht, nachdem er auch die russischen Besitzungen in Fort Ross und Bodega Bay gekauft hatte. Weil er die Amerikaner bei der Eroberung Kaliforniens unterstützte, zog er als Delegierter in die verfassunggebende Versammlung ein und nannte sich nun John Augustus Sutter.

Als 1848 in der Nähe der von ihm gegründeten Hauptstadt Sacramento Gold entdeckt wurde, begann der kalifornische Goldrausch. Bei der Errichtung einer Sägemühle auf Sutters Grund wurde 1849 ebenfalls Gold gefunden. Bald überrannten Glücksritter seinen Besitz und zerstörten, was nicht niet- und nagelfest war. Sutter verlor alles und lebte 16 Jahre lang in Pennsylvania von einer kleinen Pension, die ihm der Senat aussetzte, doch seine Schadenersatzansprüche wurden nie anerkannt. Er starb völlig verarmt am 18. Juni 1880.

Der Erfinder des Reiseführers: Karl Baedeker

1801–1859
Verleger

Als Buchhändler kam Karl Baedeker viel herum, und überall ärgerte er sich über die »Lohnbedienten«, die die Neuankömmlinge gegen Trinkgeld in den erstbesten Gasthof schleppten. Nur: Wie sollte man sonst wissen, wo man übernachten könnte und was es anzuschauen gäbe? In seiner Buchhandlung hatte er zwar Fahrpläne, Reiseberichte und gelehrte Abhandlungen über Kunstsammlungen. Aber wollte man das mit sich herumschleppen? Wie wäre es denn, wenn man all das zusammenfasste?

Gedacht, getan: Zwar hatte er sein erstes Reisebuch, die 1832 erschienene »Rheinreise«, noch nicht einmal selbst geschrieben. Aber er entwickelte es von Auflage zu Auflage weiter. Mit der Einteilung in »Allgemein Wissenswertes«, »Praktisches« und »Beschreibung der Merk-(Sehens-)würdigkeiten« fand er die klassische Gliederung des Reiseführers, die bis heute ihre Gültigkeit hat. Bald waren immer mehr Menschen unterwegs mit seinen **»Handbüchlein für Reisen-**

de, die sich selbst leicht und schnell zurechtfinden wollen«. Die Reisenden hatten sich befreit, und sie verdanken es bis heute Karl Baedeker. Die Westküste der USA beschreibt er erstmals im 1893 erschienenen Band »Baedeker's Nordamerika«.

»

Von der Thalsohle aus sieht der Besucher nach keiner Richtung einen Ausweg und fühlt sich von der übrigen Welt völlig abgeschnitten. Kein schweizerisches Thal vereinigt auf so kleinem Raum eine solche Fülle und Mannigfaltigkeit großartiger und wildromantischer Landschaften wie das Yosemite.

«

Baedeker's Nordamerika. 1. Auflage 1893

E

ERLEBEN & GENIESSEN

Überraschend, stimulierend, bereichernd

Mit unseren Ideen erleben und genießen Sie die Westküste der USA.

Dolce Vita an der Westküste:
In Napa Valley fühlt man sich wie in der Toskana. ►

BEWEGEN UND ENTSPANNEN

Spektakuläre Landschaften ohne Touristenrummel, die Cascades, die Regenwälder und Vulkane, Wüsten und Prärien, die Canyons, wilden Flüsse und Seen, eine grandiose, oft naturbelassene Küste im Norden und Traumstrände im Süden: Das Outdoor-Angebot im Westen ist endlos. Wer einmal hier die Wanderschuhe geschnürt hat, kommt immer wieder!

Great Outdoors

Das Schönste: Es gibt **für jeden etwas**. Denn die Great Outdoors sind machbar. Unabhängig von Alter und Wildniserfahrung, kann hier so gut wie jeder einen Trail durch den Regenwald oder einen Vulkan hinauf in Angriff nehmen, mehrtägige Kanutrips oder Radtouren bestreiten. Die einzige Voraussetzung ist eine akzeptable körperliche Verfassung. Die **Trails** in den National und State Parks sind hervorragend. Schilder geben nicht nur die Länge, sondern auch die Gehzeiten an. Besucherzentren versorgen einen mit detaillierten Wanderkarten, Ranger beantworten von der Wettervorhersage über den jeweiligen Trail-Zustand bis zu Bären und Wölfen alle Fragen, die den Wildnis-Novizen umtreiben.

Wer die Trails verlassen und für ein paar Tage ins Hinterland, ins **Backcountry**, will, benötigt eine Genehmigung der Parkverwaltung. Diese muss auch – aus Sicherheitsgründen – über den genauen Zeitraum und die angepeilte Route informiert werden. Generell sollte man solche Unternehmungen nur in Gruppen oder aber im Rahmen professionell geführter Touren angehen. Dies gilt insbesondere auch für Kanu-, Kayak- und Raftingtouren, egal ob eintägige Spritztour oder mehrtägige Expedition. Die Gefahr, viele Tagesreisen von der Zivilisation entfernt in Schwierigkeiten zu geraten, ist in der Wildnis ein ständiger Begleiter.

Wandern, Hiking, Trekking

Schutzgebiete

Viele der landschaftlichen Höhepunkte in den Staaten der Westküste sind als **Nationalparks** (NPs) geschützt. In Kalifornien sind dies der Yosemite NP, der Sequoia- und Kings-Canyon NP, der Redwood NP, der Joshua Tree NP, der Death Valley NP, der Channel Islands NP und der Lassen Volcanic NP, in Oregon der Crater Lake NP, in Washington der Northern Cascades NP, der Mount Rainier NP und der Olympic Peninsula NP. Hinzu kommen weitere Schutzgebiete, darunter der Mount St. Helens in Washington sowie zahlreiche **National Forests** und sog. **Wilderness Areas**, in denen eine touristische Infrastruktur

OBEN: Nach so viel Bewegung am Strand von Santa Barbara braucht es Entspannung.

UNTEN: Schneeschuhläufer erkunden die Grenzregion zu Kanada.

Langsam anfangen: In stilleren Gewässern können Neulinge erste Erfahrungen im White Water Rafting sammeln.

nur sehr schwach oder gar nicht entwickelt ist. Die meisten verfügen über gut ausgebaute Trails.

Terrains, Jahreszeiten

Bei der Planung einer Wanderung sollten Sie die unterschiedlichen Terrains berücksichtigen. Trails im **Hochgebirge** begeht man wegen der Schneeschmelze frühestens im Juni. Trails im **Tiefland** – vorausgesetzt, man stört sich im Norden nicht am Regen bzw. im Süden nicht an Trockenheit und Hitze – sind zu jeder Jahreszeit begehbar.

Radfahren, Mountainbiking

Biken

Das Fahrrad als Transportmittel ist auch an der Westküste nicht wegzudenken, vor allem dort, wo das Terrain flach ist und die Infrastruktur gut. In vielen modernen Städten gehören Radwege längst zum Alltag. Längere Radtouren werden ebenfalls immer beliebter: **Stillgelegte Eisenbahntrassen** durch die Wildnis werden zu Radwegen

umfunktioniert, Gemeinden legen zusammen und schaffen schöne Trailnetze für Radwanderer. Mehrtägige oder gar mehrwöchige Radwanderungen sind ebenfalls möglich, allerdings wird man in diesem Fall den Asphalt immer wieder mit schnell fließendem Fernverkehr teilen müssen.
Der Bundesstaat **Oregon** besitzt das einzige **Scenic-Bikeway-Programm** der USA. Nach diesen werden landschaftlich schöne Radwege auf Vorschläge von Einheimischen angelegt. Einige sind schöne Tagestouren, für andere müssen mehrere Tage eingeplant werden.
Der ganz im Nordwesten der USA gelegene Bundesstaat **Washington** trägt den Ehrentitel **Bicycle Friendly State**. Und das ist nicht übertrieben: Im Web findet man Dutzende lohnende Radwanderwege, die kreuz und quer durch den Staat führen.
Auf asphaltierten Wegen kurven Radfahrer entspannt durch die **Strandidylle** von **Kalifornien**. Auch Fahrradtouren durch die **Weinanbaugebiete** in Napa und Sonoma Valley sind beliebt.

Rafting, Kayaking, Canoeing

Wildwasserparadiese

Wer als Paddler **Oregon** sagt, meint den **Rogue und den Deschutes River**. Die hier möglichen mehrtägigen Rafting- und Kanu-Trips sind Legende, die Stromschnellen und stehenden Wellen der Kategorien IV und V treiben Wildwasserfreunden Glückstränen in die Augen. Tosendes Wasser und spektakuläre Kulisse vereint der **Snake River** auf der Grenze zu Idaho: Hier reitet man die Wellen in einem der tiefsten Canyon der Gegend.
Rafter und Paddler in **Washington** merken sich die Namen dieser Flüsse: **Wentchee, Skagit und Yakima**. Auch im Olympic Nationalpark gibt es ein paar Rafting-Flüsse, darunter den **Hoh River** und den **Queets River.**
Auch in **Kalifornien** ist Rafting ein beliebter Outdoor-Spaß. Top-Reviere sind der **Yuba** und der **American River** sowie die Flüsse und Bäche zwischen dem Mt. Shasta und Redding. Eher gemütlich und ruhig geht es auf dem **Klamath River**, dem **Upper Sacramento River** und dem **Merced River** zu.
Achtung: Während man sich den Anbietern blind anvertrauen kann, sollte man Flüsse wie den Deschutes und Rogue River oder den Yakima auf keinen Fall als Neuling versuchen. Die hier und anderswo zu erwartenden **starken Stromschnellen** stellen für Anfänger eine Bedrohung von Leib und Leben dar. Wildwasser-Novizen sind deshalb am besten beraten, sich einer **geführten Rafting Tour** anzuschließen. Bei den benutzen Rafts handelt es sich meist um dicke, für sechs bis 12 Gäste in Schwimmwesten ausgelegte **Gummiflöße**, die von erfahrenen River Guides gesteuert und gekonnt um die ärgsten Hindernisse herum navigiert werden.

WEGE MIT AUSSICHTEN

Die Möglichkeiten sind endlos, die Erfahrungen unvergesslich: Hiker finden an der wildromantischen Westküste ihr Nirwana. Egal ob Halbtageswanderung mit Sandwiches und Wasserflasche oder mehrtägiger Hike mit Rucksack, Verpflegung und Zelt, es scheint, als führe so gut wie jeder Trail zu spektakulären Aussichten.

Lava und Schwefel

Anstrengend, aber absolut lohnend ist die Besteigung des 3189 Meter hohen **Lassen Peak**, jenes imposanten Vulkankegels im Norden Kaliforniens. 1917 zum letzten Mal ausgebrochen, erinnert aus Spalten beiderseits des Trails austretende Schwefelgeruch daran, dass der Riese nur schläft.
Der 5 mi/8 km lange Trail beginnt am Parkplatz in 2600 Metern Höhe und folgt nach ein paar Serpentinen und steilen Abschnitten dem Südostkamm auf den Gipfel. Der Rundumblick über den **Lassen Volcanic National Park** mit seinen rund 30 weiteren vulkanischen Lavakuppen ist unvergesslich.
Es ist vergleichsweise noch gar nicht so lange her, dass der **Mount St. Helens** (▶ S. 12, 308) ausbrach: Am 18. Mai 1980 pulverisierte er die oberen 400 Gipfelmeter, mähte 600 Quadratkilometer nieder und riss 57 Schaulustige in den Tod. Sicher trägt dieses Ereignis außerordentlich zur Faszination der Besteigung des seither nur noch 2549 Meter hohne Vulkans bei. Dass er an einem langen Tag – und zwar ohne alpine Erfahrung – bestiegen werden kann, auch. Man lässt die Baumgrenze bald hinter sich, sieht andere Vulkankegel wie den Mount Adams und den Mount Hood über die Wolkendecke hinausragen und steigt dann weiter wie auf einem gigantischen Stairmaster bis zum Kraterrand, der ein gigantisches U mit einem Durchmesser von 3,2 Kilometern umrahmt. Von hier oben blickt man jetzt 600 Meter tief in eine Mondlandschaft aus Asche und Geröll, aus der schweflige Dämpfe aufsteigen. Denn auch der Mount St. Helens schläft nur ...

Wilde Küste

Die unverbaute Küste hat Oregon dem weitsichtigen Gouverneur namens Oswald West zu verdanken, der von 1911 bis 1915 in Oregon amtiert hat. Nach ihm der zwei Autostunden westlich von Portland gelegene State Park benannt. Hier erhebt sich der **Neakhani Mountain** 560 Meter hoch über den Meeresspiegel. Von oben hat man den schönsten Blick über die endlosen leeren Strände, über erodierte Felsenküsten und knorrige, von vielen Stürmen ineinander verknoteten Wäldern.
Der 7,5 mi/12 km lange Trail beginnt am Parkplatz, führt dann zunächst durch alten, kühl-gemäßigten Regenwald hinab zu einem Campingplatz. Von dort windet sich der schmale Trail steil zum Gipfel hinauf.

Gipfel und Schluchten

Zwar besteigt man den letztmals im Jahre 1894 ausgebrochenen Vulkan **Mount Rainier** (▶ S. 301 und Baedeker Wissen, S. 304) nicht auf diesem Trail, doch dafür schängelt sich der

Wasserfall im wildromantischen ZigZag Canyon

knapp 5 mi/8 km lange Rundwanderweg namens **Naches Peak Loop** über Wildblumenwiesen und durch dichten Regenwald zu den schönsten unverstellten Ausblicken auf den 4392 Meter hohen Mount Rainier, den höchsten Vulkan und höchsten Gipfel des Kaskadengebirges. Übrigens: Start und Ziel ist der Picknick-Platz am **Chinook Pass**. Eine der faszinierendsten Tageswanderungen, die der Nordwesten zu bieten hat, beginnt in **Timberline Lodge** in Oregon. Es handelt sich um den etwa 12,5 mi/20 km langen **Paradise Park Loop**. Dieser herrliche Wanderweg führt durch Wildblumen- und Lupinenwiesen sowie durch den wilden **ZigZag Canyon** zu einigen der schönsten Aussichtspunkte auf den allein stehenden, von ewigem Schnee bedeckten und 3425 Meter hoch aufragenden Vulkankegel **Mount Hood** (► S. 248), der zuletzt 1866 ausgebrochen ist. Das Farbenspiel vom Grün der Wiesen, vom Blau des Himmel und vom ewigen Eis: in der Tat paradiesisch!

Weitere Aktivitäten in und auf dem Wasser

Windsurfing, Wellenreiten

Ein Name überstrahlt alle anderen: Die Columbia River Gorge an der Grenzen der beiden Bundesstaaten **Oregon und Washington** ist das Windsurfer-Revier im Nordwesten. Die Saison beginnt im April und dauert bis Ende August. Während dieser Zeit herrschen verlässliche Winde mit einer Stärke von durchschnittlich 30 km/h. Treffpunkt der Windsurfer-Gemeinde ist das Städtchen Hood River.

Wellenreiter in **Kalifornien** lieben die langgezogene Dünung der südlichen Pazifikküste, rund um Los Angeles oder wie bei La Jolla Shores, Pacific Beach oder an der Carlsbad State Beach. Ebenfalls beliebt sind Stinson Beach, nördlich der Golden Gate Bridge in San Francisco und Surfrider Beach bei Malibu.

Whale Watching

Walbeobachtung bzw. Whale Watching erfreut sich immenser Beliebtheit bei Touristen wie Einheimischen. Walbeobachtungs-Veranstalter bringen jährlich Zehntausende in kleinen Booten hinaus zu den sanften Riesen, darunter **Buckel-, Finn- und Grauwale** sowie die fotogenen, auch Killerwale genannten **Orcas**. Touren werden im Sommer u. a. von den folgenden Häfen aus angeboten: San Francisco, Fort Bragg, Eureka, Depoe Bay, Newport, Portland, San Juan Island, Seattle. Auch schon von der Küste aus kann man die Meeressäuger bisweilen mit bloßem Auge beobachten (▶ Baedeker Wissen, S. 152).

Schnorcheln und Tauchen

Für Schnorchelfreunde und Taucher bietet der Pazifik reiche Fischgründe und eine üppige Meeresflora. Über mögliche Gefahren (Strömungen, Haie) informieren die »Life Guards« vor Ort.

Angeln

Der Nordwesten ist ein Paradies für **Angler** und **Fliegenfischer**. Die lokalen Tourismusinformationen geben geeignete Reviere durch. Lizenzen werden u. a. von Parkbehörden, Gemeinde- und Touristenbüros sowie Angel-Fachgeschäften ausgegeben.

Wintersport

Schneesichere Skigebiete

In **Washington** und **Oregon** finden Freunde rasanter alpiner Abfahrten, Snowboarder, Skilanläufer und Schneeschuhläufer Dutzende, teils bis in den April schneesichere Skigebiete. Die populärsten Reviere erstrecken sich von der kanadischen Grenze beim Mount Baker in der Nähe von Bellingham (WA) bis an die Südgrenze von Oregon bei Ashland: die Hurricane Ridge im Olympic National Park, der Stevens Pass bei Leavenworth, die Crystal Mountains nahe beim Mount Rainier National Park (WA), die Gebiete um den Mount Hood östlich von Portland sowie der Mount Bachelor westlich von Bend (OR).

Obwohl man **Kalifornien** von Europa aus wohl nicht in erster Linie mit Wintersport assoziiert, gibt es auch dort dort hervorragende Gebiete für alpinen Abfahrtslauf: Lake Tahoe (Squaw Valley, Heavenly, Alpine Meadows und Northstar at Tahoe), Mammoth Mountain, Mount Shasta oder Bear Valley. Selbst im südlichen Kalifornien fährt man Ski (Snow Valley, Green Valley oder San Jacinto Mountains). Ein Naturerlebnis der besonderen Art bieten die gespurten Langlaufloipen im Yosemite National Park.

Zuschauen und Mitfiebern

American Football

Die beliebtesten – und fernsehträchtigsten – Zuschauersportarten sind Football, Baseball, Basketball und Eishockey. Der mit Abstand größte Publikumsrenner ist **American Football**. Gespielt wird in der National Football League (NFL) in zwei »Conferences« (American Football Conference und National Football Conference), die wiederum in je drei Divisionen (East, Central, West) antreten. Höhepunkt der Saison ist das Spiel der beiden Spitzenreiter der Conferences um die Super Bowl, die »Krone des Football« (Ende Januar/Anfang Februar). Top-Mannschaften im Westen sind die »San Francisco 49ers« und die »Seattle Seahawks«.

Baseball

Auf Platz zwei der Beliebtheitsskala rangiert Baseball. Hier gibt es die in der **Major League Baseball (MLB)** zusammengefassten National League und American League (mit jeweils zwei Divisionen), in denen auch kanadische Teams mitmischen. Spitzenteams im Westen sind die Dodgers (Los Angeles), die Giants (San Francisco), die Seattle Mariners (Seattle) und die Los Angeles Angels (Los Angeles/Anaheim).

Basketball

Im Basketball spielt die **National Basketball Association (NBA)** in zwei »Conferences« zu je zwei Divisionen. In der NBA mit Teams wie den »Los Angeles Lakers«, den »Golden State Warriors«, den »Sacramento Kings« oder den »Portland Trail Blazers« zu spielen ist das Ziel aller Basketballprofis der Welt. Die Teams der High Schools und Universitäten spielen in der NCAA und wie beim Football schauen sich die Profiklubs hier nach Nachwuchs um.

Eishockey

Auch das als Amateursport beliebte Eishockey (»hockey«) wird in zwei »Conferences« zu je zwei Divisionen gespielt.
Die **National Hockey League (NHL)** wird von US- und kanadischen Teams gebildet, die sich u. a. mit tschechischen und russischen Spielern verstärken. Die in Playoffs ermittelten beiden besten Teams spielen um den Stanley Cup, die höchste Trophäe des Eishockey-Sports.

ESSEN UND TRINKEN

Sushi oder Cold Brew Coffee gibt es nicht länger nur an der weltoffenen Pazifikküste, und Steaks mit Kartoffelmushaufen sind nicht länger Grundnahrungsmittel in Städten und Städtchen landeinwärts. Die Zeiten haben sich geändert. Dabei gelangen Fans der traditionellen amerikanischen Cowboy-Küche noch immer bequem zu ihren Leib- und Magengerichten: Steaks, Ribs, Pizza, Sandwiches und Cobbler, dem unter ofenwarmer Teigkruste erstickenden Früchtenachtisch. Auch der dünne schwarze Filterkaffee aus dem verklebten Spender im Truckstop scheint unausrottbar.

An der Küste und landeinwärts

Der Westen mit seiner langen Küste, seinen fruchtbaren Tälern mit Farmen und Obstplantagen und mit seinem zum Horizont reichenden Weideland bietet eine breite Palette hochwertiger Nahrungsmittel. Doch was gedeiht von jeher hier, was wird serviert? In Kalifornien, Oregon und Washington sind **Fisch und Meeresfrüchte** (Seafood) von keiner Speisekarte wegzudenken. Shrimps und Hummer – und natürlich Fisch – hier vor allem Kabeljau, Heilbutt, Thunfisch und Flunder, bilden das Rückgrat der hiesigen Fischerei und sind in fast allen Küstenorten zu haben.

Landeinwärts hält die Wildnis den Tisch noch immer reich gedeckt. Reisende werden früher oder später **Marionberry Pie** vorgesetzt bekommen: Die so genannte Beere wächst vor allem in Oregon und sieht aus wie eine Brombeere, ist aber doppelt so groß und saftig. Heidelbeeren, Johannisbeeren und wilde Erdbeeren finden sich ebenfalls in Torten, Muffins und Scones wieder. In den höheren Lagen dienen **Salmonberries** genannte Lachsbeeren Wanderern als Wegzehrung. Die Wälder Washingtons und Oregons sind Dorados für Pilzsucher. **Morchel-, Champignon- und Steinpilzarten** sind die beliebtesten Fungi. Oregon ist dazu für seine **Haselnüsse** berühmt: Der Bundesstaat hat die Frucht des Haselstrauches sogar zur »Official State Nut«, zur offiziellen Staatsnuss, erklärt. Je tiefer man ins Landesinnere vorstößt, desto fleischhaltiger wird die Küche. Allerdings stammt das es meist nicht aus der Wildnis, sondern von Farmen.

California Cuisine, Southwestern Cuisine

In Kalifornien hat sich nicht nur in Spitzenrestaurants eine aufregende, moderne und leichte Küche durchgesetzt, die ohne Scheu Traditionen aus diversen Kochkulturen der Welt aufgreift, miteinander verbindet und optisch gefällig präsentiert. Man nennt diese Art zu kochen auch **Pacific Rim Cuisine**.

Besonders die vielen mexikanischen Einwanderer brachten ihre eigenen Kochtraditionen und Gerichte mit nach Kalifornien, wer Fan von **Burrito**, **Taco** oder **Enchilada** ist, befindet sich im Süden Kaliforniens in einem kulinarischen Paradies. Kleine Taco-Läden, elegante Restaurants mit Southwestern Cuisine oder Tex-Mex-Grillstationen sind mittlerweile in ganz Nordamerika zu finden.

Organic und regional

Die Verschiebung der hiesigen Essgewohnheiten ist in vollem Gange, es findet ein kulinarischer Kurswechsel zu **Organic Food** statt, vor allem zu entsprechend angebautem Obst und Gemüse. Wochenmärkte und sog. **Farmers' Markets** werden immer beliebter. Das andere Zauberwort heißt **Regional Cuisine**, regionale Küche. Die neue Kochmützen-Generation hat die Genüsse vor ihrer Haustür entdeckt und bestreitet ihre Speisekarten nunmehr mit dem, was in der Umgebung wächst und gedeiht. Dahinter steckt nicht nur ein gestiegenes Gesundheitsbewusstsein, sondern auch das Bemühen, heimische Erzeuger zu unterstützen, Arbeitsplätze zu sichern und Landflucht zu verhindern.

Mahlzeiten

Breakfast, Brunch

Zum üppigen amerikanischen **Frühstück** gehören ein Glas Orangensaft, Kaffee, Ei (gebraten als Spiegel-/»sunny side up« bzw. Rührei/»scrambled« oder Omelette), gebratene Schinkenspeckscheiben (»bacon«) oder Bratwürstchen (»sausages«), Bratkartoffeln (»hashbrowns«), Maisgrießbrei (»grits«), Pfannkuchen mit Ahornsirup (»pancakes«) und natürlich Toastbrot mit Butter und diversen Konfitüren (»jam«). Auf vielen Frühstücksbuffets findet man leichtere Varianten wie Cornflakes und Milch und auch frisch zubereitetes Müsli, frisches Obst und diverse Joghurtsorten. Meistens ab 11 Uhr warten große und vielfältig bestückte **Brunchbuffets** auf die Hungrigen, vor allem an Sonn- und Feiertagen.

Lunch

Der **Lunch** (das Mittagessen) fällt eher bescheiden aus. Salate, Suppen, Pasta, Kurzgebratenes und Sandwiches werden meist zum »lunchbreak« serviert.
Besonders beliebt sind inzwischen auch **Foodtrucks** mit internationaler Küche, die mittags im Zentrum vieler Großstädte, bei Shopping-Zentren oder vor Bürotürmen auftauchen.

Dinner

Die tägliche Hauptmahlzeit ist für Amerikaner das **Abendessen** (Dinner). Diverse Fleisch- und Fischgerichte mit allerlei Gemüsebeilagen stehen auf den Speisekarten. Wo es keine guten Restaurants gibt, gibt es zumindest Schnellrestaurants. Amerikaner lieben **Fast Food**. Unter diesen **Limited Service Restaurants** (LSR) bezeichneten Lokalen befinden sich nicht nur Hamburger-Ketten, sondern auch Sandwich-mit-Kaffee-Anbieter wie Panera Bread, die

TYPISCHE GERICHTE

Kulturen berühren einander, Rezepte und Zutaten werden ausgetauscht, Essgewohnheiten ändern sich – und das alles in fruchtbaren Landschaften mit weltoffenen Bewohnern: Die allgemeinste und vielleicht treffendste Beschreibung der leckeren und dynamischen Küche der Westküstenstaaten.

Tacos: Ein Gericht aus Mexiko: Basis der Tacos sind Tortillas runde Maisfladen, für deren Füllung der Fantasie kaum Grenzen gesetzt sind, bevor man sie zusammenrollt. Hühnchenfleisch, Rinderstreifen, geriebener Käse, Salate, Zwiebeln, Tomaten, Avocados, gewürzt mit scharfer Sauce oder Koriander – alles ist möglich. Beliebt sind auch Fish Tacos mit Fischfilets und/oder gegrillten Shrimps. Taco-Stände sind vor allem im Süden von Kalifornien mit seinem hohen Anteil an mexikanischen Einwanderern bzw. Wanderarbeitern allgegenwärtig. Sie bilden eine sehr schmackhafte Alternative zu den einschlägigen Tex-Mex-Fast-Food Ketten.

Cobb Salad: Der Cobb Salad wurde 1937 in Kalifornien erfunden, und zwar von Robert Cobb in seinem Restaurant »The Brown Derby« in Hollywood. Die herzhafte Mischung besteht aus unterschiedlichen Blattsalaten, mit gegrilltem Speck (bacon), gewürfelter Hühnerbrust und gekochten Eiern, dazu Avocado, Blauschimmelkäse und fein gewiegte Frühlingszwiebeln, angemacht mit einer kräftigen Vinaigrette. Ein Salat nicht nur als Vorspeise, sondern auch als Hauptgericht

Grilled Fish Steaks: Gut gegessen wird an der Westküste nicht erst seit der Ankunft der Europäer. Die indigenen Ureinwohner wussten auch schon, was schmeckt. Sehr beliebt sind noch immer Grilled Fish Steaks. Besonders begehrt ist das feste Fleisch des Heilbutt. Filets, eingelegt in einer Marinade aus Knoblauch, Olivenöl, Basilikum, Salz, Pfeffer und Zitronensaft, werden auf dem Grill zubereitet und mit frischer Petersilie bestreut gereicht.

Cioppino: Der Goldrausch in der Sierra Nevada brachte Einwanderer aus aller Welt nach San Francisco. Viele blieben, auch italienische Fischer, deren Fischtopf Cioppino so beliebt wurde, dass er heute einen Stammplatz auf den Speisenkarten der Bay Area genießt. Mit Fisch und/oder Seafood zubereitet, sind die wichtigsten Zutaten Knoblauch, Zwiebeln, frische Petersilie, Tomaten aus der Dose, Hühnerbrühe, Thymian und Basilikum. Das Ganze köchelt eine halbe Stunde bei niedriger Hitze in einem Topf und wird am Ende mit Salz und Pfeffer abgeschmeckt. Das Gericht kommt in einer großen Terrine auf den Tisch.

Roasted Rack of Lamb: An den sonnigen Osthängen der Cascade Mountains gibt es Obstplantagen und Gemüsegärten, weiter landeinwärts Farmen und Ranches. Das Städtchen Ellensburg in Washington ist berühmt für sein hervorragendes Lammfleisch, das überall im Nordwesten in etlichen Variationen als Roasted Rack of Lamb angeboten wird. Die Zutaten zur Standardversion sind: ein schönes Lammkarree, frischer Rosmarin, Knoblauch, Salz, Pfeffer, Olivenöl, Dijon-Senf und Brot.

Sündhaft lecker: Die Süßspeise Cobbler können Sie in verschiedenen Variationen probieren, z. B. in der Kombi aus Pfirsichen, Heidelbeeren und Vanilleeis.

Gebäck-Kette Donkin' Donuts, Domino's Pizza und Pizza Hut, sowie Taco Bell and Subway.

Getränke

Überall angeboten werden **Fruchtsäfte** und **Soft Drinks**. Zu Mahlzeiten erhält man in der Regel Eiswasser. Doch Achtung: Hier handelt es sich meist um Leitungswasser mit gestoßenem Eis.
Wer **Mineralwasser** möchte, bestellt »spring water« oder »soda water« mit Kohlensäure. Der oft hausgemachte erfrischende Eistee wird süß und ungesüßt (»unsweetened«) serviert und meist kostenfrei nachgeschenkt.
Wer ein **Bier** trinken möchte, hat die Auswahl unter verschiedenen amerikanischen Leichtbieren wie Miller's, Budweiser, Busch oder Coors. Gegen die industriellen Dünnbiere brauen allein zwischen San

Francisco und Seattle über 600 so genannte Craft Breweries an – ein Viertel aller in den USA existierenden »Handwerks«-Brauereien. Ihre Erzeugnisse unterscheiden sich von Budweiser & Co. wie Tag und Nacht. Ungewöhnlich und oft eigenwillig genug, den Massengeschmack gezielt nicht zu treffen, verwenden diese kleinen Hausbrauereien hochwertige Hopfen- und Malzsorten, Beeren, Kräuter und manchmal sogar Kaffee als Zutaten. So entstehen u. a. hochprozentige India Pale Ales (IPAs), pechschwarze Stouts und vollmundige fruchtig-frische Pale Ales. Kreativität ist Trumpf, die Ingredienzien sind frisch und stammen aus der Umgebung. Und wenn einmal ein Bier absolut nicht beim Verbraucher ankommt, wird einfach – die Braumengen sind klein genug – ein neues kreiert. Mexikanische Biere wie Corona, Sol oder Dos Equis XX sind außerdem in Kalifornien gut vertreten.

Kalifornien, Oregon und Washington gehören zu den **größten Weinproduzenten der USA**, entsprechend ist die Westküste ein Paradies für Weinliebhaber. Hauptanbaugebiete in Kalifornien sind Napa Valley, Sonoma Valley und Santa Ynez Valley, in Oregon ist das Willamette Valley das Weinzentrum, in Washington die Gegend um Walla Walla. Zahlreiche Weingüter und -stuben bieten **Tastings** an, bei denen Sie die erstklassigen Weine verkosten können.

Alkohol, vor allem Bier und Wein, werden in Kalifornien nur an Konsumenten ausgeschenkt oder verkauft, die mindestens **21 Jahre** alt sind. Wer in den Augen des Verkaufs- bzw. Bedienungspersonals zu jung aussieht, muss seinen Ausweis vorlegen.

Im Restaurant

Wait to be seated

Gäste steuern im Restaurant nicht einfach auf einen freien Tisch zu. Ein Schild **»Please wait to be seated«** weist darauf hin, dass die Bedienung einen Platz zuweist. Wasser mit Eiswürfeln wird oft ohne Bestellung an den Tisch gebracht.

»Doggy bag«

Wer von seinem bestellten Gericht einen nennenswerten Teil übrig lässt, kann sich diesen üblicherweise als »doggy bag« zum Mitnehmen einpacken zu lassen. Gerade wer mit einem Wohnmobil mit Küchenzeile und Mikrowelle unterwegs ist oder ein Ferienapartment bewohnt, dürfte diese Gewohnheit schnell zu schätzen wissen.

Trinkgeld

»Gratuity« (Trinkgeld) ist ein wichtiger Bestandteil des ansonsten sehr geringen Gehalts von Bedienungen. Er ist nur ausnahmsweise in der Rechnung enthalten. Üblicherweise gibt man bei ordentlichem Service 15 bis 20 % des Rechnungsbetrags. Meist können die Gäste das Geld bar auf dem Tisch liegen lassen, oft kann man den Betrag auch auf dem Kreditkartenbeleg in der Rubrik **»Tip«** eintragen.

FEIERN

Nationale landesweit geltende Feiertage, Feiertage der einzelnen Bundesstaaten, regionale Feiertage. Wer sich den amerikanischen Feiertagskalender anschaut, glaubt, es mit einer feierwütigen Nation zu tun zu haben. Das Gegenteil ist der Fall. Der Durchschnittsamerikaner hat meist nur zwei Wochen Urlaub. Somit ist jeder arbeitsfreie Feiertag ein kostbares Gut, mit dem langfristig geplant wird. Wenn er dann auch noch in die Nähe des Wochenendes fällt und sich mit einem Kurzurlaub kombinieren lässt, umso besser.

Holidays

Unterwegs im Westen stellt man fest, dass Feiertage (Holidays) nicht nur restlos mit Veranstaltungen jeder Art gefüllt sind, sondern diese auch so gut besucht, dass deutsche Veranstalter neidisch werden können. Denn einen Feiertag einfach verstreichen zu lassen, kommt für den Durchschnittsamerikaner nicht in Frage.
Ganz oben auf der Prioritätenliste steht der Familienbesuch. Grandma und Grandpa, die Schwester im Nachbarstaat, die Tochter an der Ostküste: An Feiertagen gibt es viel zu tun, werden nicht selten enorme Entfernungen zurückgelegt. Ebenfalls sehr beliebt sind die Barbecue-Abende auf der Terrasse, vorzugsweise mit den Nachbarn. Dabei sind feiertägliche **Events** nicht nur gesellige Ereignisse. Sie spiegeln auch den Sinn der Amerikaner für ihre **Community** wider. Wer einmal nachfragt, was unter »community« verstanden wird, hört immer wieder die gleichen Antworten. Danach ist Community das nie aufhörende Bemühen, die eigene Gemeinde noch lebenswerter, noch besser zu machen. Die ideale Community ähnelt einer Oase. Man kennt seine Nachbarn, hat Zugang zu allen Annehmlichkeiten der Großstadt und lebt jedoch zugleich weit genug von ihr entfernt, um seine Ruhe zu haben. Für den Durchreisenden wird dieser unsichtbare, von uramerikanischen Werten getragene soziale Pakt beim Besuch einer Veranstaltung am besten deutlich.

Feiertagsregelungen

Auch an **offiziellen Feiertagen (public / legal holidays)** sind mit Ausnahme von Thanksgiving, Weihnachten, Neujahr und Ostersonntag viele Geschäfte geöffnet. Banken, Behörden und Schulen bleiben allerdings geschlossen.
Zu den großen christlichen Festen Ostern, Pfingsten, Weihnachten gibt es auch keinen zweiten Feiertag. Fällt ein Feiertag auf einen Sonntag, so ist der darauffolgende Montag frei.
Die meisten offiziellen Feiertage werden alljährlich neu datiert und zur Verlängerung der Wochenenden auf einen Montag davor oder danach verlegt.

VERANSTALTUNGSKALENDER

LANDESWEITE FEIERTAGE

1. Januar: New Year
3. Montag im Januar: Martin Luther King Jr. Day (15.01.)
3. Montag im Februar: President's Day (George Washingtons Geburtstag)
31. März: Cesar Chavez Day
Karwoche: Good Friday (Karfreitag; nur regional)
Letzter Montag im Mai: Memorial Day
4. Juli: Independence Day
Erster Montag im September: Labor Day
2. Montag im Oktober: Columbus Day (in Kalifornien nicht offiziell gefeiert oder mit einen »Indigenous Day« zusammengelegt)
11. November: Veteran's Day
4. Donnerstag im November: Thanksgiving Day
25. Dezember: Christmas Day

JANUAR/FEBRUAR

PASADENA (CA)

Tournament of Roses (Parade mit blumengeschmückten Wagen und Schönheitskönigin. Die beiden besten US-College-Mannschaften im Football treten gegeneinander an)
www.tournamentofroses.com

LOS ANGELES (CA) SAN FRANCISCO (CA), PORTLAND (OR), SEATTLE (WA)

Chinese New Year (mit Drachenumzügen und Feuerwerk)
www.chineseparade.com

SANTA BARBARA (CA)

International Film Festival (zahlreiche unabhängige Produktionen und ausländische Filme)
www.sbiff.org

FEBRUAR

SEATTLE (WA)

Northwest Garden & Flower Show
Ende Feb.

ASHLAND (OR)

Oregon Shakespeare Festival (berühmtes Theaterfestival mit klassischen und zeitgenössischen Stücken)
Mitte Feb. bis Anf. Nov.

MÄRZ

WESTPORT (WA)

Mehrwöchiges Whale Watching Fest (Fest, wenn Grauwale auf ihrem Weg nach Süden an der Küste vorbeiziehen)
https://mendocinocoast.com

APRIL

SAN FRANCISCO (CA)

SF International Film Festival (das älteste amerikanische Filmfestival)
https://sffilm.org/

WENATCHEE (WA)

Washington State Apple Blossom Festival (Umzüge und Konzerte zur Apfelblüte bzw. zum Frühlingsanfang)
Ende April/Anf. Mai

MAI

SAN FRANCISCO (CA)

Fisherman's Festival (Volksfest mit Imbissständen und Musik an der Bodega Bay im Norden der Stadt)
Anfang Mai; www.bbfishfest.com

LOS ANGELES (CA), SAN DIEGO (CA), PORTLAND (OR)

Cinco de Mayo (das wichtigste Fest der mexikanischen Einwanderer wird

Mit Schwung ins neue Jahr: Die Chinese New Year Parade in der Chinatown von San Francisco ist der Höhepunkt im Kalender der chinesischen Community.

Anfang Mai eine Woche lang gefeiert (► Baedeker Wissen, S. 422).

SPOKANE (WA)
Bloomsday Run (Wettlauf über 12 km in der Innenstadt)
1. So. im Mai; www.bloomsday-run.org

EUREKA UND REDWOOD COAST (CA)
Redwood Coast Music Festival (vier Tage Jazz und Pop vom Feinsten)
Mitte Mai; www.rcmfest.org

SAN FRANCISCO (CA)
Carnaval (traditionell sehr umtriebiger Karneval im Mission District, mit farbenprächtiger Parade und über eine Million Teilnehmer und Zuschauer)
Memorial Day Weekend

SEATTLE (WA)
Northwest Folklife Festival (großes Volkskulturfest)
Memorial Day Weekend; www.nwfolklife.org

MAI/JUNI

PORTLAND (OR)
Portland Rose Festival (Umzüge, Konzerte, Karneval zu Ehren der Rose)
www.rosefestival.org

JUNI

SONOMA (CA)
Hot Air Balloon Classic (Dutzende Heißluftballons fliegen in den kalifornischen (Nacht-)Himmel. Die Winzer schenken gute Weine aus, an Ständen werden leckere Delikatessen serviert)
Mitte Juni; www.schabc.org

SAN FRANCISCO (CA)
Lesbian, Gay, Bisexual, Transgender Pride Parade (Fest der der Homosexuellen- und Transvestitengemein-

de mit einer halbe Million Teilnehmer und Zuschauer)
www.sfpride.org

SISTERS (OR)
Sisters Rodeo

JULI

ALLE GRÖSSEREN STÄDTE
Independence Day (Amerikanische Unabhängigkeitstag mit vielerlei Programmen und Feuerwerken am 4. Juli)

COOS BAY, NORTH BEND UND CHARLESTON (OR)
Oregon Coast Music Festival (Jazz- und Bluegrass-Konzerte)
www.oregoncoastmusic.org

MCMINNVILLE (OR)
Pinot Noir Celebration (Weinproben und feines Essen)
www.ipnc.org

SAN DIEGO (CA)
World Championship Over-the-Line Tournament (wildes Softball-Turnier mit 1200 ausgelassenen Dreier-Teams und 50 000 Zuschauern in der Mission Bay)
Mitte Juli; www.ombac.org

LAGUNA BEACH (CA)
Festival of Arts & Pageant of the Masters (Höhepunkt des Kulturfestivals mit Ausstellungen, Auktionen und Musikaufführungen ist der Wettbewerb »Festzug der Meister«, in dem berühmte Gemälde als lebende Bilder vorgeführt werden)
Juli/August; www.foapom.com

ENDE JULI/AUGUST

SEATTLE (WA)
Seafair (Festival auf dem Wasser mit Flugshow, auch Wasserflugzeuge, Musik und Karneval)
www.seafair.org

HUNTINGTON BEACH (CA)
US Open of Surfing (offene US-Meisterschaften und Darbietungen von Surf-Profis, mit Strandfestival, Tausenden Teilnehmern und Besuchern, Musik, Ständen, Party-Atmosphäre)
www.surfcityusa.com

SACRAMENTO (CA)
California State Fair (Leistungsschau des Bundesstaates Kalifornien, vom Wettbewerb um den schönsten Zuchtbullen bis zu halsbrecherischer Motorrad-Akrobatik)
www.calexpostatefair.com

AUGUST

SANTA BARBARA (CA)
Old Spanish Days Fiesta (mit bunten »mercados«, auf denen Kunsthandwerk verkauft wird, mit Umzügen zu Pferd, Kutschen, Tanzvorstellungen und einem Rodeo.
Anf. Aug.; https://oldspanishdays-fiesta.org

SUQUAMISH (WA)
Chief Seattle Days (großes Treffen der Suquamish zu Ehren des hochverehrten Häuptlings)
Mitte Aug.

LONG BEACH (WA)
International Kite Festival (Drachen in allen Größen und Farben steigen in den Himmel)
Ende Aug.; www.kitefestival.com

SALEM (OR)
Oregon State Fair (zwölf Tage lang gibt es Shows und kulinarische Genüsse mit regionalen Produkten)
Ende Aug. bis Anf. Sept.; https://oregonstatefair.org

SEPTEMBER

LINCOLN CITY (OR)
Fall Kite Festival (Drachenflieger-Festival)

»CINCO DE MAYO«

In den Schulen werden mexikanische Banner entrollt, Umzüge in patriotischer Stimmung und mit viel Folklore ziehen die Straßen entlang, Mariachi-Bands spielen zum Tanz. Auf der Plaza im Pueblo de Los Angeles im historischen Zentrum gleich bei der Olvera Street erreicht die Stimmung ihren Höhepunkt. Mit derselben Begeisterung, mit der die irischstämmige Bevölkerung in den Vereinigten Staaten den St. Patricks Day feiert, herrscht bei den vielen aus Mexiko stammenden Kaliforniern am 5. Mai allergrößte Feierlaune.

Auch wenn »Cinco de Mayo« noch nicht zu den offiziellen Feiertagen in den USA gehört, forderte der Kongress in Washington inzwischen die Bevölkerung zu ehrendem Gedenken an den mexikanischen Festtag auf. Es geht dabei nicht um die Unabhängigkeit Mexikos von Spanien, die Mitte September gefeiert wird, sondern lediglich **um den Sieg in einer Schlacht**.

5. Mai 1862

Am 5. Mai 1862 gelang es einer schlecht bewaffneten Truppe von 4000 Soldaten der noch jungen mexikanischen Armee, die professionell ausgebildeten Regimenter einer doppelt so starken französischen Invasionsarmee bei der mexikanischen Stadt **Puebla** zu schlagen und deren Vormarsch nach Mexiko-Stadt zu stoppen.Der nach kriegerischen Auseinandersetzungen mit den USA und einem Bürgerkrieg nahezu bankrotte, von **Benito Juarez** geführte mexikanische Staat hatte es gewagt, die Zahlungen an ausländische Gläubiger vorübergehend auszusetzen. Daraufhin setzte vor allem Frankreich umgehend seine Militärmaschinerie in Gang. Jede gewonnene Schlacht wurde zu einem Symbol für die Kraft der jungen mexikanischen Nation auf ihrem Weg zur Unabhängigkeit.

Trotz weiterer schwerer Rückschläge gelang es Mexiko schließlich, nicht nur die Franzosen zu vertreiben. So steht der 5. Mai noch heute für den **Nationalstolz** und den Behauptungswillen der mexikanischen Kultur.

Fiesta in den USA

Anfänglich wurde der große Sieg nur in der Gegend um Puebla und einigen Orten Mexikos gefeiert. Doch Einwanderer von dort brachten das Fest mit ins »Gelobte Land« der USA, wo es sich rasch verbreitete. Heute feiern **mehr als 150 US-Städte** »Cinco de Mayo«: Durch das schnelle Wachstum der Latino-Communities in Los Angeles, Denver oder Chicago wurde der Feiertag in den 1950er- und 1960er-Jahren populär, als es um die gute Nachbarschaft von Latinos und angloamerikanischen US-Bürgern ging. Darüber hinaus verbindet sich die Erinnerung an die siegreiche Schlacht bei den meisten »Mexican Americans« mit einer anti-imperialistischen Botschaft, was bei vielen Fiestas an diesem Tage zum Ausdruck kommt.

Kommerzialisierung

Seit den 1980er-Jahren gerieten die Ursprünge der Fiesta allmählich in Vergessenheit. Sie wurde mehr und mehr zum **»Drinking Holiday«** für eine überwiegend junge mexikanisch-

Cinco de Mayo auf dem Fiesta Broadway in Los Angeles

mehr als beim St. Patricks Day oder amerikanische Festgemeinde, unterstützt von US-Brauereien und anderen Interessenten, die sich von dem Ereignis Gewinne erhoffen.
Durch Millionen-Investments der US-Bierbrauer für Marketing in spanischer Sprache in den USA werden allein am »Cinco de Mayo«-Wochenende über eine Milliarde $ für Bier, Avocados und andere »Zutaten« ausgegeben, dem Superbowl, dem Finale der Profi-Football-Liga NFL.

Fiesta Broadway in L. A.

Die **größte Fiesta** anlässlich des »Cinco de Mayo« findet alljährlich in Los Angeles auf dem sog. Fiesta Broadway statt. Viele Tausend Menschen feiern dort in Downtown. Es ist derzeit das größte Event der Hispanics in den Vereinigten Staaten von Amerika.

www.oregoncoast.org/events/annual/fall-kite-festival

SAUSALITO (CA)
Art Festival (buntes Festival der Künstlergemeinde von Sausalito)
Labor Day Weekend; www.sausalitoartfestival.org

Sausalito Art Festival (Großes Kunstfestival mit fast 200 Künstlern und Musikgruppen aller Richtungen)
Labor Day Weekend; http://sausalitoartfestival.org

MONTEREY (CA)
Monterey Jazz Festival (Jazzgrößen pilgern mit Tausenden Zuhörern zu einem der ältesten Jazzfestivals der Welt)
Mitte Sept.; www.montereyjazzfestival.org

SOLVANG (CA)
Danish Days (zum dänischen Volksfest fährt auch eine Carlsberg-Bierkutsche durch den Ort. Dänische Küche, Musik und Kunsthandwerk)
Mitte/Ende Sept.; www.solvangdanishdays.org

ELLENSBURG (WA)
Ellensburg Rodeo (größtes Rodeo im Bundesstaat Washington)
Ende Sept.; https://ellensburgrodeo.com

OKTOBER

SANTA ROSA (CA)
Sonoma County Harvest Fair (Ein Wochenende lang geht es vor allem um die Weine aus dem Sonoma Valley.)
Anf. Okt.; www.harvestfair.org

SAN FRANCISCO (CA)
Halloween (Nirgends wird so schrill und schräg gefeiert, mit fantastischer Parade im Castro District.)
31. Okt.

NOVEMBER

SEATTLE (WA)
Seattle Marathon (Lauf-Großveranstaltung)
Sonntag nach Thanksgiving; www.seattlemarathon.org

HOLLYWOOD (CA)
Christmas Parade (Vorgezogene Weihnachtsparade mit Marching Bands, Magiern und haushohen Heißluftballon-Figuren durch Hollywood.)
Ende Nov.; http://thehollywoodchristmasparade.org

DEZEMBER

SAN DIEGO (CA)
Balboa Park December Nights (Traumhaftes Wochenende im Balboa Park mit Konzerten, Lampionfest und Kunsthandwerkvorführungen.)
Anf. Dez.; www.sandiego.gov/december-nights

LEAVENWORTH (WA)
Christmas Lighting Festival (Alpenländisch inspirierte adventlich-weihnachtliche Stimmung vor schneebedeckter Hochgebirgskulisse)
https://leavenworth.org

LONG BEACH, SAN DIEGO, VENTURA, HUNTINGTON (CA)
Christmas Boat Parade of Lights (Bootsbesitzer dekorieren ihre Schiffe, die mit Lichtern geschmückt in einer Parade durch den Hafen oder an der Küste entlangziehen.)
Dezember-Sonntage

BIG BEAR LAKE
New Year's Eve Torchlight Parade (Mit der Fackelabfahrt Dutzender von Skiläufern wird im Skigebiet von Big Bear Lake traditionell das Jahr beschlossen.)
31. Dez.; www.bigbear.com

SHOPPEN

»Shop 'til you drop« – kein Wunder, dass der Spruch »Einkaufen bis zum Umfallen« aus den USA stammt. Die USA und ihr Westen liegen mit einem (fast) unbegrenzten Einkaufsangebot gut im Rennen um die Gunst der Urlauber. Die großen Städte sind geradezu Einkaufsparadiese, mit durchgestylten Gallerias im Zentrum, Vierteln mit Boutiquen, dazu riesigen Malls an den Ausfallstraßen. Wer mit einem Campmobil unterwegs ist, wird das riesige Angebot der Supermärkte am Rand der Ortschaften schätzen.

Einkaufsparadiese

Dem Begriff vom »Einkaufen bis zum Umfallen« am nächsten kommt man in den riesigen, **Malls** genannten Einkaufszentren und **Factory Outlets** an der Küste. San Diego, Los Angeles, San Francisco und die Bay Area, Portland und Seattle bieten alles, was das Herz begehrt. Auch kleinere Städte lassen fast keinen Wunsch unerfüllt.

Souvenirs

Lange »Durststrecken« drohen keineswegs. Jeder der drei Bundesstaaten an der Westküste bietet regionale Spezialitäten und Souvenirs, die nur dort zu bekommen sind. In Südwest-Oregon zum Beispiel gibt es Läden, die auf Produkte aus **Myrtlewood**, einer hellen, nur hier gedeihenden Baumart, spezialisiert sind. **Karierte Wollhemden** des in Portland beheimateten Herstellers **Pendleton** sind im Nordwesten quasi überall dort zu haben, wo ein Städtchen es zu einer eigenen Main Street mit Hotel, Saloon und Rathaus gebracht hat. Ähnliches gilt für **Haselnuss-Produkte**, geräucherten **Lachs** und den **Sasquatch**, den legendären, angeblich hier vorkommenden amerikanischen Yeti, auf T-Shirts, Kühlschrankmagneten und Postkarten. **Wein** für zu Hause gibt es in Napa Valley und Sonoma Valley in Kalifornien (Cabernet Sauvignon, Chardonnay, Merlot, Riesling und Zinfandel), in Oregons Willamette Valley (Pinot Noirs, Riesling) oder auch in Walla Walla in Washington State (u. a. Merlot, Chardonnay).
Und wer sein Budget bis zum Ende der Reise schont, um in den Shopping Mall der Küsten das »Shop 'til you drop«-Konzept am eigenen Leib zu erleben, mag sich auf weltbekannte Markenartikel stürzen. Berühmteste Einkaufsmeile von **Los Angeles** ist der exklusive Rodeo Drive mit der höchsten Konzentration von Edelmarken. Ganz anders die leicht schräge Melrose Avenue, wo teure Designer-Anzüge neben Punk Outfit oder gewagte Dessous angeboten werden. Auch **San Francisco** ist ein Einkaufsparadies. Internationale Labels, wie Prada oder Cartier, Edelkaufhäuser wie Macy's oder Bloomingdales sowie alle möglichen schicken Boutiquen in der Westfield Centre Shopping Mall konzentrieren sich rund um den Union Square. In **San Diego** ist die verschachtelte bunte Westfield Horton Plaza im Zentrum mit mehreren Dutzend Geschäften auf verschiedenen Ebenen wirkt schon seit

Pendletons gemusterte Wolldecken und -kleidung sind ein beliebtes Souvenir.

Jahrzehnten wie ein Magnet auf Besucher und Einheimische. Einige bekannte Marken erblickten an der Westküste das Licht der Welt: So ist **Portland** Sitz des Outdoor-Ausstatters Columbia, das Hauptgeschäft befindet sich hier. Portland ist auch Heimat des ersten Niketown, eines Kaufhauses ausschließlich für Nike-Produkte. Ähnliche Vorzeigeläden weltweit aktiver Konzerne gibt es auch in **Seattle**. Der Outdoor-Ausstatter REI betreibt hier gleich mehrere große Geschäfte, die gehobene Kaufhauskette Nordstrom unterhält hier ihr Hauptquartier. Aber natürlich kann man in Seattle auch mit einem Kaffeebecher von Starbucks vorlieb nehmen.

Schnäppchen

Relativ preiswert sind **Kleidung** und **Schuhe**. Das gilt auch für Joggingschuhe der großen Markenhersteller und Jeans. Bei Elektronikartikeln, vor allem **Foto- und Filmkameras**, kann man ebenfalls Glück haben. **Soft- und Hardware** tendiert ebenfalls zu niedrigeren Preisen als zu Hause. Das Konzept, **Markenprodukte** mit erheblichen Preisabschlägen in speziellen Geschäften anzubieten, ist nicht neu. Die Idee, ganze Zentren mit Dutzenden Fabrikverkäufen zu schaffen, ist Anfang der 1970er-Jahre entstanden. In Kalifornien als bevölkerungsreichstem Bundesstaat und Urlaubsziel von etlichen Millionen potenzieller Käufer jährlich findet man Dutzende Factory Outlets, in denen bis zu 150 Geschäfte ihre Waren anbieten. Vor allem Mode, Schuhe und Sportartikel bekannter amerikanischer Marken sind begehrt, von Polo Ralph Lauren und Calvin Klein bis zu Aeropostale und Ecko. Auch internationale Labels, wie Adidas, Armani oder Hugo Boss drängen in den zwar lukrativen, aber auch hart umkämpften Markt. Inzwischen lassen sich sogar Diamanten oder Bose-Elektronik zum Schnäppchenpreis erwerben

Geschäftszeiten

Die Geschäftszeiten sind flexibler gestaltet als in Deutschland. Die meisten Geschäfte haben von 9 oder 9.30 bis 17 oder 18 geöffnet, die Shopping Malls meistens sieben Tage die Woche bis 21 Uhr (sonntags meist von 12 bis 17 Uhr). Viele Geschäfte – insbesondere entlang der Highways und in Großstädten – haben auch sonntags (längstens bis 18 Uhr) geöffnet.

Steuern

Preisschilder geben lediglich die **Nettopreise** ohne Steuer an. Die **Sales Tax** (Verkaufs- bzw. Mehrwertsteuer) beträgt je nach Staat zwischen 0 (Oregon,) und 7,25 (Kalifornien) Prozent. Städte und Gemeinden können eigene Steuern auf die Verkaufssteuer schlagen. So muss man in Kalifornien und Washington in etlichen Orten mit insgesamt bis zu 9 Prozent Verkaufssteuer rechnen.

ÜBERNACHTEN

Gut schlafen ist die halbe Miete – die alte Touristenweisheit gilt natürlich auch für Reisen an der Westküste der USA. Denn wer will schon am Ende eines langen Tages »on the road« eine herbe Enttäuschung erleben? Vorabinfo ist deshalb umso wichtiger. Was ist eine »Cabin«, was ein »Country Inn«? Auch nicht ganz unwichtig: Wo und wann darf man mit niedrigen Preisen rechnen, wo und wann verhandeln?

Schlafen »on the road«

Tausende Unterkünfte aller Art säumen die »Roads«, »Highways« und »Interstates«, allen voran an Abfahrten (»Exits«) zu wichtigeren Orten in größeren Ansammlungen, ansonsten auch schon mal allein auf weiter Flur. Der Preis zum Glück ist so vielfältig wie das Angebot. Ob einfacher Campingplatz in einem State Park oder Budget-Hotel entlang einer Interstate, ob Villa mit Pool in einem Golfresort, eine Suite in einem Hotelturm auf dem noblen Nob Hill in San Francisco oder in einem Wellness-Spa mit Blick auf den Pazifik in Big Sur, jeder dürfte ein für sein Budget passendes Angebot finden. Besonders beliebt sind nostalgische **Historic Country Inns**, mit Antiquitäten eingerichtete **Bed & Breakfast**-Unterkünfte, sowie **Lodges** in Nationalparks. Alle sollte man lange im Voraus reservieren.

Hotels und Motels

Hotels haben meist ein innen gelegenes Treppenhaus mit Fluren, von denen die Zimmer abgehen. Häufig besitzen sie Restaurants oder Cafés, Fitness-Einrichtungen, Geschäfte oder besondere Tagungsräume. Motels sind in der Regel einfacher ausgestattet, ein- bis zweistöckig, mit Parkplätzen vor der Tür und häufig offenen Treppenhäusern. Bei Roadtrip-Fans und Liebhabern typischer Norman-Bates-Motels be-

NÜTZLICHE ADRESSEN

BED & BREAKFAST

BED & BREAKFAST ONLINE
Tel. 1 800 2 15 73 65
www.bbonline.com

CALIFORNIA ASSOCIATION OF BED & BREAKFAST INNS
Tel. 1 800 3 73 92 51
www.cabbi.com

OREGON B & B GUILD
www.obbg.org
Tel. 503 893 4210

WASHINGTON INDEPENDENT INNS NETWORK
https://www.wainns.com/

RANCHAUFENTHALT

www.duderanches.com
www.duderanch.org
www.guestranches.com
www.workingranches.com

CAMPING

IN DEN NATIONALPARKS
Tel. 1 877 4 44 67 77
www.recreation.gov

KAMPGROUND OF AMERICA (KOA)
Tel. 1 406 2 55 74 02
https://koa.com

CALIFORNIA ASSOCIATION OF RV PARKS AND CAMPGROUNDS
Tel. 1 888 7 82 92 87
www.gocampingamerica.com
www.camp-california.com

sonders hoch im Kurs stehen die **Retro-Motels** der 1940er- und 1950er-Jahre – Neonreklame und scheppernde Klimaanlage inbegriffen. Besonders in entlegenen Gegenden bieten solche Unterkünfte die einzige Schlafgelegenheit. Der Wermutstropfen: Mit Abstrichen bei Komfort und Sauberkeit muss gerechnet werden!

Bed & Breakfast Mit dem traditionellen, Familienanschluss und Gebet am Abendbrot-Tisch anbietenden Bed & Breakfast haben die meisten Herbergen dieser Art heute kaum noch etwas gemein. Zudem pflegen sie erheblich teurer zu sein. Die B & Bs sind eher als professionell betriebene **landestypische, oft luxuriöse und historische Unterkünfte** zu verstehen. Dabei reicht die Bandbreite von der prächtigen neoklassischen Residenz des einstigen Richters über die umgebaute Scheune neben dem Farmhaus bis zur modifizierten Dorfkirche. Die Besitzer lassen sich ebensowenig über einen Kamm scheren. Mal sind es vermögende Geschäftsleute, die der Tretmühle ihrer Berufes den Rücken gekehrt haben und sich nun mit viel Zeit und Liebe ihrem langgehegten Traum widmen, mal sind es oftmals junge Paare im Outfitter-Geschäft, die ein B & B als logische Ergänzung betreiben. Mit Handschlag begrüßt zu werden, gehört daher zur amerikanischen B & B-Erfahrung dazu wie das **opulente Frühstück** mit den übrigen Gästen und Reisetipps von Einheimischen.

Country Inns

Der Unterschied zu den Country Inns verwischt mehr und mehr. Auch sie zeichnen sich durch ihren unverwechselbaren Charakter aus. Meist in schönen alten Häusern in bester Lage untergebracht, bieten sie zudem einen **Dining Room** oder ein Restaurant, wo zwei oder drei Mahlzeiten täglich serviert werden. Der **Service** ist aufmerksam, das Personal grüßt den Gast mit Namen.
Oft schließen sich die Country Inns einer Region zu einer Assoziation mit strengen Aufnahmekriterien zusammen, um ein verlässliches, gleichbleibend hohes Niveau garantieren zu können und unter einem Banner Werbung für sich zu machen. Zwischen diesen beiden Unterbringungsformen lavieren die Country Inn Bed & Breakfasts. In der Regel sind dies Country Inns, die nur Frühstück anbieten, ansonsten aber zu groß sind, um als B & B zu gelten.

Resorts

Auch Resorts gibt es in vielerlei Varianten, wie Hotels, Lodges und Cottages. Ihnen begegnet man auf dem Land, in der Wildnis und in oder in der Nähe von Nationalparks und State Parks. Erholung wird großgeschrieben, meist verfügen sie über ein **großes Freizeitangebot**. Mehrere Tage Aufenthalt sind die Regel: Ein Resort ist ein Reiseziel für sich.

Lodges

Unter Lodges versteht man in der Regel **Unterkünfte in der Wildnis** oder zumindest in Landschaften mit hohem Erholunsgwert. Lodges können **luxuriös oder rustikal** sein, ziehen jedoch meist ein erwachsenes und zahlungskräftiges Publikum an. Dort angeboten werden Outdoor-Aktivitäten, wie Wander- und Paddeltouren, Angeln, Helihiking und Flightseeing im lodgeeigenen Wasserflugzeug. Im Preis inbegriffen sind alle Mahlzeiten und Guiding Services.

Cabins

Dicke und duftende Balken aus Zedernholz, eine Veranda mit Schaukelstühlen und die Feuerstelle mit Grill nur einen Hufeisenwurf entfernt: Mehr Trapper-Romantik geht nicht! Cabins sind **rustikale Blockhütten**, mal in der Wildnis, mal in der Nähe einer Ranch, doch immer in gehöriger Entfernung vom Großstadtlärm. Wer bucht, pflegt einen aktiven Lebensstil, ist Naturliebhaber und nutzt die Cabin als Basis für Unternehmungen in der Wildnis, wie Wander-, Paddel- und Angeltouren oder, falls in der Nähe eine Ranch liegt, zu Ausritten in die Umgebung. Die Einrichtung reicht von der simplen Hütte ohne Strom und fließend Wasser bis zur luxuriösen Oase mit Klimaanlage und WLAN.

Condominiums

Ein **»Condo«**, wie man es in Kalifornien häufiger in den Strandzonen zwischen Los Angeles und San Diego findet, ist ein mehrstöckiges **Apartmenthaus** mit voll eingerichteten Wohnungen einschließlich Küchenzeile, Bettwäsche wird üblicherweise gestellt. Diese Unterkünfte sind beliebt bei Familien, die eine Woche oder länger bleiben möchten.

P
PRAKTISCHE INFOS

Wichtig, hilfreich präzise

Unsere Praktischen Infos helfen in (fast) allen Situationen an der US-Westküste weiter.

Vom Nebel verschluckt – daran hat sich die Golden Gate Bridge längst gewöhnt. ►

KURZ & BÜNDIG

ELEKTRIZITÄT
110 Volt, 60 Hertz. Für Geräte nach europäischer Norm braucht man einen **Adapter**, erhältlich z. B. bei Radio Shack (Abt. Appliances).

GELD

WÄHRUNG
1 $ = 0,92 €
1 € = 1,09 $
1 $ = 0,86 SFr
1 CHF = 1,16 $
Aktuelle Kurse: https://www.xe.com

NOTRUFE

POLIZEI, AMBULANZ, FEUERWEHR
Tel. 911
Sollte unter dieser Nummer keine Hilfe erreichbar sein, ruft man Tel. 0 (**Operator** der Telefonzentrale).

NOTRUFSÄULEN
Entlang viel befahrener Fernverkehrsstraßen (Interstates) sind Notrufsäulen aufgestellt.

US-AUTOMOBILKLUB AAA
Tel. 1 800 AAA HELP
Tel. 1 800 2 22 43 57

ADAC-NOTRUF USA
Tel. 1 888 2 22 13 73

NOTRUFE NACH EUROPA

ADAC-NOTRUFZENTRALE MÜNCHEN
Tel. 00 49 89 22 22 22

DRK-FLUGDIENST DÜSSELDORF
Tel. 00 49 211 91 74 99 39

DEUTSCHE RETTUNGSFLUGWACHT STUTTGART
Tel. 00 49 71 17 00 70

NOTRUFDIENST ÖSTERREICH
ÖAMTC-Notrufzentrale Wien
Tel. 00 43 12 51 20 00

SCHWEIZERISCHE RETTUNGSFLUGWACHT ZÜRICH
Tel. 00 41 4 46 54 33 11

ÖFFNUNGSZEITEN
Geschäfte öffnen Mo.–Sa., in den Malls meistens 10–21, So. 12–17 Uhr. **Banken** sind Mo.–Fr. 9–16.30, **Postämter** Mo.–Fr. 9–16.30 bzw. 18 und Sa. von 9–12 Uhr geöffnet. Viele **Museen** haben Mo. geschlossen. **Apotheken** haben in größeren Städten teilweise 24 Std. geöffnet.

ZEIT
Pacific Time Zone (MEZ –9). Von Mitte März bis Anfang November wird auf **Sommerzeit** (»Daylight Saving Time«) umgestellt.

WAS KOSTET WIE VIEL?
Becher Kaffee: ab 2,50 $
Becher Softdrink: ab 3 $
Frühstück: ab 10 $
3-Gänge-Dinner: ab 30 $
Einfache Unterkunft: ab 80 $
Gehobene Unterkunft: ab 180 $
1 Gallone (3,8 l) Benzin: ca. 3,30 $
1 Gallone (3,8 l) Diesel: ca. 3,60 $
Mietwagen (1 Woche): ab 170 $

Hilfreich ist die **App GasBuddy**, welche jeweils die günstigste Tankstelle der Umgebung anzeigt.
www.gasbuddy.com

ANREISE · REISEPLANUNG

Mit dem Flugzeug

Die wichtigsten **Zielflughäfen** an der Westküste sind Los Angeles, San Francisco, Portland und Seattle sowie Vancouver in der nördlich benachbarten kanadischen Provinz British Columbia . Diese Destinationen werden von allen wichtigen mitteleuropäischen Flughäfen angeflogen. Ein **Direktflug** von Deutschland dauert ca. 11 Stunden, Umsteigeverbindungen entsprechend länger.

Ein- und Ausreisebestimmungen

Vorabinformation

Wer eine Reise in die USA plant, sollte vorab unbedingt die tagesaktuellen Informationen von der US-Botschaft im jeweiligen Heimatland (► Auskunft, Botschaften) einholen.

Reisedokumente

Deutsche, österreichische und schweizerische Staatsangehörige nehmen am **Visa Waiver Program (VWP)** teil und können als Touristen bzw. Geschäftsreisende für eine Dauer von bis zu **90 Tage ohne Visum** einreisen, falls sie mit einer regulären Flug- oder Schifffahrtslinie ankommen und ein Rückflugticket vorweisen können. Bei der Einreise werden digitale Abdrücke sämtlicher Finger sowie ein digitales Porträtfoto angefertigt. Auch bei der Ausreise werden Fingerabdrücke genommen. Die erlaubte **Aufenthaltsdauer** wird individuell festgelegt und soll dem Reisezweck entsprechen. Eine spätere Verlängerung ist nur für Personen möglich, die mit gültigem Visum eingereist sind. Der Tag, an dem man die USA spätestens wieder verlassen muss, wird bei der Einreise in den Pass eingestempelt.
Die US-Behörden akzeptieren nur noch **maschinenlesbare Pässe** für die visumfreie Einreise. Kinder benötigen einen eigenen Pass. Staatsangehörige von Ländern, die am Visa Waiver Program teilnehmen, müssen eine **elektronische Einreiseerlaubnis (ESTA)** vorweisen. Sie ist vor der Einreise gebührenpflichtig (derzeit 21 Euro pro Antrag, online zu bezahlen) im Internet unter **https://esta.cbp.dhs.gov** einzuholen und gilt für beliebig viele Einreisen innerhalb eines Zeitraums von zwei Jahren.
In folgenden Fällen ist ein **Visum** erforderlich: Personen, die nicht mit einem regelmäßigen Verkehrsmittel einreisen oder eine Ausbildungsstätte besuchen wollen, Teilnehmende an Austauschprogrammen, Personen, die eine (auch nur vorübergehende) Tätigkeit ausüben wollen (auch Journalisten und Au-Pairs) oder eine For-

schungsarbeit durchführen, sowie Personen, die in den USA heiraten und anschließend dort wohnen wollen.

Einreise von Kanada in die USA

Wer von Kanada in die USA einreisen will, benötigt bislang kein Visum. Die **aktuellen Bestimmungen** erfährt man bei den Visa-Diensten der US-Botschaften: www.usembassy.gov

Ausreichende Finanzmittel

Bei der **Grenzkontrolle** müssen gegebenenfalls genügend finanzielle Mittel nachgewiesen werden können, um den Aufenthalt in den USA bezahlen bzw. ein Weiter- oder Rückreiseticket besorgen zu können.

Impfbestimmungen

Ein Impfzeugnis wird in der Regel nur verlangt, wenn man aus gefährdeten Gebieten einreist. Man sollte sich vor Reiseantritt beim zuständigen Konsulat über die **neuesten Vorschriften** erkundigen.

Haustiere

Wer seinen **Hund** mitnehmen will, hat ein tierärztliches Gesundheits- und Tollwutimpfzeugnis vorzulegen, das mindestens einen Monat weniger als 12 Monate vor der Abreise ausgestellt sein muss und nicht länger als ein Jahr gilt. Für alle anderen Haustiere wird nur ein tierärztliches Gesundheitszeugnis verlangt.

Nationaler Führerschein

Wer selbst ein Fahrzeug steuern will, muss einen gültigen Führerschein vorweisen. Der internationale Führerschein wird nur **zusammen** mit dem nationalen Führerschein anerkannt.

Sicherheitskontrollen

Im Luft- und Seereiseverkehr werden äußerst penible Sicherheitskontrollen durchgeführt. Deshalb sollte man unbedingt **genügend Zeit** einplanen, um die Kontrollen rechtzeitig vor der Abreise passieren zu können.

Zollbestimmungen

Einreise in die USA

Bei der Einreise in die Vereinigten Staaten sind eine **Immigration Card** (Einreiseerlaubnis) und eine **Customs Declaration** (Zollerklärung) auszufüllen.
Zollfrei eingeführt werden dürfen Gegenstände des persönlichen Bedarfs (u. a. Kleidungsstücke, Toilettenartikel), Fotoapparate und Videokameras, Filme, Ferngläser und Sportausrüstung; für über 21-Jährige 1 Quart (ca. 1 l) alkoholische Getränke, 200 Zigaretten oder 50 Zigarren oder 3 US-Pfund (lbs; ca. 1350 g) Tabak. Zusätzlich können pro Person Geschenke bis zum Gegenwert von 100 US-$ (Alkohol und Zigaretten sind davon ausgenommen) eingeführt werden. **Streng verboten** ist die Einfuhr von Lebensmitteln, Pflanzen, Süßigkeiten und Obst.

Zollfrei sind alle bereits in die USA mitgenommenen persönlichen Gebrauchsgegenstände, ebenso Reiseandenken bis zu einem Gesamtwert von 430 € (Erwachsene) bzw. 175 € (Kinder und Jugendliche unter 15 Jahren). Zusätzlich über das Genannte hinaus sind zollfrei für Personen über 15 Jahre 500 g Kaffee oder 200 g Pulverkaffee und 100 g Tee oder 40 g Teeauszüge, 50 g Parfüm und 0,25 l Eau de Toilette sowie für Personen über 17 Jahre 1 l Spirituosen mit mehr als 22 Vol.-% Alkohol oder 2 l Spirituosen mit weniger als 22 Vol.-% Alkohol oder 2 l Schaumwein und 2 l Wein sowie 200 Zigaretten oder 100 Zigarillos oder 50 Zigarren oder 250 Gramm Rauchtabak.

Wiedereinreise in EU-Staaten

Für die Wiedereinreise in die Schweiz gelten folgende **Freimengengrenzen:** 250 g Kaffee, 100 g Tee, 200 Zigaretten oder 50 Zigarren oder 250 g Rauchtabak, 2 l alkoholische Getränke bis 15 Vol.-% und 1 l alkoholische Getränke über 15 Vol.-%. Souvenirs dürfen nur bis zu einem Höchstwert von **300 CHF zollfrei** eingeführt werden. Zuwiderhandlungen werden streng geahndet.

Wiedereinreise in die Schweiz

Reiseversicherungen

Problematisch für Touristen aus Europa können die Kosten für eine medizinische Behandlung werden. Vor allem ein Krankenhausaufenthalt kann sich teuer herausstellen. Behandlungen erfolgen **gegen Vorkasse oder direkte Bezahlung.** Eine Krankenversicherung unter Einschluss der USA wird ebenso dringend empfohlen wie eine belastbare Kreditkarte. Vor einer Reise in die USA sollte man unbedingt mit seiner Kranken- und Unfallversicherung Rücksprache halten, wie weit sich deren Schutz erstreckt. In den allermeisten Fällen empfiehlt sich der zusätzliche Reisekranken- und einer Reiseunfallversicherung.

Kranken- und Unfallversicherung

Da die deutsche Kfz-Haftpflichtversicherung nicht gilt, muss dort für das eventuell mitgebrachte eigene Fahrzeug und für einen Mietwagen eine Kfz-Haftpflichtversicherung **bei einem US-Versicherungsunternehmen** (3rd party liability) abgeschlossen werden.

Kfz-Haftpflichtversicherung

AUSKUNFT

Die Vereinigten Staaten betreiben kein zentrales Informationsbüro in Deutschland, Österreich oder der Schweiz. Doch es gibt mehrere Marketingbüros, die über einzelne Bundesstaaten, Städte oder Attraktionen informieren.

Infobüros

AUSKUNFT IN DEUTSCHLAND

CALIFORNIA TOURISM
c/o Marketing Services
International GmbH
Frankfurter Str. 175
63263 Neu-Isenburg
Tel. 0610 2 88 47 90, https://www.visitcalifornia.com/de/

OREGON
Travel Oregon
319 SW Washington St #700
Portland, OR 97204
Tel. 971 717 6205, https://traveloregon.visittheusa.com/en-ca/

WASHINGTON STATE
State of Washington
PO Box 16612, Seattle, WA 98116
tourisminfo@stateofwatourism.com

AUSKUNFT IN DEN USA

WELCOME CENTERS
Jeder Bundesstaat unterhält an seinen Grenzen Informationszentren, die Kartenmaterial und Broschüren ausgeben und in jeglicher Weise weiterhelfen.
Regionale oder lokale Auskunftsstellen: ▶ Reiseziele von A bis Z

www.discoveramerica.com
Portal der US-Tourismuswirtschaft

INTERNETADRESSEN
www.visittheusa.de
Alle US-Bundesstaaten, Städte, Regionen und Attraktionen

www.vusa-germany.de
Mit Links zu allen deutschen Vertretungen von Anbietern touristischer Leistungen in den USA

http://usa.usembassy.de/travel.htm
Reiseseite der US-Botschaft in Deutschland

www.nps.gov
Nationalparks in den USA

www.parks.ca.gov
State Parks in Kalifornien

www.parks.wa.gov
State Parks in Washington State

DIPLOMATISCHE VERTRETUNGEN

US-BOTSCHAFT IN DEUTSCHLAND
Pariser Platz 2
D-10117 Berlin
Tel. 030 83 050
https://de.usembassy.gov/de

US-BOTSCHAFT IN ÖSTERREICH
Boltzmanngasse 16
A-1090 Wien
Tel. 01 313 390
https://at.usembassy.gov/de

US-BOTSCHAFT IN DER SCHWEIZ
Sulgenecksstrasse 19
CH-3007 Bern
Tel. 031 357 70 11
https://ch.usembassy.gov

DEUTSCHE VERTRETUNGEN IN DEN USA

BOTSCHAFT DER BUNDESREPUBLIK DEUTSCHLAND
4645 Reservoir Road N.W.
Washington, DC 20007-1998
Tel. 1 2022 98 40 00
www.germany.info/vertretung/usa

GENERALKONSULAT DER BUNDESREPUBLIK DEUTSCHLAND
6222 Wilshire Blvd., Suite 500
Los Angeles, CA 90048
Tel. 1 323 930 27 03
www.germany.info/us-en/

embassy-consulates/losangeles

Honorarkonsulate in San Diego (CA), San Francisco (CA), Portland (OR), Seattle (WA)

ÖSTERREICHISCHE VERTRETUNGEN IN DEN USA

BOTSCHAFT DER REPUBLIK ÖSTERREICH
3524 International Court N.W.
Washington, DC 20008
Tel. 1 202 895 67 00
www.austria.org

GENERALKONSULAT DER REPUBLIK ÖSTERREICH
11859 Wilshire Blvd., Suite 501
Los Angeles, CA 90025
Tel. 1 310 444 93 10
www.austria-la.org

Honorarkonsulat in San Francisco (CA), Portland (OR), Seattle (WA)

VERTRETUNGEN DER SCHWEIZ IN DEN USA

BOTSCHAFT DER SCHWEIZERISCHEN EIDGENOSSENSCHAFT
2900 Cathedral Ave. N.W.
Washington, DC 20008-3499
Tel. 1 202 745 79 00
www.eda.admin.ch

GENERALKONSULAT DER SCHWEIZERISCHEN EIDGENOSSENSCHAFT
11766 Wilshire Blvd.,Suite 1400
Los Angeles, CA 90025
Tel. 1 310 575 11 45
www.eda.admin.ch
Honorarkonsulat in San Francisco (CA), Seattle (WA)

ETIKETTE

»casual« statt förmlich

In den Vereinigten Staaten geht es weit **weniger förmlich** zu als im »alten« Europa. Formelle Kleidung wird nur bei formellen Anlässen erwartet. Einige Restaurants verlangen zumindest ein Jackett. »casual«, also lässig oder salopp ist der Lebensstil in den Staaten der Westküste. Eine legere Grundhaltung heißt jedoch nicht, dass jede Kleidung willkommen ist. »No shoes, no shirt – no service« steht in einigen Badeorten an Restaurants – etwas mehr als Badehose oder Bikini sollten Gäste dann schon tragen. Rasch redet man sich mit dem Vornamen an. In Bars kommt man sehr schnell ins Gespräch.

Begrüßung

Man redet sich mit dem Vornamen an, wobei jedoch Ältere durchaus registrieren, wenn man das höfliche »Mister« bzw. »Miss/Mrs.« benutzt. Die Nennung des Vornamens bedeutet keinesfalls sofortigen vertraulichen Umgang. Amerikaner bleiben Fremden gegenüber zunächst ebenso auf Distanz wie etwa Deutsche, nur sind sie **meist höflicher**.

Small Talk

»It's a fine day, isn't it?« Egal, ob im Aufzug oder in einer Warteschlange: Wo man unversehens längere Zeit mit Amerikanern zusammen ist, äußern diese sich bald zu belanglosen Themen. Damit soll aber niemand in ein Gespräch verwickelt werden, sondern man empfindet dies einfach als höflich. Gar nichts zu sagen oder gar sich abzuwenden gilt als rüde und unhöflich – übrigens eine Eigenschaft, die besonders den Deutschen nachgesagt wird.

Einladungen »Come and see us some time!« Man trifft viele nette Amerikaner und verbringt auch eine nette Zeit in angeregter Unterhaltung. Zum Schluss wird man oftmals mit einer Aufforderung zu einem neuen Treffen verabschiedet. Eine solche Einladung sollte man jedoch nicht allzu wörtlich nehmen, denn sie ist nur eine **Höflichkeitsfloskel.** In Wahrheit würden die amerikanischen Gesprächspartner staunen, käme man irgendwann tatsächlich einmal vorbei, ohne sich vorher rückversichert (»reconfirmed«) zu haben.

Diskussionen Das Gerücht, Amerikaner seien unbelesene Zeitgenossen, hält sich unausrottbar. Die meisten US-Bürger kennen den Unterschied zwischen »Austria« und »Australia« und wissen auch, dass sie nicht im Paradies leben. **Kritik** aus »Old Europe« an amerikanischen Dauerproblemen wie Rassenfragen, Einwanderungspolitik, Schulsystem, Waffenbesitz usw. kann als Unhöflichkeit aufgefasst werden. Man wartet besser, bis man nach seiner Meinung gefragt wird. Dann merkt man, dass Amerikaner neugierige und diskutierfreudige Gesprächspartner sind.

Rauchen In öffentlichen Gebäuden darf nicht geraucht werden. In den Restaurants sind nur noch kleine Bereiche für Raucher ausgewiesen. Inzwischen riskiert sogar eine Konfrontation, wer in Gegenwart von Kindern qualmt.

GELD

Währung Währungseinheit ist der US-Dollar (US-$). Außer Geldscheinen im Nennwert von 1, 5, 10, 20, 50 und 100 US-Dollar sind Münzen im Wert zu 1 (»Penny«), 5 (»Nickel«), 10 (»Dime«), 25 (»Quarter«), 50 Cents (half-dollar) und 1 Dollar im Umlauf. Man sollte unbedingt vor dem Abflug Geld tauschen und sich mit Kleingeld eindecken, denn der Wechselkurs ist in Europa günstiger. Die Reisekasse sollte möglichst aus **Kreditkarte, Dollar-Reiseschecks** und einigen **Dollars in bar** für den Anfang zusammengestellt sein.

Devisenbestimmungen Die Ein- und Ausfuhr ausländischer und amerikanischer Zahlungsmittel unterliegt **keinen Beschränkungen.** Die Einfuhr von mehr als 10 000 US-$ muss aber deklariert werden.

Kreditkarten Bankkarten

Oft benutzt werden Kreditkarten; für Mietwagen sind sie zur Kautionsleistung **unerlässlich.** Man sollte sich eine der gängigen Karten anschaffen, mit der man an **Geldautomaten** (ATM = Automated Teller Machine) abheben kann. Bankkarten mit blau-rotem Maestro-Zeichen können an Maestro-Geldautomaten eingesetzt werden. Das gilt nicht für Bankkarten mit dem blau-gelben V PAY-Zeichen (z. B. von der Postbank). Reiseschecks spielen nur noch eine untergeordnete Rolle.

Geldwechsel

Auf internationalen Flughäfen kann man in Bankfilialen **Devisen** gegen US-Dollar eintauschen. Auch in Touristenzentren akzeptieren manche Banken ausländisches Bargeld. In Hotels sollte man allerdings kein Geld tauschen, da der Wechselkurs dort viel schlechter ist.

GESUNDHEIT

Apotheken (Drugstore, Pharmacy)

Drugstores und Pharmacies ähneln deutschen Drogeriemärkten oder sind richtige Kaufhäuser. Frei zugänglich ist ein großes Sortiment an Medikamenten, die in Deutschland und anderswo verschreibungspflichtig sind. Drugstores bzw. Pharmacies sind 9–18, einige bis 21 Uhr oder länger geöffnet, z. B. in durchgehend geöffneten Supermärkten.
Notdienste: Außerhalb der normalen Ladenöffnungszeiten gibt es keine speziellen Not- oder Nachtdienste. Notfalls muss man sich an die nächste Notaufnahme (Emergency Room, ER) wenden. Auch Krankenhäuser sind durchgehend geöffnet.

Ärztliche Hilfe ist teuer

Ein Krankenhausaufenthalt oder auch nur der Besuch in der Notaufnahme kann das Reisebudget kippen. Man sollte vor Antritt einer USA-Reise eine **Reisekrankenversicherung** abschließen.
Ärztlicher Notdienst: Niedergelassene Ärzte und Krankenhäuser findet man auf den »Yellow Pages« (Gelbe Seiten) der örtlichen Telefonbücher. In akuten Notfällen wählt man die **Notrufnummer 911 oder die 0 für den Operator,** der einen mit dem nächsten Emergency Room (Notaufnahme) verbindet.

Gesundheitliche Risiken

Die Sonne und Hitze in Südkalifornien darf man nicht unterschätzen! Denken Sie bei Unternehmungen in der freien Natur an eine Kopfbedeckung und genügend Wasser. Von 11–15 Uhr ist das Sonnenlicht am intensivsten. Reisende mit empfindlicher Haut sollten diese Zeit ganz im Schatten verbringen. Neben einer Sonnencreme mit hohem Lichtschutzfaktor ist auch ein gutes Mückenspray unerlässlich, denn **Stechmücken bzw. Moskitos** sind überall anzutreffen, wo Wasser steht. Moskito-Saison ist von Juni bis November. In dieser Zeit empfiehlt es sich, langärmelige Hemden bzw. Blusen und lange Hosen zu tragen.

LESE- UND FILMTIPPS

Zur Einstimmung

DuMont Bildatlas Nr. 230: Kalifornien. DuMont 2022. Der Sonnenstaat an der US-Pazifikküste in tollen Bildern von Martin Sasse und spannenden Texten von Ulrike Wirtz.

Klassiker, Krimi und Kultbücher

Charles Bukowski: Kaputt in Hollywood. Fischer 2013. Zehn der stärksten Kurzgeschichten über apokalyptische Träume und die alltägliche Hölle – realistisch, brutal, komisch.

Robert Dugoni: Dem Tod auf den Fersen. Edition M 2021. Tracy Crosswhite ist auf Cold Cases spezialisiert. Ein ungeklärter Kriminalfall um ein vermisstes kleines Mädchen beschäftigt die soeben selbst Mutter gewordene Detektivin ebenso wie das spurlose Verschwinden einer Joggerin. Auch der achte Krimi aus der Tracy-Crosswhite-Reihe spielt in Seattle.

Jack Kerouac: Die Dharmajäger. Rowohlt 2022. Klassiker der Beatnik-Generation neu übersetzt. Mal als blinder Passagier auf alten Güterzügen, mal zu Fuß ist Ray Smith (Kerouac) unterwegs durch Kalifornien, auf der Suche nach einem intensiven, sinnerfüllten Leben.

Meriwether Lewis, William Clark, Hrsg. von Hartmut Wasser: Edition Erdmann 2020. Der Weite Weg nach Westen. Die Tagebücher der Lewis und Clark Expedition 1804 –1806

Filme

Hollywood ist die Filmmetropole der Welt. Hier werden jedes Jahr unzählige Filme für Kino und TV-Sender gedreht (►S. 26). Filme, die L. A. als Kulisse selbst zum Thema haben, sind u. a. **»Pretty Woman«** (1990; Regie: Garry Marshall), **»L. A. Confidential«** (1997; Regie: Curtis Hanson), **»La La Land«** (2017; Regie: Damien Chazelle), **»Once Upon a Time ... in Hollywood«** (2019; Regie: Quentin Tarantino) und **»She said«** (2022; Regie: Maria Schrader) – »She said« brach das Schweigen über sexuelle Übergriffe in Hollywood und rief die #**MeToo**-Bewegung ins Leben, eine der wichtigsten Bewegungen ihrer Generation.
Viele Szenen des Klassikers »**Vom Winde verweht**« wurden 1939 in der Region Shasta Cascade aufgenommen, in einer namenlosen Apfelbaumplantage der Stadt Paradise. Ein Kultfilm ist bis heute die romantische Komödie **»Schlaflos in Seattle«** (1993; Regie: Nora Ephron) mit Tom Hanks und Meg Ryan in den Hauptrollen.

MASSE UND GEWICHTE

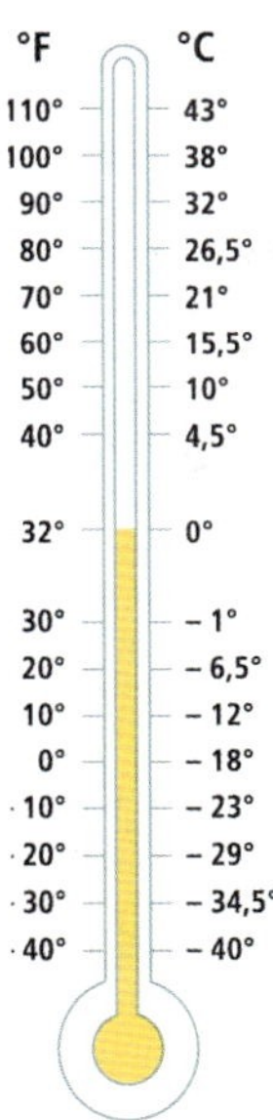

LÄNGENMASSE

1 inch (in; Zoll) = 2,54 cm
1 foot (ft; Fuß) = 30,48 cm
1 yard (yd; Elle) = 91,44 cm
1 mile (mi; Meile) = 1,61 km
1 km = 0,62 mi

FLÜSSIGKEITEN UND GEWICHTE

1 gill = 0,118 l
1 pint (pt) = 0,473 l
1 quart (qt) = 0,946 l
1 gallon (gal) = 3,787 l
1 ounce (oz; Unze) = 28,35 g
1 pound (lb; Pfund) = 453,59 g
1 stone = 6,35 kg

TEMPERATUREN

Umrechnung: Fahrenheit in Celsius: Zahl minus 32, geteilt durch 1,8

NATIONALPARKS

Naturschutzgebiete

Man unterscheidet zwischen **Naturparks bzw. Naturschutzgebieten** (National bzw. State Park, National bzw. State Forest usw.), **denkmalgeschützten Flächen** (National bzw. State Monument, Historic Site, Archaeological Site) und **Erholungsparks** (National bzw. State Recreational Area). In diesen Gebieten ist die Landnutzung eingeschränkt. Die Schutzgebiete werden von Park Rangern betreut. Wer auf eigene Faust ein solches Gebiet erkunden will, kann dies nur mit deren Erlaubnis oder Betreuung tun. Die geschützten Areale sind meist gut markiert. Vielerorts sind **Eintrittsgebühren** (4 – 25 $ pro Person bzw. Fahrzeug, jeweils gültig für 7 Tage) zu bezahlen. Die meisten der National Parks, National Monuments und National Recreation Areas sind im Internet unter folgender Adresse zu finden:

www.nps.gov

Übernachtung

In vielen Parks bestehen Übernachtungsmöglichkeiten in Motels, Lodges und Cabins. **Rechtzeitige Reservierung** ist notwendig.

Verhalten in geschützten Gebieten

In Nationalparks und geschützten Gebieten ist es nicht erlaubt, die vorgeschriebenen Wege und Straßen zu verlassen. **Campen** und **Feuermachen** ist nur an den dafür ausgewiesenen Plätzen gestattet; Abfälle dürfen nicht liegen gelassen und Wildtiere nicht gefüttert werden. **Jagen** ist verboten, **Angeln** nur mit Erlaubnis möglich. Es versteht sich von selbst, dass man keine Pflanzen oder gar Tiere mitnimmt.

America The Beautiful Pass

Beabsichtigt man den Besuch mehrerer Nationalparks, sollte man den Kauf eines »America The Beautiful Pass« überlegen. Er kostet derzeit 80 $ und gewährt **Eintritt in alle Nationalparks** während eines Jahres. Dieser Pass ist an den Parkeingängen bzw. in den Besucherzentren (Visitor Centers) erhältlich.

PREISE · VERGÜNSTIGUNGEN

Verkaufssteuern

Auf Preisschildern sind nur die Nettopreise vor Steuern angegeben. Die meisten Waren unterliegen der staatlichen **Sales Tax**, die je nach Bundesstaat variiert. Einzelne Städte, Gemeinden und Counties erheben zusätzlich eine **General Sales Tax** (meist 1 %), einzelne Orte verlangen auch eine **Tourism Development Tax,** in etwa der deutschen Kurtaxe vergleichbar. **Oregon** ist einer der wenigen US-Bundesstaaten, die **keine Verkaufssteuer** berechnen.

Viele Möglichkeiten

Kinder, Schüler, Studenten und Rentner bekommen Vergünstigungen beim Kauf von Flug- und Bahntickets, Hoteltarifen und Eintritten in Vergnügungsparks, National- und Staatsparks. Es lohnt sich, schon bei der Reiseplanung alle Anbieter touristischer Leistungen nach Sonderangeboten abzuklopfen.
In Tourismusbroschüren, die in Fremdenverkehrsbüros, Besucherzentren, Hotels, Tankstellen und Supermärkten ausliegen, sind meist **Coupons** mit Vergünstigungen beigeheftet, die von besonders günstigen Hotelübernachtungen bis zum Schnäppchen im nächsten Factory Outlet reichen. Das lohnt hin und wieder durchaus.

Trinkgeld (Tip)

Trinkgeld ist in der Regel nicht im Endpreis enthalten und wird gesondert gegeben. Dies ist zwar keine ausgesprochene Pflicht, doch das Personal in Restaurants und Hotels erhält nur bescheidene Löhne und ist auf Trinkgeld angewiesen. Üblich sind wenigstens **15 % des Rechnungsbetrags** vor Steuern. Der »tip« wird im Restaurant auf dem Tisch liegen gelassen. Hotelpagen erwarten 1 $ pro Koffer; Zimmermädchen bekommen mindestens 3 $ pro Tag. Man kann den Endbetrag beim Auschecken in einem Umschlag im Zimmer hinterlassen. Bietet ein Hotel oder Restaurant »valet parking« (Angestellte parken das Auto), erhalten diese mindestens 3 $.

REISEZEIT

Klima

Die in Nord-Süd-Richtung verlaufenden Gebirgsketten sorgen für eine rasche Abnahme der Niederschlagshäufigkeit und -intensität von West nach Ost. Generell weist der nördliche Teil des Westküste ein eher kühlgemäßigtes Klima auf, während die Südhälfte zur warmgemäßigten Zone bzw. zur suptropischen Zone gehört.

Beste Reisezeit

Die zum Teil sehr hohen Temperaturen im Sommer und zuweilen recht tiefen Temperaturen im Winter machen **den Frühling und den Herbst** zu den bevorzugten Reisezeiten, speziell die Monate Mai bzw. September, Oktober. In den Sommermonaten ist man vor allem westlich der Coast Range vor gelegentlichen Regenschauern und Nebelschwaden nicht gefeit. Je weiter nördlich man kommt, umso häufiger sind zwischen Mitte/Ende Oktober und Ende April/Anfang Mai viele Sehenswürdigkeiten und sogar Hotels geschlossen.

Washington, Oregon

An der nördlichen Westküste der USA herrschen im Vergleich zu denselben Breitengraden in Europa größere Temperaturunterschiede. Dafür verantwortlich ist die **Cascade Range**, eine Gebirgskette mit weniger heißen Sommern und schneereichen Wintern. So bleibt es bis in den April hinein kalt. Im Winter stoßen polare Kaltluftmassen aus dem Norden weit nach Süden vor, im Sommer dagegen tropisch-feuchte Warmluftmassen in die umgekehrte Richtung. Sie ist außerdem eine Wetterscheide zwischen der feuchten und der trockenen Hälfte des pazifischen Nordwestens. Die Gebirgskette sorgt dafür, dass die Niederschlagshäufigkeit von West nach Ost rasch abnimmt. Westlich der Cascade Range fallen noch ergiebige Niederschläge, wobei es in den beiden Städten Portland oder Seattle etwa soviel regnet wie im deutschen Voralpenland. Östlich der Gebrigskette wird es interkontinental mit trockenen, heißen Sommern und trockenen, kalten Wintern.

An der Küste spürt man den **ausgleichenden Pazifikeinfluss** mit geringeren Temperaturunterschieden zwischen Tag und Nacht sowie Sommer und Winter. Im Sommer steigen die Temperaturen selten über 30 °C, im Winter sinken sie fast nie unter den Gefrierpunkt. Da-

Höllische Temperaturen herrschen am tiefsten Punkt der USA, dem Badwater Basin im Death Valley, Südkalifornien.

für ist vor allem in den Wintermonaten hier ein ganz leichter Nieselregen typisch. Nur bei Portland (OR) bewirken durch die Schlucht des Columbia River einströmende Luftmassen aus dem Landesinnern eine deutliche Absenkung bzw. Anhebung der Temperaturen. So gibt es hier im Vergleich zu Seattle (WA) im Winter ein paar Frosttage mehr, dafür sind die Sommerabende lauer.

Kalifornien Kalifornien hat ein überwiegend **subtropisches Klima**, das dem des europäischen Mittelmeerraumes ähnelt. Typisch ist der jahreszeitliche Wechsel der Niederschläge mit Winterregen und einer nach Süden zunehmenden Sommerdürre. Der küstenparallele Verlauf der Gebirge, quer zu den Regen bringenden Westwinden, ihre Höhe und der nach Süden zunehmende Hochdruckeinfluss bewirken auch hier

deutliche regionale Unterschiede, die sich in einer Abnahme der Niederschläge von Nordwesten nach Südosten und der Zunahme der Temperaturgegensätze spiegeln. Nimmt man 3–5 Regentage im Monat als Maßstab, dauert die **sommerliche Trockenzeit** im Norden von Juni–September, in San Francisco von Mai–Oktober, im Süden (Fresno, Los Angeles) sogar von April–November.
Im **Sommer** klettert die Quecksilbersäule in den Niederungen regelmäßig auf 33–35 °C, in der Mojave-Wüste auf über 40 °C, im Death Valley und der Anza-Borrego Desert, den heißesten Regionen Nordamerikas, auf 45 °C. Dagegen gibt sich der Sommer am Pazifik geradezu unterkühlt. Zwischen San Francisco und Eureka lassen der kalte Kalifornienstrom und ein kräftiger Seewind selbst an wolkenlosen Tagen nur maximal 18 °C (Eureka) bis 22 °C (San Francisco) zu, bei Nebel sind es noch weniger. Merklich milder wird es erst südlich von Monterey. San Diego bringt es in der Regel auf 22–24 °C, Los Angeles sogar auf 25–28 °C.
Ansonsten zeigt sich der **südkalifornische Winter** von seiner milden und sonnigen Seite. Im Januar und Februar liegen die mittleren Höchsttemperaturen in Los Angeles und San Diego bei 17–19 °C, landeinwärts etwas darunter. Kalt und schneereich ist der **Winter in der Sierra Nevada**. In den Gipfellagen kann sich Schnee bis in den Hochsommer halten, in mittleren Lagen bis April.

Unwetter

Winterliche Kaltluftausbrüche aus nördlichen Breiten können mitunter auch im Nordwesten der USA Extremwetterlagen heraufbeschwören, die sich in Gestalt schlimmer, **»Blizzards«** genannter Winterstürme mit heftigen Schneefällen entladen können. Da es keine entsprechenden Gebirgsbarrieren gibt, können solche Tiefdruckgebiete schnell und weit nach Süden vorstoßen und einen heftigen Temperatursturz verursachen.
Durch das Aufeinanderstoßen sehr unterschiedlich temperierter ursprünglich ozeanischer und kontinentaler Luftmassen können sich vor allem im Frühling und Frühsommer über den Steppen und Grasländern östlich des Kettengebirges gewaltige **Gewitterzellen** bilden, die sintflutartige Sturzregen und zerstörerische Hagelschläge verursachen. Nicht selten bilden sich bei solchen schweren Gewittern zwar kleinräumige, aber wegen ihrerer extremen Windstärken sehr gefürchtete wandernde Wirbel, die dann als **Tornados** oder Windhosen ganze Landstriche verwüsten.
Hitzegewitter über der Sierra Nevada gibt es im Sommer häufig. Sie sind auch Ursache für viele **Wald- und Buschbrände** in der trockenen Jahreszeit. Auch im Herbst wehen in Südkalifornien die Santa-Ana-Winde. Hierbei fließt warme, trockene Luft aus den Wüstengebieten aus dem Landesinneren in Richtung Pazifik. Je höher die Luftdruckunterschiede zwischen Wüste und Küste sind, desto stärker die Winde.

SICHERHEIT

Verhaltenstipps

Meiden Sie, wie auch anderswo auf der Welt, problematische oder unbekannte Stadtviertel und tragen Sie keine großen Bargeldbeträge mit sich herum. Ungeniertes Fotografieren sozialen Elends könnte unwillige Reaktionen provozieren. Sollte es zu einem Übergriff kommen, geben Sie ohne zu zögern Ihr Geld heraus. Fahren Sie nur mit lizenzierten Taxis und nehmen Sie im Mietwagen keine Anhalter mit. Übernachten Sie nicht am Straßenrand im geparkten Pkw. Hat man sich verfahren und sucht Rat, steuert man einen Parkplatz vor einer Tankstelle oder einem Geschäft an. Vorsicht ist auch geboten, wenn man von hinten oder von der Seite angefahren wird. Nach Möglichkeit steuert man den nächsten gut ausgeleuchteten und einsehbaren Parkplatz einer Tankstelle oder eines Ladengeschäftes an und wählen Sie die kostenfreie **Notrufnummer 911**, die auch für andere Notfälle gilt. Werden Sie von der Polizei gestoppt, fahren Sie an den rechten Straßenrand, drehen Sie das Seitenfenster herunter, bleiben Sie im Auto sitzen und lassen Sie die Hände auf dem Lenkrad.

SPRACHE

Unterschiede

Das amerikanische Englisch unterscheidet sich vom britischen Englisch und vom deutschen Schulenglisch in Aussprache und Betonung sowie im Wortschatz. In Kalifornien spielt wegen der vielen Zuwanderer vor allem aus Mexiko die spanische Sprache eine wichtige Rolle. Nachfolgend eine kleine Amerikanisch-deutsche Übersetzungshilfe:

KLEINER SPRACHFÜHRER

AUF EINEN BLICK

Ja/Nein	**Yes/No**
Vielleicht.	**Perhaps./Maybe.**
Bitte	**Please.**
Danke./Vielen Dank!	**Thank you./Thank you very much.**
Gern geschehen.	**You're welcome.**
Entschuldigung!	**Excuse me!**
Wie bitte?	**Pardon?**
Ich verstehe Sie/Dich nicht.	**I don't understand.**
Ich spreche nur wenig ...	**I only speak a bit of ...**
Können Sie mir bitte helfen?	**Can you help me, please?**
Ich möchte ...	**I'd like ...**

Lebensmittelgeschäft	**food store**
Supermarkt	**supermarket**

ÜBERNACHTUNG

Können Sie mir ... empfehlen?	**Could you recommend ... ?**
... ein Hotel/Motel	**... a hotel/motel**
... eine Frühstückspension	**... a bed & breakfast**
Haben Sie noch ...?	**Do you have ...?**
... ein Einzelzimmer /Doppelzimmer	**... a room for one/two**
... mit Dusche/Bad	**... with a shower/bath**
... für eine Nacht/Woche	**... for one night/week**
Ich habe ein Zimmer reserviert.	**I've reserved a room.**
Was kostet das Zimmer	**How much is the room**
... mit Frühstück?	**... with breakfast?**

ARZT

Können Sie mir einen guten Arzt empfehlen?	**Can you recommend a good doctor?**
Ich brauche einen Zahnarzt.	**I need a dentist.**
Ich habe hier Schmerzen.	**I feel some pain here.**
Ich habe Fieber.	**I've got a temperature.**
Rezept	**prescription**
Spritze	**Injection/shot**

BANK/POST

Wo ist hier bitte eine Bank?	**Where's the nearest bank?**
Geldautomat	**ATM (Automated Teller Machine)**
Ich möchte Euros in Dollars wechseln.	**I'd like to change euros into dollars.**
Was kostet ...	**How much is ...**
... ein Brief ... / ... eine Postkarte ...	**... a letter ... / ... a postcard ...**
nach Europa?	**to Europe?**

ZAHLEN

1	**one**	2	**two**
3	**three**	4	**four**
5	**five**	6	**six**
7	**seven**	8	**eight**
9	**nine**	10	**ten**
11	**eleven**	12	**twelve**
13	**thirteen**	14	**fourteen**
15	**fifteen**	16	**sixteen**
17	**seventeen**	18	**eighteen**
19	**nineteen**	20	**twenty**
21	**twenty-one**	30	**thirty**
40	**forty**	50	**fifty**
60	**sixty**	70	**seventy**
80	**eighty**	90	**ninety**
100	**hundred**	1000	**one thousand**
1/2	**a half**	1/3	**a third**
1/4	**a quarter**		

KAMERA / COMPUTER

Weitwinkelobjektiv	**winde angle lens**
Auslöser	**shutter release**
Auflösung	**resolution**
Belichtungszeit	**exposure time**
Blende	**aperture**
Brennweite	**focal length**
Farbtiefe	**color depth**
Helligkeitsrauschen	**luminance noise**
ad-blocker	**Werbeblocker**
high-speed network	**Hochgeschwindigkeitsnetz**
mobile network	**Mobilfunknetz**
roaming	**Nutzung eines Fremdanbieters**
social media	**Soziale Medien**
Voice over IP	**Internettelefonie**
WiFi	**WLAN**

RESTAURANT

Wo gibt es hier ein gutes Restaurant?	**Is there a good restaurant here?**
Reservieren Sie uns bitte für heute Abend einen Tisch!	**Would you reserve us a table for this evening, please?**
Die Speisekarte bitte!	**The menu please!**
Auf Ihr Wohl!	**Cheers!**
Bezahlen, bitte.	**Could I have the check, please?**
Wo ist bitte die Toilette?	**Where is the restroom, please?**

FRÜHSTÜCK	BREAKFAST
Kaffee (mit Sahne/Milch)	**coffee (with cream/milk)**
koffeinfreier Kaffee	**decaffeinated coffee**
heiße Schokolade	**hot chocolate**
Tee (mit Milch/Zitrone)	**tea (with milk/lemon)**
Rühreier	**scrambled eggs**
pochierte Eier	**poached eggs**
Eier mit Speck	**bacon and eggs**
Spiegeleier	**eggs sunny side up**
harte/weiche Eier	**hard-boiled/soft-boiled eggs**
(Käse-/Champignon-)Omelett	**(cheese/mushroom) omelette**
Pfannkuchen	**pancake**
Brot/Brötchen/Toast	**bread/rolls/toast**
Butter	**butter**
Zucker	**sugar**
Honig	**honey**
Marmelade/Orangenmarmelade	**jam/marmelade**
Obst	**fruit**

VORSPEISEN UND SUPPEN	STARTERS AND SOUPS
Fleischbrühe	**broth/consommé**
Tomatensuppe	**cream of tomato soup**

gemischter/grüner Salat	**mixed/green salad**
frittierte Zwiebelringe	**onion rings**
Meeresfrüchtesalat	**seafood salad**
Garnelen-/Krabbencocktail	**shrimp/prawn cocktail**
Räucherlachs	**smoked salmon**
Gemüsesuppe	**vegetable soup**

FISCH UND MEERESFRÜCHTE	FISH AND SEAFOOD
Kabeljau	**cod**
Krebs	**crab**
Aal	**eel**
Schellfisch	**haddock**
Hering	**herring**
Hummer	**lobster**
Muscheln	**mussels**
Austern	**oysters**
Barsch	**perch**
Scholle	**plaice**
Lachs	**salmon**
Jakobsmuscheln	**scallops**
Seezunge	**sole**
Tintenfisch	**squid**
Forelle	**trout**
Tunfisch	**tuna**

FLEISCH UND GEFLÜGEL	MEAT AND POULTRY
gegrillte Schweinerippchen	**barbecued spare ribs**
Rindfleisch	**beef**
Hähnchen	**chicken**
Geflügel	**poultry**
Kotelett	**chop/cutlet**
Filetsteak	**fillet**
(junge) Ente	**duck(ling)**
Schinkensteak	**gammon**
Fleischsoße	**gravy**
Hackfleisch vom Rind	**ground beef**
gekochter Schinken	**ham**
Lamm	**lamb**
Leber	**liver**
Schweinefleisch	**pork**
Würstchen	**sausages**
Lendenstück vom Rind, Steak	**sirloin steak**
Truthahn	**turkey**
Kalbfleisch	**veal**
Reh oder Hirsch	**venison**

NACHSPEISE UND KÄSE	DESSERT AND CHEESE
gedeckter Apfelkuchen	**apple pie**
Schokoladenplätzchen	**brownies**

Hüttenkäse	**cottage cheese**
Sahne	**cream**
Vanillesoße	**custard**
Obstsalat	**fruit salad**
Ziegenkäse	**goat's cheese**
Eiscreme	**icecream**
Gebäck	**pastries**

GEMÜSE UND SALAT	VEGETABLES AND SALAD
gebackene Kartoffeln in der Schale	**baked potatoes**
Pommes frites	**french fries**
Bratkartoffeln	**hash browns**
Kartoffelpüree	**mashed potatoes**
gebackene Bohnen in Tomatensoße	**baked beans**
Kohl	**cabbage**
Karotten	**carrots**
Blumenkohl	**cauliflower**
Tomaten	**tomatoes**
Gurke	**cucumber**
Knoblauch	**garlic**
Lauch	**leek**
Kopfsalat	**lettuce**
Pilze	**mushrooms**
Zwiebeln	**onions**
Erbsen	**peas**
Paprika	**peppers**
Kürbis	**pumpkin**
Spinat	**spinach**
Mais	**sweet corn**
Maiskolben	**corn-on-the-cob**

OBST	FRUIT
Äpfel	**apples**
Birnen	**pears**
Aprikosen	**apricots**
Orange	**orange**
Brombeeren	**blackberries**
Pfirsiche	**peaches**
Kirschen	**cherries**
Ananas	**pineapple**
Weintrauben	**grapes**
Pflaumen	**plums**
Grapefruit	**grapefruit**
Himbeeren	**raspberries**
Zitrone	**lemon**
Erdbeeren	**strawberries**
Preiselbeeren	**cranberries**

GETRÄNKE	BEVERAGES
Bier (vom Fass)	**beer (on tap)**
Apfelwein	**cider**
Rotwein/Weißwein	**red wine/white wine**
Sekt, Schaumwein	**sparkling wine**
alkoholfreie Getränke	**soft drinks**
Fruchtsaft	**fruit juice**
gesüßter Zitronensaft	**lemonade**
Milch	**milk**
Mineralwasser	**mineral water/spring water**

TELEKOMMUNIKATION· POST

Telefon

Besonderheiten

Telefonwähltasten sind **auch mit Buchstaben** belegt, sodass viele Nummern als leicht merkbares Kennwort angegeben sind (z. B. landesweite Pannenhilfe: Tel. 1-800-AAA-HELP).

Öffentliche Telefone

Die meisten der verbliebenen öffentlichen Telefone funktionieren nur noch bargeldlos mit **Telefonkarte** (»Phone cCard«) oder Kreditkarte (»Credit Card«). Wenige Münzfernsprecher gibt es noch für Ortsgespräche (»Local Calls«). Gespräche **von Hoteltelefonen** sollte man vermeiden, da hier deftige Gebühren (»Surcharges«) anfallen.

Gebührenfreie Nummern

»Toll free«-Gespräche (800- oder 888-Nummern) können **gebührenfrei** nur **aus dem US-Festnetz** geführt werden. Bei Mobiltelefonen fallen die üblichen Gebühren an. Hinter 900-Nummern verbergen sich meist ziemlich teure **kommerzielle Dienste**.

Und so geht es

Bei Gesprächen innerhalb eines Telefonbezirks wählt man die »1« und nur die Teilnehmernummer. Innerhalb der USA wählt man zunächst die »1«, dann die Ortsvorwahl (»Area Code«) und schließlich die Teilnehmernummer. Für **internationale Gespräche** (»International Calls«) gilt: Von Privatanschlüssen wählt man »011«, dann die Länder- und Ortsnetzkennzahl ohne die »0« und schließlich die Teilnehmernummer. Von öffentlichen Telefonen wählt man die »0«. Es meldet sich der **Operator**, der alle weiteren Instruktionen erteilt. Für ein **R-Gespräch** wird ebenfalls die »0« gewählt, dann folgt die Rufnummer, und es meldet sich der Operator.

WICHTIGE TELEFONNUMMERN

TELEFONAUSKUNFT ...
... Inland 411
... Ausland 1-555-1212

LÄNDERVORWAHLEN

VON EUROPA ...
... in die USA: 001

VON DEN USA ...
... nach Deutschland: 011 49
... nach Österreich: 011 43
... in die Schweiz: 011 41
Die 0 der Ortsvorwahl entfällt.

R-GESPRÄCHE
0 (»Operator«)

Mobiltelefon, Internet Mobiltelefone werden in den USA als **Cell Phone** oder Mobile Phone bezeichnet. Es wird die Nutzung von Quad-Band-Geräten empfohlen, die sowohl in Europa als auch in den USA einsetzbar sind. Smartphones sind in den USA uneingeschränkt verwendbar. Bei Zugriff auf **kostenloses WLAN** – Hotspots gibt u. a. in Cafés, Fastfoodketten, Einkaufszentren, vielen Hotels und auf Flughäfen – kann man gratis skypen oder via Google Hangout, WhatsApp o. Ä. mit der Heimat kommunizieren. Wer ständig erreichbar bleiben möchte, sollte sich vor Ort eine Prepaid-Karte zulegen. Diese **SIM-Karten** erhält man in Florida u. a. bei Walmart, Publix und in den meisten Tankstellen.

Telefonkarten Für internationale Telefongespräche empfehlen sich **»Prepaid Phone Cards«**, die in Einkaufszentren, an Flughäfen, an Tankstellen usw. erhältlich sind. Die **UniversalCard** kann sowohl von einem Cellion-Mobilfunkanschluss (www.cellion.de) als auch von jedem US-Festnetztelefon und jeder US-Telefonzelle genutzt werden.

Notfall-Telefon nach Deutschland Bargeldloses Telefonieren ist im Notfall mit einem Gesprächspartner in Deutschland möglich über den **R-Talk** der Deutschen Telekom AG (früher R-Gespräch bzw. Deutschland-Direkt-Dienst). Dieser Telefondienst ist rund um die Uhr aus den Vereinigten Staaten erreichbar unter der Telefonnummer 1-800-292-004. Kommt ein Gespräch zustande, werden die Gebühren dem Empfänger nach dessen Einverständnis in Rechnung gestellt.

Post

United States Postal Service Der United States Postal Service **(USPS)** ist nur für die Brief- und Paketbeförderung (auch Geldüberweisungen) zuständig. **Briefmarken** erhält man in Postfilialen sowie an Automaten in Flughäfen, Bahnhöfen, Busstationen, Hotel-Lobbies und Drogerien.

Öffnungszeiten

Die Öffnungszeiten der durch **US-Flaggen** gekennzeichneten Postfilialen sind in der Regel: Mo.–Fr. 9–17/18, Sa. 8–12 Uhr. Kleinere Filialen machen eine Mittagspause. Die **blauen Briefkästen** tragen die Aufschrift »United States Postal Service« und einen stilisierten Adler.

Porto

Das Porto beträgt für Postkarten 34 Cents (innerhalb der USA) bzw. 1,15 $ (nach Europa); für Briefe 49 Cents (innerhalb der USA) bzw. 1,15 $ (nach Europa, 1 Unze/28 g).

VERKEHR

Flugverkehr

Die wichtigsten **Flughäfen** an der Westküste sind **Los Angeles, San Francisco, Portland und Seattle**. Von ihnen kann man täglich viele kleinere Flughäfen und andere Ziele in den USA erreichen. Alle größeren Flughäfen sind bestens in die Straßennetze eingebunden und haben gute Nahverkehrsanschlüsse in die Stadtzentren bzw. in wichtige Orte des Hinterlands. Viele Hotels, Mietwagenfirmen usw. unterhalten einen **Airport Shuttle Service**. An den größeren Flughäfen sind alle namhaften Autovermieter vertreten.

Bahnverkehr

Den Reisezugverkehr organisiert das Service-Unternehmen **Amtrak**, das für die Fahrgastbetreuung und die Fahrplangestaltung zuständig ist. Für das Streckennetz und das rollende Material sind mehrere Eisenbahngesellschaften verantwortlich.
Amtrak bietet verschiedene Rundreisepässe an, die aber nur außerhalb der USA günstig gekauft werden können. Sie gelten 15 oder 30 Tage. Der **National Rail Pass** gilt für das gesamte Streckennetz in den USA. An der Westküste betreibt Amtrak drei Züge: den **Empire Builder** (von Chicago nach Seattle bzw. Portland mit mehreren Stationen in Oregon und Washington), den **Amtrak Cascades** (Seattle – Tacoma – Portland – Salem – Eugene), den **Coast Starlight** (Seattle – Portland – Los Angeles), den **San Joaquin** (San Francisco Bay Area oder Sacramento nach Bakersfield) sowie den **Pacific Surfliner** (San Luis Obispo – Santa Barbara – Los Angeles – San Diego).

Busverkehr

Greyhound-Busse

Omnibusse der **Greyhound Inc.** pendeln zwischen allen wichtigen Städten und Touristenzentren der Westküste. Der Greyhound Ameri-Pass, gültig für 4, 7, 15 oder 30 Tage, und der Greyhound Discovery-Pass eignen sich für Rundreisen. Diese Pässe können nur außerhalb der USA in Reisebüros erworben werden.

Mit dem Auto unterwegs

Wichtige Regeln

Jeder US-Bundesstaat hat neben bundesweiten auch eigene Verkehrsgesetze. Gegenüber den Bestimmungen in Europa bestehen ein paar Unterschiede. Nachstehend einige zu beherzigende Regelungen: Trotz Rechtsverkehrs hat an ungeregelten Kreuzungen der **Vorfahrt,** der zuerst da war. Nötigenfalls muss man sich verständigen.

4-Way Stop: An vielen Kreuzungen sind alle Einmündungen mit Stoppschildern versehen. Jeder Verkehrsteilnehmer muss hier anhalten. Wer zuerst an der Kreuzung war, darf als Erster weiterfahren.

Gurtpflicht: In den meisten Bundesstaaten ist das Anschnallen zumindest auf den Vordersitzen Pflicht. Kinder unter vier Jahren dürfen in allen Staaten nur in einem speziellen Kindersitz mitfahren.

In verkehrsberuhigten Innenstädten und Wohngebieten liegen die **Höchstgeschwindigkeiten** zwischen 20 mph/32 km/h und 35 mph/56 km/h; in der Nähe von Schulen, Altenheimen oder Krankenhäusern in Straßennähe kann die Höchstgeschwindigkeit nur 15 mph/24 km/h betragen! Auf Ausfallstraßen und Überlandstraßen mit Gegenverkehr darf man bis zu 45 mph/72 km/h schnell sein. Führt die Straße durch Gebiete mit Wildwechsel, sind bei Nacht nur noch 35 mph/56 km/h erlaubt. Auf mehrspurigen Straßen und Autobahnen (Highways) darf man bis zu 55 mph/88 km/h schnell sein, auf verkehrsarmen Abschnitten auch bis 70 mph/112 km/h.

Die **Promillegrenze** liegt je nach Staat und County zwischen 0,0 und 1 Promille! »Driving under influence« wird hart geahndet. Angebrochene alkoholische Getränke dürfen nur im Kofferraum transportiert werden, in Wohnmobilen außerhalb der Reichweite des Fahrers. Unter 21-Jährige dürfen keine alkoholischen Getränke dabei haben.

Schulbusse: Auf einer Straße mit Gegenverkehr muss man anhalten, wenn ein signaldunkelgelber Schulbus ein- und aussteigen lässt. Hält ein Schulbus auf einer durch einen breiten Grünstreifen bzw. durch eine Barriere vom Gegenverkehr getrennten Fahrbahn, so gilt diese Regelung nur für den in derselben Richtung fließenden Verkehr. In den USA **hängen die Verkehrsampeln hinter (!) der Kreuzung**. Rechtsabbiegen trotz roter Ampel ist nach vollständigem Anhalten und bei Beachtung der Vorfahrt erlaubt. Verboten ist das Rechtsabbiegen bei Rot durch das Verkehrsschild »No turn on red«.

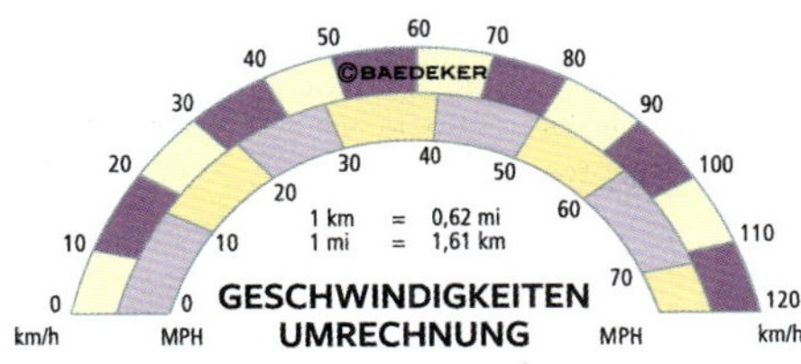

Abblendlicht: Bei tief stehender Sonne und Sichtweiten unter 300 m, bei Regen und Schnee sowie auf schnurgeraden Straßen mit Gegenverkehr muss mit eingeschaltetem Abblendlicht gefahren werden.

Parken: An Fernstraßen außerhalb von Siedlungen und an vielen Straßen innerorts darf nicht geparkt werden. Auch vor Hydranten und an Bushaltestellen ist Parken verboten.

Wenden: ist auf den meisten Straßen verboten und durch das Verkehrszeichen mit der Aufschrift »No U Turns« markiert.

Rechts überholen: Auf mehrspurigen Straßen (Interstates, manche Highways) ist rechts überholen gestattet.

Durchgezogene Linien: dürfen nicht überfahren werden, ebenso einfache durchgezogene Linien auf der Fahrerseite. Auf vielen Straßen sind Abbiegekorridore markiert.

Rush-Hour-Spuren: Auf mehrspurigen Straßen in Ballungsräumen sind Fahrspuren markiert, die im morgendlichen und abendlichen Stoßverkehr nur von Fahrzeugen mit zwei und mehr Insassen benutzt werden dürfen.

Xing (Crossing): Das englische »Crossing« (dt. = überqueren) wird sehr oft mit »Xing« abgekürzt. Ein Verkehrsschild mit der merkwürdigen Aufschrift »Ped Xing« (»Pedestrian Crossing«) kündigt also einen Fußgängerüberweg an.

Anhalter: Autostopp ist zwar erlaubt, aber auf Interstates und ihren Zufahrten ist Anhalten per Handzeichen streng untersagt.

Interstates, Highways

Interstates entsprechen deutschen Autobahnen und unterscheiden sich durch blau-weiß-rote Beschilderung von normalen Highways. Interstates mit geraden zweistelligen Nummern verlaufen in Ost-West-Richtung, solche mit ungeraden zweistelligen Nummern in Nord-Süd-Richtung. Dreistellige Nummern bezeichnen Schnellstraßen-Ringe und Stadtumfahrungen.

Highways sind das Pendant zu den deutschen Bundesstraßen, jedoch in den meisten Fällen mehrspurig. Weiße Schilder kennzeichnen sie als Bundes- (z. B. US 6) oder Staatsstraßen (State Roads; z. B. UT 24). Auch hier definiert die Nummer die grobe Himmelsrichtung. Mit »ALT« (alternative) oder »BUS« (business) werden Umgehungsstraßen bezeichnet. Der wichtigste Unterschied zwischen Highways und Interstates: Highways sind meist nicht kreuzungsfrei. Bei Einmündungen und beim Linksabbiegen ist daher besondere Vorsicht geboten.

Toll steht für Straßenbenutzungsgebühr (Maut), die auf einigen Interstates und Highways sowie für die Benutzung von Brücken, Dammstraßen und Tunnels bzw. Unterführungen erhoben wird.

VERKEHRSZEICHEN

Vorschriftszeichen

Halt!
Vorfahrt
gewähren

Stopsignal
für 4 Fahrspuren

Einfahrt
verboten

Vorfahrt
beachten

Falsche Richtung

Rechtsabbiegen
verboten

Wenden verboten

Radfahrverbot

Höchst-
geschwindig-
keit

Voranzeige für
Geschwindigkeitsbegrenzung

Kriechspur

Höchstgeschwindigkeit
mit vorgeschriebener
Mindestgeschwindigkeit

Einbahn-
straße

Schulzone
Höchst-
geschwindigkeit

Getrennte
Fahrbahn

Nur tangentiales
Linksabbiegen
gestattet

Bei Rot
nicht abbiegen

Gefahrzeichen

Kreuzung

Einmündung

Voranzeige
Getrennte Fahrspuren

Gegenverkehr

Engpass

Bahnübergang

Überholverbot

Schmale Brücke

Kurven

Doppelkurve
rechts beginnend

Kurvenreiche
Strecke

Voranzeige
Stopstelle

Voranzeige
Vorfahrt beachten

Schule

Schulbushaltestelle
Überholverbot!

Fußgänger

Gefährliches
Gefälle

Schleudergefahr

Maximale
Höhe

LKW-Einfahrt

Achtung!
Bären

Wildwechsel

Viehtrieb

Straßenbau-
arbeiten

Voranzeige
Signalisations-
person

Höchst-
geschwindigkeit
auf Autobahn-
ausfahrten

Richtzeichen

Rastplatz

Telefon

Krankenhaus

Campingplatz

Caravaning

MIETWAGENFIRMEN

ALAMO
Tel. 1 844 3 54 69 62
www.alamo.com

AVIS
Tel. 1 800 633 34 69
www.avis.com

BUDGET
Tel. 1 800 2 18 79 92
www.budget.com

DOLLAR
Tel. 1 800 800 52 52
www.dollar.com

ENTERPRISE
Tel. 1 844 307 80 08
www.enterprise.com

HERTZ
Tel. 1 800 6 54 31 31
www.hertz.com

SIXT
Tel. 1 888 7 49 82 27
www.sixt.com

THRIFTY
Tel. 1 800 8 47 43 89
www.thrifty.com

Ausfahrten: Auf Straßen mit baulich getrennten Fahrstreifen liegen die Ausfahrten normalerweise auf der rechten Seite. Bei beengten Verhältnissen kann sie aber auch auf der linken Seite sein.

Kraftstoffe

Angeboten werden **Diesel** (»Gasoil«) und **bleifreies Benzin** (»gas unleaded«) in den Sorten »Regular« (Normal) und »Premium« (Super). Um die Zapfsäule betriebsbereit zu machen, muss ein Hebel umgelegt oder eine Halterung nach oben gezogen werden. An vielen Tankstellen wird abends und nachts Vorauskasse verlangt.

Mietwagen

Verkehrsmittel der Wahl

Einige Vermieter bieten ihre Fahrzeuge zu interessanten Preisen an, wobei die Wochenpauschalen besonders günstig sind. Man sollte sich jedoch nicht von den extrem niedrigen Grundmieten blenden lassen, sondern auf einen **ausreichenden Versicherungsschutz** (Haftpflicht, Kasko, Selbstbeteiligung) und auf Freimeilen achten. Versicherungspakete können recht teuer sein. Zudem fallen noch die Steuern des jeweiligen Staats und eventuell sogar Flughafensteuern (Airport Taxes) an, Letztere jedoch nur bei Benutzung eines Airport Shuttle (Autobusdienst). Am besten: von zu Hause aus mieten! Wer ein Fahrzeug anmieten will, muss einen nationalen oder international anerkannten **Führerschein** (driver's licence) vorlegen können und in der Regel mindestens **21 Jahre** alt sein.

Übergabe

Zwar hat jede Mietwagenfirma ihren Schalter am Flughafen, das Auto selbst erhält man aber woanders. Vom Flughafen zur Mietstation geht es per Shuttle Bus. Ist das bestellte Auto nicht verfügbar, hat man Anrecht auf ein Fahrzeug der nächsthöheren Klasse. Die Fahrzeuge werden nur gegen eine **Kaution** abgegeben, die bei den meisten Vermietern durch Vorlage einer Kreditkarte als geleistet gilt.

Autoversicherungen

Autovermieter bieten einen Wirrwarr unterschiedlicher Versicherungen an, die alle abzuschließen nicht unbedingt nötig ist: **CDW** (Collision Damage Waiver): Haftungsbefreiung für Unfallschäden am Fahrzeug (dringend empfohlen); **LDW** (Loss Damage Waiver): Haftungsbefreiung bei Verlust des Fahrzeugs; **PAI** (Personal Accident Insurance): Insassenunfallversicherung; **PEC** (Personal Effect Coverage): Reisegepäckversicherung; **LIS** bzw. **SLI**: Haftpflicht-Zusatzversicherung, mit der die Haftpflichtsumme der bestehenden gesetzlichen Haftpflichtversicherung erhöht wird.

ZEIT

Zeitzonen

Das Gebiet der räumlich zusammenhängenden Vereinigten Staaten von Amerika erstreckt sich über vier Zeitzonen. Die Westküstenstaaten gehören zur **Pacific Time Zone (PT),** diese Zeitzone liegt gegenüber der mitteleuropäischen Zeit (MEZ) um 9 Std. zurück. Beispiel: Frankfurt 18 Uhr, Los Angeles 9 Uhr. Während der **Sommerzeit** (»Daylight Saving Time«) vom 2. So. im März bis zum 1. So. im November werde die Uhren um 1 Std. vorgestellt werden. Die Stunden von Mitternacht bis 12 Uhr mittags werden mit **a. m.** (ante meridiem) bezeichnet, die übrigen zwölf Stunden mit **p. m.** (post meridiem).

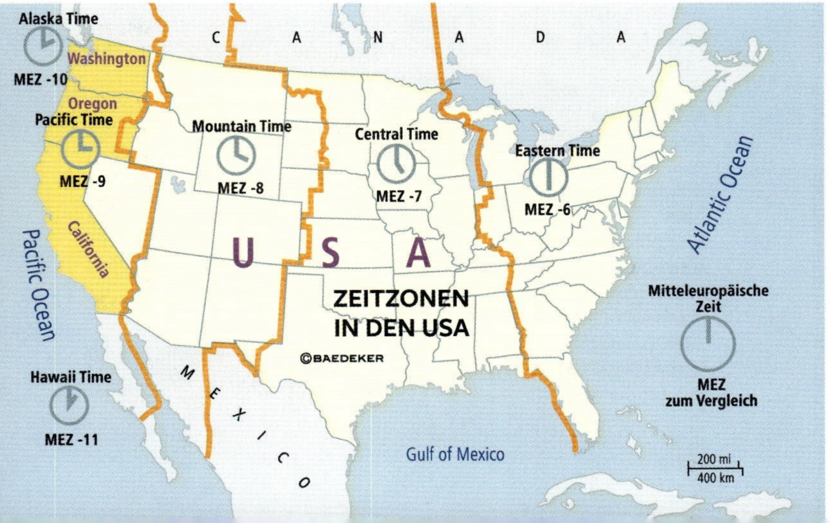

REGISTER

D

E

F

G

H

I

J

K

L

N

O

T

BILDNACHWEIS

Age Fotostock/Don Johnston 51
akg-images 396 li./re.
AWL Images
J. Banks 41; Walter Bibikow 403; Russ Bishop 25; Danita Delimont Stock 356; Richard Duval 47
Dieterich 100
DuMont Bildarchiv
Frischmuth 291, 406; Hackenberg 405 u.; Heeb 3, 35, 54/55, 73, 76, 92, 110/111, 118/119, 130, 144, 157, 174, 179, 183, 191, 385, 43, Sasse 361
fotolia/leon Cleveland 423
Huber Images
Leimer 122; Giovanni Simeone 87, 107
iStock
EddieHernandezPhotography 70; Bee-individual 125
laif
Walter Bibikow/Hemis 116; Michal Czerwonka/NYT/Redux 80; Miles Ertman/robertharding 102; Jerome Gorin/PhotoAlt 187; Michael Hanson/Aurora 15; Heeb 213, 220, 222, 234, 258, 281, 319; Mark Peterson/Redux 24/25, 149; Greg Vaughn/VWPics 7, 10, 11; Heidi Schumann/The New York Times/NYT/Redux 4
Linde 304
lookphotos
Holger Leue 66; robertharding 27; travelstock44 163; Cavan Images 405 o.
mauritius-images
339; age 241; Alamy 226, 409, 245, 247, 284; Buddy Mays/Alamy 18 o.; Danita Delimont 210, 250; foodand-drinkphotos 415 o.; Andrew Hasson/Alamy 334; imagebroker/gourmet-vision 416; Image Source/Kacey Klonsky 309, Novarc Images/Annett Schmitz 5, 167; George Ostertag/Alamy 348; Pacific Stock/Makena StockMedia 20/21; Katya Palladina/Stockimo/Alamy U 7; SuperStock 276, United Archives GmbH / Alamy / Alamy Stock Photos 380
picture-alliance
dpa 337; dpa-Bildarchiv 391 o./u.; maxppp 127; KPA/TopFoto 233
Shutterstock
S. 29, 96 o./u.; ARTYOORAN 426; Michal Balada 359; Natalia Bratslavsky 275; Dee Browning 252; canadastock 330/331; Chase Dekker 153; C. Echeveste 270; Edmund Lowe Photography 298; steve estvanik 255; Slawomir Fajer 414 u.; Jim Feliciano 197; Agnieszka Gaul 18 u.; hlphoto 415 Mi.; Hoogz Photography 372; Imagine Earth Photography 368; Asif Islam 312; JPL Designs 216/217, 263; Mariusz S. Jurgielewicz 420; Liliya Kandrashevich 414 o.; Roman Khomlyak 202/203; Kit Leong 139; Gerry Matthews 365; Angel McNall Photography 88; Doug Meek 49; My Good Images 45; Allard One 61; Sean Pavone 388; Valeriy Poltorak 213; Bob Pool 294; SGD Photography 16/17; Tom Reichner 288; Serenethos 265; Snafzger 201; Monika Wieland Shields 325; stockcreations 415 u.; travelview 444; Nadia Yong 229

VERZEICHNIS DER KARTEN UND GRAFIKEN

IMPRESSUM

Ausstattung:
125 Abbildungen, 36 Karten und Grafiken, eine große Reisekarte

Text:
Ole Helmhausen, Helmut Linde, Axel Pinck, mit Beiträgen von Reinhard Zakrzewski.

Bearbeitung:
Baedeker-Redaktion (Madeleine Reincke)

Kartografie:
Christoph Gallus, Hohberg
Franz Huber, München
Klaus-Peter Lawall, Unterensingen, KOMPASS-Karten GmbH, A-6020 Innsbruck; MAIRDUMONT, D-73751 Ostfildern (Reisekarte)

3D-Illustrationen:
jangled nerves, Stuttgart

Infografiken:
Golden Section Graphics GmbH, Berlin

Gestalterisches Konzept:
RUPA GbR, München

1. Auflage 2024

Printed in China

Trotz aller Sorgfalt von Redaktion und Autoren zeigt die Erfahrung, dass Fehler und Änderungen nach Drucklegung nicht ausgeschlossen werden können. Dafür kann der Verlag leider keine Haftung übernehmen.
Kritik, Berichtigungen und Verbesserungsvorschläge sind jederzeit willkommen. Schreiben Sie uns, mailen Sie oder rufen Sie an:

Baedeker- Redaktion
Postfach 3162
D-73751 Ostfildern
Tel. 0711 4502-262
info@baedeker.com
www.baedeker.com

BAEDEKER VERLAGSPROGRAMM

Viele Baedeker-Titel sind auch als E-Book erhältlich.

A
Ägypten
Algarve
Allgäu
Amsterdam
Andalusien
Australien

B
Bali
Baltikum
Barcelona
Belgien
Berlin · Potsdam
Bodensee
Böhmen
Bretagne
Brüssel
Budapest
Burgund

C
China

D
Dänemark
Deutsche Nordseeküste
Deutschland
Dresden
Dubai · VAE

E
Elba
Elsass · Vogesen
England

F
Finnland
Florenz
Florida
Frankreich
Fuerteventura

G
Gardasee
Golf von Neapel
Gomera
Gran Canaria
Griechenland

H
Hamburg
Harz
Hongkong · Macao

I
Irland
Island
Israel · Palästina
Istanbul
Istrien · Kvarner Bucht
Italien

J
Japan

K
Kalifornien
Kanada · Osten
Kanada · Westen
Kanalinseln
Kapstadt · Garden Route
Kopenhagen
Korfu · Ionische Inseln
Korsika
Kreta
Kroatische Adriaküste · Dalmatien
Kuba

L
La Palma
Lanzarote
Lissabon
London

M
Madeira
Madrid
Mallorca
Malta · Gozo · Comino
Marrokko
Mecklenburg-Vorpommern
Menorca
Mexiko
München

N
Namibia
Neuseeland
New York
Niederlande
Norwegen

O
Oberbayern
Österreich

P
Paris
Polen
Polnische Ostseeküste ·Danzing · Masuren
Portugal
Prag
Provence · Côte d'Azur

R
Rhodos
Rom
Rügen · Hiddensee
Rumänien

S
Sachsen
Salzburger Land
Sankt Petersburg
Sardinien
Schottland
Schwarzwald
Schweden
Schweiz
Sizilien
Skandinavien
Slowenien
Spanien
Sri Lanka
Südafrika
Südengland
Südschweden · Stockholm
Südtirol
Sylt

T
Teneriffa
Thailand
Thüringen
Toskana

U
USA · Nordosten
USA · Südwesten
USA · Westküste
Usedom

V
Venedig
Vietnam

W
Wien

Z
Zypern

Meine persönlichen Notizen

Vancouver
Brit. Columbia
Washington
Oregon
California
Nevada
MÉXICO
PACIFIC OCEAN
Seattle
Portland
Salem
Eugene
Sacramento
San Francisco
San José
Los Angeles
San Diego
Tijuana
Las Vegas
Reno
Boise
Spokane
Fresno
Bakersfield
Santa Barbara
San Bernardino
Mexicali
Olympia
Tacoma
Victoria
Cascade Range
Coast Range
Sierra Nevada
Great Basin
Mojave Desert
Olympic N. P.
North Cascades N. P.
Mt. Rainier N. P.
Crater Lake N. P.
Redwood N. P.
Lassen Volcanic National Park
Yosemite N. P.
Kings Canyon N. P.
Sequoia N. P.
Death Valley N. P.
Joshua Tree N. P.
Channel Islands N. P.
Mojave National Preserve
200 km
© BAEDEKER